2014年 固定资产投资统计年报

STATISTICAL YEARBOOK 2014 OF THE CHINA INVESTMENT IN FIXED ASSETS

国家统计局

图书在版编目（CIP）数据

2014年固定资产投资统计年报/国家统计局著. —北京：经济管理出版社，2016.2
ISBN 978-7-5096-4138-5

Ⅰ.①2… Ⅱ.①国… Ⅲ.①固定资产投资—统计资料—中国—2014—年报 Ⅳ.①F832.48—54

中国版本图书馆CIP数据核字(2015)第311609号

组稿编辑：高晓霞
责任编辑：高晓霞 张 马
责任印制：黄章平
责任校对：王 淼 车立佳

出版发行：经济管理出版社
（北京市海淀区北蜂窝8号中雅大厦A座11层 100038）
网 址：www.E-mp.com.cn
电 话：(010) 51915602
印 刷：三河市文阁印刷有限公司
经 销：新华书店
开 本：787mm×1092mm/16
印 张：35.5
字 数：798千字
版 次：2016年2月第1版 2016年2月第1次印刷
书 号：ISBN 978-7-5096-4138-5
定 价：360.00元

编者说明

《2014 年固定资产投资统计年报》资料来源于 2014 年全国固定资产投资统计报表基层数据库和综合报表。本年报分全社会投资、固定资产投资（不含农户）和农户投资三个部分。

第一部分为全社会固定资产投资。包括全社会固定资产投资主要指标，各地区按各种经济类型（国有经济、集体经济、联营经济、股份制经济、外商投资经济、港澳台投资经济和私营个体经济）分组的总投资规模、本年投资、新增固定资产及有关建筑面积等指标。

第二部分为固定资产投资（不含农户）。包括计划总投资 500 万元以上项目（单位）投资和房地产开发投资。

第三部分为农户固定资产投资。农户投资数据来源于国家统计局住户办抽样调查资料。

使用本年报资料时请注意以下几点：

1. 自 2013 年起，三产划分按《国家统计局关于印发〈三次产业划分规定〉的通知》（国统字［2012］108 号）执行，增速按可比口径计算。

2. “固定资产投资（不含农户）”等于原口径的城镇固定资产投资加上农村企事业组织项目投资。

3. 本年报各部分项目个数中不含房地产开发投资。

4. 由于房地产自筹资金来源中只下设“企事业单位自有资金”，故自筹资金来源各分项之和不等于总计。

5. 不分地区固定资产投资数据包括跨省、市、区项目和各部门统一购置的设备、铁路机车、车辆、飞机等其他投资。

6. 本年报资料凡小数点后各项相加不等于总计者，均由于四舍五入的缘故。

7. 本年报资料是直接由全国固定资产投资统计基层报表数据库及综合表加工而来，由于篇幅所限，只能编印部分内容。

目　录

第一部分　全社会固定资产投资

第二部分　固定资产投资（不含农户）

第三部分　农户固定资产投资

第一部分

全社会固定资产投资

全社会固定资产投资主要指标及增长速度

指标名称	2014 年	2013 年	增长（%）
一、投资总额（亿元）	**512020.65**	**444618.11**	**15.2**
其中：住宅	80615.14	74870.67	7.7
1. 按构成分			
建筑安装工程	349789.05	297271.63	17.7
设备工器具购置	101005.22	90612.33	11.5
其他费用	61226.38	56734.15	7.9
2. 按产业分			
第一产业	13802.76	11027.44	25.2
第二产业	207684.22	184073.50	12.8
第三产业	290533.67	249517.18	16.4
二、全部建设规模（亿元）			
建设总规模	1522942.06	1346947.74	13.1
自开始建设至本年底累计完成投资	1027301.93	876505.54	17.2
在建总规模	1087608.87	1009988.80	7.7
在建净规模	485676.71	465637.61	4.3
三、新增固定资产（亿元）	**343462.41**	**279765.75**	**22.8**
四、房屋建筑面积（万平方米）			
施工面积	1355559.65	1336287.60	1.4
其中：住宅	689041.18	673163.29	2.4
竣工面积	355068.39	349895.79	1.5
其中：住宅	192545.05	193328.47	-0.4
五、投资实际到位资金小计（亿元）	**543480.55**	**491612.52**	**10.6**
国家预算资金	26745.42	22305.26	19.9
国内贷款	65221.03	59442.04	9.7
利用外资	4052.86	4319.44	-6.2
自筹资金	379737.80	334280.02	13.6
其他资金	67723.44	71265.76	-5.0

注：1. 自2013年起，三产划分按《国家统计局关于印发〈三次产业划分规定〉的通知》（国统字［2012］108号）执行，增速按可比口径计算。

2. 根据第三次全国经济普查结果，对2013年全社会固定资产投资额数据进行了修订。

全社会固定资产投资主要指标（一）

指标名称	合计	国有经济	集体经济	私营个体经济
一、投资总额（亿元）	**512020.65**	**137167.68**	**17391.13**	**162141.84**
其中：住宅	80615.14	7599.05	1832.44	28688.60
1. 按构成分				
建筑安装工程	349789.05	105377.70	13728.91	104334.46
设备工器具购置	101005.22	16043.85	1764.22	41489.41
其他费用	61226.38	15746.13	1898.01	16317.97
2. 按产业分				
第一产业	13802.76	2264.13	693.36	6966.17
第二产业	207684.22	28942.05	3119.31	88859.83
第三产业	290533.67	105961.49	13578.46	66315.84
二、全部建设规模（亿元）				
建设总规模	1522942.06	440683.15	34534.70	381650.36
自开始建设至本年底累计完成投资	1027301.93	284948.91	25492.98	271447.04
在建总规模	1087608.87	332922.11	18400.82	238116.85
在建净规模	485676.71	145964.19	8786.90	111820.45
三、新增固定资产（亿元）	**343462.41**	**89978.83**	**13701.31**	**118475.46**
四、房屋建筑面积（万平方米）				
施工面积	1355559.65	178644.76	42685.67	528843.16
其中：住宅	689041.18	75189.37	14564.66	283223.77
竣工面积	355068.39	44331.08	13101.64	188808.42
其中：住宅	192545.05	20180.33	5280.15	116108.44

全社会固定资产投资主要指标（二）

指标名称	联营经济	股份制经济	外商投资经济	港澳台投资经济	其他经济
一、投资总额（亿元）	**601.13**	**147422.43**	**11052.57**	**11934.53**	**24309.35**
其中：住宅	34.57	36085.45	1574.37	3767.59	1033.08
1. 按构成分					
建筑安装工程	470.23	95750.49	5674.26	7264.60	17188.40
设备工器具购置	78.53	30214.13	4174.30	2441.23	4799.56
其他费用	52.37	21457.81	1204.01	2228.70	2321.39
2. 按产业分					
第一产业	29.92	1926.07	79.91	47.31	1795.88
第二产业	180.13	64581.46	7028.73	4228.82	10743.89
第三产业	391.09	80914.89	3943.92	7658.39	11769.58
二、全部建设规模（亿元）					
建设总规模	1318.25	524309.33	41217.16	53009.61	46219.49
自开始建设至本年底累计完成投资	974.55	346002.33	28222.26	36720.91	33492.95
在建总规模	710.61	401100.64	29849.84	41780.90	24727.10
在建净规模	322.19	177174.78	12317.31	16614.48	12676.41
三、新增固定资产（亿元）	**482.12**	**88372.07**	**7299.09**	**6749.43**	**18404.10**
四、房屋建筑面积（万平方米）					
施工面积	1681.10	492143.00	25954.21	47395.30	38212.46
其中：住宅	729.23	272980.12	11036.51	21851.04	9466.50
竣工面积	690.62	85351.41	5045.53	7277.09	10462.62
其中：住宅	500.47	41573.37	1747.39	3200.38	3954.53

按结构分全社会固定资产投资情况

指标名称	2014 年	2013 年	增长（%）
投资总额（亿元）	**512020.65**	**444618.11**	**15.2**
一、固定资产投资（不含农户）			
完成投资	501264.87	434071.45	15.5
建筑安装工程	341154.91	289181.44	18.0
设备、工器具购置	99387.51	88834.26	11.9
其他费用	60722.46	56055.75	8.3
建设总规模	1512186.28	1336401.08	13.2
自开始建设至本年底累计完成投资	1016546.15	865958.87	17.4
本年新增固定资产	333338.99	269780.28	23.6
其中：房地产			
完成投资	95035.61	86013.38	10.5
建筑安装工程	70561.11	63919.25	10.4
设备、工器具购置	1306.91	1250.03	4.6
其他费用	23167.59	20844.10	11.1
建设总规模	493066.50	430922.15	14.4
自开始建设至本年底累计完成投资	330830.08	275881.28	19.9
本年新增固定资产	41251.03	37400.56	10.3
二、农户			
完成投资	10755.78	10546.66	2.0
建筑安装工程	8634.14	8090.19	6.7
设备、工器具购置	1617.72	1778.07	-9.0
其他费用	503.92	678.41	-25.7
建设总规模	10755.78	10546.66	2.0
自开始建设至本年底累计完成投资	10755.78	10546.66	2.0
本年新增固定资产	10123.42	9985.47	1.4

各地区全社会固定资产投资建设规模

单位：亿元

地　　区	建设总规模	累计完成投资	在建总规模	在建净规模
全国总计	**1522942.06**	**1027301.93**	**1087608.87**	**485676.71**
北　京	36779.21	25666.04	31689.29	10181.67
天　津	32862.34	24575.36	25601.95	9718.42
河　北	73334.24	47982.01	49771.83	24835.05
山　西	37897.68	25265.80	25930.61	11082.96
内蒙古	43907.69	30721.02	28950.49	11890.82
辽　宁	68879.01	50300.25	43826.04	17769.64
吉　林	23327.17	17458.39	12508.92	5464.45
黑龙江	26496.57	17496.08	18114.92	7385.52
上　海	33989.22	21892.35	30971.59	10665.75
江　苏	109540.05	78495.75	71857.32	31634.27
浙　江	84974.39	56092.85	64309.37	28328.89
安　徽	60135.63	41371.27	41089.11	19002.87
福　建	52087.10	38384.55	36918.82	14211.93
江　西	33395.47	23991.65	20696.21	9717.05
山　东	100826.18	71643.01	64358.95	29772.51
河　南	84708.51	53138.82	57404.87	31594.29
湖　北	69795.37	44771.39	51184.53	24617.64
湖　南	50715.60	36514.53	33056.92	14115.29
广　东	102955.43	65929.49	76978.12	35062.99
广　西	39819.22	26290.88	28298.67	13063.31
海　南	14799.42	8720.26	12664.70	6123.27
重　庆	41871.46	28613.12	30921.69	13167.45
四　川	69036.43	46237.07	48982.29	23299.01
贵　州	33369.27	19637.58	27334.14	13810.24
云　南	39749.02	25317.99	31577.84	14850.26
西　藏	2744.44	1825.58	1915.88	886.47
陕　西	49200.83	32696.44	35350.14	16328.81
甘　肃	19531.57	13058.59	12732.17	6231.70
青　海	9963.77	5810.38	8079.28	3874.49
宁　夏	11660.72	6985.70	9083.03	4202.64
新　疆	32613.84	17720.24	25079.30	13315.74
不分地区	31975.21	22697.47	30369.87	9471.32

注：建设总规模为所有施工项目（含本年没有工作量的投资项目）的计划总投资。

各地区全社会按经济类型分固定资产投资建设规模（一）

单位：亿元

地　　区	合　　计	国有经济	集体经济	私营个体经济
全国总计	**1522942.06**	**440683.15**	**34534.70**	**381650.36**
北　　京	36779.21	10947.73	613.87	1475.66
天　　津	32862.34	9533.70	1167.98	5179.74
河　　北	73334.24	11667.01	2684.40	26358.56
山　　西	37897.68	14256.52	1433.41	9275.06
内 蒙 古	43907.69	15267.06	311.72	7879.23
辽　　宁	68879.01	13422.02	558.70	22729.26
吉　　林	23327.17	5879.69	124.65	5999.15
黑 龙 江	26496.57	9156.52	246.03	5936.61
上　　海	33989.22	9032.65	215.50	6179.22
江　　苏	109540.05	22966.19	3288.42	40163.23
浙　　江	84974.39	25574.88	2561.33	21188.07
安　　徽	60135.63	15087.21	540.36	18424.87
福　　建	52087.10	15443.00	957.69	12342.73
江　　西	33395.47	7542.53	369.81	12539.67
山　　东	100826.18	13745.01	5702.36	33456.73
河　　南	84708.51	10735.87	4416.90	26100.98
湖　　北	69795.37	19422.58	1589.59	19139.79
湖　　南	50715.60	15131.28	959.46	13928.91
广　　东	102955.43	26819.99	2564.22	17905.01
广　　西	39819.22	13406.67	464.40	11167.06
海　　南	14799.42	3172.01	78.64	1579.51
重　　庆	41871.46	13905.49	317.40	10329.05
四　　川	69036.43	27717.77	598.23	12604.67
贵　　州	33369.27	14214.46	87.24	5800.23
云　　南	39749.02	15777.25	504.41	7752.77
西　　藏	2744.44	1922.94	9.01	349.02
陕　　西	49200.83	18447.18	1264.61	8739.59
甘　　肃	19531.57	8086.33	669.79	4190.26
青　　海	9963.77	4075.89	72.51	1471.77
宁　　夏	11660.72	4443.59	35.92	4731.89
新　　疆	32613.84	11906.92	126.12	6732.06
不分地区	31975.21	31975.21		

各地区全社会按经济类型分固定资产投资建设规模（二）

单位：亿元

地　　区	联营经济	股份制经济	外商投资经济	港澳台投资经济	其他经济
全国总计	**1318.25**	**524309.33**	**41217.16**	**53009.61**	**46219.49**
北　　京	3.38	19940.20	1667.14	2032.09	99.13
天　　津	123.48	14143.55	1209.87	973.35	530.68
河　　北	74.57	27018.95	999.41	959.49	3571.83
山　　西	36.16	11089.76	214.08	426.10	1166.59
内 蒙 古	0.83	19268.60	182.03	230.85	767.37
辽　　宁	27.60	22196.18	3480.99	4974.24	1490.03
吉　　林	6.55	9711.64	174.89	456.70	973.89
黑 龙 江	51.55	9500.40	307.74	320.36	977.37
上　　海	32.98	12416.00	3089.37	2988.24	35.27
江　　苏	127.57	29214.54	6054.72	6329.96	1395.41
浙　　江	45.73	27946.05	2658.93	4185.08	814.33
安　　徽	21.69	22389.29	965.85	1263.40	1442.96
福　　建	65.38	17472.11	1752.86	3003.76	1049.56
江　　西	63.79	10838.06	461.12	757.94	822.54
山　　东	56.27	37817.03	1888.39	2309.47	5850.92
河　　南	90.72	34171.13	609.24	512.80	8070.87
湖　　北	21.82	23470.37	1281.76	1629.15	3240.32
湖　　南	40.31	16448.21	1040.45	1128.34	2038.65
广　　东	38.39	37835.22	6463.16	9632.42	1697.01
广　　西	53.80	10974.33	835.63	948.86	1968.48
海　　南	2.20	7717.82	566.23	1404.01	279.01
重　　庆	61.01	11657.56	1724.26	2960.28	916.40
四　　川	103.80	21843.64	1625.40	1645.00	2897.92
贵　　州	25.81	12092.02	119.60	539.65	490.27
云　　南	31.49	14588.55	247.30	504.09	343.15
西　　藏	7.67	245.62	0.06	6.33	203.79
陕　　西	70.29	17309.74	1242.58	572.86	1553.98
甘　　肃	17.29	5296.28	57.06	74.75	1139.81
青　　海	1.11	4085.28	80.71	85.47	91.03
宁　　夏	0.24	2259.33	61.97	83.08	44.69
新　　疆	14.78	13351.85	154.37	71.51	256.23

各地区全社会按经济类型分全部累计完成投资（一）

单位：亿元

地　区	合　计	国有经济	集体经济	私营个体经济
全国总计	**1027301.93**	**284948.91**	**25492.98**	**271447.04**
北　京	25666.04	6965.00	396.65	1065.55
天　津	24575.36	7053.91	1082.26	3959.15
河　北	47982.01	7554.54	1999.93	17823.63
山　西	25265.80	9864.26	1147.92	6219.07
内蒙古	30721.02	10298.54	225.27	5615.95
辽　宁	50300.25	9236.87	438.02	17778.23
吉　林	17458.39	4066.18	95.61	4946.89
黑龙江	17496.08	5704.70	131.29	4440.85
上　海	21892.35	5248.12	118.98	4100.27
江　苏	78495.75	15636.58	2545.86	30048.95
浙　江	56092.85	14635.18	1717.17	14564.96
安　徽	41371.27	9765.02	468.37	13703.03
福　建	38384.55	10508.86	777.59	9638.61
江　西	23991.65	5301.15	246.52	9258.02
山　东	71643.01	9503.28	4600.04	24325.57
河　南	53138.82	7094.11	2658.79	16685.98
湖　北	44771.39	11911.96	1070.48	12525.96
湖　南	36514.53	10454.84	752.87	11131.96
广　东	65929.49	14973.02	1883.13	13258.49
广　西	26290.88	8149.48	370.71	8368.46
海　南	8720.26	1918.29	28.70	958.89
重　庆	28613.12	9352.40	202.10	7400.86
四　川	46237.07	16763.08	450.00	9030.85
贵　州	19637.58	8558.88	56.23	3297.33
云　南	25317.99	10039.02	370.01	5108.94
西　藏	1825.58	1327.85	6.85	186.93
陕　西	32696.44	12535.88	989.27	5886.42
甘　肃	13058.59	5629.62	511.26	2721.36
青　海	5810.38	2649.81	44.95	951.44
宁　夏	6985.70	2611.58	28.54	2912.82
新　疆	17720.24	6939.42	77.61	3531.63
不分地区	22697.47	22697.47		

各地区全社会按经济类型分全部累计完成投资（二）

单位：亿元

地　区	联营经济	股份制经济	外商投资经济	港澳台投资经济	其他经济
全国总计	**974.55**	**346002.33**	**28222.26**	**36720.91**	**33492.95**
北　京	2.62	14657.81	1077.94	1434.08	66.40
天　津	113.72	10099.93	1046.15	771.21	449.04
河　北	30.69	17048.25	666.31	550.94	2307.72
山　西	16.54	6800.27	173.20	227.31	817.23
内蒙古	0.83	13583.91	145.13	145.94	705.46
辽　宁	24.61	15545.91	2438.30	3695.60	1142.71
吉　林	4.88	7087.72	133.60	313.05	810.47
黑龙江	39.27	6115.44	175.85	194.52	694.16
上　海	20.06	8359.15	1979.77	2041.79	24.22
江　苏	119.88	20128.37	4488.35	4363.88	1163.87
浙　江	20.48	19843.15	1763.52	3059.31	489.07
安　徽	20.05	14628.02	724.28	919.51	1142.99
福　建	35.19	13076.72	1169.92	2328.90	848.76
江　西	54.45	7525.21	326.31	602.03	677.97
山　东	51.57	25580.56	1450.40	1634.83	4496.77
河　南	60.25	20675.23	535.66	404.84	5023.96
湖　北	18.33	15147.59	788.85	1032.90	2275.32
湖　南	37.34	11200.01	562.35	671.86	1703.30
广　东	26.03	24254.97	3750.28	6537.46	1246.11
广　西	45.00	6793.74	409.07	569.39	1585.03
海　南	1.70	4346.16	454.29	828.90	183.33
重　庆	58.59	7725.08	1239.28	1949.09	685.74
四　川	64.81	15274.61	1235.00	1234.24	2184.47
贵　州	9.89	7044.63	92.95	343.88	233.79
云　南	14.30	9106.41	193.54	240.73	245.03
西　藏	5.33	174.65	0.06	5.32	118.58
陕　西	49.87	10733.65	937.98	408.81	1154.57
甘　肃	12.40	3311.47	43.24	40.39	788.85
青　海	0.84	1986.44	45.15	72.16	59.58
宁　夏	0.24	1305.19	48.48	49.93	28.92
新　疆	14.78	6842.10	127.04	48.13	139.54

各地区全社会按主要行业分的固定资产投资（一）

单位：亿元

地　　区	合　　计	农、林、牧、渔业	采矿业	制造业	电力、热力、燃气及水的生产和供应业	建筑业	批发和零售业
全国总计	**512020.65**	**16573.81**	**14538.89**	**167025.29**	**22829.73**	**4125.76**	**15800.15**
北　京	6924.23	145.81	7.18	303.38	353.12	4.85	33.90
天　津	10518.19	214.32	314.91	2851.06	277.74	171.43	337.45
河　北	26671.92	1204.33	659.84	11420.21	1030.25	5.45	879.76
山　西	12354.53	997.73	1414.82	2678.28	959.66	5.99	254.49
内蒙古	17591.83	1125.75	1701.99	5249.35	1849.32	180.16	638.41
辽　宁	24730.80	662.18	617.38	8869.11	771.83	149.13	1059.98
吉　林	11339.62	608.51	505.50	5102.85	485.04	213.21	501.93
黑龙江	9828.99	841.60	508.42	2610.92	444.09	266.54	501.71
上　海	6016.43	11.86	0.08	978.40	177.96	0.83	31.86
江　苏	41938.62	323.32	106.47	19170.38	1018.28	58.75	987.45
浙　江	24262.77	305.01	45.10	6827.45	1012.27	83.06	432.83
安　徽	21875.58	666.96	319.20	8378.35	573.05	154.20	797.90
福　建	18177.86	472.78	247.07	5108.59	909.18	209.53	395.97
江　西	15079.26	394.65	289.39	7230.64	387.47	85.21	689.24
山　东	42495.55	1166.28	646.68	18717.70	1280.21	739.18	2050.83
河　南	30782.17	1343.18	573.96	14112.73	702.21	8.22	981.40
湖　北	22915.30	639.62	320.01	9146.53	544.16	106.52	633.57
湖　南	21242.92	811.37	626.23	7157.77	724.33	248.99	870.88
广　东	26293.93	366.62	248.75	7056.91	1095.51	52.31	848.28
广　西	13843.22	630.90	337.29	4623.17	625.89	68.44	479.42
海　南	3112.23	47.39	25.49	166.68	147.44	109.21	54.40
重　庆	12285.42	414.19	282.62	3214.97	413.67	4.52	210.18
四　川	23318.57	608.94	423.12	4991.10	1538.88	13.50	577.66
贵　州	9025.75	135.60	236.06	1215.88	423.20	6.65	105.59
云　南	11498.53	512.78	383.23	1537.15	866.55	1.60	265.83
西　藏	1069.23	48.19	52.41	62.06	232.24		9.17
陕　西	17191.92	891.35	1088.66	3379.58	735.78	126.86	652.70
甘　肃	7884.13	430.41	403.60	1356.76	905.09	870.95	289.03
青　海	2861.23	128.13	166.97	699.88	334.81	75.14	22.98
宁　夏	3173.79	128.69	167.39	789.67	440.26	15.45	53.08
新　疆	9447.74	295.35	1024.04	2017.81	1481.76	89.90	152.26
不分地区	6268.38		795.02		88.48		

各地区全社会按主要行业分的固定资产投资（二）

单位：亿元

地区	交通运输、仓储和邮政业	住宿和餐饮业	信息传输、软件和信息技术服务业	金融业	房地产业	租赁和商务服务业	科学研究和技术服务业
全国总计	**43215.67**	**6230.09**	**4110.05**	**1362.97**	**131348.16**	**7965.17**	**4219.12**
北京	767.99	65.06	178.03	54.31	4068.80	47.55	115.82
天津	750.63	66.91	126.43	64.81	2646.05	955.88	168.77
河北	2046.49	242.60	133.47	25.94	5538.74	320.46	207.62
山西	855.69	56.79	58.61	2.34	3039.41	78.84	45.81
内蒙古	1342.49	163.28	246.91	37.88	1987.60	125.79	147.09
辽宁	1808.53	406.75	213.07	105.96	5789.74	557.73	261.03
吉林	779.92	101.09	112.67	56.68	1297.25	116.43	123.83
黑龙江	732.99	201.91	169.44	28.97	1687.36	153.28	92.29
上海	459.24	33.35	110.03	20.54	3224.10	186.58	54.67
江苏	2169.72	424.41	504.89	173.25	10128.61	880.18	606.63
浙江	1736.61	254.79	210.35	92.51	9415.53	447.37	91.49
安徽	1136.69	233.98	150.48	102.39	5845.39	333.33	219.48
福建	1783.70	232.81	141.96	46.59	5606.33	233.22	52.69
江西	703.40	258.06	73.85	33.67	2309.46	270.75	54.40
山东	2196.14	340.58	171.41	83.76	8638.09	670.99	691.13
河南	1427.56	319.04	106.69	28.80	7387.14	311.43	132.62
湖北	1879.69	285.42	84.10	84.21	5560.36	451.74	94.27
湖南	1435.33	288.55	112.38	68.43	4272.14	393.97	206.05
广东	2589.86	472.17	430.79	96.23	9527.95	250.15	164.77
广西	1301.57	232.13	134.63	45.43	2686.73	231.33	70.54
海南	351.24	135.21	27.67	1.59	1663.09	16.43	11.84
重庆	1202.72	194.94	57.84	3.73	4382.42	103.22	29.75
四川	2979.83	371.87	91.83	27.67	7546.91	235.58	83.11
贵州	1319.85	106.97	14.00	2.92	2989.71	81.37	15.15
云南	1538.93	223.99	75.84	6.96	4117.86	78.81	32.15
西藏	209.53	28.12	6.55	12.63	136.85	10.41	11.27
陕西	987.60	298.66	164.29	31.87	5168.45	245.65	338.30
甘肃	793.74	105.34	55.39	17.24	1186.62	77.56	66.23
青海	446.77	18.93	15.03	0.77	462.30	47.77	6.88
宁夏	217.18	14.77	30.85	2.88	907.80	19.62	7.02
新疆	753.53	51.64	100.56	2.03	2129.39	31.74	12.97
不分地区	4510.51						3.44

各地区全社会按主要行业分的固定资产投资（三）

单位：亿元

地　区	水利、环境和公共设施管理业	居民服务、修理和其他服务业	教　育	卫生和社会工作	文化、体育和娱乐业	公共管理、社会保障和社会组织
全国总计	**46225.04**	**2371.71**	**6708.69**	**3991.51**	**6178.36**	**7200.50**
北　京	451.43	11.55	124.24	67.03	80.18	44.01
天　津	1061.86	120.08	180.07	49.70	85.08	75.02
河　北	1865.87	57.72	254.56	231.67	362.84	184.11
山　西	1416.91	52.84	140.70	69.45	171.34	54.83
内蒙古	1956.65	78.55	153.17	116.35	184.29	306.80
辽　宁	2459.34	211.88	254.42	127.35	253.98	151.42
吉　林	819.81	76.94	116.01	84.37	80.70	156.87
黑龙江	926.12	59.98	135.81	141.80	107.78	217.96
上　海	471.41	5.27	107.23	31.83	104.70	6.47
江　苏	3541.34	152.88	479.78	271.44	578.86	361.99
浙　江	2229.35	50.10	340.63	175.39	284.91	228.02
安　徽	1908.47	95.95	235.82	171.22	195.06	357.67
福　建	1787.84	53.40	214.45	118.64	257.89	305.21
江　西	1477.99	70.18	182.44	105.26	251.70	211.50
山　东	2138.99	337.49	518.13	340.00	860.17	907.81
河　南	2179.36	179.93	361.80	244.04	309.47	72.56
湖　北	1894.25	176.69	198.28	177.25	252.95	385.70
湖　南	2564.50	83.13	366.34	226.30	248.03	538.23
广　东	2025.90	49.90	408.52	231.80	260.34	117.20
广　西	1456.37	86.88	308.95	140.89	164.67	218.00
海　南	194.97	0.84	44.18	27.08	65.89	21.59
重　庆	1325.27	25.30	162.44	90.66	83.19	83.79
四　川	2723.12	55.01	411.69	208.02	183.00	247.74
贵　州	2002.14	11.81	205.42	35.29	87.32	30.82
云　南	1138.68	59.56	236.28	101.53	194.14	126.67
西　藏	75.06	17.69	28.82	14.18	12.77	101.30
陕　西	2030.10	77.37	221.65	227.71	203.57	321.78
甘　肃	608.13	86.37	107.19	69.25	140.88	314.34
青　海	230.04	10.51	50.84	13.19	20.25	110.03
宁　夏	260.07	6.19	28.98	28.53	22.50	32.87
新　疆	894.53	9.69	129.87	54.29	69.92	146.45
不分地区	109.19					761.74

各地区全社会固定资产投资

单位：亿元

地　区	合　计	固定资产投资（不含农户）	房地产开发	农　户
全国总计	**512020.65**	**501264.87**	**95035.61**	**10755.78**
北　京	6924.23	6873.44	3715.33	50.79
天　津	10518.19	10490.37	1699.65	27.82
河　北	26671.92	26147.20	4059.72	524.72
山　西	12354.53	12035.46	1403.55	319.07
内蒙古	17591.83	17437.85	1370.88	153.98
辽　宁	24730.80	24426.83	5301.31	303.97
吉　林	11339.62	11107.94	1030.13	231.68
黑龙江	9828.99	9537.88	1324.09	291.12
上　海	6016.43	6012.97	3206.48	3.46
江　苏	41938.62	41552.75	8240.22	385.87
浙　江	24262.77	23554.76	7262.38	708.01
安　徽	21875.58	21256.29	4338.96	619.28
福　建	18177.86	17869.76	4567.40	308.11
江　西	15079.26	14646.31	1322.49	432.95
山　东	42495.55	41599.13	5817.95	896.42
河　南	30782.17	30012.28	4375.71	769.88
湖　北	22915.30	22441.67	3983.79	473.63
湖　南	21242.92	20548.55	2883.57	694.37
广　东	26293.93	25843.06	7638.45	450.88
广　西	13843.22	13287.61	1838.49	555.61
海　南	3112.23	3039.46	1431.65	72.78
重　庆	12285.42	12140.83	3630.23	144.58
四　川	23318.57	22662.13	4380.09	656.44
贵　州	9025.75	8778.40	2187.67	247.35
云　南	11498.53	11073.81	2846.65	424.72
西　藏	1069.23	1069.23	52.91	
陕　西	17191.92	16840.27	2426.49	351.65
甘　肃	7884.13	7759.63	721.47	124.50
青　海	2861.23	2788.91	308.27	72.32
宁　夏	3173.79	3093.92	654.80	79.87
新　疆	9447.74	9067.79	1014.81	379.95
不分地区	6268.38	6268.38		

各地区全社会按经济类型分的固定资产投资（一）

单位：亿元

地　区	合　计	国有经济	集体经济	私营个体经济
全国总计	**512020.65**	**137167.68**	**17391.13**	**162141.84**
北　京	6924.23	2175.59	142.43	362.58
天　津	10518.19	2440.57	834.69	2388.67
河　北	26671.92	4061.32	1183.87	11187.28
山　西	12354.53	4074.57	850.01	3356.49
内蒙古	17591.83	6688.24	141.38	3252.06
辽　宁	24730.80	4921.19	287.72	10580.69
吉　林	11339.62	2616.38	87.49	3647.79
黑龙江	9828.99	3126.58	96.97	2855.72
上　海	6016.43	1781.10	53.30	1160.46
江　苏	41938.62	8218.77	1805.82	18513.16
浙　江	24262.77	6220.72	1021.27	7605.34
安　徽	21875.58	5174.89	341.14	8472.69
福　建	18177.86	5055.49	615.37	5392.55
江　西	15079.26	3318.72	158.78	6347.12
山　东	42495.55	5455.94	3380.39	16215.47
河　南	30782.17	3883.08	1624.90	10701.98
湖　北	22915.30	4977.61	713.73	8018.69
湖　南	21242.92	5984.40	585.83	7562.43
广　东	26293.93	5700.29	1225.40	6375.62
广　西	13843.22	3885.32	273.14	5036.34
海　南	3112.23	839.83	17.79	389.74
重　庆	12285.42	4222.26	160.49	3634.30
四　川	23318.57	8705.88	289.45	5315.07
贵　州	9025.75	4490.79	26.45	1699.35
云　南	11498.53	4772.87	304.73	2751.05
西　藏	1069.23	740.59	5.35	124.77
陕　西	17191.92	6961.38	687.72	3495.38
甘　肃	7884.13	3546.20	373.97	1760.19
青　海	2861.23	1394.31	19.38	551.02
宁　夏	3173.79	1252.73	16.12	1377.83
新　疆	9447.74	4211.71	66.08	2010.03
不分地区	6268.38	6268.38		

各地区全社会按经济类型分的固定资产投资（二）

单位：亿元

地　区	联营经济	股份制经济	外商投资经济	港澳台投资经济	其他经济
全国总计	**601.13**	**147422.43**	**11052.57**	**11934.53**	**24309.35**
北　京	0.54	3626.48	220.09	373.12	23.41
天　津	60.65	3780.94	395.90	256.90	359.87
河　北	15.98	7895.79	338.27	265.69	1723.73
山　西	9.68	3260.62	67.00	109.98	626.19
内蒙古	0.78	6857.55	94.02	83.89	473.92
辽　宁	17.41	6411.01	596.33	1018.37	898.08
吉　林	3.82	4099.42	81.49	88.14	715.08
黑龙江	37.72	3006.47	50.79	85.54	569.20
上　海	6.11	1882.44	620.06	492.64	20.32
江　苏	66.04	8394.37	2485.86	1658.14	796.46
浙　江	8.71	7139.99	741.43	1200.62	324.68
安　徽	15.42	6368.25	300.74	378.98	823.47
福　建	24.14	5254.70	431.05	805.08	599.48
江　西	32.76	4285.63	129.99	267.10	539.14
山　东	43.03	12529.93	802.29	621.17	3447.33
河　南	39.34	10767.24	166.11	139.21	3460.31
湖　北	10.00	7000.26	292.94	354.83	1547.25
湖　南	27.28	5340.64	214.29	208.89	1319.16
广　东	18.99	8903.69	1322.04	1844.35	903.56
广　西	24.37	3105.90	159.99	218.78	1139.39
海　南	0.27	1476.71	117.30	206.36	64.24
重　庆	17.29	2835.84	403.57	474.08	537.59
四　川	47.22	6741.06	354.31	323.52	1542.06
贵　州	4.26	2530.84	25.47	109.30	139.30
云　南	4.25	3268.65	76.26	127.32	193.40
西　藏	0.89	120.55	0.03	0.94	76.11
陕　西	42.21	4611.70	430.03	139.91	823.60
甘　肃	9.20	1657.45	16.37	17.05	503.71
青　海	0.61	798.35	30.59	24.60	42.36
宁　夏	0.24	489.49	6.35	17.67	13.37
新　疆	11.92	2980.45	81.62	22.34	63.58

各地区全社会建筑安装工程投资（一）

单位：亿元

地　　区	合　　计	国有经济	集体经济	私营个体经济
全国总计	**349789.05**	**105377.70**	**13728.91**	**104334.46**
北　　京	3417.62	1280.32	117.67	203.13
天　　津	7038.29	1645.49	637.92	1481.43
河　　北	17733.96	3032.03	832.40	7018.65
山　　西	8797.57	3008.88	666.15	2514.64
内 蒙 古	11784.63	5168.23	106.71	2185.25
辽　　宁	17813.32	4103.59	195.52	6754.50
吉　　林	6692.80	1853.03	57.40	2026.37
黑 龙 江	7271.57	2592.86	71.03	1875.63
上　　海	3713.25	1043.98	46.73	789.04
江　　苏	25027.49	6193.85	1496.89	9867.67
浙　　江	14359.39	4449.31	820.26	4179.06
安　　徽	15475.74	4432.70	285.83	5552.51
福　　建	12651.71	3936.68	499.10	3584.38
江　　西	10853.26	2583.12	125.05	4485.96
山　　东	27806.86	4067.11	2729.61	10046.41
河　　南	19647.86	2996.45	1215.62	6249.71
湖　　北	16782.47	3953.88	541.85	5560.80
湖　　南	14953.26	4707.68	376.94	5199.47
广　　东	17821.07	4219.11	1029.90	4424.06
广　　西	9270.04	3011.54	202.19	3138.28
海　　南	2292.75	668.21	17.27	327.76
重　　庆	8870.58	3341.41	138.65	2590.65
四　　川	17951.75	7194.38	246.91	3985.93
贵　　州	7342.28	3705.34	22.26	1346.60
云　　南	8859.89	3880.93	269.19	2117.72
西　　藏	959.97	678.24	4.64	112.50
陕　　西	13338.61	5593.26	593.53	2599.88
甘　　肃	6353.70	3047.35	309.05	1333.58
青　　海	2246.20	1219.85	18.49	408.42
宁　　夏	2285.40	943.99	9.50	983.15
新　　疆	6973.86	3423.05	44.66	1391.30
不分地区	3401.88	3401.88		

各地区全社会建筑安装工程投资（二）

单位：亿元

地　区	联营经济	股份制经济	外商投资经济	港澳台投资经济	其他经济
全国总计	**470.23**	**95750.49**	**5674.26**	**7264.60**	**17188.40**
北　京	0.49	1600.98	98.82	94.98	21.22
天　津	50.25	2540.86	258.58	178.47	245.29
河　北	11.15	5334.40	173.46	158.52	1173.35
山　西	8.67	2051.32	38.64	26.33	482.94
内蒙古	0.58	3937.33	47.06	32.34	307.13
辽　宁	14.14	4733.91	423.05	871.78	716.83
吉　林	1.51	2316.07	30.81	47.38	360.24
黑龙江	35.72	2226.61	28.35	54.37	387.00
上　海	5.44	1228.22	321.45	265.91	12.47
江　苏	49.81	5025.60	962.54	916.92	514.21
浙　江	7.28	3723.90	382.54	558.13	238.90
安　徽	13.18	4127.38	184.80	237.29	642.06
福　建	22.30	3402.97	256.57	514.87	434.85
江　西	31.58	2936.14	99.27	188.81	403.32
山　东	21.31	7676.51	416.36	429.03	2420.52
河　南	27.97	6790.08	113.23	92.06	2162.74
湖　北	6.91	5033.71	187.18	257.20	1240.95
湖　南	19.21	3463.65	116.54	144.53	925.24
广　东	12.26	5704.59	691.07	1115.29	624.80
广　西	13.52	1969.12	86.78	136.10	712.53
海　南	0.23	1007.83	87.37	142.40	41.67
重　庆	14.98	1906.17	155.50	298.12	425.11
四　川	39.83	4843.09	209.01	199.12	1233.48
贵　州	4.22	2062.31	14.05	74.21	113.29
云　南	2.66	2295.72	55.53	89.91	148.22
西　藏	0.89	90.73	0.03	0.94	72.01
陕　西	34.46	3588.06	184.51	92.09	652.83
甘　肃	7.80	1258.95	10.69	10.20	376.08
青　海	0.57	526.79	21.83	13.67	36.56
宁　夏	0.24	323.99	2.51	10.18	11.84
新　疆	11.05	2023.53	16.13	13.45	50.69

各地区全社会设备、工器具购置投资（一）

单位：亿元

地　区	合　计	国有经济	集体经济	私营个体经济
全国总计	**101005.22**	**16043.85**	**1764.22**	**41489.41**
北　京	708.44	254.29	2.63	17.94
天　津	1838.36	222.85	128.40	689.75
河　北	5845.99	505.60	116.27	2995.06
山　西	2329.65	624.71	76.98	555.33
内蒙古	4725.60	1110.89	28.71	829.87
辽　宁	5045.41	585.52	56.50	2988.89
吉　林	3790.05	607.19	24.82	1323.44
黑龙江	1961.94	343.06	21.29	848.40
上　海	624.83	273.18	1.75	81.72
江　苏	12356.03	1117.43	144.24	6977.71
浙　江	4093.64	388.53	51.96	1775.17
安　徽	4639.79	442.52	41.03	2300.03
福　建	2674.95	321.12	50.11	1143.39
江　西	2667.80	245.24	18.73	1303.51
山　东	10866.10	921.93	300.64	4929.22
河　南	8065.60	525.34	198.93	3483.14
湖　北	3768.07	574.67	107.18	1729.87
湖　南	3342.02	499.32	79.44	1586.05
广　东	4266.45	688.75	78.90	1017.54
广　西	3204.81	430.58	55.40	1445.15
海　南	280.53	44.89	0.16	13.13
重　庆	1271.42	272.59	8.35	437.17
四　川	2590.48	592.98	27.96	755.75
贵　州	458.01	175.35	1.35	137.48
云　南	999.02	326.53	8.35	266.01
西　藏	69.76	36.21	0.63	4.23
陕　西	2504.64	825.85	52.46	601.90
甘　肃	1056.78	288.05	54.09	326.97
青　海	453.47	116.96	0.83	111.62
宁　夏	700.31	231.80	6.53	318.80
新　疆	1914.81	559.48	19.63	495.18
不分地区	1890.45	1890.45		

各地区全社会设备、工器具购置投资（二）

单位：亿元

地　区	联营经济	股份制经济	外商投资经济	港澳台投资经济	其他经济
全国总计	**78.53**	**30214.13**	**4174.30**	**2441.23**	**4799.56**
北　京	0.01	180.72	102.70	149.44	0.71
天　津	0.60	585.83	103.11	33.47	74.36
河　北	2.48	1666.82	140.04	84.27	335.47
山　西	0.86	910.68	14.91	74.73	71.44
内蒙古	0.20	2554.49	40.67	47.53	113.25
辽　宁	2.50	1094.89	114.81	58.77	143.53
吉　林	0.76	1440.92	50.09	14.31	328.51
黑龙江	0.83	544.63	19.94	21.33	162.46
上　海	0.67	67.79	176.97	22.48	0.27
江　苏	12.65	2083.55	1350.43	448.00	222.03
浙　江	0.84	1301.65	245.90	280.89	48.71
安　徽	1.64	1515.71	102.81	91.84	144.20
福　建	1.44	766.60	106.41	180.92	104.95
江　西	0.49	926.22	23.38	55.18	95.05
山　东	18.76	3542.64	319.09	123.59	710.23
河　南	7.12	2876.55	40.01	37.15	897.37
湖　北	2.80	1049.92	73.63	44.70	185.30
湖　南	2.11	896.90	74.77	22.59	180.84
广　东	4.91	1508.02	439.86	414.83	113.64
广　西	7.57	821.42	53.15	52.85	338.69
海　南		172.84	17.55	13.63	18.33
重　庆	1.37	298.19	171.92	30.61	51.21
四　川	0.88	877.38	70.40	65.68	199.46
贵　州		121.50	4.23	8.27	9.84
云　南	1.32	359.96	15.46	6.17	15.22
西　藏		25.38			3.31
陕　西	4.17	639.66	220.42	41.00	119.19
甘　肃	0.70	284.85	5.16	1.87	95.08
青　海	0.04	205.53	7.56	5.95	4.99
宁　夏		133.68	3.68	4.50	1.33
新　疆	0.80	759.20	65.23	4.70	10.59

各地区全社会其他费用投资（一）

单位：亿元

地　　区	合　　计	国有经济	集体经济	私营个体经济
全国总计	**61226.38**	**15746.13**	**1898.01**	**16317.97**
北　　京	2798.18	640.97	22.13	141.51
天　　津	1641.54	572.23	68.37	217.48
河　　北	3091.97	523.69	235.20	1173.58
山　　西	1227.31	440.98	106.87	286.52
内 蒙 古	1081.59	409.12	5.96	236.94
辽　　宁	1872.08	232.08	35.70	837.30
吉　　林	856.76	156.16	5.27	297.98
黑 龙 江	595.49	190.66	4.64	131.69
上　　海	1678.35	463.94	4.82	289.70
江　　苏	4555.10	907.49	164.70	1667.77
浙　　江	5809.73	1382.88	149.06	1651.11
安　　徽	1760.05	299.67	14.28	620.14
福　　建	2851.21	797.70	66.17	664.78
江　　西	1558.20	490.36	15.00	557.65
山　　东	3822.58	466.90	350.14	1239.84
河　　南	3068.71	361.29	210.36	969.13
湖　　北	2364.76	449.06	64.70	728.02
湖　　南	2947.64	777.40	129.46	776.91
广　　东	4206.42	792.43	116.60	934.02
广　　西	1368.36	443.20	15.55	452.91
海　　南	538.96	126.73	0.36	48.85
重　　庆	2143.41	608.26	13.49	606.48
四　　川	2776.34	918.52	14.58	573.39
贵　　州	1225.46	610.10	2.84	215.26
云　　南	1639.63	565.42	27.19	367.32
西　　藏	39.50	26.14	0.09	8.03
陕　　西	1348.67	542.28	41.72	293.60
甘　　肃	473.66	210.80	10.82	99.64
青　　海	161.56	57.51	0.06	30.98
宁　　夏	188.08	76.94	0.09	75.88
新　　疆	559.06	229.19	1.79	123.54
不分地区	976.06	976.06		

各地区全社会其他费用投资（二）

单位：亿元

地　区	联营经济	股份制经济	外商投资经济	港澳台投资经济	其他经济
全国总计	**52.37**	**21457.81**	**1204.01**	**2228.70**	**2321.39**
北　京	0.03	1844.78	18.57	128.70	1.48
天　津	9.80	654.25	34.21	44.96	40.23
河　北	2.35	894.58	24.78	22.89	214.91
山　西	0.15	298.62	13.44	8.92	71.80
内蒙古		365.72	6.29	4.02	53.55
辽　宁	0.76	582.21	58.47	87.82	37.73
吉　林	1.55	342.43	0.58	26.45	26.34
黑龙江	1.16	235.24	2.51	9.85	19.73
上　海		586.43	121.64	204.25	7.58
江　苏	3.58	1285.22	172.89	293.22	60.22
浙　江	0.58	2114.44	112.99	361.60	37.08
安　徽	0.60	725.16	13.13	49.85	37.22
福　建	0.40	1085.13	68.07	109.29	59.67
江　西	0.69	423.27	7.34	23.11	40.76
山　东	2.97	1310.77	66.83	68.56	316.58
河　南	4.25	1100.62	12.87	9.99	400.20
湖　北	0.29	916.63	32.13	52.94	121.00
湖　南	5.95	980.09	22.98	41.77	213.08
广　东	1.83	1691.08	191.11	314.23	165.11
广　西	3.27	315.36	20.06	29.83	88.17
海　南	0.04	296.04	12.37	50.33	4.24
重　庆	0.94	631.48	76.15	145.35	61.27
四　川	6.51	1020.60	74.91	58.72	109.12
贵　州	0.04	347.04	7.19	26.83	16.16
云　南	0.27	612.98	5.27	31.24	29.95
西　藏		4.45			0.79
陕　西	3.58	383.98	25.11	6.83	51.58
甘　肃	0.70	113.65	0.52	4.98	32.55
青　海		66.03	1.20	4.98	0.80
宁　夏		31.82	0.16	2.99	0.20
新　疆	0.07	197.72	0.26	4.20	2.29

各地区全社会住宅建设投资（一）

单位：亿元

地　　区	合　　计	国有经济	集体经济	私营个体经济
全国总计	**80615.14**	**7599.05**	**1832.44**	**28688.60**
北　　京	2102.65	194.75	44.97	178.37
天　　津	1292.89	178.46	23.31	197.52
河　　北	3648.80	95.06	98.67	1635.33
山　　西	2004.54	331.16	310.25	869.59
内 蒙 古	1250.50	264.64	11.76	508.82
辽　　宁	4077.20	171.60	10.40	1419.76
吉　　林	841.42	39.34	0.03	334.11
黑 龙 江	1118.67	121.10	1.52	361.03
上　　海	1730.81	146.52	7.77	405.32
江　　苏	6632.95	586.22	100.03	2521.38
浙　　江	5782.44	574.36	117.00	2255.16
安　　徽	3636.29	446.29	36.50	1362.38
福　　建	3277.37	303.83	39.94	955.56
江　　西	1704.95	284.08	16.92	721.71
山　　东	5396.53	320.12	425.62	1686.07
河　　南	4309.79	238.47	165.28	1453.82
湖　　北	3371.89	180.76	42.35	1246.19
湖　　南	2726.55	219.41	7.04	1249.28
广　　东	5907.47	177.33	86.62	1960.60
广　　西	1786.11	128.71	6.04	940.74
海　　南	1242.96	131.89	1.43	214.76
重　　庆	2717.68	285.20	11.76	1044.41
四　　川	4087.56	513.32	38.06	1522.68
贵　　州	1605.50	86.11	0.46	542.95
云　　南	2524.93	332.44	52.96	907.88
西　　藏	61.56	9.67		41.95
陕　　西	2777.02	392.05	144.13	844.10
甘　　肃	770.06	174.77	23.80	265.01
青　　海	331.03	88.34	6.82	155.13
宁　　夏	526.73	100.34		327.03
新　　疆	1368.87	481.32	1.00	559.97
不分地区	1.43	1.43		

各地区全社会住宅建设投资（二）

单位：亿元

地　区	联营经济	股份制经济	外商投资经济	港澳台投资经济	其他经济
全国总计	**34.57**	**36085.45**	**1574.37**	**3767.59**	**1033.08**
北　京		1614.75	15.40	43.68	10.73
天　津		785.73	49.42	47.46	11.00
河　北		1739.68	14.84	38.58	26.64
山　西		375.41	2.84	1.95	113.34
内蒙古		452.20	5.72		7.37
辽　宁		1730.00	167.02	572.58	5.83
吉　林		417.25	1.98	42.67	6.05
黑龙江		618.60	2.21	10.00	4.21
上　海		918.80	108.73	143.68	
江　苏	0.30	2561.35	269.11	579.28	15.27
浙　江		2327.02	105.86	357.88	45.16
安　徽	4.09	1564.19	34.43	127.54	60.87
福　建		1644.25	104.73	214.69	14.38
江　西	21.80	571.67	12.24	37.39	39.14
山　东		2521.02	69.26	204.24	170.20
河　南	1.58	2297.11	24.12	35.08	94.34
湖　北		1697.20	43.93	123.93	37.54
湖　南	3.43	1150.49	19.10	59.05	18.75
广　东		2865.26	262.21	485.21	70.25
广　西		600.81	21.36	69.30	19.16
海　南	0.17	729.15	40.76	122.05	2.75
重　庆	1.16	1112.09	46.63	195.23	21.21
四　川	0.80	1727.71	87.58	98.13	99.28
贵　州		935.61	2.23	34.70	3.45
云　南	0.26	1108.68	15.28	58.05	49.39
西　藏		9.82			0.11
陕　西	0.95	1242.77	46.09	57.11	49.84
甘　肃		284.50	0.35	0.17	21.46
青　海		68.18			12.56
宁　夏		92.52	0.95	5.80	0.08
新　疆	0.03	321.67		2.16	2.74

各地区全社会新增固定资产（一）

地　　区	合　　计	国有经济	集体经济	私营个体经济
全国总计	**343462.41**	**89978.83**	**13701.31**	**118475.46**
北　　京	3728.32	1146.14	119.84	138.99
天　　津	6850.40	1333.33	712.62	1725.35
河　　北	19526.66	2842.45	963.63	8738.70
山　　西	9130.45	3270.61	714.59	2363.63
内 蒙 古	12916.82	5117.08	133.72	2344.51
辽　　宁	17473.47	3515.96	223.90	8379.17
吉　　林	9833.20	2318.53	80.98	3160.90
黑 龙 江	7444.91	2346.34	83.93	2340.82
上　　海	2760.11	785.91	23.97	577.57
江　　苏	32338.53	6097.59	1503.52	15077.94
浙　　江	14645.78	3415.76	820.75	4720.39
安　　徽	14518.58	3441.88	275.83	6256.46
福　　建	11215.69	2954.90	478.23	3697.15
江　　西	10067.79	2168.15	131.18	4520.98
山　　东	29147.35	3722.15	2606.53	11922.76
河　　南	20409.28	2622.47	1142.47	7284.38
湖　　北	13901.50	2861.62	453.90	5562.41
湖　　南	14448.26	3779.72	453.02	5820.47
广　　东	18126.97	4006.44	998.40	4545.73
广　　西	8855.26	2208.10	208.66	3744.64
海　　南	1393.24	431.60	3.99	213.35
重　　庆	7669.14	2978.89	117.91	2438.34
四　　川	15869.68	6199.59	264.29	3823.35
贵　　州	4638.49	2213.09	10.76	1049.28
云　　南	6644.78	2798.98	223.14	1740.22
西　　藏	730.45	503.37	3.67	75.94
陕　　西	10714.28	4451.87	567.43	2458.18
甘　　肃	5442.29	2482.24	308.49	1257.68
青　　海	1415.64	767.63	15.11	321.39
宁　　夏	2252.82	874.97	16.46	937.77
新　　疆	6102.84	3072.02	40.39	1237.01
不分地区	3249.44	3249.44		

各地区全社会新增固定资产（二）

单位：亿元

地　区	联营经济	股份制经济	外商投资经济	港澳台投资经济	其他经济
全国总计	**482.12**	**88372.07**	**7299.09**	**6749.43**	**18404.10**
北　京		1587.87	359.08	352.48	23.91
天　津	47.57	2365.26	260.25	94.67	311.35
河　北	14.80	5213.25	256.10	166.96	1330.77
山　西	7.69	2188.21	46.84	44.38	494.49
内蒙古	0.78	4794.26	82.40	61.30	382.77
辽　宁	9.49	3800.16	393.86	425.29	725.65
吉　林	3.32	3484.70	84.91	38.97	660.91
黑龙江	30.58	2075.93	25.88	43.78	497.65
上　海	8.71	889.99	281.41	191.37	1.18
江　苏	80.65	5708.39	2014.17	1152.07	704.19
浙　江	3.30	4313.74	621.66	513.67	236.50
安　徽	14.67	3578.26	168.20	167.19	616.10
福　建	7.44	2650.52	370.57	587.02	469.85
江　西	47.19	2565.34	64.28	170.28	400.38
山　东	45.85	7481.90	510.52	337.88	2519.75
河　南	29.34	6624.46	141.40	72.66	2492.10
湖　北	6.60	3805.79	93.70	101.84	1015.64
湖　南	14.35	3236.94	105.24	90.90	947.63
广　东	9.50	5649.42	813.11	1327.54	776.82
广　西	17.06	1721.55	77.64	92.62	784.99
海　南	0.27	632.11	24.24	79.26	8.42
重　庆	15.05	1344.35	114.26	223.17	437.18
四　川	20.46	3929.40	162.94	265.35	1204.31
贵　州	1.52	1183.08	13.66	59.69	107.39
云　南	1.36	1739.31	29.72	15.66	96.38
西　藏	0.79	96.39	0.03	4.20	46.06
陕　西	25.88	2443.65	96.03	38.61	632.64
甘　肃	5.68	1001.78	7.66	6.08	372.67
青　海	0.72	270.40	0.44	3.44	36.51
宁　夏	0.24	390.87	4.08	17.83	10.61
新　疆	11.26	1604.83	74.82	3.25	59.27

各地区全社会投资实际到位资金

单位：亿元

地　区	本年实际到位资金小计	国家预算资金	国内贷款	利用外资	自筹资金	其他资金
全国总计	**543480.55**	**26745.42**	**65221.03**	**4052.86**	**379737.80**	**67723.44**
北　京	9648.58	859.18	2732.87	28.80	3212.82	2814.91
天　津	11633.98	169.81	2016.26	92.51	7753.56	1601.85
河　北	26321.48	684.74	1966.30	104.86	21687.42	1878.17
山　西	10664.68	625.18	833.69	43.59	8329.83	832.39
内蒙古	17269.45	848.59	1913.90	14.68	13699.02	793.26
辽　宁	26449.04	1111.53	3645.72	180.59	19569.27	1941.92
吉　林	11493.23	290.77	535.41	11.43	9873.77	781.84
黑龙江	10366.86	370.09	219.88	31.45	9109.38	636.06
上　海	7961.62	417.89	2068.08	205.05	3243.55	2027.05
江　苏	47097.73	627.26	5382.22	1152.05	33686.89	6249.31
浙　江	26574.54	1403.62	3766.27	214.53	16666.44	4523.69
安　徽	23176.50	1167.55	1562.22	82.82	17167.85	3196.06
福　建	19142.26	1334.62	2001.37	187.34	12647.45	2971.48
江　西	16790.29	550.66	1206.91	85.81	13079.68	1867.23
山　东	44732.40	818.79	4299.20	342.87	35414.30	3857.24
河　南	30932.72	861.17	4000.91	94.69	23784.40	2191.55
湖　北	24094.34	909.13	2737.84	77.64	18222.95	2146.79
湖　南	22685.39	1149.84	1908.40	55.42	17105.99	2465.74
广　东	30486.27	1366.49	4387.13	405.01	18054.45	6273.19
广　西	14936.44	929.43	1887.40	14.03	10161.03	1944.56
海　南	3551.08	173.55	744.75	15.28	1838.68	778.81
重　庆	14561.37	773.66	2562.13	282.44	7980.80	2962.33
四　川	25231.55	1357.64	2407.47	95.07	16848.02	4523.36
贵　州	9665.01	491.85	1619.97	34.38	5963.74	1555.07
云　南	10269.20	986.79	1226.27	25.93	6538.83	1491.38
西　藏	1248.68	814.10	5.76	1.40	367.63	59.78
陕　西	17154.94	1064.59	1292.30	110.26	12969.93	1717.85
甘　肃	7599.42	844.49	954.50	34.48	4971.50	794.46
青　海	2781.05	530.46	596.01	4.22	1353.80	296.55
宁　夏	2961.70	237.34	733.97	2.85	1608.71	378.83
新　疆	9482.08	1360.97	1314.47	3.13	5819.44	984.07
不分地区	6516.69	1613.66	2691.47	18.26	1006.65	1186.66

各地区全社会房屋施工面积（一）

单位：万平方米

地　区	合　计	国有经济	集体经济	私营个体经济
全国总计	**1355559.65**	**178644.76**	**42685.67**	**528843.16**
北　京	20570.76	3674.76	848.59	1893.50
天　津	23029.10	4176.42	1471.80	4785.80
河　北	66068.42	2987.02	1983.66	29264.94
山　西	32645.05	4635.44	2864.09	15485.68
内蒙古	25542.30	4258.56	109.57	11216.00
辽　宁	68646.30	8157.48	448.89	30012.05
吉　林	18426.03	1512.56	59.42	6482.79
黑龙江	20547.17	3116.67	60.53	6379.14
上　海	18010.06	2096.30	198.06	5021.20
江　苏	112433.46	13629.33	3806.14	54166.27
浙　江	93906.30	15941.03	4775.67	34093.22
安　徽	63985.66	10796.23	593.47	24794.80
福　建	57149.34	9085.29	1085.58	19720.96
江　西	39119.54	5970.61	301.14	16969.73
山　东	110268.20	7542.39	8470.10	42775.78
河　南	89258.19	4990.06	6359.35	34164.47
湖　北	55383.84	5361.89	1366.39	25587.16
湖　南	43123.82	4721.67	433.62	18987.55
广　东	85344.25	5785.64	3437.86	26742.20
广　西	31527.50	3814.01	350.59	16974.47
海　南	9519.00	1451.55	19.76	1936.08
重　庆	35549.45	6164.43	295.35	13869.74
四　川	70053.40	12077.66	689.50	24272.33
贵　州	30576.86	4612.33	54.10	10138.55
云　南	39447.16	6838.60	863.88	17546.97
西　藏	972.32	327.51	1.55	472.99
陕　西	35076.04	7102.27	1235.14	11076.48
甘　肃	16254.35	4307.15	333.32	5375.15
青　海	5498.88	1365.13	130.75	2590.81
宁　夏	9495.12	1598.90	18.07	5766.69
新　疆	27744.92	10159.00	19.70	10279.65
不分地区	386.86	386.86		

各地区全社会房屋施工面积（二）

单位：万平方米

地　区	联营经济	股份制经济	外商投资经济	港澳台投资经济	其他经济
全国总计	**1681.10**	**492143.00**	**25954.21**	**47395.30**	**38212.46**
北　京	4.34	12748.23	633.11	608.21	160.04
天　津	204.85	10311.25	831.94	853.08	393.96
河　北	3.93	28141.63	511.53	547.74	2627.99
山　西	0.05	6921.01	189.91	163.08	2385.80
内蒙古	2.45	9697.39	99.91	8.76	149.64
辽　宁	195.33	21889.35	2693.13	4292.89	957.17
吉　林	1.29	9543.59	108.26	503.92	214.21
黑龙江	18.05	10062.50	76.37	247.34	586.57
上　海	31.09	8297.09	921.89	1442.17	2.25
江　苏	39.18	29795.84	4017.59	5989.88	989.23
浙　江	19.47	30416.16	2676.68	4604.35	1379.71
安　徽	33.65	23448.17	1177.86	1072.62	2068.86
福　建	6.89	21345.34	1301.29	3584.75	1019.23
江　西	735.99	11856.27	582.47	866.57	1836.76
山　东	26.94	38027.87	1360.92	5742.76	6321.44
河　南	107.69	35319.95	534.24	847.45	6934.98
湖　北	2.75	20234.70	404.85	1025.57	1400.53
湖　南	29.27	17151.32	361.91	959.84	478.64
广　东	13.11	36794.67	3417.40	7292.15	1861.23
广　西	1.93	8545.29	318.34	827.50	695.37
海　南	1.31	5347.89	137.54	583.85	41.02
重　庆	18.05	11848.74	936.21	2136.77	280.16
四　川	66.72	27009.53	1684.92	1829.83	2422.90
贵　州		14980.84	125.84	271.31	393.89
云　南	3.01	13052.32	200.09	409.53	532.76
西　藏	3.94	93.71			72.63
陕　西	85.25	13625.43	556.08	460.91	934.48
甘　肃	5.08	5522.20	66.42	68.48	576.54
青　海		1228.70			183.48
宁　夏	1.20	1988.74	12.95	99.67	8.90
新　疆	18.30	6897.29	14.55	54.33	302.09

各地区全社会住宅施工面积（一）

单位：万平方米

地　　区	合　　计	国有经济	集体经济	私营个体经济
全国总计	**689041.18**	**75189.37**	**14564.66**	**283223.77**
北　　京	8629.97	1271.28	289.15	1046.48
天　　津	8282.17	1114.97	200.06	1265.11
河　　北	30962.82	934.26	712.11	14530.31
山　　西	19818.77	2876.63	1695.25	10493.57
内 蒙 古	14723.89	1880.46	56.49	6908.62
辽　　宁	32316.77	1635.38	168.85	13524.77
吉　　林	10042.26	638.17	1.20	3586.82
黑 龙 江	11745.98	1776.68	12.64	3811.05
上　　海	8573.04	910.37	67.80	1828.22
江　　苏	47411.43	4931.61	846.27	19656.75
浙　　江	36546.62	5422.85	1198.49	14491.34
安　　徽	32425.70	5596.96	248.41	12442.42
福　　建	23558.50	2631.64	418.71	8539.50
江　　西	19738.17	2952.58	126.80	9521.01
山　　东	53755.34	2711.89	2685.62	22516.99
河　　南	44616.35	1837.23	2448.53	18622.48
湖　　北	25994.96	2081.34	376.70	11521.21
湖　　南	27904.95	2151.35	146.56	13288.17
广　　东	44102.39	1715.27	674.31	15595.95
广　　西	19893.75	1597.51	84.20	12302.36
海　　南	7030.63	920.93	9.50	1548.62
重　　庆	23082.02	4132.17	215.90	8908.89
四　　川	38419.16	5847.39	434.94	14957.77
贵　　州	17420.66	1395.33	11.29	6400.16
云　　南	24806.73	3323.48	313.94	12450.71
西　　藏	581.24	150.28		371.66
陕　　西	22765.40	3635.58	856.36	7797.49
甘　　肃	8997.99	2067.75	139.01	3496.41
青　　海	3337.88	651.24	116.33	1691.81
宁　　夏	5474.95	905.78		3426.74
新　　疆	16070.45	5480.78	9.25	6680.38
不分地区	10.22	10.22		

各地区全社会住宅施工面积（二）

单位：万平方米

地　区	联营经济	股份制经济	外商投资经济	港澳台投资经济	其他经济
全国总计	**729.23**	**272980.12**	**11036.51**	**21851.04**	**9466.50**
北　京		5728.03	92.75	136.84	65.43
天　津		4977.94	323.84	324.25	75.99
河　北		13935.54	147.14	272.37	431.09
山　西		3548.06	57.81	48.40	1099.05
内蒙古		5773.51	57.72		47.09
辽　宁		12435.79	1543.06	2961.88	47.04
吉　林		5431.89	8.44	346.16	29.58
黑龙江		5922.35	42.32	143.96	36.99
上　海		5033.76	313.21	419.68	
江　苏	2.00	16868.38	1651.09	3301.24	154.10
浙　江		13070.80	539.82	1404.23	419.10
安　徽	16.44	12519.27	372.12	515.86	714.22
福　建		9838.10	552.05	1464.48	114.01
江　西	611.69	5511.82	145.92	485.52	382.83
山　东		22824.99	482.93	1326.58	1206.34
河　南	30.00	20027.12	297.79	222.93	1130.28
湖　北		11051.01	131.24	573.10	260.37
湖　南	25.69	11246.20	213.96	619.14	213.87
广　东		20578.51	1839.66	3382.50	316.19
广　西		5027.55	184.22	521.58	176.33
海　南	0.97	4084.50	89.60	368.70	7.81
重　庆	10.30	8098.52	436.17	1103.29	176.80
四　川	17.90	14067.89	930.54	1002.88	1159.86
贵　州		9216.92	75.74	162.72	158.50
云　南	1.47	7969.22	111.59	305.55	330.77
西　藏	3.84	54.96			0.50
陕　西	8.85	9443.41	348.88	337.35	337.47
甘　肃		3052.43	39.14	12.61	190.64
青　海		755.00			123.50
宁　夏		1081.58	7.74	52.46	0.65
新　疆	0.09	3805.08		34.79	60.08

各地区全社会房屋竣工面积（一）

单位：万平方米

地　区	合　计	国有经济	集体经济	私营个体经济
全国总计	**355068.39**	**44331.08**	**13101.64**	**188808.42**
北　京	4898.67	922.91	257.95	619.22
天　津	5549.10	743.21	276.22	1612.27
河　北	16444.88	850.64	641.86	9740.79
山　西	8328.18	1212.39	965.34	4714.21
内蒙古	5639.97	1650.33	71.35	2325.50
辽　宁	16931.00	1213.06	65.07	10715.22
吉　林	5119.79	580.46	13.13	2192.39
黑龙江	6136.05	1350.34	43.61	2173.43
上　海	2682.20	300.81	19.49	764.12
江　苏	37242.25	5531.37	1776.85	19723.51
浙　江	23107.61	2809.50	1318.16	10929.92
安　徽	17455.37	2853.82	297.32	9376.86
福　建	13087.12	2073.40	339.50	6063.90
江　西	13745.36	1964.09	139.33	7998.87
山　东	28297.19	1493.55	1841.63	17003.25
河　南	24051.07	1089.64	1537.00	12745.93
湖　北	17826.96	1693.79	575.62	10077.07
湖　南	10709.55	607.35	107.93	7456.70
广　东	20355.61	1102.93	1348.02	8512.44
广　西	9257.71	792.93	74.10	7222.85
海　南	1849.77	270.92	1.70	699.83
重　庆	6029.07	882.77	134.48	3238.40
四　川	17080.25	2675.80	296.77	9271.49
贵　州	6893.81	1010.93	0.34	3330.96
云　南	11547.83	1908.14	448.33	7738.41
西　藏	343.78	49.92		278.01
陕　西	7376.42	1268.06	366.43	3705.32
甘　肃	3755.50	1007.06	131.12	1748.74
青　海	1723.75	315.43	8.08	1090.47
宁　夏	1902.70	304.41	0.39	1307.09
新　疆	9572.21	3673.42	4.53	4431.23
不分地区	127.69	127.69		

各地区全社会房屋竣工面积（二）

单位：万平方米

地　区	联营经济	股份制经济	外商投资经济	港澳台投资经济	其他经济
全国总计	**690.62**	**85351.41**	**5045.53**	**7277.09**	**10462.62**
北　京		2748.92	102.01	186.46	61.20
天　津	5.46	2328.24	306.72	162.90	114.07
河　北	2.53	4245.27	58.15	49.19	856.46
山　西		1032.05	31.01	14.01	359.17
内蒙古		1490.01	24.09	8.76	69.92
辽　宁	6.49	3781.29	367.99	515.08	266.81
吉　林	1.24	2137.96	36.45	24.13	134.03
黑龙江		2247.50	11.36	30.38	279.42
上　海	8.75	1338.68	101.75	147.74	0.87
江　苏	32.88	6901.32	1496.77	1273.48	506.08
浙　江	4.82	6130.09	688.25	868.63	358.25
安　徽	14.43	4003.00	126.48	243.01	540.46
福　建	3.94	3546.34	154.78	602.27	302.98
江　西	496.49	2496.85	67.75	212.28	369.70
山　东	7.46	6107.32	314.35	228.37	1301.26
河　南	56.69	6840.28	163.19	276.99	1341.34
湖　北	2.75	4531.34	85.44	141.52	719.44
湖　南	0.75	2226.76	14.79	98.24	197.03
广　东	9.38	6425.06	554.91	1350.31	1052.56
广　西	0.09	905.77	47.18	75.32	139.47
海　南	1.31	778.56	10.83	86.19	0.43
重　庆	0.59	1322.00	92.44	260.69	97.69
四　川	8.53	3942.37	112.74	207.19	565.36
贵　州		2324.53	42.31	89.21	95.54
云　南	2.45	1182.40	11.00	26.47	230.64
西　藏		15.85			
陕　西	5.30	1704.33	17.46	61.07	248.44
甘　肃		757.14	0.46	3.65	107.33
青　海		175.50			134.27
宁　夏		252.87	1.25	32.76	3.92
新　疆	18.30	1431.81	3.63	0.81	8.47

各地区全社会住宅竣工面积（一）

单位：万平方米

地　　区	合　　计	国有经济	集体经济	私营个体经济
全国总计	**192545.05**	**20180.33**	**5280.15**	**116108.44**
北　京	2523.64	370.74	140.42	504.79
天　津	2553.49	341.51	101.74	459.76
河　北	8003.09	170.96	290.85	5481.30
山　西	5919.64	858.49	601.42	3626.94
内蒙古	3075.22	739.66	46.09	1490.28
辽　宁	8176.67	532.62	3.59	5071.60
吉　林	2076.05	261.99		1087.28
黑龙江	3301.52	776.93	7.62	1274.87
上　海	1549.74	146.80	3.67	419.89
江　苏	10900.65	1648.19	218.35	5253.83
浙　江	9031.05	957.04	442.37	5158.25
安　徽	9407.58	1513.15	130.16	5549.43
福　建	4777.63	367.26	124.54	2629.46
江　西	8393.81	1161.40	78.85	5451.99
山　东	16815.78	689.69	994.01	10878.04
河　南	15667.22	489.80	824.18	9959.24
湖　北	7161.21	519.99	162.75	4778.67
湖　南	8598.53	358.86	37.26	6315.96
广　东	9261.78	182.67	194.19	4976.57
广　西	7214.74	418.43	55.74	6156.85
海　南	1651.91	241.59	1.70	651.63
重　庆	4470.33	645.09	132.06	2429.72
四　川	11242.87	1521.67	217.69	6851.52
贵　州	4505.17	385.93	0.03	2706.75
云　南	8551.23	897.13	128.74	6688.36
西　藏	293.82	28.56		255.97
陕　西	5647.86	755.90	261.48	3080.07
甘　肃	2441.48	606.61	73.93	1404.17
青　海	1356.27	178.68	6.71	932.07
宁　夏	1258.52	167.67		886.60
新　疆	6707.57	2236.34		3696.57
不分地区	8.99	8.99		

各地区全社会住宅竣工面积（二）

单位：万平方米

地　区	联营经济	股份制经济	外商投资经济	港澳台投资经济	其他经济
全国总计	**500.47**	**41573.37**	**1747.39**	**3200.38**	**3954.53**
北　京		1437.95	7.76	36.09	25.89
天　津		1365.35	167.61	93.65	23.87
河　北		1742.01	4.72	31.48	281.78
山　西		531.31	16.12	10.44	274.91
内蒙古		740.37	17.48		41.34
辽　宁		1911.99	279.14	371.83	5.91
吉　林		685.30		16.84	24.65
黑龙江		1214.67		12.98	14.46
上　海		872.13	22.03	85.21	
江　苏	2.00	2774.70	393.99	568.42	41.17
浙　江		2194.11	107.15	103.74	68.39
安　徽	0.84	1950.51	46.53	60.87	156.09
福　建		1328.81	39.50	223.63	64.44
江　西	487.48	837.53	41.11	127.53	207.91
山　东		3286.71	71.84	135.87	759.61
河　南		3720.46	85.31	26.29	561.94
湖　北		1441.85	10.29	69.80	177.87
湖　南		1683.65	13.30	85.01	104.50
广　东		2786.31	264.10	603.90	254.03
广　西		489.89	33.23	33.06	27.54
海　南	0.97	663.73	9.75	82.53	
重　庆	0.57	1001.41	37.77	159.04	64.67
四　川	3.04	2167.87	60.30	111.38	309.40
贵　州		1357.22	1.46	51.34	2.45
云　南	1.47	656.12	3.70	14.23	161.47
西　藏		9.28			
陕　西	4.02	1316.02	12.16	59.43	158.79
甘　肃		318.38			38.40
青　海		139.76			99.05
宁　夏		176.77	1.04	25.80	0.65
新　疆	0.09	771.20			3.37

生产能力施工规模和建成率

生产能力（或效益）名称	计量单位	代码	本年施工规模	本年新开工	本年新增生产能力	生产能力建成率(%)
原煤开采	万吨/年	101	104523	34766	29545	28.3
洗煤	万吨/年	102	59432	40319	33739	56.8
焦炭	万吨/年	103	12039	4816	4996	41.5
天然原油开采	万吨/年	105	2994	2779	2717	90.8
天然气开采	亿立方米/年	107	321	225	157	49.0
石油加工：蒸馏设备能力	万吨/年	121	5258	2283	2311	44.0
裂化设备能力	万吨/年	122	6809	3024	2244	33.0
铁矿开采（原矿）	万吨/年	131	26400	14833	13337	50.5
生铁	万吨/年	141	1712	748	1263	73.8
粗钢	万吨/年	142	4829	1847	2258	46.8
铜采矿（原矿）	万吨/年	171	3295	1743	2334	70.8
铜选矿：(1) 处理铜原矿量	万吨/年	172	2353	807	1481	62.9
(2) 产出精矿含铜量	吨/年	174	168873	78949	65996	39.1
铜冶炼	吨/年	175	1829099	1301934	1231160	67.3
其中：电解铜	吨/年	176	534100	263100	429100	80.3
铅锌采矿（原矿）	万吨/年	181	5817	3821	4006	68.9
铅锌选矿：(1) 处理铅锌原矿	万吨/年	182	1734	1243	1264	72.9
(2) 产出铅精矿含铅量	吨/年	186	235139	177830	196955	83.8
(3) 产出锌精矿含锌量	吨/年	187	214344	116040	143725	67.1
铅冶炼	吨/年	188	625860	559526	559515	89.4
其中：电解铅	吨/年	189	140030	140030	140000	100.0
锌冶炼	吨/年	190	1166063	898263	518813	44.5
精锡冶炼	吨/年	205	22226	22226	14005	63.0
镍冶炼：(1) 高冰镍	吨/年	215	250731	135731	112731	45.0
(2) 电解镍	吨/年	216	35400	29900	25400	71.8
氧化铝	吨/年	232	3845927	45927	1645613	42.8
原铝（电解铝）	吨/年	233	4000350	1036307	1645297	41.1
铝材加工	吨/年	234	25198815	17547413	11274546	44.7
铜材加工	吨/年	235	3103866	2293639	2637995	85.0
黄金	公斤/年	265	77272	70368	15285	19.8

续表 1

生产能力（或效益）名称	计量单位	代码	本年施工规模	本年新开工	本年新增生产能力	生产能力建成率(%)
发电机组容量	万千瓦	291	41459	17182	11098	26.8
水力发电	万千瓦	292	11265	1320	2396	21.3
火力发电	万千瓦	293	19700	10362	4374	22.2
核能发电	万千瓦	294	2638	332	505	19.1
风力发电	万千瓦	910	4575	2775	2142	46.8
太阳能发电	万千瓦	912	2289	1829	1127	49.2
其他发电	万千瓦	295	992	565	554	55.8
输电线路长度(110 千伏及以上)	公里	296	102796	70493	63322	61.6
水泥	万吨/年	301	35398	23704	24996	70.6
平板玻璃	万重量箱/年	302	11893	6410	8865	74.5
农用氮、磷、钾化学肥料	吨/年	331	24725027	14110989	8152480	33.0
氮肥	吨/年	332	18986652	9537859	5833138	30.7
磷肥	吨/年	335	2810835	1836560	1196202	42.6
钾肥	吨/年	338	2927540	2736570	1123140	38.4
塑料树脂及共聚物	吨/年	349	16251091	4905753	6828288	42.0
合成橡胶	吨/年	350	2355387	1148760	803240	34.1
轮胎外胎	万条/年	353	13797	10281	8656	62.7
轮胎内胎	万条/年	354	2337	1154	2046	87.5
内燃机	台/年	378	1523736	180052	829252	54.4
	万千瓦/年	379	8261	627	6347	76.8
汽车制造	辆/年	417	5745918	2587531	2517919	43.8
载货汽车制造	辆/年	418	247400	132800	124200	50.2
客车制造	辆/年	809	566600	228100	190200	33.6
轿车制造	辆/年	419	4736525	2047181	2119281	44.7
其他汽车制造	辆/年	420	195393	179450	84238	43.1
电视机	万部/年	812	743	458	668	89.9
化学纤维	吨/年	461	12959602	3133633	6442328	49.7
棉纺锭	锭	471	11555314	8692662	8401945	72.7
毛纺锭	锭	474	142996	78876	74824	52.3
酒	万吨/年	507	806	476	519	64.4
啤酒	万吨/年	508	433	217	275	63.5

续表 2

生产能力（或效益）名称	计量单位	代码	本年施工规模	本年新开工	本年新增生产能力	生产能力建成率(%)
白酒	万吨/年	509	218	149	143	65.8
其他酒	万吨/年	510	155	111	101	65.2
卷烟	箱/年	513	7492015	1217015	1750000	23.4
机制纸浆	万吨/年	521	289	122	114	39.6
家用电冰箱	万台/年	551	1107	631	315	28.5
家用洗衣机	万台/年	552	605	155	555	91.7
程控交换机（安装能力）	万线/年	844	496	496	496	100.0
新建铁路里程	公里	571	19948	3362	8739	43.8
复线里程	公里	572	13860	762	7062	51.0
电气化铁路里程	公里	573	15957	1418	7798	48.9
新建高速铁路里程	公里	574	8386	960	5136	61.2
新建公路	公里	576	92297	64754	65352	70.8
其中：高速公路	公里	577	15142	4495	7127	47.1
一级公路	公里	848	6360	3701	2826	44.4
二级公路	公里	849	14560	9584	7967	54.7
改建公路	公里	578	95766	76066	68689	71.7
其中：高速公路	公里	579	1577	543	634	40.2
一级公路	公里	580	4682	3162	2473	52.8
二级公路	公里	850	23187	18282	15787	68.1
新（扩）建港口码头	年吞吐量：万吨	583	83615	23251	39239	46.9
	泊位：个	584	662	255	337	51.0
新（扩）建公路客、货运站	个	595	512	379	335	65.5
	平方米	596	4755241	2369769	1898590	39.9
民航机场跑道	条	597	22	11	9	41.7
	米	598	49740	27840	26600	53.5
飞机购置	架	601	79	79	79	100.0
候机楼	座	602	21	9	9	42.9
	平方米	603	949262	141340	774630	81.6
城市自来水供水能力	万吨/日	661	2263	1497	1400	61.9
城市污水处理能力	万吨/日	675	2502	1961	1873	74.9

第二部分

固定资产投资（不含农户）

(一) 固定资产投资(不含农户)

固定资产投资(不含农户)主要指标

指　　标	2014 年	2013 年	增速(%)
一、投资总额(亿元)	**501264.87**	**434071.45**	**15.5**
其中:住宅	72888.37	67483.36	8.0
1. 按构成分			
建筑安装工程	341154.91	289181.44	18.0
设备、工具、器具投资	99387.51	88834.26	11.9
其他费用	60722.46	56055.75	8.3
2. 按建设性质分			
新　　建	350782.77	302041.70	16.1
扩　　建	60391.34	53747.89	12.4
改建和技术改造	71061.44	62024.42	14.6
单纯购置	12382.35	9475.29	30.7
3. 按产业分			
第一产业	11802.96	8949.86	31.9
第二产业	207458.51	183807.76	12.9
第三产业	282003.41	241313.83	16.9
二、全部建设规模(亿元)			
建设总规模	1512186.28	1336401.08	13.2
自开始建设至本年底累计完成投资	1016546.15	865958.87	17.4
在建总规模	1087608.87	1009988.80	7.7
在建净规模	485676.71	465637.61	4.3
三、新增固定资产(亿元)	**333338.99**	**269780.28**	**23.6**
四、房屋建筑面积(万平方米)			
施工面积	1251886.57	1227045.61	2.0
其中:住宅	594324.92	573119.89	3.7
竣工面积	264780.92	257234.12	2.9
其中:住宅	108775.46	107375.49	1.3
五、投资实际到位资金小计(亿元)	**532724.77**	**481065.85**	**10.7**
国家预算资金	26745.42	22305.26	19.9
国内贷款	64512.22	59056.31	9.2
债　　券	1538.45	1237.08	24.4
利用外资	4052.86	4319.44	-6.2
自筹资金	369964.69	324431.50	14.0
其他资金	65911.14	69716.26	-5.5

注:1. 固定资产投资(不含农户)除项目个数外,均含房地产开发投资。以下表同。

2. 自2013年起,三产划分按《国家统计局关于印发〈三次产业划分规定〉的通知》(国统字[2012]108号)执行,增速按可比口径计算。

3. 根据第三次全国经济普查结果,对2013年固定资产投资(不含农户)投资额数据进行了修订。

各地区固定资产投资（不含农户）建设规模

单位：万元

地区	建设总规模	自开始建设累计完成投资	在建总规模	在建净规模
全国总计	**15121862815**	**10165461500**	**10876088674**	**4856767138**
北　京	367284179	256152506	316892866	101816698
天　津	328345180	245475383	256019470	97184225
河　北	728095162	474572894	497718339	248350538
山　西	375786078	249467311	259306086	110829593
内蒙古	437537061	305670364	289504873	118908222
辽　宁	685750391	499962830	438260422	177696387
吉　林	230954891	172267067	125089164	54644464
黑龙江	262054557	172049649	181149209	73855159
上　海	339857601	218888859	309715869	106657470
江　苏	1091541825	781098782	718573187	316342698
浙　江	842663884	553848419	643093734	283288922
安　徽	595163497	407519881	410891131	190028729
福　建	517789892	380764436	369188205	142119257
江　西	329625229	235586987	206962075	97170491
山　东	999297683	707465990	643589470	297725095
河　南	839386269	523689387	574048701	315942884
湖　北	693217411	442977646	511845349	246176410
湖　南	500212303	358201649	330569217	141152877
广　东	1025045498	654786182	769781234	350629903
广　西	392636060	257352729	282986713	130633107
海　南	147266467	86474845	126647003	61232727
重　庆	417268744	284685417	309216863	131674462
四　川	683799932	455806284	489822850	232990119
贵　州	331219216	193902284	273341403	138102442
云　南	393242928	248932666	315778443	148502577
西　藏	27444404	18255754	19158773	8864700
陕　西	488491765	323447912	353501442	163288119
甘　肃	194070715	129340949	127321724	62317020
青　海	98914571	57380588	80792843	38744853
宁　夏	115808456	69058297	90830342	42026403
新　疆	322338915	173402872	250792992	133157363
不分地区	319752051	226974681	303698682	94713224

国民经济行业小类固定资产投资（不含农户）建设规模

单位：万元

行　业	建设总规模	自开始建设累计完成投资	在建总规模	在建净规模
全国总计	**15121862815**	**10165461500**	**10876088674**	**4856767138**
（一）农、林、牧、渔业	**245905770**	**183272924**	**114125035**	**60702135**
农业	96034387	67935820	48787688	27275722
谷物种植	8776386	7041970	3336268	1446325
稻谷种植	4323764	3457920	1750073	806064
小麦种植	884613	761812	275586	131793
玉米种植	1881277	1652556	469324	202345
其他谷物种植	1686732	1169682	841285	306123
豆类、油料和薯类种植	3711181	2784271	1682602	894843
豆类种植	1131504	827202	502850	266606
油料种植	1485206	1141937	721150	351681
薯类种植	1094471	815132	458602	276556
棉、麻、糖、烟草种植	1688261	1254076	705310	465218
棉花种植	537478	502227	123792	60377
麻类种植	118675	102278	31948	16950
糖料种植	273312	134986	166084	138489
烟草种植	758796	514585	383486	249402
蔬菜、食用菌及园艺作物种植	42975318	29565064	23364056	13093728
蔬菜种植	24600825	16532691	13213347	8026401
食用菌种植	5406920	3709244	2701458	1558922
花卉种植	8425488	5815680	5119591	2572075
其他园艺作物种植	4542085	3507449	2329660	936330
水果种植	16138327	11655344	7913985	4494456
仁果类和核果类水果种植	5359104	3879696	2462755	1507282
葡萄种植	3007532	2311409	1542088	714859
柑橘类种植	1282509	1038323	576854	252108
香蕉等亚热带水果种植	690593	372728	457929	305306
其他水果种植	5798589	4053188	2874359	1714901
坚果、含油果、香料和饮料作物种植	7087295	4630724	3858225	2348540
坚果种植	3757874	2416757	1982568	1239148
含油果种植	705808	424270	440352	276409
香料作物种植	288366	154104	202415	135764

续表 1

行　　业	建设总规模	自开始建设累计完成投资	在建总规模	在建净规模
茶及其他饮料作物种植	2335247	1635593	1232890	697219
中药材种植	6597239	4659539	3243172	1877099
其他农业	9060380	6344832	4684070	2655513
林业	26765971	20391471	12344495	5735682
林木育种和育苗	11380675	8548336	5232909	2838453
林木育种	2623069	2056130	1173336	603270
林木育苗	8757606	6492206	4059573	2235183
造林和更新	12055368	9878824	5154025	1852559
森林经营和管护	2617360	1580131	1593979	993681
木材和竹材采运	482686	184782	306420	20444
木材采运	424411	143218	285390	2442
竹材采运	58275	41564	21030	18002
林产品采集	229882	199398	57162	30545
木竹材林产品采集	103264	81816	38330	22017
非木竹材林产品采集	126618	117582	18832	8528
畜牧业	66379057	50730750	29476258	15543473
牲畜饲养	52429514	39690095	23658217	12700772
牛的饲养	18133808	13442275	8867968	4675651
马的饲养	191010	165846	59183	26401
猪的饲养	22410074	16944895	10274884	5412870
羊的饲养	9363123	7582772	3245873	1784704
骆驼饲养	17100	5100	12000	12000
其他牲畜饲养	2314399	1549207	1198309	789146
家禽饲养	9806093	7759112	4087351	1991563
鸡的饲养	7649772	6079814	3112899	1554901
鸭的饲养	907875	771180	376955	117019
鹅的饲养	234875	189675	89394	42711
其他家禽饲养	1013571	718443	508103	276932
狩猎和捕捉动物	530449	462000	141807	72860
其他畜牧业	3613001	2819543	1588883	778278
渔业	12345442	9650331	4507453	2771386
水产养殖	11473006	8817780	4367421	2733265

续表 2

行 业	建设总规模	自开始建设累计完成投资	在建总规模	在建净规模
海水养殖	5427742	3892478	2096369	1601396
内陆养殖	6045264	4925302	2271052	1131869
水产捕捞	872436	832551	140032	38121
海水捕捞	792644	759006	128260	31874
内陆捕捞	79792	73545	11772	6247
农、林、牧、渔服务业	44380913	34564552	19009141	9375872
农业服务业	39048487	30430905	16495289	8192956
农业机械服务	3075297	2660619	1023765	411425
灌溉服务	9151723	7522198	3309027	1485197
农产品初加工服务	6183151	4732551	2616702	1433608
其他农业服务	20638316	15515537	9545795	4862726
林业服务业	2150894	1565681	1102639	597763
林业有害生物防治服务	163451	131222	69249	26005
森林防火服务	109998	87138	47105	21307
林产品初级加工服务	291188	238733	101195	52952
其他林业服务	1586257	1108588	885090	497499
畜牧服务业	2107914	1689720	857392	417781
渔业服务业	1073618	878246	553821	167372
(二) 采矿业	**344741657**	**243771213**	**221848127**	**89935453**
煤炭开采和洗选业	162588849	107791310	117999778	45749881
烟煤和无烟煤开采洗选	139558583	94187370	98505956	37855007
褐煤开采洗选	18695889	11089335	16193753	6257043
其他煤炭采选	4334377	2514605	3300069	1637831
石油和天然气开采业	63717304	50787773	40343971	13181070
石油开采	47080323	41148394	27299231	6036127
天然气开采	16636981	9639379	13044740	7144943
黑色金属矿采选业	36204861	25177212	20607783	10178291
铁矿采选	33774220	23450103	19256520	9441616
锰矿、铬矿采选	1054061	918325	370688	142434
其他黑色金属矿采选	1376580	808784	980575	594241
有色金属矿采选业	35105990	25170025	20613604	9443088
常用有色金属矿采选	21201435	14801304	12285168	5990693

续表 3

行　业	建设总规模	自开始建设累计完成投资	在建总规模	在建净规模
铜矿采选	7489648	4407234	5390832	2821705
铅锌矿采选	6160356	5125350	2330914	955819
镍钴矿采选	1359383	799699	816759	533189
锡矿采选	1008298	601724	721844	399123
锑矿采选	249900	227823	40131	21571
铝矿采选	1907687	1428216	1223113	467266
镁矿采选	358396	211373	258963	134255
其他常用有色金属矿采选	2667767	1999885	1502612	657765
贵金属矿采选	8369717	6562963	4357863	1687362
金矿采选	7442775	5981833	3961133	1427530
银矿采选	481705	347812	182232	129853
其他贵金属矿采选	445237	233318	214498	129979
稀有稀土金属矿采选	5534838	3805758	3970573	1765033
钨钼矿采选	3763099	2680960	2688831	1113130
稀土金属矿采选	502722	268679	336228	245986
放射性金属矿采选	160005	124832	51305	36455
其他稀有金属矿采选	1109012	731287	894209	369462
非金属矿采选业	33082422	26416176	13568332	6295026
土砂石开采	22862949	18829600	8415160	3794093
石灰石、石膏开采	6275054	5263453	2209949	1029788
建筑装饰用石开采	7676751	6092132	3206796	1517108
耐火土石开采	1683366	1439003	523599	239206
粘土及其他土砂石开采	7227778	6035012	2474816	1007991
化学矿开采	3706914	2907866	2109883	806852
采盐	1216439	824388	537014	356954
石棉及其他非金属矿采选	5296120	3854322	2506275	1337127
石棉、云母矿采选	164447	117700	52960	47177
石墨、滑石采选	1273234	910378	581244	272711
宝石、玉石采选	588702	402248	357815	189616
其他未列明非金属矿采选	3269737	2423996	1514256	827623
开采辅助活动	12862094	7558681	8200379	4795102
煤炭开采和洗选辅助活动	6523693	2808472	5031382	3631828

续表 4

行　　业	建设总规模	自开始建设累计完成投资	在建总规模	在建净规模
石油和天然气开采辅助活动	5172310	3863017	2597742	976910
其他开采辅助活动	1166091	887192	571255	186364
其他采矿业	1180137	870036	514280	292995
其他采矿业	1180137	870036	514280	292995
(三) 制造业	**3621229251**	**2537637772**	**2091717773**	**1021477439**
农副食品加工业	176839215	135274856	85382099	40293490
谷物磨制	26537786	21787744	11468193	4719227
饲料加工	20590440	16758376	8514276	3796028
植物油加工	19445438	14423686	10198362	4757629
食用植物油加工	17344885	13017442	9163801	4210969
非食用植物油加工	2100553	1406244	1034561	546660
制糖业	3928167	2874771	2216278	1050407
屠宰及肉类加工	34378070	25714606	17409850	8098536
牲畜屠宰	8794176	6847960	3797326	1803916
禽类屠宰	7850874	5694314	4011053	2026801
肉制品及副产品加工	17733020	13172332	9601471	4267819
水产品加工	12863339	9927005	5574790	2984619
水产品冷冻加工	7643682	5877206	3324728	1798699
鱼糜制品及水产品干腌制加工	1412561	1238459	463511	180807
水产饲料制造	958860	868660	269484	98897
鱼油提取及制品制造	213775	180320	68307	39285
其他水产品加工	2634461	1762360	1448760	866931
蔬菜、水果和坚果加工	27493477	21021981	13349354	6285123
蔬菜加工	18658290	14542687	8808552	3991225
水果和坚果加工	8835187	6479294	4540802	2293898
其他农副食品加工	31602498	22766687	16650996	8601921
淀粉及淀粉制品制造	8535054	6085358	4460071	2359521
豆制品制造	4167486	3238828	1892430	896326
蛋品加工	1177370	870739	540540	288321
其他未列明农副食品加工	17722588	12571762	9757955	5057753
食品制造业	86100352	61037382	47695235	24562718
焙烤食品制造	11412765	8632018	5793620	2634215

续表 5

行　　业	建设总规模	自开始建设累计完成投资	在建总规模	在建净规模
糕点、面包制造	5717049	4252709	2754056	1383795
饼干及其他焙烤食品制造	5695716	4379309	3039564	1250420
糖果、巧克力及蜜饯制造	6654341	3588146	4215547	2897310
糖果、巧克力制造	4816745	2113031	3542772	2511248
蜜饯制作	1837596	1475115	672775	386062
方便食品制造	14395396	10795496	7423716	3595140
米、面制品制造	7104446	5427806	3508227	1641275
速冻食品制造	3298354	2582495	1469017	719342
方便面及其他方便食品制造	3992596	2785195	2446472	1234523
乳制品制造	5938207	4281769	3256710	1620039
罐头食品制造	4905077	3786544	2418514	1080639
肉、禽类罐头制造	1100577	864315	541333	249820
水产品罐头制造	326860	258777	82046	47148
蔬菜、水果罐头制造	2721079	2198292	1333850	501793
其他罐头食品制造	756561	465160	461285	281878
调味品、发酵制品制造	10002597	7405558	5038982	2512451
味精制造	1686429	1048514	929821	652441
酱油、食醋及类似制品制造	3142323	2491927	1608711	611360
其他调味品、发酵制品制造	5173845	3865117	2500450	1248650
其他食品制造	32791969	22547851	19548146	10222924
营养食品制造	5406388	3571246	3547215	1672478
保健食品制造	6727979	4589564	4261184	2067257
冷冻饮品及食用冰制造	1791109	1451592	715545	342442
盐加工	2763723	1088809	2092514	1677045
食品及饲料添加剂制造	8101682	5510733	4727080	2610305
其他未列明食品制造	8001088	6335907	4204608	1853397
酒、饮料和精制茶制造业	80273422	57609463	45936656	21872127
酒的制造	39962918	28699839	25246857	10915939
酒精制造	1452742	1151746	741137	300473
白酒制造	23451796	16886732	15138008	6416627
啤酒制造	4619942	3044680	3230004	1478698
黄酒制造	1112773	791256	624187	334720

续表 6

行　　业	建设总规模	自开始建设累计完成投资	在建总规模	在建净规模
葡萄酒制造	5955136	4097746	3945321	1803031
其他酒制造	3370529	2727679	1568200	582390
饮料制造	30033871	20673254	16313800	8922799
碳酸饮料制造	2972273	1836836	1669078	1073245
瓶（罐）装饮用水制造	6627812	4753810	3362333	1797350
果蔬汁及果蔬 汁饮料制造	7635087	5350228	4086434	2228623
含乳饮料和植物蛋白饮料制造	4589331	3348823	2057563	1102435
固体饮料制造	1021514	761548	566146	261188
茶饮料及其他饮料制造	7187854	4622009	4572246	2459958
精制茶加工	10276633	8236370	4375999	2033389
烟草制品业	11141642	7485051	8227831	3547450
烟叶复烤	1148257	795955	616078	296464
卷烟制造	9189016	6148142	7015372	2991412
其他烟草制品制造	804369	540954	596381	259574
纺织业	95949650	72994443	45486784	21637088
棉纺织及印染精加工	48541140	36065037	24389181	11778292
棉纺纱加工	34672330	24819832	18379634	9081185
棉织造加工	9304926	7240512	4151515	1984322
棉印染精加工	4563884	4004693	1858032	712785
毛纺织及染整精加工	5850881	4543954	3101971	1290968
毛条和毛纱线加工	2879355	2168796	1691315	679509
毛织造加工	2463210	1915798	1184845	541686
毛染整精加工	508316	459360	225811	69773
麻纺织及染整精加工	1997809	1661826	964100	331845
麻纤维纺前加工和纺纱	966428	823356	432913	139689
麻织造加工	828098	701065	388815	126058
麻染整精加工	203283	137405	142372	66098
丝绢纺织及印染精加工	2982531	2191498	1429085	683305
缫丝加工	1055012	873699	403678	195209
绢纺和丝织加工	1503161	1063922	771533	313018
丝印染精加工	424358	253877	253874	175078
化纤织造及印染精加工	9279543	6406280	4180372	2265126

续表 7

行　　业	建设总规模	自开始建设累计完成投资	在建总规模	在建净规模
化纤织造加工	7976073	5381131	3730041	2036697
化纤织物染整精加工	1303470	1025149	450331	228429
针织或钩针编织物及其制品制造	6681795	5860343	2030753	853262
针织或钩针编织物织造	5131533	4535041	1548752	613792
针织或钩针编织物印染精加工	557247	417512	278252	141596
针织或钩针编织品制造	993015	907790	203749	97874
家用纺织制成品制造	11121751	8680883	5175279	2492691
床上用品制造	4926698	3954168	2184659	987591
毛巾类制品制造	1927524	1447381	1110875	493301
窗帘、布艺类产品制造	785815	657109	248912	110913
其他家用纺织制成品制造	3481714	2622225	1630833	900886
非家用纺织制成品制造	9494200	7584622	4216043	1941599
非织造布制造	4378742	3450821	1892782	943616
绳、索、缆制造	872920	768151	231199	109980
纺织带和帘子布制造	955488	798737	499673	159799
篷、帆布制造	810180	614790	392261	190186
其他非家用纺织制成品制造	2476870	1952123	1200128	538018
纺织服装、服饰业	63875305	47659743	30836611	16206092
机织服装制造	40373944	30100274	19932174	10268982
针织或钩针编织服装制造	7703916	6247863	3137654	1481909
服饰制造	15797445	11311606	7766783	4455201
皮革、毛皮、羽毛及其制品和制鞋业	35078322	26540361	17460197	8492266
皮革鞣制加工	1926530	1575696	1024263	381276
皮革制品制造	11523521	8541360	6150142	2991839
皮革服装制造	2973313	1927488	2022560	1051603
皮箱、包（袋）制造	4348878	3594668	1886835	779747
皮手套及皮装饰制品制造	1243288	1053704	660956	179852
其他皮革制品制造	2958042	1965500	1579791	980637
毛皮鞣制及制品加工	4178706	3194135	2072131	973352
毛皮鞣制加工	460596	385663	228876	70190
毛皮服装加工	2572886	1941187	1192071	633739
其他毛皮制品加工	1145224	867285	651184	269423

续表 8

行　业	建设总规模	自开始建设累计完成投资	在建总规模	在建净规模
羽毛（绒）加工及制品制造	2341078	1807049	1102717	501632
羽毛（绒）加工	1300534	1037026	582500	250529
羽毛（绒）制品加工	1040544	770023	520217	251103
制鞋业	15108487	11422121	7110944	3644167
纺织面料鞋制造	2104057	1622375	924186	481798
皮鞋制造	8527259	6071397	4410471	2434004
塑料鞋制造	808456	681627	319197	124530
橡胶鞋制造	1221692	1031652	515262	190275
其他制鞋业	2447023	2015070	941828	413560
木材加工和木、竹、藤、棕、草制品业	55114192	44046640	22912270	10900909
木材加工	14575595	11360591	6175191	3125692
锯材加工	3860132	3082213	1548363	824585
木片加工	3476839	2737745	1402345	644123
单板加工	3151934	2580760	1089356	547992
其他木材加工	4086690	2959873	2135127	1108992
人造板制造	19962946	15577710	9180867	4311863
胶合板制造	8948892	7014355	3863488	1888246
纤维板制造	4328841	3390790	2243781	906332
刨花板制造	2223154	1660417	1151630	556537
其他人造板制造	4462059	3512148	1921968	960748
木制品制造	15661434	13059834	5815171	2557516
建筑用木料及木材组件加工	4407016	3675062	1534122	688541
木门窗、楼梯制造	4287482	3664747	1654202	658302
地板制造	2843350	2317251	1335578	535162
木制容器制造	731560	599104	281400	137663
软木制品及其他木制品制造	3392026	2803670	1009869	537848
竹、藤、棕、草等制品制造	4914217	4048505	1741041	905838
竹制品制造	3923832	3181437	1462016	776771
藤制品制造	429278	383072	72750	47055
棕制品制造	120489	101428	38960	19692
草及其他制品制造	440618	382568	167315	62320
家具制造业	44854513	33958662	22304257	11339982

续表 9

行　　业	建设总规模	自开始建设累计完成投资	在建总规模	在建净规模
木质家具制造	34464246	25902215	17131245	9014567
竹、藤家具制造	604486	515239	195961	96988
金属家具制造	4046417	3128269	2167386	859846
塑料家具制造	780806	654654	369541	138758
其他家具制造	4958558	3758285	2440124	1229823
造纸和纸制品业	63978004	42972351	37485836	19756438
纸浆制造	2871082	1708536	1875326	1113536
木竹浆制造	2119751	1210225	1497588	898598
非木竹浆制造	751331	498311	377738	214938
造纸	32609896	19556850	22553778	11917002
机制纸及纸板制造	28153502	16274803	20111882	10835330
手工纸制造	756437	591820	392474	160765
加工纸制造	3699957	2690227	2049422	920907
纸制品制造	28497026	21706965	13056732	6725900
纸和纸板容器制造	11984635	9655112	4933794	2342815
其他纸制品制造	16512391	12051853	8122938	4383085
印刷和记录媒介复制业	25611431	19976822	11232458	5388517
印刷	24138593	18679743	10749687	5228531
书、报刊印刷	3836628	2975988	1580580	661179
本册印制	1061462	594330	661856	445219
包装装潢及其他印刷	19240503	15109425	8507251	4122133
装订及印刷相关服务	1369170	1198197	473198	156066
记录媒介复制	103668	98882	9573	3920
文教、工美、体育和娱乐用品制造业	31360272	23493755	15153209	7967040
文教办公用品制造	3435171	2402073	1861462	1056236
文具制造	1060953	911549	382333	150035
笔的制造	680075	554037	347034	131078
教学用模型及教具制造	407363	347589	206640	79512
墨水、墨汁制造	203550	109704	132350	92403
其他文教办公用品制造	1083230	479194	793105	603208
乐器制造	1643284	955206	945399	645107
中乐器制造	416446	226025	251176	192428

续表 10

行 业	建设总规模	自开始建设累计完成投资	在建总规模	在建净规模
西乐器制造	724365	368598	461917	347018
电子乐器制造	242488	176605	90746	28916
其他乐器及零件制造	259985	183978	141560	76745
工艺美术品制造	15849353	11939249	7611883	3998199
雕塑工艺品制造	2910377	2274974	1254105	661548
金属工艺品制造	1684407	1296461	722854	390453
漆器工艺品制造	465096	390249	176378	78966
花画工艺品制造	303796	243691	107716	51100
天然植物纤维编织工艺品制造	791192	693932	179260	74100
抽纱刺绣工艺品制造	612927	546481	139961	67646
地毯、挂毯制造	1866133	1531414	1212413	462433
珠宝首饰及有关物品制造	2507760	1899654	1224625	583701
其他工艺美术品制造	4707665	3062393	2594571	1628252
体育用品制造	5205123	4164063	2467770	1121843
球类制造	387915	281040	187211	110570
体育器材及配件制造	2689425	2126107	1328678	566512
训练健身器材制造	913270	659426	450706	220319
运动防护用具制造	257598	188311	128765	71422
其他体育用品制造	956915	909179	372410	153020
玩具制造	3421087	2780898	1114859	581115
游艺器材及娱乐用品制造	1806254	1252266	1151836	564540
露天游乐场所游乐设备制造	521072	396070	285482	132250
游艺用品及室内游艺器材制造	876971	540356	639368	338414
其他娱乐用品制造	408211	315840	226986	93876
石油加工、炼焦和核燃料加工业	129426312	68821766	97519409	56328542
精炼石油产品制造	98810386	51810472	76270688	43614600
原油加工及石油制品制造	89173393	48869312	68058853	37123626
人造原油制造	9636993	2941160	8211835	6490974
炼焦	30615926	17011294	21248721	12713942
化学原料和化学制品制造业	371465489	247405176	249965009	117838411
基础化学原料制造	160619172	99889897	121289509	58436006
无机酸制造	7860086	6390079	4850390	1494754

续表 11

行　业	建设总规模	自开始建设累计完成投资	在建总规模	在建净规模
无机碱制造	7782148	4728952	6108231	2621916
无机盐制造	11271905	8090592	7359381	2995816
有机化学原料制造	109329948	63994145	85503773	43733835
其他基础化学原料制造	24375085	16686129	17467734	7589685
肥料制造	45216836	28983485	31027558	15489502
氮肥制造	15757092	9672851	13089181	5661339
磷肥制造	1683467	1248827	1068550	439960
钾肥制造	3003730	1428510	2466676	1535097
复混肥料制造	13589403	8341492	9088551	5084225
有机肥料及微生物肥料制造	8444736	6182758	3979930	2205016
其他肥料制造	2738408	2109047	1334670	563865
农药制造	8968852	7338299	4600095	1538804
化学农药制造	5245978	4399850	2182749	885778
生物化学农药及微生物农药制造	3722874	2938449	2417346	653026
涂料、油墨、颜料及类似产品制造	17358056	12586232	8906588	4565763
涂料制造	11534767	8222168	6160650	3169667
油墨及类似产品制造	714552	591807	324520	122276
颜料制造	1954674	1543229	883976	377542
染料制造	1938186	1233441	1083590	682061
密封用填料及类似品制造	1215877	995587	453852	214217
合成材料制造	60956862	40261083	42744005	19247561
初级形态塑料及合成树脂制造	34540925	24629878	24223291	8685600
合成橡胶制造	5433086	3833070	3225829	1467006
合成纤维单（聚合）体制造	11176879	5239053	9208654	5906036
其他合成材料制造	9805972	6559082	6086231	3188919
专用化学产品制造	63451753	46496859	34323989	15538375
化学试剂和助剂制造	22216048	16618317	10686043	5091228
专项化学用品制造	17144088	13672391	9164179	3550143
林产化学产品制造	1641294	1213238	809278	382129
信息化学品制造	9324825	5430903	6057269	3001227
环境污染处理专用药剂材料制造	2959585	2155379	1610857	674440
动物胶制造	319069	221571	156007	89273

续表 12

行业	建设总规模	自开始建设累计完成投资	在建总规模	在建净规模
其他专用化学产品制造	9846844	7185060	5840356	2749935
炸药、火工及焰火产品制造	6067563	5027416	2403891	1036174
焰火、鞭炮产品制造	6067563	5027416	2403891	1036174
日用化学产品制造	8826395	6821905	4669374	1986226
肥皂及合成洗涤剂制造	2357215	1610394	1530710	691667
化妆品制造	2026623	1600586	889328	455664
口腔清洁用品制造	186783	144224	90850	47595
香料、香精制造	2017027	1548916	1241499	484208
其他日用化学产品制造	2238747	1917785	916987	307092
医药制造业	116728108	81549789	72135181	34547526
化学药品原料药制造	20187072	13625066	12786975	6518179
化学药品制剂制造	18940750	13376764	10840391	5328915
中药饮片加工	14158651	10682519	7529044	3468185
中成药生产	22614069	14561330	14973119	7960783
兽用药品制造	3022389	2272572	1458187	715265
生物药品制造	28548428	20117476	19860274	8204339
卫生材料及医药用品制造	9256749	6914062	4687191	2351860
化学纤维制造业	27263278	18494551	17804066	8411939
纤维素纤维原料及纤维制造	4439583	3528659	2434429	967482
化纤浆粕制造	605156	581087	261673	49538
人造纤维（纤维素纤维）制造	3834427	2947572	2172756	917944
合成纤维制造	22823695	14965892	15369637	7444457
锦纶纤维制造	3685987	2410212	2744165	1281687
涤纶纤维制造	8575589	5818585	5340528	2783697
腈纶纤维制造	316300	183284	224350	123495
维纶纤维制造	878419	631085	807927	249361
丙纶纤维制造	652574	515814	510665	137375
氨纶纤维制造	919077	577399	663835	321195
其他合成纤维制造	7795749	4829513	5078167	2547647
橡胶和塑料制品业	112247828	84709204	56781547	27206759
橡胶制品业	36533244	26378482	20970938	10365654
轮胎制造	19451083	13195107	13151924	6680011

续表13

行　　业	建设总规模	自开始建设累计完成投资	在建总规模	在建净规模
橡胶板、管、带制造	6304280	5184869	2630978	1055499
橡胶零件制造	2535550	1988691	848439	484686
再生橡胶制造	2782540	1640515	1776793	1146003
日用及医用橡胶制品制造	1506687	1203349	893255	290604
其他橡胶制品制造	3953104	3165951	1669549	708851
塑料制品业	75714584	58330722	35810609	16841105
塑料薄膜制造	12456788	8808861	7475523	3578681
塑料板、管、型材制造	20710585	16010282	9911874	4508868
塑料丝、绳及编织品制造	6494568	4987821	3266571	1487548
泡沫塑料制造	4041113	2743349	2462332	1300900
塑料人造革、合成革制造	1507360	1322914	569006	217333
塑料包装箱及容器制造	7421119	6101717	2605698	1256879
日用塑料制品制造	6450631	5257311	2613661	1118699
塑料零件制造	3323638	2637252	1389984	646109
其他塑料制品制造	13308782	10461215	5515960	2726088
非金属矿物制品业	291813314	215058546	147039277	73607875
水泥、石灰和石膏制造	31209579	24255387	14711932	5813379
水泥制造	24825638	19187355	11730409	4458039
石灰和石膏制造	6383941	5068032	2981523	1355340
石膏、水泥制品及类似制品制造	45577294	36114069	18402262	9425282
水泥制品制造	22346357	18662799	7906061	3792781
混凝土结构构件制造	8339644	5921867	4222982	2417608
石棉水泥制品制造	1290579	785135	607199	477471
轻质建筑材料制造	8553628	6718835	3810847	1812019
其他水泥类似制品制造	5047086	4025433	1855173	925403
砖瓦、石材等建筑材料制造	103862164	75291636	51863003	28163704
粘土砖瓦及建筑砌块制造	21511151	17831440	7692296	3736977
建筑陶瓷制品制造	16025798	11390655	8781249	4428323
建筑用石加工	25931183	19007951	12809680	6989510
防水建筑材料制造	4933182	3663790	2431504	1250141
隔热和隔音材料制造	10158081	7459141	5109792	2624935
其他建筑材料制造	25302769	15938659	15038482	9133818

续表 14

行　业	建设总规模	自开始建设累计完成投资	在建总规模	在建净规模
玻璃制造	15614344	11986465	8521858	3303795
平板玻璃制造	7890190	6261898	4191074	1461975
其他玻璃制造	7724154	5724567	4330784	1841820
玻璃制品制造	20930203	15124715	11901489	5711345
技术玻璃制品制造	5966982	3943140	3901185	2029977
光学玻璃制造	1606456	1300966	698416	284964
玻璃仪器制造	504468	460716	92592	48472
日用玻璃制品制造	3454985	2684662	1313238	754043
玻璃包装容器制造	1702184	1439828	725655	263853
玻璃保温容器制造	356996	326486	92211	27602
制镜及类似品加工	606404	486229	279898	138002
其他玻璃制品制造	6731728	4482688	4798294	2164432
玻璃纤维和玻璃纤维增强塑料制品制造	7044235	5506118	3380045	1536267
玻璃纤维及制品制造	4473008	3477732	2052936	985918
玻璃纤维增强塑料制品制造	2571227	2028386	1327109	550349
陶瓷制品制造	16306865	12882325	7145705	3243838
卫生陶瓷制品制造	2301651	1931659	1027145	415949
特种陶瓷制品制造	4590973	3824724	1618455	725461
日用陶瓷制品制造	6825565	4973793	3245270	1645836
园林、陈设艺术及其他陶瓷制品制造	2588676	2152149	1254835	456592
耐火材料制品制造	16526282	11995689	8870565	4437618
石棉制品制造	1395021	1062836	589178	313725
云母制品制造	591514	495123	208536	101877
耐火陶瓷制品及其他耐火材料制造	14539747	10437730	8072851	4022016
石墨及其他非金属矿物制品制造	34742348	21902142	22242418	11972647
石墨及碳素制品制造	11983422	8326426	7280656	3270633
其他非金属矿物制品制造	22758926	13575716	14961762	8702014
黑色金属冶炼和压延加工业	138302361	92263888	90472321	43167321
炼铁	8678902	4497950	6644696	3966706
炼钢	41046572	23613822	33565918	17148050
黑色金属铸造	12200640	10169355	5302864	2141824
钢压延加工	64916105	46048237	38689814	16771421

续表 15

行　　业	建设总规模	自开始建设累计完成投资	在建总规模	在建净规模
铁合金冶炼	11460142	7934524	6269029	3139320
有色金属冶炼和压延加工业	184220005	109718445	136811594	68428191
常用有色金属冶炼	61868475	35064675	45962646	22616393
铜冶炼	7277223	4747238	5232577	2241207
铅锌冶炼	4164204	2609609	2770592	930744
镍钴冶炼	4847199	3215044	3727133	1326731
锡冶炼	853565	447986	718810	408219
锑冶炼	334814	279609	109996	65589
铝冶炼	30148017	15337852	24130459	13980731
镁冶炼	6622785	3761331	4245957	789047
其他常用有色金属冶炼	7620668	4666006	5027122	2874125
贵金属冶炼	4550862	3679427	3244827	809794
金冶炼	1287562	1027501	817578	190138
银冶炼	1876606	1626686	1761391	292752
其他贵金属冶炼	1386694	1025240	665858	326904
稀有稀土金属冶炼	4555284	3187987	2866614	1281470
钨钼冶炼	1697845	932786	1090601	740024
稀土金属冶炼	1491815	1300319	865580	207678
其他稀有金属冶炼	1365624	954882	910433	333768
有色金属合金制造	23032936	11016632	18348031	11530460
有色金属铸造	3211115	2197572	1677594	937987
有色金属压延加工	87001333	54572152	64711882	31252087
铜压延加工	9999416	7510539	5362520	2492102
铝压延加工	70661477	41849466	56612401	27590297
贵金属压延加工	885485	615386	610717	274869
稀有稀土金属压延加工	1554925	1491498	466173	80331
其他有色金属压延加工	3900030	3105263	1660071	814488
金属制品业	155581897	115277221	74902386	38561713
结构性金属制品制造	66838092	47626093	34176921	18833883
金属结构制造	45939018	34080946	22832214	11434989
金属门窗制造	20899074	13545147	11344707	7398894
金属工具制造	11908501	9456924	4698189	2354357

续表 16

行　　业	建设总规模	自开始建设累计完成投资	在建总规模	在建净规模
切削工具制造	3429301	2653708	1473633	777571
手工具制造	1244185	994317	387015	235488
农用及园林用金属工具制造	1026449	752914	556162	267300
刀剪及类似日用金属工具制造	1049171	887529	344914	121609
其他金属工具制造	5159395	4168456	1936465	952389
集装箱及金属包装容器制造	10413445	7947360	5200732	2351517
集装箱制造	1055522	937162	303254	142758
金属压力容器制造	4341789	3273663	2391059	987779
金属包装容器制造	5016134	3736535	2506419	1220980
金属丝绳及其制品制造	9226409	5891850	4794641	2717041
建筑、安全用金属制品制造	17059077	13015115	7951746	3824643
建筑、家具用金属配件制造	5803221	4227129	2777466	1427052
建筑装饰及水暖管道零件制造	5450148	4368961	2529789	976698
安全、消防用金属制品制造	3106953	2243378	1522063	894378
其他建筑、安全用金属制品制造	2698755	2175647	1122428	526515
金属表面处理及热处理加工	8070499	6268044	4087197	1750368
搪瓷制品制造	1720117	1071473	845500	550000
生产专用搪瓷制品制造	151353	144880	20055	10722
建筑装饰搪瓷制品制造	645046	375226	269920	179092
搪瓷卫生洁具制造	615654	278260	463430	318071
搪瓷日用品及其他搪瓷制品制造	308064	273107	92095	42115
金属制日用品制造	8282352	6644263	3235394	1468379
金属制厨房用器具制造	2282087	1926260	822726	343974
金属制餐具和器皿制造	2055842	1553823	988062	422953
金属制卫生器具制造	606668	442215	245081	131184
其他金属制日用品制造	3337755	2721965	1179525	570268
其他金属制品制造	22063405	17356099	9912066	4711525
锻件及粉末冶金制品制造	8114639	6180057	4108578	1905785
交通及公共管理用金属标牌制造	1022050	793057	457603	237000
其他未列明金属制品制造	12926716	10382985	5345885	2568740
通用设备制造业	219030804	168062472	104809170	48472090
锅炉及原动设备制造	22855615	17919239	11159262	4549687

续表 17

行　　业	建设总规模	自开始建设累计完成投资	在建总规模	在建净规模
锅炉及辅助设备制造	10073655	8082179	4680206	1788038
内燃机及配件制造	7376011	6014469	3248288	1289451
汽轮机及辅机制造	2023618	1437768	1463312	596101
水轮机及辅机制造	487699	354000	258782	134587
风能原动设备制造	1833666	1199503	1007658	528028
其他原动设备制造	1060966	831320	501016	213482
金属加工机械制造	46159814	36241895	20686923	9306720
金属切削机床制造	8580505	6662627	4024316	1699960
金属成形机床制造	5452109	4082660	2782735	1275644
铸造机械制造	8965679	7162927	3556962	1675358
金属切割及焊接设备制造	3652434	3003752	1771586	647462
机床附件制造	4092975	3366192	1490151	658231
其他金属加工机械制造	15416112	11963737	7061173	3350065
物料搬运设备制造	28819910	20531844	16165719	7992851
轻小型起重设备制造	2374297	1827789	1047274	599691
起重机制造	8433744	6417589	4710048	1877835
生产专用车辆制造	4812283	3068036	2897720	1741991
连续搬运设备制造	2606555	1964769	1286210	638258
电梯、自动扶梯及升降机制造	8772604	5882903	5428848	2771287
其他物料搬运设备制造	1820427	1370758	795619	363789
泵、阀门、压缩机及类似机械制造	30856259	23191185	15501279	7153291
泵及真空设备制造	8794488	6492873	4255065	2159404
气体压缩机械制造	4109501	3083077	2330102	1067047
阀门和旋塞制造	7998827	5757014	4113393	1924285
液压和气压动力机械及元件制造	9953443	7858221	4802719	2002555
轴承、齿轮和传动部件制造	25208507	19678980	11725915	5344836
轴承制造	13895041	10633646	6949139	3131563
齿轮及齿轮减、变速箱制造	8673957	6983394	3588609	1629692
其他传动部件制造	2639509	2061940	1188167	583581
烘炉、风机、衡器、包装等设备制造	21204363	15736676	10805342	5463830
烘炉、熔炉及电炉制造	1630931	1173857	855823	446825
风机、风扇制造	3713677	2792790	1835966	878010

续表 18

行业	建设总规模	自开始建设累计完成投资	在建总规模	在建净规模
气体、液体分离及纯净设备制造	2767699	2099658	1258652	667381
制冷、空调设备制造	8294750	5631298	4967225	2708057
风动和电动工具制造	1854916	1626812	593149	216218
喷枪及类似器具制造	287261	262159	103003	30496
衡器制造	573252	488036	255066	81591
包装专用设备制造	2081877	1662066	936458	435252
文化、办公用机械制造	2499748	1998501	1236190	503377
电影机械制造	78763	78570	34171	3176
幻灯及投影设备制造	360348	316296	188810	54618
照相机及器材制造	248152	193999	118231	53037
复印和胶印设备制造	567700	396527	251894	149857
计算器及货币专用设备制造	287022	217314	176077	69036
其他文化、办公用机械制造	957763	795795	467007	173653
通用零部件制造	29341101	23578140	11694154	5332081
金属密封件制造	1723967	1401019	681679	309894
紧固件制造	3758967	3057135	1428884	691874
弹簧制造	960723	859420	243113	115928
机械零部件加工	16609803	13275613	6789124	3163177
其他通用零部件制造	6287641	4984953	2551354	1051208
其他通用设备制造业	12085487	9186012	5834386	2825417
专用设备制造业	222898442	164528943	118860604	55280161
采矿、冶金、建筑专用设备制造	71737169	53408274	40546818	17954839
矿山机械制造	26707746	19539754	14809800	7037210
石油钻采专用设备制造	14293076	10682622	7723293	3616827
建筑工程用机械制造	16011568	11100588	10229625	4519616
海洋工程专用设备制造	3237671	2464869	2046943	818523
建筑材料生产专用机械制造	5599669	4277340	2590563	1300806
冶金专用设备制造	5887439	5343101	3146594	661857
化工、木材、非金属加工专用设备制造	30141111	22779837	14829724	6364418
炼油、化工生产专用设备制造	7940193	5555635	5132266	1823323
橡胶加工专用设备制造	1382855	1096754	573412	265470
塑料加工专用设备制造	3928233	2831892	1960226	942112

续表 19

行　　业	建设总规模	自开始建设累计完成投资	在建总规模	在建净规模
木材加工机械制造	1275794	1042793	443792	214617
模具制造	12038387	9597865	5122300	2238595
其他非金属加工专用设备制造	3575649	2654898	1597728	880301
食品、饮料、烟草及饲料生产专用设备制造	6233532	4546831	3207954	1495926
食品、酒、饮料及茶生产专用设备制造	2061009	1534691	1048280	511640
农副食品加工专用设备制造	3186846	2189606	1873095	813688
烟草生产专用设备制造	473923	397292	148932	83354
饲料生产专用设备制造	511754	425242	137647	87244
印刷、制药、日化及日用品生产专用设备制造	14343174	11104099	6829263	3261605
制浆和造纸专用设备制造	1813678	1420550	873457	381846
印刷专用设备制造	1984288	1475917	1043906	509931
日用化工专用设备制造	1355489	1117780	511469	247792
制药专用设备制造	1654441	1275475	1145393	430052
照明器具生产专用设备制造	5543340	4304292	2239956	1209178
玻璃、陶瓷和搪瓷制品生产专用设备制造	1087500	810919	500359	279432
其他日用品生产专用设备制造	904438	699166	514723	203374
纺织、服装和皮革加工专用设备制造	7096965	5391786	3413394	1478060
纺织专用设备制造	4875822	3826415	2347074	930884
皮革、毛皮及其制品加工专用设备制造	801445	570701	396038	201218
缝制机械制造	1159416	852693	526731	236895
洗涤机械制造	260282	141977	143551	109063
电子和电工机械专用设备制造	18302524	13290768	9696158	4673248
电工机械专用设备制造	6724136	5156917	3122200	1594378
电子工业专用设备制造	11578388	8133851	6573958	3078870
农、林、牧、渔专用机械制造	20423402	14419056	10960671	5854300
拖拉机制造	3094766	2424404	1398103	598984
机械化农业及园艺机具制造	8440630	6094517	4767175	2320711
营林及木竹采伐机械制造	421338	256125	184100	157310
畜牧机械制造	1250341	909452	633990	341746
渔业机械制造	154365	105562	102532	40062
农、林、牧、渔机械配件制造	3495651	2489724	1784706	1010498
棉花加工机械制造	375648	204938	304067	172533

续表 20

行　　业	建设总规模	自开始建设累计完成投资	在建总规模	在建净规模
其他农、林、牧、渔业机械制造	3190663	1934334	1785998	1212456
医疗仪器设备及器械制造	16205736	11365269	9005688	4742773
医疗诊断、监护及治疗设备制造	5357666	3833397	3320509	1477015
口腔科用设备及器具制造	312466	245677	216004	103356
医疗实验室及医用消毒设备和器具制造	1406701	1067489	603371	336629
医疗、外科及兽医用器械制造	2817130	1817242	1668309	943791
机械治疗及病房护理设备制造	1848823	1007452	1388554	846018
假肢、人工器官及植（介）入器械制造	515174	332183	249882	191025
其他医疗设备及器械制造	3947776	3061829	1559059	844939
环保、社会公共服务及其他专用设备制造	38414829	28223023	20370934	9454992
环境保护专用设备制造	18615764	14189870	9136242	4068747
地质勘查专用设备制造	1399062	722236	1163771	611553
邮政专用机械及器材制造	91220	21498	70000	58988
商业、饮食、服务专用设备制造	241185	209805	57700	20440
社会公共安全设备及器材制造	1583822	1210696	764437	372777
交通安全、管制及类似专用设备制造	1150484	938044	466347	189236
水资源专用机械制造	1874633	1177290	1127570	623060
其他专用设备制造	13458659	9753584	7584867	3510191
汽车制造业	240668955	165996366	142799268	67579913
汽车整车制造	68012089	43815967	48130763	21179780
改装汽车制造	6921723	4843010	4557348	1870667
低速载货汽车制造	2444503	1487680	2111147	597602
电车制造	6187900	3619177	4224914	2273747
汽车车身、挂车制造	6924477	4418984	4075961	2421954
汽车零部件及配件制造	150178263	107811548	79699135	39236163
铁路、船舶、航空航天和其他运输设备制造业	83239548	52704310	53960913	26142631
铁路运输设备制造	13290742	9264457	8671368	3747589
铁路机车车辆及动车组制造	3890387	2813998	3151194	1045458
窄轨机车车辆制造	223561	152001	146965	71815
铁路机车车辆配件制造	3202760	2421577	1637524	732065
铁路专用设备及器材、配件制造	4514285	3046536	2596009	1262959
其他铁路运输设备制造	1459749	830345	1139676	635292

续表 21

行　　业	建设总规模	自开始建设累计完成投资	在建总规模	在建净规模
城市轨道交通设备制造	2745467	2135809	1395910	632070
船舶及相关装置制造	26108822	14357761	16694794	8187360
金属船舶制造	11665837	5760679	8048017	3349723
非金属船舶制造	767477	546075	264240	100665
娱乐船和运动船制造	2913179	1673437	2333239	1249059
船用配套设备制造	7611069	4208493	4670087	2596926
船舶改装与拆除	2031100	1621944	654596	308460
航标器材及其他相关装置制造	1120160	547133	724615	582527
摩托车制造	7654880	5440045	3830053	2036644
摩托车整车制造	3420511	2247451	1964373	1001515
摩托车零部件及配件制造	4234369	3192594	1865680	1035129
自行车制造	10118426	6959953	6193542	2953465
脚踏自行车及残疾人座车制造	2387509	1795030	1463179	545486
助动自行车制造	7730917	5164923	4730363	2407979
非公路休闲车及零配件制造	1284115	775043	799552	506882
潜水救捞及其他未列明运输设备制造	22037096	13771242	16375694	8078621
其他未列明运输设备制造	22037096	13771242	16375694	8078621
电气机械和器材制造业	237633979	161486948	134368494	67229674
电机制造	22917759	16964912	12119643	5494896
发电机及发电机组制造	10945498	7602957	6306922	3157878
电动机制造	6683872	5317459	3142784	1154536
微电机及其他电机制造	5288389	4044496	2669937	1182482
输配电及控制设备制造	79007363	52760194	44585994	22055455
变压器、整流器和电感器制造	12602452	9532076	6790388	2898032
电容器及其配套设备制造	5916891	2581698	1275469	589028
配电开关控制设备制造	11036501	8121489	5608576	2697388
电力电子元器件制造	13314674	10460052	6164147	2798562
光伏设备及元器件制造	28079231	16320779	20159621	10745621
其他输配电及控制设备制造	8057614	5744100	4587793	2326824
电线、电缆、光缆及电工器材制造	30796633	23808392	15158068	6883883
电线、电缆制造	22533869	17468761	10916576	5007999
光纤、光缆制造	2938483	2116901	1573201	823718

续表22

行　　业	建设总规模	自开始建设累计完成投资	在建总规模	在建净规模
绝缘制品制造	2042570	1461282	1010939	530671
其他电工器材制造	3281711	2761448	1657352	521495
电池制造	38324998	21736306	26028821	14854796
锂离子电池制造	18158656	11416735	12284447	6254675
镍氢电池制造	1276563	959020	455465	275572
其他电池制造	18889779	9360551	13288909	8324549
家用电力器具制造	20932319	15527810	11127541	5173414
家用制冷电器具制造	5797379	4006367	3563461	1743555
家用空气调节器制造	2887749	2100206	1605962	764258
家用通风电器具制造	684246	574477	350792	107840
家用厨房电器具制造	4331614	3096282	2465042	1206827
家用清洁卫生电器具制造	1458700	1217088	483714	173959
家用美容、保健电器具制造	521050	405902	227843	122024
家用电力器具专用配件制造	2452129	1747503	1292065	603012
其他家用电力器具制造	2799452	2379985	1138662	451939
非电力家用器具制造	11858967	7115880	6975525	3318630
燃气、太阳能及类似能源家用器具制造	11241695	6681348	6659327	3177292
其他非电力家用器具制造	617272	434532	316198	141338
照明器具制造	24925341	17143691	13758013	7239051
电光源制造	8122822	5270145	4752986	2590170
照明灯具制造	14332952	10008132	7800029	4057467
灯用电器附件及其他照明器具制造	2469567	1865414	1204998	591414
其他电气机械及器材制造	8870599	6429763	4614889	2209549
电气信号设备装置制造	2078106	1419479	1148029	501315
其他未列明电气机械及器材制造	6792493	5010284	3466860	1708234
计算机、通信和其他电子设备制造业	208753603	132773660	134960426	68098827
计算机制造	19980613	12983476	12322160	6014081
计算机整机制造	6470928	3422620	3908770	2102197
计算机零部件制造	6622869	4715038	4167738	1866560
计算机外围设备制造	2531468	1870179	1280121	650504
其他计算机制造	4355348	2975639	2965531	1394820
通信设备制造	29924737	18251296	20680026	11704359

续表 23

行　　业	建设总规模	自开始建设累计完成投资	在建总规模	在建净规模
通信系统设备制造	11724902	8878805	7028368	2853033
通信终端设备制造	18199835	9372491	13651658	8851326
广播电视设备制造	4588197	3326811	2674098	1125781
广播电视节目制作及发射设备制造	958161	624946	609807	312242
广播电视接收设备及器材制造	1647017	1125928	947129	499774
应用电视设备及其他广播电视设备制造	1983019	1575937	1117162	313765
视听设备制造	4465831	3141872	2526268	1300488
电视机制造	2204284	1478461	1485990	702907
音响设备制造	1080418	818968	490818	253279
影视录放设备制造	1181129	844443	549460	344302
电子器件制造	85196817	51735687	57372038	27303388
电子真空器件制造	1919282	1532559	633077	273272
半导体分立器件制造	2710244	1929636	1535031	700228
集成电路制造	23551013	13921192	14000470	4978289
光电子器件及其他电子器件制造	57016278	34352300	41203460	21351599
电子元件制造	36925921	26602450	20137791	9871430
电子元件及组件制造	29874469	21996393	15866791	7487162
印制电路板制造	7051452	4606057	4271000	2384268
其他电子设备制造	27671487	16732068	19248045	10779300
仪器仪表制造业	32791565	23666534	18772410	8818997
通用仪器仪表制造	14693366	11333005	7549986	3106002
工业自动控制系统装置制造	7551524	6308356	3176422	1262946
电工仪器仪表制造	2317999	1806985	1331085	510551
绘图、计算及测量仪器制造	963811	716783	499649	263331
实验分析仪器制造	1218099	768357	860174	293533
试验机制造	278064	270799	68700	8001
供应用仪表及其他通用仪器制造	2363869	1461725	1613956	767640
专用仪器仪表制造	7426833	5039416	4190795	2291004
环境监测专用仪器仪表制造	1065024	735677	602777	327365
运输设备及生产用计数仪表制造	1001329	800423	438261	204437
农、林、牧、渔专用仪器仪表制造	643641	109779	538600	535390
地质勘探和地震专用仪器制造	297559	287702	62465	14113

续表 24

行　　业	建设总规模	自开始建设累计完成投资	在建总规模	在建净规模
教学专用仪器制造	274002	233397	110438	46493
电子测量仪器制造	976695	732532	425817	156036
其他专用仪器制造	3168583	2139906	2012437	1007170
钟表与计时仪器制造	1104483	668654	786450	421400
光学仪器及眼镜制造	3865473	2924573	2647589	981710
光学仪器制造	2917330	2155665	2149381	797341
眼镜制造	948143	768908	498208	184369
其他仪器仪表制造业	5701410	3700886	3597590	2018881
其他制造业	48801644	39890885	33996096	12505769
日用杂品制造	3362268	2734768	1632817	578870
鬃毛加工、制刷及清扫工具制造	885631	722776	456449	160320
其他日用杂品制造	2476637	2011992	1176368	418550
煤制品制造	4689920	2842540	3880286	1858602
其他未列明制造业	40749456	34313577	28482993	10068297
废弃资源综合利用业	22907718	16599992	11925165	5813854
金属废料和碎屑加工处理	13641441	10020443	6424472	3330806
非金属废料和碎屑加工处理	9266277	6579549	5500693	2483048
金属制品、机械和设备修理业	7278081	5579547	3720994	1473129
金属制品修理	1022714	1055312	215038	19513
通用设备修理	556389	368887	299397	190588
专用设备修理	1340878	962190	798848	319522
铁路、船舶、航空航天等运输设备修理	3067377	2187870	1688615	660629
铁路运输设备修理	178671	133380	30893	22291
船舶修理	1224447	1025634	453002	75249
航空航天器修理	890587	430900	679030	389810
其他运输设备修理	773672	597956	525690	173279
电气设备修理	172923	139946	61697	35694
仪器仪表修理	26235	18361	10900	7876
其他机械和设备修理业	1091565	846981	646499	239307
(四)电力、热力、燃气及水的生产和供应业	**777213172**	**500116100**	**595085492**	**256620051**
电力、热力生产和供应业	628827330	405785108	491957522	206171261
电力生产	484546763	308742244	401402326	166403937

续表25

行　　业	建设总规模	自开始建设累计完成投资	在建总规模	在建净规模
火力发电	114900089	69618036	85732848	40998330
水力发电	181174425	117792721	169339897	63016171
核力发电	73525405	46301758	73473293	26045027
风力发电	58861178	39420814	38930815	17187366
太阳能发电	37955156	24004743	22201847	13045187
其他电力生产	18130510	11604172	11723626	6111856
电力供应	107934614	73230994	69014322	28831536
热力生产和供应	36345953	23811870	21540874	10935788
燃气生产和供应业	78305558	45587761	61040489	31532569
燃气生产和供应业	78305558	45587761	61040489	31532569
水的生产和供应业	70080284	48743231	42087481	18916221
自来水生产和供应	33443992	22783399	20024109	9193824
污水处理及其再生利用	32278338	22528292	19874948	8923570
其他水的处理、利用与分配	4357954	3431540	2188424	798827
（五）建筑业	**68714594**	**51337795**	**34518601**	**16829182**
房屋建筑业	22210827	17120021	10593859	5006385
房屋建筑业	22210827	17120021	10593859	5006385
土木工程建筑业	36965744	26487030	20282436	10143592
铁路、道路、隧道和桥梁工程建筑	24318850	17341085	13013487	6433721
铁路工程建筑	1062654	894883	338041	158405
公路工程建筑	8916373	6607901	4536758	1988859
市政道路工程建筑	9483808	6603693	5321434	2738971
其他道路、隧道和桥梁工程建筑	4856015	3234608	2817254	1547486
水利和内河港口工程建筑	6067658	3711162	4130745	2316049
水源及供水设施工程建筑	1581637	1029043	859167	553159
河湖治理及防洪设施工程建筑	2670641	1718173	1631304	933669
港口及航运设施工程建筑	1815380	963946	1640274	829221
海洋工程建筑	581138	581600	407578	39316
工矿工程建筑	313889	437649	140107	45117
架线和管道工程建筑	2070092	1639981	947406	484719
架线及设备工程建筑	838807	801203	204812	89410
管道工程建筑	1231285	838778	742594	395309

续表 26

行　　业	建设总规模	自开始建设累计完成投资	在建总规模	在建净规模
其他土木工程建筑	3614117	2775553	1643113	824670
建筑安装业	2795597	2373672	1019360	416906
电气安装	677639	617451	191877	59083
管道和设备安装	743203	593744	293083	141438
其他建筑安装业	1374755	1162477	534400	216385
建筑装饰和其他建筑业	6742426	5357072	2622946	1262299
建筑装饰业	2222863	1829800	671400	325857
工程准备活动	1025581	697885	571952	321799
建筑物拆除活动	226572	167923	142666	60134
其他工程准备活动	799009	529962	429286	261665
提供施工设备服务	449852	349078	202226	94212
其他未列明建筑业	3044130	2480309	1177368	520431
（六）批发和零售业	**325156063**	**227787013**	**186764449**	**90921932**
批发业	155591708	108648462	87365340	42884413
农、林、牧产品批发	19129411	13116975	11997005	5384607
谷物、豆及薯类批发	5243294	3664407	3015672	1359499
种子批发	1145783	781894	683804	368199
饲料批发	335320	259796	123265	79769
棉、麻批发	372562	223919	290110	148405
林业产品批发	1730120	1202859	1164193	528981
牲畜批发	626177	532593	235074	92763
其他农牧产品批发	9676155	6451507	6484887	2806991
食品、饮料及烟草制品批发	21997440	16144834	13233419	5686140
米、面制品及食用油批发	1978757	1785033	548952	206119
糕点、糖果及糖批发	315020	249407	145869	65328
果品、蔬菜批发	10816226	7580986	7473524	3161365
肉、禽、蛋、奶及水产品批发	3947353	2971330	2406784	986983
盐及调味品批发	109948	103190	19698	7401
营养和保健品批发	157830	107459	55331	42997
酒、饮料及茶叶批发	1904065	1278703	961645	517816
烟草制品批发	603642	467700	369539	120010
其他食品批发	2164599	1601026	1252077	578121

续表27

行　　业	建设总规模	自开始建设累计完成投资	在建总规模	在建净规模
纺织、服装及家庭用品批发	22696461	12583326	13504777	8004911
纺织品、针织品及原料批发	5380919	3579982	2797131	1458887
服装批发	6989775	3818895	4599529	2960787
鞋帽批发	456995	296537	333780	160712
化妆品及卫生用品批发	295574	272740	44141	15886
厨房、卫生间用具及日用杂货批发	1340108	728874	854828	619282
灯具、装饰物品批发	3134616	816518	1348870	866556
家用电器批发	1385061	1001285	790434	387347
其他家庭用品批发	3713413	2068495	2736064	1535454
文化、体育用品及器材批发	2445824	1787601	1354320	634512
文具用品批发	454938	385078	248093	70864
体育用品及器材批发	135049	121919	29819	12700
图书批发	391387	245719	256575	145711
报刊批发	23360	23360		
音像制品及电子出版物批发	71678	71657	8710	3130
首饰、工艺品及收藏品批发	1108732	722162	675993	349238
其他文化用品批发	260680	217706	135130	52869
医药及医疗器材批发	4481522	2974607	2716008	1362804
西药批发	1461340	999619	829884	416108
中药批发	1481334	955726	1071516	532180
医疗用品及器材批发	1538848	1019262	814608	414516
矿产品、建材及化工产品批发	43728894	33017428	22102336	10255869
煤炭及制品批发	4992117	3556933	2587314	1418885
石油及制品批发	4612482	3871632	1346844	685665
非金属矿及制品批发	825662	400164	575438	417687
金属及金属矿批发	7084673	5043031	4040714	1953770
建材批发	23303693	17693405	12678679	5404509
化肥批发	779401	674129	220898	79627
农药批发	273345	186257	184026	91844
农用薄膜批发	27327	27327		
其他化工产品批发	1830194	1564550	468423	203882
机械设备、五金产品及电子产品批发	26443006	18552489	14778881	7686695

续表 28

行业	建设总规模	自开始建设累计完成投资	在建总规模	在建净规模
农业机械批发	2035015	1592763	1108330	468493
汽车批发	6993759	4013631	5215226	2928094
汽车零配件批发	3164192	2483895	1430853	512938
摩托车及零配件批发	484474	341166	372850	144222
五金产品批发	6293945	4550114	3344864	1764568
电气设备批发	1824735	1074945	975610	722158
计算机、软件及辅助设备批发	823623	683100	322895	142410
通信及广播电视设备批发	215765	207224	23009	8985
其他机械设备及电子产品批发	4607498	3605651	1985244	994827
贸易经纪与代理	6041903	4888709	2419326	1176114
贸易代理	3614558	2819764	1441236	787070
拍卖	59880	54006	10730	4804
其他贸易经纪与代理	2367465	2014939	967360	384240
其他批发业	8627247	5582493	5259268	2692761
再生物资回收与批发	2573735	1956945	1267529	580853
其他未列明批发业	6053512	3625548	3991739	2111908
零售业	169564355	119138551	99399109	48037519
综合零售	78879495	54466365	49122125	23120080
百货零售	44739849	30172095	29095282	13281061
超级市场零售	18470728	12683421	11629424	5831974
其他综合零售	15668918	11610849	8397419	4007045
食品、饮料及烟草制品专门零售	5791574	4663310	2285217	1073292
粮油零售	467552	362159	210297	103502
糕点、面包零售	165252	160802	10100	4950
果品、蔬菜零售	1295643	1018935	517575	296872
肉、禽、蛋、奶及水产品零售	1331271	1157001	376918	167132
营养和保健品零售	148766	121206	72562	28687
酒、饮料及茶叶零售	801428	639607	261496	137827
烟草制品零售	89846	88125	10200	1819
其他食品零售	1491816	1115475	826069	332503
纺织、服装及日用品专门零售	6253326	5044845	2571788	1153496
纺织品及针织品零售	1391541	981508	818622	404383

续表29

行业	建设总规模	自开始建设累计完成投资	在建总规模	在建净规模
服装零售	3468071	2849328	1388767	588378
鞋帽零售	66335	65842	4732	300
化妆品及卫生用品零售	127474	104680	23400	8608
钟表、眼镜零售	116653	100570	24675	11975
箱、包零售	134423	113278	56700	26527
厨房用具及日用杂品零售	123290	117412	23363	8610
自行车零售	82650	55648	60000	27000
其他日用品零售	742889	656579	171529	77715
文化、体育用品及器材专门零售	4248713	2772154	2037066	1281678
文具用品零售	57911	49511		
体育用品及器材零售	94818	82856	12652	7372
图书、报刊零售	433280	185656	167428	72786
音像制品及电子出版物零售	21491	20775	1591	716
珠宝首饰零售	1636959	1316056	612428	298142
工艺美术品及收藏品零售	1652726	810515	1149095	855308
乐器零售	23094	22724	2580	370
照相器材零售	69356	54540	50000	15000
其他文化用品零售	259078	229521	41292	31984
医药及医疗器材专门零售	2005235	1419969	1062490	584724
药品零售	1307537	965719	616662	346100
医疗用品及器材零售	697698	454250	445828	238624
汽车、摩托车、燃料及零配件专门零售	42618342	29432624	24613467	12910867
汽车零售	34611284	23317397	21212053	11045877
汽车零配件零售	3241137	2302020	1702021	886415
摩托车及零配件零售	99738	96978	17178	5278
机动车燃料零售	4666183	3716229	1682215	973297
家用电器及电子产品专门零售	4876309	3721563	2757471	1031973
家用视听设备零售	400912	338581	236452	57622
日用家电设备零售	1563393	1087751	752724	413479
计算机、软件及辅助设备零售	909179	730495	592908	157528
通信设备零售	565165	387592	274144	165591
其他电子产品零售	1437660	1177144	901243	237753

续表 30

行 业	建设总规模	自开始建设累计完成投资	在建总规模	在建净规模
五金、家具及室内装饰材料专门零售	17489778	12375632	11159949	4792469
五金零售	2027164	1619167	882787	396963
灯具零售	553897	632763	230673	16077
家具零售	10304789	6638794	7522190	3409126
涂料零售	105264	102671	15917	4275
卫生洁具零售	100752	80191	11690	4700
木质装饰材料零售	718190	562856	287776	89373
陶瓷、石材装饰材料零售	1740798	1339436	1083287	403495
其他室内装饰材料零售	1938924	1399754	1125629	468460
货摊、无店铺及其他零售业	7401583	5242089	3789536	2088940
货摊食品零售	143426	99030	76017	45217
货摊纺织、服装及鞋零售	95049	51685	72600	43480
货摊日用品零售	117565	65046	80000	52898
互联网零售	1609386	799482	1183117	813394
邮购及电视、电话零售	19941	15738	12859	703
旧货零售	40269	32415	20000	7854
生活用燃料零售	1092566	773229	511976	326749
其他未列明零售业	4283381	3405464	1832967	798645
(七)交通运输、仓储和邮政业	**1663533747**	**1014619427**	**1360933294**	**604811885**
铁路运输业	474701586	297917648	437677769	169033416
铁路旅客运输	301077910	188452329	275043245	110519366
铁路货物运输	133081334	80474310	126963763	50546779
铁路运输辅助活动	40542342	28991009	35670761	7967271
客运火车站	6906579	4823904	4327853	1798325
货运火车站	1363136	688408	908041	318011
其他铁路运输辅助活动	32272627	23478697	30434867	5850935
道路运输业	892358967	527903131	719892023	338509750
城市公共交通运输	235345432	126947018	217183057	108133229
公共电汽车客运	13687982	9025053	9798398	3818927
城市轨道交通	209572069	110587096	198856697	99654060
出租车客运	617285	521818	195226	67585
其他城市公共交通运输	11468096	6813051	8332736	4592657

续表 31

行　　业	建设总规模	自开始建设累计完成投资	在建总规模	在建净规模
公路旅客运输	313044672	184986116	253916579	112310652
道路货物运输	168592768	102414689	124216232	61495642
道路运输辅助活动	175376095	113555308	124576155	56570227
客运汽车站	7111883	4173162	4962825	2738987
公路管理与养护	135646338	89544054	94726299	41223060
其他道路运输辅助活动	32617874	19838092	24887031	12608180
水上运输业	79567914	50798168	60428015	24827981
水上旅客运输	2966619	1547270	2500655	1147795
海洋旅客运输	963957	686706	828963	280007
内河旅客运输	1696117	649160	1447201	786225
客运轮渡运输	306545	211404	224491	81563
水上货物运输	13154717	9015082	7875565	3945182
远洋货物运输	1871235	1571387	574214	207170
沿海货物运输	6050412	4417042	3971690	1698580
内河货物运输	5233070	3026653	3329661	2039432
水上运输辅助活动	63446578	40235816	50051795	19735004
客运港口	2381011	951844	2173037	1331614
货运港口	49617351	31870611	39186580	15275333
其他水上运输辅助活动	11448216	7413361	8692178	3128057
航空运输业	41143733	27962192	25605891	11106694
航空客货运输	16496857	12551431	5063295	1874231
航空旅客运输	16060869	12172033	4907598	1817982
航空货物运输	435988	379398	155697	56249
通用航空服务	1780561	581642	1520874	1202583
航空运输辅助活动	22866315	14829119	19021722	8029880
机场	18997764	12361667	15573364	6573483
空中交通管理	104707	90944	91646	13211
其他航空运输辅助活动	3763844	2376508	3356712	1443186
管道运输业	7097049	5249518	3976307	1257033
管道运输业	7097049	5249518	3976307	1257033
装卸搬运和运输代理业	29345654	19229797	19143596	9787133
装卸搬运	3680691	2880228	1925838	728890

续表 32

行　业	建设总规模	自开始建设累计完成投资	在建总规模	在建净规模
运输代理业	25664963	16349569	17217758	9058243
货物运输代理	19516141	12481830	13026407	6914530
旅客票务代理	82823	81867	9474	964
其他运输代理业	6065999	3785872	4181877	2142749
仓储业	136913730	83957923	92738699	49518234
谷物、棉花等农产品仓储	25908692	16012030	15950510	9618374
谷物仓储	11327037	8463944	5458552	2790548
棉花仓储	1447369	1018149	673396	426646
其他农产品仓储	13134286	6529937	9818562	6401180
其他仓储业	111005038	67945893	76788189	39899860
邮政业	2405114	1601050	1470994	771644
邮政基本服务	694867	531144	430761	154623
快递服务	1710247	1069906	1040233	617021
（八）住宿和餐饮业	**160594648**	**107893711**	**102090394**	**48966209**
住宿业	132869973	85668054	90011171	43522881
旅游饭店	110193515	69505955	77142126	37524534
一般旅馆	11273549	8431514	5356803	2531430
其他住宿业	11402909	7730585	7512242	3466917
餐饮业	27724675	22225657	12079223	5443328
正餐服务	21456235	17356863	9450079	4142201
快餐服务	1377943	1108362	570945	272749
饮料及冷饮服务	1058092	866386	329625	178707
茶馆服务	208457	196572	22872	9885
咖啡馆服务	143621	134524	8100	3564
酒吧服务	564765	408894	274800	150495
其他饮料及冷饮服务	141249	126396	23853	14763
其他餐饮业	3832405	2894046	1728574	849671
小吃服务	711212	425842	433836	280842
餐饮配送服务	366318	281298	133212	73976
其他未列明餐饮业	2754875	2186906	1161526	494853
（九）信息传输、软件和信息技术服务业	**95838622**	**58562719**	**60652207**	**34217425**
电信、广播电视和卫星传输服务	35137984	25728518	17536823	7024182

续表 33

行　　业	建设总规模	自开始建设累计完成投资	在建总规模	在建净规模
电信	31432708	23404152	14655152	5622069
固定电信服务	6432829	4968389	2791376	1181696
移动电信服务	23056734	17144096	10795850	3807195
其他电信服务	1943145	1291667	1067926	633178
广播电视传输服务	3459760	2140696	2670742	1336349
有线广播电视传输服务	2457380	1584729	1896513	896154
无线广播电视传输服务	1002380	555967	774229	440195
卫星传输服务	245516	183670	210929	65764
互联网和相关服务	8792906	7002327	5577262	1850508
互联网接入及相关服务	2408192	1657859	1370129	705071
互联网信息服务	5129501	4476597	3234251	780445
其他互联网服务	1255213	867871	972882	364992
软件和信息技术服务业	51907732	25831874	37538122	25342735
软件开发	20298448	12371738	13147335	7356102
信息系统集成服务	7367638	3381740	5437472	4006195
信息技术咨询服务	3747528	2019178	2726702	1748010
数据处理和存储服务	12912169	3666412	11193786	9226900
集成电路设计	902060	526985	655072	367666
其他信息技术服务业	6679889	3865821	4377755	2637862
数字内容服务	1130456	459227	894473	561623
呼叫中心	1050648	433786	900495	618782
其他未列明信息技术服务业	4498785	2972808	2582787	1457457
（十）金融业	**40288162**	**26105633**	**29919565**	**13865490**
货币金融服务	18947229	13068604	13139453	5695975
中央银行服务	1965831	1509562	1245457	490410
货币银行服务	15850228	10587021	11497678	5034120
非货币银行服务	1059404	900885	386367	169625
金融租赁服务	344029	253806	189905	91940
财务公司	80831	79342	4500	1645
典当	69886	68564	4523	1514
其他非货币银行服务	564658	499173	187439	74526
银行监管服务	71766	71136	9951	1820

续表 34

行　业	建设总规模	自开始建设累计完成投资	在建总规模	在建净规模
资本市场服务	9994530	6472843	7544929	3588678
证券市场服务	4188150	2270475	4006975	1918362
证券市场管理服务	707650	481347	596628	236415
证券经纪交易服务	3364998	1746851	3311623	1608722
基金管理服务	115502	42277	98724	73225
期货市场服务	324149	267690	186975	62977
期货市场管理服务	259292	215319	125000	50491
其他期货市场服务	64857	52371	61975	12486
证券期货监管服务	201920	159796	200000	42124
资本投资服务	4356052	3294703	2523210	1110889
其他资本市场服务	924259	480179	627769	454326
保险业	5164040	3200504	4266500	1788547
人身保险	3823984	2349039	3518415	1324311
人寿保险	3818004	2345669	3513455	1321701
健康和意外保险	5980	3370	4960	2610
财产保险	1211381	724267	737100	461541
养老金	3650	3650		
保险经纪与代理服务	98694	97517	5400	2395
保险监管服务	5585	5285	5585	300
其他保险活动	20746	20746		
风险和损失评估	3959	3959		
其他未列明保险活动	16787	16787		
其他金融业	6182363	3363682	4968683	2792290
金融信托与管理服务	2284063	1212805	1942241	1078083
控股公司服务	1097093	413441	831737	629408
非金融机构支付服务	138268	94748	122360	43297
金融信息服务	856276	520336	664360	340764
其他未列明金融业	1806663	1122352	1407985	700738
(十一) 房地产业	**5662036048**	**3805609992**	**4667873969**	**1950396709**
房地产业	5662036048	3805609992	4667873969	1950396709
房地产开发经营	5069111538	3406170923	4281507116	1761395045
物业管理	8508406	6048689	3835001	1774133

续表 35

行　　业	建设总规模	自开始建设累计完成投资	在建总规模	在建净规模
房地产中介服务	441140	407408	76094	34589
自有房地产经营活动	66684464	38218356	48711415	28178564
其他房地产业	517290500	354764616	333744343	159014378
（十二）租赁和商务服务业	**200933090**	**126412210**	**139551434**	**71254760**
租赁业	8146319	7570224	1183582	630064
机械设备租赁	7668859	7306283	818610	412525
汽车租赁	640750	590268	101196	41863
农业机械租赁	107876	83119	53743	24577
建筑工程机械与设备租赁	1259802	1183404	179575	68115
计算机及通信设备租赁	188048	22535	181400	165513
其他机械与设备租赁	5472383	5426957	302696	112457
文化及日用品出租	477460	263941	364972	217539
娱乐及体育设备出租	402480	211890	327372	196210
图书出租	3020	2866	2500	154
其他文化及日用品出租	71960	49185	35100	21175
商务服务业	192786771	118841986	138367852	70624696
企业管理服务	81102929	49476746	59214239	28872806
企业总部管理	29118311	15661130	22867197	12176865
投资与资产管理	41420156	26905059	29840855	13712240
单位后勤管理服务	1588686	1141259	890352	238371
其他企业管理服务	8975776	5769298	5615835	2745330
法律服务	179861	120417	98764	54295
律师及相关法律服务	121061	94144	46513	22179
公证服务	600	189		
其他法律服务	58200	26084	52251	32116
咨询与调查	2294086	2092247	680993	241885
会计、审计及税务服务	182279	141363	66202	41042
市场调查	17243	15243	6500	2000
社会经济咨询	642208	580201	234168	66175
其他专业咨询	1452356	1355440	374123	132668
广告业	3103822	2252050	1344943	829988
知识产权服务	401934	298751	187260	100505

续表 36

行　　业	建设总规模	自开始建设累计完成投资	在建总规模	在建净规模
人力资源服务	1844282	1285713	1239234	553879
公共就业服务	688004	402834	596555	283484
职业中介服务	105041	95582	34966	10234
劳务派遣服务	273784	242405	55417	17987
其他人力资源服务	777453	544892	552296	242174
旅行社及相关服务	19737926	10485966	14427040	9021613
旅行社服务	1517478	868458	997021	517956
旅游管理服务	17104846	8841760	12737119	8159271
其他旅行社相关服务	1115602	775748	692900	344386
安全保护服务	903448	659656	442684	167800
安全服务	482445	343395	276572	131852
安全系统监控服务	315117	212626	146977	30907
其他安全保护服务	105886	103635	19135	5041
其他商务服务业	83218483	52170440	60732695	30781925
市场管理	26988849	17192377	18719324	9646279
会议及展览服务	24734175	13604238	21152026	11438509
包装服务	526387	427963	115761	44381
办公服务	5059909	3323576	2889734	1432993
信用服务	186461	123486	110703	65206
担保服务	718127	669867	629268	34632
其他未列明商务服务业	25004575	16828933	17115879	8119925
(十三) 科学研究和技术服务业	**93717045**	**62671857**	**57921002**	**29333747**
研究和试验发展	39215078	22705524	28238263	15356170
自然科学研究和试验发展	3791340	2462486	2822387	1085968
工程和技术研究和试验发展	26364411	14472408	19348245	11167225
农业科学研究和试验发展	5483807	3245164	3637769	2099574
医学研究和试验发展	3025272	2055745	2027177	913769
社会人文科学研究	550248	469721	402685	89634
专业技术服务业	28120321	21376525	14376690	6502591
气象服务	1621699	1103307	1288907	539862
地震服务	202017	154170	83392	37873
海洋服务	548016	453575	206413	89754

续表37

行　　业	建设总规模	自开始建设累计完成投资	在建总规模	在建净规模
测绘服务	911105	330257	709018	572635
质检技术服务	4417461	3453121	2010264	845346
环境与生态监测	981746	814633	339575	159803
环境保护监测	832727	723652	259047	117629
生态监测	149019	90981	80528	42174
地质勘查	3277263	2684295	1227565	500991
能源矿产地质勘查	1237432	989576	442028	137868
固体矿产地质勘查	1170480	1047011	352271	150461
水、二氧化碳等矿产地质勘查	77197	24086	66688	49911
基础地质勘查	371756	283005	165006	80314
地质勘查技术服务	420398	340617	201572	82437
工程技术	9083768	6928291	4607000	2178488
工程管理服务	3340050	2320947	1858935	951660
工程勘察设计	2535314	1946181	1165393	590015
规划管理	3208404	2661163	1582672	636813
其他专业技术服务业	7077246	5454876	3904556	1577839
专业化设计服务	2803628	1995244	1910242	785416
摄影扩印服务	242546	207288	42900	35252
兽医服务	56138	49317	21908	6821
其他未列明专业技术服务业	3974934	3203027	1929506	750350
科技推广和应用服务业	26381646	18589808	15306049	7474986
技术推广服务	15056839	10928801	7501448	3956759
农业技术推广服务	5734453	4148118	3053729	1603670
生物技术推广服务	1515450	1225381	582720	291873
新材料技术推广服务	1819514	1528207	714556	294477
节能技术推广服务	2446451	1874722	729817	466044
其他技术推广服务	3540971	2152373	2420626	1300695
科技中介服务	5081683	3506991	3525630	1579766
其他科技推广和应用服务业	6243124	4154016	4278971	1938461
（十四）水利、环境和公共设施管理业	**1215085993**	**804441710**	**825172825**	**384258395**
水利管理业	183782971	127680753	137997699	51673789
防洪除涝设施管理	73772611	49144294	50146809	22801830

续表 38

行　　业	建设总规模	自开始建设累计完成投资	在建总规模	在建净规模
水资源管理	26198700	15578113	18601870	9595084
天然水收集与分配	58994410	46620859	52621174	11690879
水文服务	1080597	472483	945689	589107
其他水利管理业	23736653	15865004	15682157	6996889
生态保护和环境治理业	42153394	27301329	25309982	13397699
生态保护	12136432	7564007	7847290	3738457
自然保护区管理	4485167	2985021	2810364	1555429
野生动物保护	1915980	998988	1576078	917422
野生植物保护	492049	377135	277197	130200
其他自然保护	5243236	3202863	3183651	1135406
环境治理业	30016962	19737322	17462692	9659242
水污染治理	19817274	11730068	12983398	7564830
大气污染治理	1610782	1341897	554149	263876
固体废物治理	3825227	2830113	2028401	986664
危险废物治理	624816	509182	324830	114220
放射性废物治理	21848	21848		
其他污染治理	4117015	3304214	1571914	729652
公共设施管理业	989149628	649459628	661865144	319186907
市政设施管理	725553405	485894413	486988992	223165280
环境卫生管理	10918160	8201542	4673476	2271621
城乡市容管理	25214685	19936356	11227834	5292138
绿化管理	30587547	22595704	15972382	6957201
公园和游览景区管理	196875831	112831613	143002460	81500667
公园管理	47985365	32801620	30652174	14827206
游览景区管理	148890466	80029993	112350286	66673461
（十五）居民服务、修理和其他服务业	**43553684**	**31747111**	**22758152**	**11632798**
居民服务业	25695990	19048077	13658254	6518073
家庭服务	934470	752789	352892	177174
托儿所服务	859689	413733	571406	93512
洗染服务	139400	119401	29973	8392
理发及美容服务	243672	229233	47155	18642
洗浴服务	3780329	2934035	2317813	1075478

续表 39

行　　业	建设总规模	自开始建设累计完成投资	在建总规模	在建净规模
保健服务	664138	500291	353904	108724
婚姻服务	214165	203758	26940	13750
殡葬服务	3264923	2188847	1912547	1019654
其他居民服务业	15595204	11705990	8045624	4002747
机动车、电子产品和日用产品修理业	10258777	6479982	5704753	3806051
汽车、摩托车修理与维护	9411439	5703044	5449257	3731211
汽车修理与维护	9387231	5678935	5443158	3731112
摩托车修理与维护	24208	24109	6099	99
计算机和办公设备维修	643288	590077	208144	55420
计算机和辅助设备修理	181659	173516	59324	9910
通信设备修理	213730	191944	96540	28714
其他办公设备维修	247899	224617	52280	16796
家用电器修理	73258	72930	9200	2557
家用电子产品修理	34109	36054		
日用电器修理	39149	36876	9200	2557
其他日用产品修理业	130792	113931	38152	16863
自行车修理	3650	3283	2800	367
鞋和皮革修理	7772	6622	7200	1150
家具和相关物品修理	17413	16878	1282	537
其他未列明日用产品修理业	101957	87148	26870	14809
其他服务业	7598917	6219052	3395145	1308674
清洁服务	500131	456813	93599	37010
建筑物清洁服务	102897	95932	15990	6965
其他清洁服务	397234	360881	77609	30045
其他未列明服务业	7098786	5762239	3301546	1271664
（十六）教育	**150664986**	**108579379**	**91463561**	**39536566**
教育	150664986	108579379	91463561	39536566
学前教育	7141943	6060163	2424512	1089401
初等教育	20514097	16405971	9225005	4005220
普通小学教育	20100152	16086256	8904132	3915493
成人小学教育	413945	319715	320873	89727
中等教育	50571415	36366431	29692531	13058174

续表 40

行　　业	建设总规模	自开始建设累计完成投资	在建总规模	在建净规模
普通初中教育	21210324	16014285	10520359	5007814
职业初中教育	1419759	900929	893595	446574
成人初中教育	208723	179508	64510	30332
普通高中教育	14519898	10284033	9063944	3908383
成人高中教育	302493	215505	223282	92078
中等职业学校教育	12910218	8772171	8926841	3572993
高等教育	52544517	34891701	39110613	16363430
普通高等教育	48635370	32180557	36323612	15207275
成人高等教育	3909147	2711144	2787001	1156155
特殊教育	825283	634725	365277	169470
技能培训、教育辅助及其他教育	19067731	14220388	10645623	4850871
职业技能培训	12079696	9055402	6363460	2848469
体校及体育培训	1087054	594638	800878	486506
文化艺术培训	1004749	573600	659101	424999
教育辅助服务	865679	689913	318916	133306
其他未列明教育	4030553	3306835	2503268	957591
（十七）卫生和社会工作	**99832920**	**65856672**	**66294081**	**32390375**
卫生	82358828	54881701	55200443	26163349
医院	71231527	46542203	49703511	23536648
综合医院	54129426	34987698	39124703	18242611
中医医院	5535742	3831278	3735607	1707078
中西医结合医院	1403352	1037709	769050	373024
民族医院	187844	127898	128046	55372
专科医院	7462707	5105555	4219939	2083865
疗养院	2512456	1452065	1726166	1074698
社区医疗与卫生院	5354755	4132307	2157635	1157562
社区卫生服务中心（站）	1734964	1207815	844089	463228
街道卫生院	446041	351671	190611	90542
乡镇卫生院	3173750	2572821	1122935	603792
门诊部（所）	380388	318183	126750	29278
计划生育技术服务活动中心	508182	276611	361798	228583
妇幼保健院（所、站）	1831647	1300761	1018651	503990

续表 41

行　　业	建设总规模	自开始建设累计完成投资	在建总规模	在建净规模
专科疾病防治院（所、站）	247893	189378	127429	61178
疾病预防控制中心	735437	605556	278086	110127
其他卫生活动	2068999	1516702	1426583	535983
社会工作	17474092	10974971	11093638	6227026
提供住宿社会工作	16296126	10096672	10575261	5946522
干部休养所	517647	269886	349517	204642
护理机构服务	1785114	1248233	970157	546087
精神康复服务	279530	134220	205354	143462
老年人、残疾人养护服务	12440163	7555576	8350669	4738339
孤残儿童收养和庇护服务	282728	180653	203190	99150
其他提供住宿社会救助	990944	708104	496374	214842
不提供住宿社会工作	1177966	878299	518377	280504
社会看护与帮助服务	688464	501152	319380	183550
其他不提供住宿社会工作	489502	377147	198997	96954
（十八）文化、体育和娱乐业	**181611030**	**107416234**	**135367886**	**71539943**
新闻和出版业	4101659	2339508	3228205	1715802
新闻业	1446058	837829	1083031	624482
出版业	2655601	1501679	2145174	1091320
图书出版	840940	579539	652854	259516
报纸出版	1392149	661771	1177482	705496
期刊出版	50591	21875	36000	28716
音像制品出版	11873	11873		
电子出版物出版	182693	76254	130000	70604
其他出版业	177355	150367	148838	26988
广播、电视、电影和影视录音制作业	14065558	9752008	10884093	4079394
广播	692907	393607	490635	294609
电视	4423043	3565554	3717438	792949
电影和影视节目制作	5472867	3459392	4375841	1872564
电影和影视节目发行	1155626	433229	1062029	646564
电影放映	2279551	1858713	1231999	472646
录音制作	41564	41513	6151	62
文化艺术业	75246596	45358841	54289843	28726303

续表 42

行　业	建设总规模	自开始建设累计完成投资	在建总规模	在建净规模
文艺创作与表演	2228619	1528945	1655205	661009
艺术表演场馆	11675816	4682538	10229442	6878736
图书馆与档案馆	3696853	2507318	2279148	1080830
图书馆	2709062	1807105	1724091	801720
档案馆	987791	700213	555057	279110
文物及非物质文化遗产保护	15793512	10120477	10802758	5609649
博物馆	9824421	6573080	6545612	2873184
烈士陵园、纪念馆	1333109	1005366	742842	243453
群众文化活动	14152864	9432825	9289287	4536483
其他文化艺术业	16541402	9508292	12745549	6842959
体育	31343948	19726688	21444292	10727580
体育组织	559333	348221	400268	208285
体育场馆	16465504	10299775	11729654	5830641
休闲健身活动	12678731	7974569	8080153	4154029
其他体育	1640380	1104123	1234217	534625
娱乐业	56853269	30239189	45521453	26290864
室内娱乐活动	7980205	3892111	5387815	4003024
歌舞厅娱乐活动	1838016	1575466	660143	238054
电子游艺厅娱乐活动	106004	96201	24591	10281
网吧活动	274730	280665	17150	5598
其他室内娱乐活动	5761455	1939779	4685931	3749091
游乐园	29854780	16007016	26167673	13736595
彩票活动	137342	68144	110240	64252
文化、娱乐、体育经纪代理	139230	114875	45379	24355
文化娱乐经纪人	38959	35443	12226	3516
体育经纪人	3899	2500	3899	1399
其他文化艺术经纪代理	96372	76932	29254	19440
其他娱乐业	18741712	10157043	13810346	8462638
（十九）公共管理、社会保障和社会组织	**131212333**	**101622028**	**72030827**	**28076644**
中国共产党机关	810613	652855	442590	149934
中国共产党机关	810613	652855	442590	149934
国家机构	96857347	74533014	55643994	20943020

续表 43

行　　业	建设总规模	自开始建设累计完成投资	在建总规模	在建净规模
国家权力机构	1579409	1030733	870520	387773
国家行政机构	90324908	69623086	52085561	19641842
综合事务管理机构	30324682	23164244	15900328	6869859
对外事务管理机构	365675	234198	293793	132124
公共安全管理机构	22823287	17699019	17303410	4935651
社会事务管理机构	14902113	11000619	7862968	3882723
经济事务管理机构	19258432	15390007	9516459	3303517
行政监督检查机构	2650719	2134999	1208603	517968
人民法院和人民检察院	2574700	1936508	1556610	495285
人民法院	1703782	1302465	1031395	346381
人民检察院	870918	634043	525215	148904
其他国家机构	2378330	1942687	1131303	418120
人民政协、民主党派	255862	233265	44924	17818
人民政协	93761	85593	22678	4690
民主党派	162101	147672	22246	13128
社会保障	4392189	3248059	2476918	1128024
社会保障	4392189	3248059	2476918	1128024
群众团体、社会团体和其他成员组织	11631137	8681456	5864141	2633057
群众团体	532936	317507	335984	161613
工会	208344	125540	150248	67071
妇联	86663	39263	67774	24269
共青团	14606	9592	11669	5014
其他群众团体	223323	143112	106293	65259
社会团体	6565830	5190834	3195234	1258287
专业性团体	4479320	3567086	2154249	866326
行业性团体	1447606	1147350	782793	307634
其他社会团体	638904	476398	258192	84327
基金会	16600	10310	12242	1679
宗教组织	4515771	3162805	2320681	1211478
基层群众自治组织	17265185	14273379	7558260	3204791
社区自治组织	5879038	4759413	2738649	1184077
村民自治组织	11386147	9513966	4819611	2020714

各地区固定资产投资（不含农户）和新增固定资产

单位：万元

地　　区	投资额	新增固定资产	固定资产交付使用率（%）
全国总计	**5012648747**	**3333389932**	**66.5**
北　　京	68734408	36800822	53.5
天　　津	104903656	68225764	65.0
河　　北	261471985	190292241	72.8
山　　西	120354560	88257466	73.3
内 蒙 古	174378467	127637574	73.2
辽　　宁	244268339	172340734	70.6
吉　　林	111079410	96022989	86.4
黑 龙 江	95378774	71620936	75.1
上　　海	60129660	27575640	45.9
江　　苏	415527517	319526631	76.9
浙　　江	235547626	140880871	59.8
安　　徽	212562939	139639510	65.7
福　　建	178697550	109771749	61.4
江　　西	146463081	96941726	66.2
山　　东	415991323	282615380	67.9
河　　南	300122847	196734545	65.6
湖　　北	224416718	133848136	59.6
湖　　南	205485509	138068914	67.2
广　　东	258430570	177061385	68.5
广　　西	132876090	83140181	62.6
海　　南	30394555	13271480	43.7
重　　庆	121408336	75461757	62.2
四　　川	226621264	152052346	67.1
贵　　州	87784029	44034516	50.2
云　　南	110738123	62200597	56.2
西　　藏	10692315	7304493	68.3
陕　　西	168402739	103626241	61.5
甘　　肃	77596316	53177884	68.5
青　　海	27889116	13433195	48.2
宁　　夏	30939191	21730690	70.2
新　　疆	90677912	57599118	63.5
不分地区	62683822	32494421	51.8

国民经济行业大类固定资产投资（不含农户）和新增固定资产

单位：万元

行　　业	投资额	新增固定资产	固定资产交付使用率（%）
全国总计	**5012648747**	**3333389932**	**66.5**
（一）农、林、牧、渔业	**145740074**	**118920027**	**81.6**
农业	53887303	42672490	79.2
林业	15923948	12904589	81.0
畜牧业	40550369	33629769	82.9
渔业	7667948	6650952	86.7
农、林、牧、渔服务业	27710506	23062227	83.2
（二）采矿业	**145371501**	**103418150**	**71.1**
煤炭开采和洗选业	46844669	31839996	68.0
石油和天然气开采业	39478658	23135537	58.6
黑色金属矿采选业	16612844	13223903	79.6
有色金属矿采选业	16257757	12535215	77.1
非金属矿采选业	20490920	17662436	86.2
开采辅助活动	5083014	4465599	87.9
其他采矿业	603639	555464	92.0
（三）制造业	**1668977425**	**1249920193**	**74.9**
农副食品加工业	99940222	77927158	78.0
食品制造业	44471126	32879780	73.9
酒、饮料和精制茶制造业	39193291	29276468	74.7
烟草制品业	2839625	1991405	70.1
纺织业	53188470	43024765	80.9
纺织服装、服饰业	37110802	29249760	78.8
皮革、毛皮、羽毛及其制品和制鞋业	19672451	15305823	77.8
木材加工和木、竹、藤、棕、草制品业	34508151	28688188	83.1
家具制造业	24489456	18701524	76.4
造纸和纸制品业	28018951	21958297	78.4
印刷和记录媒介复制业	16064725	12180308	75.8
文教、工美、体育和娱乐用品制造业	17947138	14317879	79.8

续表 1

行　　业	投资额	新增固定资产	固定资产交付使用率（%）
石油加工、炼焦和核燃料加工业	32084923	23970508	74.7
化学原料及化学制品制造业	145163932	98018816	67.5
医药制造业	51919326	36138402	69.6
化学纤维制造业	10992030	7512488	68.3
橡胶和塑料制品业	59323026	46591118	78.5
非金属矿物制品业	157855683	125698733	79.6
黑色金属冶炼和压延加工业	47813035	37627354	78.7
有色金属冶炼和压延加工业	58137975	35795932	61.6
金属制品业	86311585	68266099	79.1
通用设备制造业	121431909	97136145	80.0
专用设备制造业	113849186	85466658	75.1
汽车制造业	100934307	75536544	74.8
铁路、船舶、航空航天和其他运输设备制造业	31569527	22214146	70.4
电气机械和器材制造业	104035057	76675703	73.7
计算机、通信和其他电子设备制造业	79728163	52764293	66.2
仪器仪表制造业	14871129	11039328	74.2
其他制造业	20341212	11412867	56.1
废弃资源综合利用业	11899628	9632896	81.0
金属制品、机械和设备修理业	3271384	2920808	89.3
（四）电力、热力、燃气及水的生产和供应业	**228250080**	**160327264**	**70.2**
电力、热力生产和供应业	174324737	121237184	69.5
燃气生产和供应业	22415922	15357157	68.5
水的生产和供应业	31509421	23732923	75.3
（五）建筑业	**40340476**	**30152989**	**74.7**
房屋建筑业	13192381	9985837	75.7
土木工程建筑业	20401453	14977378	73.4
建筑安装业	2056674	1573594	76.5
建筑装饰和其他建筑业	4689968	3616180	77.1
（六）批发和零售业	**155525455**	**116951959**	**75.2**
批发业	75206407	56616512	75.3

续表2

行　业	投资额	新增固定资产	固定资产交付使用率（%）
零售业	80319048	60335447	75.1
（七）交通运输、仓储和邮政业	**428895215**	**250886783**	**58.5**
铁路运输业	77071694	42836672	55.6
道路运输业	245131630	136562487	55.7
水上运输业	24345778	16505401	67.8
航空运输业	14304211	9906264	69.3
管道运输业	3154744	2655413	84.2
装卸搬运和运输代理业	12019811	8357038	69.5
仓储业	51582831	33251421	64.5
邮政业	1284516	812087	63.2
（八）住宿和餐饮业	**61887430**	**48286642**	**78.0**
住宿业	45755207	34593286	75.6
餐饮业	16132223	13693356	84.9
（九）信息传输、软件和信息技术服务业	**41029762**	**30448578**	**74.2**
电信、广播电视和卫星传输服务	20653268	15917334	77.1
互联网和相关服务	4099992	2524331	61.6
软件和信息技术服务业	16276502	12006913	73.8
（十）金融业	**13629723**	**8653160**	**63.5**
货币金融服务	7008405	4853803	69.3
资本市场服务	3759985	2195790	58.4
保险业	1145050	532571	46.5
其他金融业	1716283	1070996	62.4
（十一）房地产业	**1235582427**	**618745578**	**50.1**
房地产业	1235582427	618745578	50.1
（十二）租赁和商务服务业	**79535228**	**52070762**	**65.5**
租赁业	7136116	6638967	93.0
商务服务业	72399112	45431795	62.8
（十三）科学研究和技术服务业	**42190960**	**30726393**	**72.8**
研究和试验发展	13369911	9188934	68.7

续表3

行　业	投资额	新增固定资产	固定资产交付使用率（%）
专业技术服务业	15662299	11842130	75.6
科技推广和应用服务业	13158750	9695329	73.7
（十四）水利、环境和公共设施管理业	**462244285**	**323901633**	**70.1**
水利管理业	59901280	38965352	65.0
生态保护和环境治理业	18077110	13853986	76.6
公共设施管理业	384265895	271082295	70.5
（十五）居民服务、修理和其他服务业	**22755860**	**19293755**	**84.8**
居民服务业	13537572	11661386	86.1
机动车、电子产品和日用产品修理业	5069743	4141412	81.7
其他服务业	4148545	3490957	84.1
（十六）教育	**67056224**	**50957112**	**76.0**
教育	67056224	50957112	76.0
（十七）卫生和社会工作	**39910390**	**28146457**	**70.5**
卫生	31983125	22527150	70.4
社会工作	7927265	5619307	70.9
（十八）文化、体育和娱乐业	**61740607**	**38064737**	**61.7**
新闻和出版业	1023548	647523	63.3
广播、电视、电影和影视录音制作业	5650320	2520998	44.6
文化艺术业	27052640	17844187	66.0
体育	10416159	7389037	70.9
娱乐业	17597940	9662992	54.9
（十九）公共管理、社会保障和社会组织	**71985625**	**53517760**	**74.3**
中国共产党机关	267130	323414	121.1
国家机构	52469206	37596352	71.7
人民政协、民主党派	129280	155740	120.5
社会保障	2514988	1919546	76.3
群众团体、社会团体和其他成员组织	5631812	4933835	87.6
基层群众自治组织	10973209	8588873	78.3

各地区按登记注册类型分的固定资产投资（不含农户）（一）

单位：万元

地　　区	合　　计	内　　资					
			国　　有	集　　体	股份合作	国有联营	集体联营
全国总计	**5012648747**	**4782777838**	**1250051637**	**151888610**	**19924698**	**7512052**	**2098035**
北　　京	68734408	62802285	15792971	1312204	109899	14968	2180
天　　津	104903656	98375590	21220022	7585367	730547	117770	30989
河　　北	261471985	255432396	37436909	10157943	1595216	329635	85508
山　　西	120354560	118584806	39154101	7869965	593113	231365	37022
内 蒙 古	174378467	172599441	64596733	1217349	196425	50307	
辽　　宁	244268339	228121292	44006343	2592816	267502	191033	16839
吉　　林	111079410	109383147	24579408	692364	173058	306560	9500
黑 龙 江	95378774	94015402	29943648	687865	273714	184975	8100
上　　海	60129660	49002614	14058215	495376	33589	738718	4000
江　　苏	415527517	374087531	75403900	17034905	803250	464277	220090
浙　　江	235547626	216127109	52163499	9454882	710346	220846	47469
安　　徽	212562939	205765765	46358723	2875433	531585	440105	4366
福　　建	178697550	166336286	45081491	5768084	347011	329370	38595
江　　西	146463081	142492106	30543690	985609	501664	285645	100526
山　　东	415991323	401756756	50109059	31379234	2247734	374711	176889
河　　南	300122847	297069678	36498450	13582259	2351046	430031	315738
湖　　北	224416718	217938985	47327255	6117618	814861	79084	204809
湖　　南	205485509	201253680	56119900	3921275	1744160	733908	192890
广　　东	258430570	226766734	49046871	10819376	1280703	36417	153914
广　　西	132876090	129088420	31837095	2051202	583374	316215	96836
海　　南	30394555	27157984	6887399	33844	137119	13400	6955
重　　庆	121408336	112631834	37067573	1031973	572893	93891	
四　　川	226621264	219842979	76204295	1815904	947262	451469	131316
贵　　州	87784029	86436321	41389041	54280	200331	50553	9903
云　　南	110738123	108702365	45755341	2828871	207632	86179	10770
西　　藏	10692315	10682595	7360283	29499	14314	40872	9688
陕　　西	168402739	162703298	66586985	6039139	778782	436267	59250
甘　　肃	77596316	77262095	32068469	3010398	621868	346962	107393
青　　海	27889116	27337239	13466040	143212	48558	7909	2000
宁　　夏	30939191	30699020	9578624	136593	24600	28600	
新　　疆	90677912	89638263	39725482	163771	482542	80010	14500
不分地区	62683822	62683822	62683822				

各地区按登记注册类型分的固定资产投资（不含农户）（二）

单位：万元

地　区	内　资						
	国有与集体联营	其他联营	国有独资公司	其他有限责任公司	股份有限公司	私　营	个体户
全国总计	**2251694**	**3759606**	**114113133**	**1250509351**	**223714901**	**1495393080**	**12867204**
北　京	5364		5947969	33356698	2908125	3117832	
天　津	386523	219950	3067894	32653266	5156144	23608435	
河　北	28847	130912	2846610	65882907	13075029	106320805	269871
山　西	71220	25584	1360195	26929053	5677133	29774999	316864
内蒙古	3675	4075	2235372	61312850	7262634	30354108	418551
辽　宁	4000	170119	5014498	53753344	10356741	101510355	1112631
吉　林	20550	17662	1277831	35529632	5464589	32461848	1367573
黑龙江	322832	54344	1137183	26953247	3111493	24830942	552562
上　海	44454	16649	3014038	17511658	1312703	11569970	
江　苏	226675	433739	6319497	70174630	13769083	180754141	467287
浙　江	68238	18868	9822902	64558653	6841252	68425360	438665
安　徽	31443	122802	4950067	53545430	10137061	78021444	389269
福　建	207918	33531	5144080	47633610	4913435	50427901	250027
江　西	30924	296671	2357904	37338873	5517418	58126837	689734
山　东	108775	321563	4075607	103942438	21356833	152723141	334046
河　南	157724	235652	1902303	85374786	22297659	98475226	222365
湖　北	32137	67895	2369713	58315367	11687184	75228231	121619
湖　南	93239	179519	2990179	44326287	9080141	67790906	305126
广　东	40147	149801	7919573	75937319	13099584	56528947	2221870
广　西	76310	167355	6699870	24978504	6080488	42865892	1377971
海　南	2690		1497485	11927430	2839662	3127517	24647
重　庆	49044	123860	5061160	24343613	4014778	34544036	166430
四　川	109281	362941	10403038	57549407	9861210	45887354	510265
贵　州	18875	23730	3468263	22203419	3104973	14519987	
云　南	3300	39196	1887204	27760414	4926122	22666999	532059
西　藏		8877	4731	432747	772781	872288	271302
陕　西	85286	336797	2590566	39727436	6389517	30779156	234051
甘　肃	19456	72538	3046543	13919646	2654875	16164115	144880
青　海		6110	469190	5881741	2101777	4682917	96976
宁　夏		2400	2920039	3943740	951172	12965198	4512
新　疆	2767	116466	2311629	22811206	6993305	16266193	26051

各地区按登记注册类型分的固定资产投资（不含农户）（三）

单位：万元

地区	内资		港澳台投资				
	个体合伙	其他内资企业		合资经营	合作经营	独资	股份有限
全国总计	**5600382**	**243093455**	**119345258**	**40630679**	**4685609**	**63818372**	**8450766**
北京		234075	3731199	780907	251197	1453611	1245484
天津		3598683	2569019	813015	20254	1504915	224635
河北	34888	17237316	2656885	800703	308775	1227493	108870
山西	282329	6261863	1099802	568787		509439	21576
内蒙古	208118	4739244	838860	161811	35860	527400	108955
辽宁	144224	8980847	10183746	4042024	247124	5482845	334180
吉林	331724	7150848	881397	417806	93147	320893	34651
黑龙江	262495	5692002	855436	284369	239831	313857	17379
上海		203244	4926410	1996050	49977	2819515	60868
江苏	51463	7964594	16581429	4421525	211739	10799599	1049944
浙江	109322	3246807	12006210	5338596	49471	6090752	452488
安徽	123322	8234715	3789807	945581	43033	2264474	475384
福建	166475	5994758	8050806	3253243	55130	4040760	669852
江西	325188	5391423	2671037	766042	26547	1746604	109068
山东	133389	34473337	6211696	2469519	304135	2945476	402303
河南	623372	34603067	1392052	502950	10162	725893	35250
湖北	100744	15472468	3548341	1017113	158417	1915193	436330
湖南	584597	13191553	2088942	530977	67055	1014244	419663
广东	496648	9035564	18443451	5703559	1831883	9699202	1000691
广西	563400	11393908	2187807	595729	103411	1186910	253035
海南	17448	642388	2063595	832236	8336	909104	274456
重庆	186697	5375886	4740800	1337565	377341	2523215	315352
四川	188646	15420591	3235163	1219333	14132	1545879	152697
贵州		1392966	1093002	405593	27700	636793	22916
云南	64263	1934015	1273203	493770		705487	72877
西藏	104107	761106	9420	7200			1250
陕西	424056	8236010	1399127	556409	23821	680749	96056
甘肃	47880	5037072	170515	114603			23120
青海	7167	423642	245965	72637		161334	11994
宁夏	9872	133670	176692	129211		47481	
新疆	8548	635793	223444	51816	127131	19255	19442

各地区按登记注册类型分的固定资产投资（不含农户）（四）

单位：万元

地　区	港澳台商投资	外商投资					
	其他港澳台商投资		合资经营	合作经营	独　资	股份有限	其他外商投资
全国总计	**1759832**	**110525651**	**39819349**	**5007954**	**54729595**	**7109356**	**3859397**
北　京		2200924	1014882	207254	922298	48837	7653
天　津	6200	3959047	889098	14879	2769924	262074	23072
河　北	211044	3382704	785915	28933	2114343	279111	174402
山　西		669952	126954	255640	161582	76925	48851
内蒙古	4834	940166	460984	13250	54915	266100	144917
辽　宁	77573	5963301	3115861	414431	2150791	240928	41290
吉　林	14900	814866	371405	3780	352230	37751	49700
黑龙江		507936	162027	25000	291903	29006	
上　海		6200636	2334115	1309802	2497063	51984	7672
江　苏	98622	24858557	8110574	354369	15450460	737577	205577
浙　江	74903	7414307	3032763	78440	3609365	405894	287845
安　徽	61335	3007367	662148	79905	1762758	79523	423033
福　建	31821	4310458	1090979	15972	2618336	436765	148406
江　西	22776	1299938	358856	52211	657886	173096	57889
山　东	90263	8022871	2731415	257694	4230370	555927	247465
河　南	117797	1661117	688734	37537	708489	95406	130951
湖　北	21288	2929392	1041616	23196	1249263	354812	260505
湖　南	57003	2142887	1121985	52746	621386	141014	205756
广　东	208116	13220385	6174872	692523	5318196	516128	518666
广　西	48722	1599863	580345	53815	523103	340435	102165
海　南	39463	1172976	374067	159295	538244	17814	83556
重　庆	187327	4035702	2258264	291541	1028667	310991	146239
四　川	303122	3543122	1282408	293699	1256592	403010	307413
贵　州		254706	99972	32560	82999	34825	4350
云　南	1069	762555	291527	113413	186085	169930	1600
西　藏	970	300					300
陕　西	42092	4300314	518857	103802	2893565	595599	188491
甘　肃	32792	163706	67499	41767	3737	42300	8403
青　海		305912			108000	192992	4920
宁　夏		63479	33084		30395		
新　疆	5800	816205	38143	500	536650	212602	28310

国民经济行业大类按登记注册类型分的固定资产投资（不含农户）（一）

单位：万元

行业	合计	内资	国有	集体	股份合作
全国总计	**5012648747**	**4782777838**	**1250051637**	**151888610**	**19924698**
（一）农、林、牧、渔业	**145740074**	**144267371**	**35431279**	**7908036**	**1064591**
农业	53887303	53346119	10072631	3037428	563841
林业	15923948	15808621	7572053	1008188	74355
畜牧业	40550369	39997633	4159628	854164	285782
渔业	7667948	7604993	439466	872847	38296
农、林、牧、渔服务业	27710506	27510005	13187501	2135409	102317
（二）采矿业	**145371501**	**143626546**	**46239330**	**1928191**	**1207110**
煤炭开采和洗选业	46844669	46443287	12938411	999546	625508
石油和天然气开采业	39478658	38779790	26578704	12908	71800
黑色金属矿采选业	16612844	16532012	1202717	244564	52386
有色金属矿采选业	16257757	16107499	2407463	218584	204691
非金属矿采选业	20490920	20346728	775450	290461	169674
开采辅助活动	5083014	4815591	2301770	161018	69986
其他采矿业	603639	601639	34815	1110	13065
（三）制造业	**1668977425**	**1565561509**	**87048040**	**12511413**	**7658803**
农副食品加工业	99940222	96600884	3112427	742958	458189
食品制造业	44471126	42023484	947898	193283	233240
酒、饮料和精制茶制造业	39193291	36798950	1767680	286502	303097
烟草制品业	2839625	2780903	1958154	42493	2610
纺织业	53188470	50612440	860765	264293	268546
纺织服装、服饰业	37110802	35502944	539850	204055	91359
皮革、毛皮、羽毛及其制品和制鞋业	19672451	18507717	263327	295437	32847
木材加工和木、竹、藤、棕、草制品业	34508151	33817700	611009	93165	55942
家具制造业	24489456	23687356	162565	104922	42699
造纸和纸制品业	28018951	25240502	337543	173274	80044
印刷和记录媒介复制业	16064725	15630741	573630	289398	123702
文教、工美、体育和娱乐用品制造业	17947138	16807922	158838	182740	75175
石油加工、炼焦和核燃料加工业	32084923	28430326	6157423	110004	338940
化学原料及化学制品制造业	145163932	135035907	11195941	579523	978700
医药制造业	51919326	48978220	1953756	270800	534532
化学纤维制造业	10992030	9974220	254021	12967	45698
橡胶和塑料制品业	59323026	56151962	1176834	438500	370481
非金属矿物制品业	157855683	154506386	4008515	877180	682039
黑色金属冶炼和压延加工业	47813035	45877593	6160875	306968	350522
有色金属冶炼和压延加工业	58137975	56051661	3622952	180409	112496
金属制品业	86311585	82797378	1783242	1818645	109641
通用设备制造业	121431909	116405216	3277692	589841	499962
专用设备制造业	113849186	108934041	6567115	906443	431133

国民经济行业大类按登记注册类型分的固定资产投资（不含农户）（二）

单位：万元

行　业	内　资				
	国有联营	集体联营	国有与集体联营	其他联营	国有独资公司
全国总计	**7512052**	**2098035**	**2251694**	**3759606**	**114113133**
（一）农、林、牧、渔业	**285827**	**225096**	**110476**	**243242**	**249056**
农业	10000	123393	13155	109498	62748
林业	6480		12800	21632	33515
畜牧业	246260	33273	57921	67187	6241
渔业	5107	42070	13900	3065	27203
农、林、牧、渔服务业	17980	26360	12700	41860	119349
（二）采矿业	**523410**	**64936**	**27462**	**88869**	**2609814**
煤炭开采和洗选业	189755	26015	17462	30000	1828306
石油和天然气开采业	103800				264052
黑色金属矿采选业	12117			24211	204881
有色金属矿采选业	105997	14600		7770	131555
非金属矿采选业	94861	17521	10000	26888	91798
开采辅助活动	16880	6800			85658
其他采矿业					3564
（三）制造业	**1273408**	**450790**	**485176**	**706592**	**8155571**
农副食品加工业	32078	30299	3510	63768	161177
食品制造业	45794	800	4920	17904	55692
酒、饮料和精制茶制造业	14151	2320	4229	19730	39914
烟草制品业	16082	2075			61723
纺织业	14792	10031		37900	168241
纺织服装、服饰业		4394	15223	5919	24787
皮革、毛皮、羽毛及其制品和制鞋业			297600	15060	
木材加工和木、竹、藤、棕、草制品业	800	106		19674	71366
家具制造业	2000	656		18127	4977
造纸和纸制品业	2597	4928		6304	64410
印刷和记录媒介复制业	53300	5889	222	15912	21647
文教、工美、体育和娱乐用品制造业	4335			4264	8503
石油加工、炼焦和核燃料加工业		8653	100		126957
化学原料及化学制品制造业	37405	13075	9151	75105	1669164
医药制造业	36846	13591	13336	50002	133291
化学纤维制造业				10100	
橡胶和塑料制品业	29045	14552		13102	45980
非金属矿物制品业	163466	20190		89986	202094
黑色金属冶炼和压延加工业	241865		28350	15510	202327
有色金属冶炼和压延加工业				24838	913847
金属制品业	31639	95000		11869	147201
通用设备制造业	197465	24899	49854	118747	204575
专用设备制造业	88071	55395	10775	21034	615613

国民经济行业大类按登记注册类型分的固定资产投资（不含农户）（三）

单位：万元

行　　业	内　　资					
	其他有限责任公司	股份有限公司	私　营	个体户	个人合伙	其他内资企业
全国总计	**1250509351**	**223714901**	**1495393080**	**12867204**	**5600382**	**243093455**
（一）农、林、牧、渔业	**17288919**	**4498440**	**52791102**	**1720471**	**1432275**	**21018561**
农业	7481658	1693373	20616671	388535	671086	8502102
林业	1215922	286575	3757978	68797	56397	1693929
畜牧业	5643136	1683806	18951769	938802	407389	6662275
渔业	846403	409844	3637858	132393	36047	1100494
农、林、牧、渔服务业	2101800	424842	5826826	191944	261356	3059761
（二）采矿业	**27336862**	**16592949**	**40853943**	**319353**	**587873**	**5246444**
煤炭开采和洗选业	13372186	3470825	11636940	60861	221003	1026469
石油和天然气开采业	1450117	9271712	712733			313964
黑色金属矿采选业	3785743	782276	9092542	6450	56614	1067511
有色金属矿采选业	3926786	1749708	6688362	3675	30205	618103
非金属矿采选业	4011391	795653	11732327	240117	275751	1814836
开采辅助活动	711540	509026	612904	5750		334259
其他采矿业	79099	13749	378135	2500	4300	71302
（三）制造业	**441219844**	**101114421**	**805630892**	**5053044**	**1169816**	**93083699**
农副食品加工业	24698889	5207606	54196870	500876	202185	7190052
食品制造业	11074138	3114504	23240985	122026	33253	2939047
酒、饮料和精制茶制造业	9857953	3747912	18343528	129729	30658	2251547
烟草制品业	399882	50511	158954			88419
纺织业	12642729	2403626	31753208	80178	30901	2077230
纺织服装、服饰业	9226661	1821567	20732610	225551	27236	2583732
皮革、毛皮、羽毛及其制品和制鞋业	4367724	934789	11190350	73265	18427	1018891
木材加工和木、竹、藤、棕、草制品业	7419163	734067	21245851	431137	146710	2988710
家具制造业	5827926	1106579	14472379	270391	32929	1641206
造纸和纸制品业	6733653	1887193	14530201	35874	4058	1380423
印刷和记录媒介复制业	4253010	640905	8530006	63647	761	1058712
文教、工美、体育和娱乐用品制造业	4700559	691745	9859176	100414	10977	1011196
石油加工、炼焦和核燃料加工业	8003092	2978365	8860882	1592	6078	1838240
化学原料及化学制品制造业	42529841	12481509	58051886	235810	46593	7132204
医药制造业	17440466	5620607	20158911	16523	7193	2728366
化学纤维制造业	2533634	831919	5822321	11260	7520	444780
橡胶和塑料制品业	15295433	2652667	32932674	190196	20121	2972377
非金属矿物制品业	40894849	7581806	87313663	1476517	352367	10843714
黑色金属冶炼和压延加工业	13736329	2383642	19642903	12923	6100	2789279
有色金属冶炼和压延加工业	21610901	5184389	21622329	11618	2390	2765492
金属制品业	20385052	3853964	48515723	395311	21635	5628456
通用设备制造业	29069493	5833066	69526474	136303	30068	6846777
专用设备制造业	30559307	5581446	57742394	197933	36466	6120916

国民经济行业大类按登记注册类型分的固定资产投资（不含农户）（四）

单位：万元

行　业	港澳台投资	合资经营	合作经营	独　资	股份有限	其他港澳台
全国总计	**119345258**	**40630679**	**4685609**	**63818372**	**8450766**	**1759832**
（一）农、林、牧、渔业	**633706**	**104667**	**38877**	**270780**	**129500**	**89882**
农业	238952	44832	34471	106472	24056	29121
林业	42881	3850	3406	3100	17973	14552
畜牧业	171573	40204		59927	47747	23695
渔业	19735	9734		8581	900	520
农、林、牧、渔服务业	160565	6047	1000	92700	38824	21994
（二）采矿业	**1203797**	**132919**	**651596**	**250403**	**146063**	**22816**
煤炭开采和洗选业	308950	29110	111525	144619	22916	780
石油和天然气开采业	475383	72055	323772		79556	
黑色金属矿采选业	29881	12865		10926	2090	4000
有色金属矿采选业	56224	7639		43085	5500	
非金属矿采选业	70188	8750	3300	4171	35931	18036
开采辅助活动	263171	2500	212999	47602	70	
（三）制造业	**36148476**	**11876912**	**671536**	**19416407**	**3581836**	**601785**
农副食品加工业	1088877	304506	27144	639660	83359	34208
食品制造业	668815	213912		348425	97135	9343
酒、饮料和精制茶制造业	892672	287310	9990	463558	103515	28299
烟草制品业	31787	1787		30000		
纺织业	1360146	477805	7510	788812	78939	7080
纺织服装、服饰业	827004	184238	12078	589484	28462	12742
皮革、毛皮、羽毛及其制品和制鞋业	766240	92850	3480	596885	49699	23326
木材加工和木、竹、藤、棕、草制品业	304502	116721	6350	157423	22799	1209
家具制造业	430008	115344	1400	293573	19691	
造纸和纸制品业	856216	150725	10782	596370	83421	14918
印刷和记录媒介复制业	257528	113608		124766	16632	2522
文教、工美、体育和娱乐用品制造业	653243	118736	17554	477557	19670	19726
石油加工、炼焦和核燃料加工业	825518	613883	51870	99513	58492	1760
化学原料及化学制品制造业	2933823	1450475	20415	1232946	204418	25569
医药制造业	1207214	575668	2000	407121	211336	11089
化学纤维制造业	733114	43228	38791	437040	214055	
橡胶和塑料制品业	1480830	547593	5677	821178	95591	10791
非金属矿物制品业	1897284	545689	158943	820094	356392	16166
黑色金属冶炼和压延加工业	1007983	537336	70810	282955	98404	18478
有色金属冶炼和压延加工业	1089630	268638		716398	7786	96808
金属制品业	1689218	467041	53752	1056068	107357	5000
通用设备制造业	1448387	516467	18373	811646	54340	47561
专用设备制造业	2081120	612254	45432	1193975	145930	83529

国民经济行业大类按登记注册类型分的固定资产投资（不含农户）（五）

单位：万元

行　业	外商投资	合资经营	合作经营	独　资	股份有限	其他外商
全国总计	**110525651**	**39819349**	**5007954**	**54729595**	**7109356**	**3859397**
（一）农、林、牧、渔业	**838997**	**160188**	**130315**	**249442**	**75257**	**223795**
农业	302232	43561	58719	35399	35369	129184
林业	72446	9650	17131	26701		18964
畜牧业	381163	69623	36008	172148	37888	65496
渔业	43220	23218	3992	9500	2000	4510
农、林、牧、渔服务业	39936	14136	14465	5694		5641
（二）采矿业	**541158**	**248294**	**210353**	**34161**	**25517**	**22833**
煤炭开采和洗选业	92432	77392			4040	11000
石油和天然气开采业	223485	54524	168961			
黑色金属矿采选业	50951	33587	4273	5600	5491	2000
有色金属矿采选业	94034	39729	34319	11600	8386	
非金属矿采选业	74004	38810	2800	14961	7600	9833
开采辅助活动	4252	4252				
其他采矿业	2000			2000		
（三）制造业	**67267440**	**27212786**	**565456**	**33803379**	**3997690**	**1688129**
农副食品加工业	2250461	959450	26606	1048154	149678	66573
食品制造业	1778827	589414	17119	1018843	105218	48233
酒、饮料和精制茶制造业	1501669	506409		886768	70528	37964
烟草制品业	26935	24935	2000			
纺织业	1215884	293920	18500	747876	63372	92216
纺织服装、服饰业	780854	240430	19790	456873	10578	53183
皮革、毛皮、羽毛及其制品和制鞋业	398494	111818	708	265691	12200	8077
木材加工和木、竹、藤、棕、草制品业	385949	205030	4100	147971	19500	9348
家具制造业	372092	104393	7950	235921	11978	11850
造纸和纸制品业	1922233	946050	6247	712490	119526	137920
印刷和记录媒介复制业	176456	42799	15616	103921	7600	6520
文教、工美、体育和娱乐用品制造业	485973	116360		357060	8897	3656
石油加工、炼焦和核燃料加工业	2829079	2427555		314978	44581	41965
化学原料及化学制品制造业	7194202	2030387	46515	4261687	805458	50155
医药制造业	1733892	580310	25145	1021597	75175	31665
化学纤维制造业	284696	213187		70167	1342	
橡胶和塑料制品业	1690234	328188	2860	1302749	26113	30324
非金属矿物制品业	1452013	454036	43277	597781	171624	185295
黑色金属冶炼和压延加工业	927459	277237	4960	288854	192008	164400
有色金属冶炼和压延加工业	996684	223298	2500	537824	228042	5020
金属制品业	1824989	577604	9407	866998	246660	124320
通用设备制造业	3578306	1036052	15045	2278237	132868	116104
专用设备制造业	2834025	949712	56757	1696036	57888	73632

国民经济行业大类按登记注册类型分的固定资产投资（不含农户）（一）

单位：万元

行　业	合　计	内　资			
			国　有	集　体	股份合作
汽车制造业	100934307	85267203	8199189	726155	377049
铁路、船舶、航空航天和其他运输设备制造业	31569527	29929285	5233507	788410	31155
电气机械和器材制造业	104035057	98266905	3632917	645787	363977
计算机、通信和其他电子设备制造业	79728163	62409792	5743272	305030	352545
仪器仪表制造业	14871129	13817704	817083	72734	109051
其他制造业	20341212	19908872	4886959	820889	29500
废弃资源综合利用业	11899628	11682164	692400	119157	19484
金属制品、机械和设备修理业	3271384	3125131	390661	69451	154448
（四）电力、热力、燃气及水的生产和供应业	**228250080**	**220620743**	**115730615**	**3665617**	**1249082**
电力、热力生产和供应业	174324737	168650931	92100012	1732342	984211
燃气生产和供应业	22415922	21069200	6167948	301602	173718
水的生产和供应业	31509421	30900612	17462655	1631673	91153
（五）建筑业	**40340476**	**40141479**	**20192574**	**2675379**	**93582**
房屋建筑业	13192381	13171014	5811599	1093831	44319
土木工程建筑业	20401453	20266310	12750872	1283173	45816
建筑安装业	2056674	2044483	498697	82246	
建筑装饰和其他建筑业	4689968	4659672	1131406	216129	3447
（六）批发和零售业	**155525455**	**151160650**	**11260554**	**6656242**	**888867**
批发业	75206407	73806691	4558976	2075446	286546
零售业	80319048	77353959	6701578	4580796	602321
（七）交通运输、仓储和邮政业	**428895215**	**421520810**	**279466692**	**7319068**	**773233**
铁路运输业	77071694	76847154	69346161	86768	16599
道路运输业	245131630	244095247	181869181	5652760	165207
水上运输业	24345778	23128668	10373099	360911	127051
航空运输业	14304211	12923791	6926214	5920	106500
管道运输业	3154744	3019830	1908881	84197	2920
装卸搬运和运输代理业	12019811	11504962	957436	82959	145322
仓储业	51582831	48752389	7747993	1040271	191234
邮政业	1284516	1248769	337727	5282	18400
（八）住宿和餐饮业	**61887430**	**59320842**	**6221440**	**1508394**	**549898**
住宿业	45755207	43573422	4812706	1040288	469333
餐饮业	16132223	15747420	1408734	468106	80565
（九）信息传输、软件和信息技术服务业	**41029762**	**36437941**	**14361815**	**346616**	**197248**
电信、广播电视和卫星传输服务	20653268	17952845	11113411	77794	86601
互联网和相关服务	4099992	3166242	704382	6870	30902
软件和信息技术服务业	16276502	15318854	2544022	261952	79745
（十）金融业	**13629723**	**13186384**	**3948130**	**294529**	**461519**
货币金融服务	7008405	6830396	2748432	225760	395436
资本市场服务	3759985	3621414	430075	39392	60978

国民经济行业大类按登记注册类型分的固定资产投资（不含农户）（二）

单位：万元

行　业	内　资				
	国有联营	集体联营	国有与集体联营	其他联营	国有独资公司
汽车制造业	18799	1660		5412	860023
铁路、船舶、航空航天和其他运输设备制造业	50903	22523	1800		696094
电气机械和器材制造业	55520	40380	6971	15591	512082
计算机、通信和其他电子设备制造业	129549	54701	2635	17444	413440
仪器仪表制造业	880	3150		490	77811
其他制造业	6026	2713	36500		297148
废弃资源综合利用业		6271		12800	85302
金属制品、机械和设备修理业		12539			270185
（四）电力、热力、燃气及水的生产和供应业	**1232702**	**44495**	**261850**	**173660**	**8862358**
电力、热力生产和供应业	930179	7005	122548	112531	6257548
燃气生产和供应业	164512		78136	52192	444287
水的生产和供应业	138011	37490	61166	8937	2160523
（五）建筑业	**65069**	**117918**	**28601**	**29068**	**552808**
房屋建筑业	2530	110218	5878	7000	28305
土木工程建筑业	62539	7700	22723		501018
建筑安装业					8963
建筑装饰和其他建筑业				22068	14522
（六）批发和零售业	**83746**	**104165**	**7600**	**309052**	**618687**
批发业	22610	82003		63202	237214
零售业	61136	22162	7600	245850	381473
（七）交通运输、仓储和邮政业	**1065475**	**73107**	**199492**	**173583**	**23165285**
铁路运输业	567524				993072
道路运输业	214215	5601	181702	111148	19424525
水上运输业	94289	11715		8877	1559420
航空运输业	14400				457487
管道运输业	146339			19140	120934
装卸搬运和运输代理业		4000			47094
仓储业	28708	51791	17790	34418	534753
邮政业					28000
（八）住宿和餐饮业	**35352**	**25274**	**9100**	**56405**	**298616**
住宿业	31988	4263		19360	213558
餐饮业	3364	21011	9100	37045	85058
（九）信息传输、软件和信息技术服务业	**125742**	**41791**	**8480**	**16704**	**681057**
电信、广播电视和卫星传输服务	60062	38191	4200	15370	443006
互联网和相关服务	62480				39519
软件和信息技术服务业	3200	3600	4280	1334	198532
（十）金融业	**18475**	**1420**	**3500**	**55136**	**552070**
货币金融服务	9127	1420	500	50437	45044
资本市场服务	1949			4699	419151

国民经济行业大类按登记注册类型分的固定资产投资（不含农户）（三）

单位：万元

行　　业	内　　资					
	其他有限责任公司	股份有限公司	私　营	个体户	个人合伙	其他内资企业
汽车制造业	25229776	7398800	37945237	70310	22993	4411800
铁路、船舶、航空航天和其他运输设备制造业	8274767	1706457	11924495	9960	3452	1185762
电气机械和器材制造业	28678159	7557106	51759550	62883	32765	4903217
计算机、通信和其他电子设备制造业	21688316	5294423	24445778	84999	1580	3876080
仪器仪表制造业	3871566	693578	7335322	15360	11561	809118
其他制造业	5094976	549834	7397226	37152	14185	735764
废弃资源综合利用业	4279777	484334	5371097	7018	8269	596255
金属制品、机械和设备修理业	841823	105505	1007909	46288	385	225937
（四）电力、热力、燃气及水的生产和供应业	**43382804**	**12019483**	**27981436**	**88406**	**87473**	**5840762**
电力、热力生产和供应业	34415865	9212085	19299686	50663	77863	3348393
燃气生产和供应业	5697244	2044696	5135950	15477	4900	788538
水的生产和供应业	3269695	762702	3545800	22266	4710	1703831
（五）建筑业	**5669681**	**646490**	**6089654**	**140964**	**11500**	**3828191**
房屋建筑业	1810165	180766	2344263	36183	3700	1692257
土木工程建筑业	2285067	354741	1566805	13582	1300	1370974
建筑安装业	569063	39928	697795		5000	142791
建筑装饰和其他建筑业	1005386	71055	1480791	91199	1500	622169
（六）批发和零售业	**40936035**	**8608418**	**68552103**	**1086989**	**320807**	**11727385**
批发业	21587137	3520296	35350464	280343	130019	5612435
零售业	19348898	5088122	33201639	806646	190788	6114950
（七）交通运输、仓储和邮政业	**42218126**	**13147313**	**41235307**	**351659**	**71596**	**12260874**
铁路运输业	4689827	377030	654138			116035
道路运输业	13782391	3972863	11907232	29904	28086	6750432
水上运输业	3998267	1670439	3909738	162782	8721	843359
航空运输业	2172519	2655684	310582			274485
管道运输业	266807	67899	223247			179466
装卸搬运和运输代理业	3577161	719665	5286416	64431	1985	618493
仓储业	13520588	3666664	18371905	94542	32804	3418928
邮政业	210566	17069	572049			59676
（八）住宿和餐饮业	**15648468**	**3268933**	**25840858**	**1631032**	**263906**	**3963166**
住宿业	12836137	2683494	17720489	815040	159235	2767531
餐饮业	2812331	585439	8120369	815992	104671	1195635
（九）信息传输、软件和信息技术服务业	**9700726**	**3702584**	**6408998**	**7208**	**7309**	**831663**
电信、广播电视和卫星传输服务	3035366	2628138	317908		1350	131448
互联网和相关服务	951030	312175	949009	3800		106075
软件和信息技术服务业	5714330	762271	5142081	3408	5959	594140
（十）金融业	**2179118**	**3092308**	**2016529**	**1830**	**800**	**561020**
货币金融服务	463603	2034849	580225	420		275143
资本市场服务	1190635	245138	1143622	1410	800	83565

国民经济行业大类按登记注册类型分的固定资产投资（不含农户）（四）

单位：万元

行　业	港澳台投资	合资经营	合作经营	独　资	股份有限	其他港澳台投资
汽车制造业	1705968	1095804	31383	379455	147772	51554
铁路、船舶、航空航天和其他运输设备制造业	411995	99242	280	285080	8918	18475
电气机械和器材制造业	2438183	560461	23650	1469460	359386	25226
计算机、通信和其他电子设备制造业	6345483	1577605	48419	3962623	732483	24353
仪器仪表制造业	419763	87059	4433	172041	155560	670
其他制造业	137691	16402	1020	89092	20294	10883
废弃资源综合利用业	106781	40072		66209		500
金属制品、机械和设备修理业	51453	44453		7000		
（四）电力、热力、燃气及水的生产和供应业	**5175952**	**2134330**	**233905**	**2077187**	**656741**	**73789**
电力、热力生产和供应业	3931362	1440690	166480	1717380	565986	40826
燃气生产和供应业	982952	578480	33600	310650	44559	15663
水的生产和供应业	261638	115160	33825	49157	46196	17300
（五）建筑业	**74585**	**22903**		**7000**	**25000**	**19682**
房屋建筑业	13167					13167
土木工程建筑业	51513	14712		7000	25000	4801
建筑安装业	8191	8191				
建筑装饰和其他建筑业	1714					1714
（六）批发和零售业	**2291338**	**402469**	**92071**	**1587723**	**156268**	**52807**
批发业	494178	208015	5608	178275	82676	19604
零售业	1797160	194454	86463	1409448	73592	33203
（七）交通运输、仓储和邮政业	**3729419**	**1237203**	**52592**	**884562**	**1458354**	**96708**
铁路运输业	224540	215440			9100	
道路运输业	607854	215775	19853	236169	53045	83012
水上运输业	697908	488079		30674	179155	
航空运输业	1231647	31658			1199989	
管道运输业	50812	39732			9900	1180
装卸搬运和运输代理业	77319	64827		9577	2915	
仓储业	837839	181692	31239	608142	4250	12516
邮政业	1500		1500			
（八）住宿和餐饮业	**1461417**	**483201**	**73128**	**714801**	**155072**	**35215**
住宿业	1241053	433882	73128	562101	143912	28030
餐饮业	220364	49319		152700	11160	7185
（九）信息传输、软件和信息技术服务业	**2067358**	**453467**	**4515**	**1187073**	**422303**	
电信、广播电视和卫星传输服务	847611	72636	4515	533637	236823	
互联网和相关服务	711153	233295		296168	181690	
软件和信息技术服务业	508594	147536		357268	3790	
（十）金融业	**336927**	**72190**		**165759**	**957**	**98021**
货币金融服务	145030	39439		36112	957	68522
资本市场服务	138060			108561		29499

国民经济行业大类按登记注册类型分的固定资产投资（不含农户）（五）

单位：万元

行　业	外商投资	合资经营	合作经营	独　资	股份有限	其他外商投资
汽车制造业	13961136	9006230	37003	4047104	712802	157997
铁路、船舶、航空航天和其他运输设备制造业	1228247	482242	2100	595875	128030	20000
电气机械和器材制造业	3329969	963774	66912	1974872	277851	46560
计算机、通信和其他电子设备制造业	10972888	3275126	96262	7321506	172107	107887
仪器仪表制造业	633662	103354	7025	383791	126266	13226
其他制造业	294649	43152	12350	211158	3300	24689
废弃资源综合利用业	110683	57801	18702	31180	3000	
金属制品、机械和设备修理业	94800	42533		19417	13500	19350
（四）电力、热力、燃气及水的生产和供应业	**2453385**	**1290521**	**128848**	**515348**	**346123**	**172545**
电力、热力生产和供应业	1742444	878851	127970	337372	296428	101823
燃气生产和供应业	363770	238528		95846	24502	4894
水的生产和供应业	347171	173142	878	82130	25193	65828
（五）建筑业	**124412**	**41950**	**3000**	**63262**	**8200**	**8000**
房屋建筑业	8200				8200	
土木工程建筑业	83630	31300		44330		8000
建筑安装业	4000	1000	3000			
建筑装饰和其他建筑业	28582	9650		18932		
（六）批发和零售业	**2073467**	**360218**	**8169**	**1266623**	**349816**	**88641**
批发业	905538	149973	2787	388534	301382	62862
零售业	1167929	210245	5382	878089	48434	25779
（七）交通运输、仓储和邮政业	**3644986**	**1353624**	**41317**	**1774166**	**402645**	**73234**
道路运输业	428529	50477	30378	196049	123872	27753
水上运输业	519202	327519	2093	158227	31363	
航空运输业	148773	112973		35800		
管道运输业	84102	32138	8632	43187	145	
装卸搬运和运输代理业	437530	142931		270439	24160	
仓储业	1992603	687586	214	1036217	223105	45481
邮政业	34247			34247		
（八）住宿和餐饮业	**1105171**	**332274**	**185363**	**459040**	**78078**	**50416**
住宿业	940732	306274	182563	335797	74578	41520
餐饮业	164439	26000	2800	123243	3500	8896
（九）信息传输、软件和信息技术服务业	**2524463**	**128547**	**28070**	**2130108**	**214098**	**23640**
电信、广播电视和卫星传输服务	1852812	80805	28070	1582133	152904	8900
互联网和相关服务	222597	34721		158404	28772	700
软件和信息技术服务业	449054	13021		389571	32422	14040
（十）金融业	**106412**	**2384**		**18304**	**82724**	**3000**
货币金融服务	32979	1873		2334	25772	3000
资本市场服务	511	511				

国民经济行业大类按登记注册类型分的固定资产投资（不含农户）（一）

单位：万元

行业	合计	内资			
			国有	集体	股份合作
保险业	1145050	1095349	235451		520
其他金融业	1716283	1639225	534172	29377	4585
（十一）房地产业	**1235582427**	**1148089664**	**136138233**	**53470985**	**1614968**
房地产业	1235582427	1148089664	136138233	53470985	1614968
（十二）租赁和商务服务业	**79535228**	**76812824**	**15963284**	**5255540**	**1054380**
租赁业	7136116	7110035	683070	789389	320681
商务服务业	72399112	69702789	15280214	4466151	733699
（十三）科学研究和技术服务业	**42190960**	**40919231**	**12226770**	**2221449**	**100310**
研究和试验发展	13369911	12666401	4672370	587682	39600
专业技术服务业	15662299	15324946	4899492	1158554	48700
科技推广和应用服务业	13158750	12927884	2654908	475213	12010
（十四）水利、环境和公共设施管理业	**462244285**	**460309012**	**313963918**	**25649855**	**1320470**
水利管理业	59901280	59697055	48949961	3520936	78836
生态保护和环境治理业	18077110	17907393	9692351	865671	23522
公共设施管理业	384265895	382704564	255321606	21263248	1218112
（十五）居民服务、修理和其他服务业	**22755860**	**22608417**	**5556173**	**2819178**	**96197**
居民服务业	13537572	13441078	4337994	2060682	80886
机动车、电子产品和日用产品修理业	5069743	5051781	318331	98094	9221
其他服务业	4148545	4115558	899848	660402	6090
（十六）教育	**67056224**	**66480385**	**46493238**	**3389815**	**171362**
教育	67056224	66480385	46493238	3389815	171362
（十七）卫生和社会工作	**39910390**	**39721390**	**25807872**	**2385252**	**176898**
卫生	31983125	31816217	22406983	1706117	169458
社会工作	7927265	7905173	3400889	679135	7440
（十八）文化、体育和娱乐业	**61740607**	**60107437**	**21504671**	**3466652**	**1056576**
新闻和出版业	1023548	1023548	645882	1900	7000
广播、电视、电影和影视录音制作业	5650320	5610636	1322866	286266	781586
文化艺术业	27052640	26908068	12323607	1884267	233872
体育	10416159	10258439	5103642	517792	19550
娱乐业	17597940	16306746	2108674	776427	14568
（十九）公共管理、社会保障和社会组织	**71985625**	**71885203**	**52497009**	**8416399**	**189604**
中国共产党机关	267130	267130	240114	8022	
国家机构	52469206	52423730	46070809	1990214	44412
人民政协、民主党派	129280	129280	51876	2990	
社会保障	2514988	2511988	1222263	536850	
群众团体、社会团体和其他成员组织	5631812	5608362	2746823	346743	6655
基层群众自治组织	10973209	10944713	2165124	5531580	138537

国民经济行业大类按登记注册类型分的固定资产投资（不含农户）（二）

单位：万元

行　业	内　资				
	国有联营	集体联营	国有与集体联营	其他联营	国有独资公司
保险业	7399				2986
其他金融业			3000		84889
（十一）房地产业	**364970**	**465250**	**181910**	**822697**	**40563382**
房地产业	364970	465250	181910	822697	40563382
（十二）租赁和商务服务业	**892481**	**65765**	**209071**	**120117**	**1896898**
租赁业					5614
商务服务业	892481	65765	209071	120117	1891284
（十三）科学研究和技术服务业	**80296**	**14162**	**2563**	**10950**	**826326**
研究和试验发展	63437		7	1740	135284
专业技术服务业	14114		2556	810	551646
科技推广和应用服务业	2745	14162		8400	139396
（十四）水利、环境和公共设施管理业	**903648**	**253235**	**506907**	**374995**	**21330725**
水利管理业	43189	13047	15999	6144	2219560
生态保护和环境治理业	85646	18403	98689	2830	399352
公共设施管理业	774813	221785	392219	366021	18711813
（十五）居民服务、修理和其他服务业	**26065**	**37168**	**49866**	**49530**	**79543**
居民服务业	26065	37168	49666	16758	50444
机动车、电子产品和日用产品修理业				9680	1029
其他服务业			200	23092	28070
（十六）教育	**101283**	**39411**	**43989**	**120520**	**1015668**
教育	101283	39411	43989	120520	1015668
（十七）卫生和社会工作	**118237**	**5860**	**27596**	**99349**	**291373**
卫生	113292	5860	16834	96349	237425
社会工作	4945		10762	3000	53948
（十八）文化、体育和娱乐业	**73876**	**15439**	**80580**	**177894**	**1551319**
新闻和出版业					54996
广播、电视、电影和影视录音制作业	2380				191127
文化艺术业	8856	14929	59694	67332	887323
体育	62489	510	5356	47	270959
娱乐业	151		15530	110515	146914
（十九）公共管理、社会保障和社会组织	**241990**	**52753**	**7475**	**131243**	**812577**
国家机构	162090	818	4875	69558	468691
人民政协、民主党派					8245
社会保障			1100	4524	178164
群众团体、社会团体和其他成员组织	79900	19155	1500	55779	10615
基层群众自治组织		32780		1382	146862

国民经济行业大类按登记注册类型分的固定资产投资（不含农户）（三）

单位：万元

行　业	内　资					
	其他有限责任公司	股份有限公司	私　营	个体户	个人合伙	其他内资企业
保险业	48755	781837	15052			3349
其他金融业	476125	30484	277630			198963
（十一）房地产业	**517046235**	**38933274**	**324009794**	**1374438**	**1206574**	**31896954**
房地产业	517046235	38933274	324009794	1374438	1206574	31896954
（十二）租赁和商务服务业	**21458499**	**3315762**	**22022685**	**93691**	**28078**	**4436573**
租赁业	3725898	70970	1260181	32107	6142	215983
商务服务业	17732601	3244792	20762504	61584	21936	4220590
（十三）科学研究和技术服务业	**9788389**	**2163899**	**10480774**	**57964**	**5570**	**2939809**
研究和试验发展	2973614	712475	2822347			657845
专业技术服务业	3020185	844766	3505901	36025	1770	1240427
科技推广和应用服务业	3794590	606658	4152526	21939	3800	1041537
（十四）水利、环境和公共设施管理业	**35494233**	**6605796**	**29928122**	**118676**	**100743**	**23757689**
水利管理业	1807513	354724	925462	12860	11204	1737620
生态保护和环境治理业	2095061	569659	3093689	830		961690
公共设施管理业	31591659	5681413	25908971	104986	89539	21058379
（十五）居民服务、修理和其他服务业	**3233247**	**484002**	**6790041**	**359914**	**20791**	**3006702**
居民服务业	1384870	287059	2812027	170972	7458	2119029
机动车、电子产品和日用产品修理业	1199793	85309	2652768	179180	9923	488453
其他服务业	648584	111634	1325246	9762	3410	399220
（十六）教育	**3445161**	**828485**	**5202636**	**105543**	**59661**	**5463613**
教育	3445161	828485	5202636	105543	59661	5463613
（十七）卫生和社会工作	**2637921**	**705077**	**4680761**	**87079**	**52669**	**2645446**
卫生	1568032	512884	2938657	65984	34109	1944233
社会工作	1069889	192193	1742104	21095	18560	701213
（十八）文化、体育和娱乐业	**10575643**	**3761142**	**13264372**	**225071**	**31828**	**4322374**
新闻和出版业	82974	10900	123255			96641
广播、电视、电影和影视录音制作业	748995	752246	1419870		2000	103300
文化艺术业	3965978	846370	4635624	13696	870	1965650
体育	1455097	329446	1829829	61680	3889	598153
娱乐业	4322599	1822180	5255794	149695	25069	1558630
（十九）公共管理、社会保障和社会组织	**1249440**	**226125**	**1613073**	**43872**	**141113**	**6262530**
中国共产党机关			13464			5530
国家机构	664136	113919	714518	19585		2100105
人民政协、民主党派	34830	300	30328	311		400
社会保障	164956	18890	96843			288398
群众团体、社会团体和其他成员组织	113894	25161	307985	11336	132584	1750232
基层群众自治组织	271624	67855	449935	12640	8529	2117865

国民经济行业大类按登记注册类型分的固定资产投资（不含农户）（四）

单位：万元

行业	港澳台投资	合资经营	合作经营	独资	股份有限	其他港澳台投资
其他金融业	53837	32751		21086		
（十一）房地产业	**62234487**	**22557448**	**2670311**	**35305849**	**1422873**	**278006**
房地产业	62234487	22557448	2670311	35305849	1422873	278006
（十二）租赁和商务服务业	**1364330**	**448967**	**3350**	**787360**	**115875**	**8778**
租赁业	20692	20692				
商务服务业	1343638	428275	3350	787360	115875	8778
（十三）科学研究和技术服务业	**276285**	**79643**	**28525**	**148052**	**2405**	**17660**
研究和试验发展	134399	54128	28525	51746		
专业技术服务业	66639	23193		36441	2405	4600
科技推广和应用服务业	75247	2322		59865		13060
（十四）水利、环境和公共设施管理业	**1115307**	**216084**	**83361**	**543107**	**55273**	**217482**
水利管理业	76465	15000	3508	42920		15037
生态保护和环境治理业	107739	47916	15424	21613	17826	4960
公共设施管理业	931103	153168	64429	478574	37447	197485
（十五）居民服务、修理和其他服务业	**92742**	**15522**	**61121**	**6279**	**2020**	**7800**
居民服务业	57495	3700	37895	6080	2020	7800
机动车、电子产品和日用产品修理业	6712	6626		86		
其他服务业	28535	5196	23226	113		
（十六）教育	**350919**	**198544**	**1295**	**125032**		**26048**
教育	350919	198544	1295	125032		26048
（十七）卫生和社会工作	**148655**	**70816**	**8300**	**30600**	**9305**	**29634**
卫生	127816	61316	8300	19261	9305	29634
社会工作	20839	9500		11339		
（十八）文化、体育和娱乐业	**566646**	**123394**	**11126**	**310398**	**104321**	**17407**
广播、电视、电影和影视录音制作业	30684	5355		21434	2915	980
文化艺术业	123012	3783	2600	100373	4406	11850
体育	95886	12392	8526	68899	1492	4577
娱乐业	317064	101864		119692	95508	
（十九）公共管理、社会保障和社会组织	**72912**				**6600**	**66312**
国家机构	33816					33816
社会保障	3000					3000
群众团体、社会团体和其他成员组织	16940				6600	10340
基层群众自治组织	19156					19156

国民经济行业大类按登记注册类型分的固定资产投资（不含农户）（五）

单位：万元

行业	外商投资	合资经营	合作经营	独资	股份有限	其他外商投资
保险业	49701				49701	
其他金融业	23221			15970	7251	
（十一）房地产业	**25258276**	**7758625**	**2759140**	**12964480**	**929878**	**846153**
房地产业	25258276	7758625	2759140	12964480	929878	846153
（十二）租赁和商务服务业	**1358074**	**290754**	**78326**	**637531**	**229887**	**121576**
租赁业	5389	5389				
商务服务业	1352685	285365	78326	637531	229887	121576
（十三）科学研究和技术服务业	**995444**	**312813**		**574180**	**33570**	**74881**
研究和试验发展	569111	164925		351061	33570	19555
专业技术服务业	270714	128759		114972		26983
科技推广和应用服务业	155619	19129		108147		28343
（十四）水利、环境和公共设施管理业	**819966**	**121966**	**74301**	**101072**	**189888**	**332739**
水利管理业	127760	5260		13100		109400
生态保护和环境治理业	61978	8269	31386	14390	5727	2206
公共设施管理业	630228	108437	42915	73582	184161	221133
（十五）居民服务、修理和其他服务业	**54701**	**18442**		**10987**		**25272**
居民服务业	38999	17777				21222
机动车、电子产品和日用产品修理业	11250			7200		4050
其他服务业	4452	665		3787		
（十六）教育	**224920**	**98271**	**5535**	**29543**	**65200**	**26371**
教育	224920	98271	5535	29543	65200	26371
（十七）卫生和社会工作	**40345**	**29132**	**3150**	**4820**		**3243**
卫生	39092	29132	3150	4820		1990
社会工作	1253					1253
（十八）文化、体育和娱乐业	**1066524**	**58560**	**786611**	**91649**	**80785**	**48919**
广播、电视、电影和影视录音制作业	9000	4500			4500	
文化艺术业	21560			11860	8500	1200
体育	61834	31480		30354		
娱乐业	974130	22580	786611	49435	67785	47719
（十九）公共管理、社会保障和社会组织	**27510**			**1500**		**26010**
国家机构	11660			1500		10160
群众团体、社会团体和其他成员组织	6510					6510
基层群众自治组织	9340					9340

各地区国有控股、内资、外商及港澳台固定资产投资（不含农户）

单位：万元

地　区	投资中			
	国有及国有控股投资	内资投资	外商投资	港澳台商投资
全国总计	**1613796730**	**4782777838**	**110525651**	**119345258**
北　京	41318967	62802285	2200924	3731199
天　津	37764346	98375590	3959047	2569019
河　北	47579933	255432396	3382704	2656885
山　西	50006528	118584806	669952	1099802
内蒙古	72351168	172599441	940166	838860
辽　宁	56855000	228121292	5963301	10183746
吉　林	28956584	109383147	814866	881397
黑龙江	33796160	94015402	507936	855436
上　海	30052812	49002614	6200636	4926410
江　苏	95834345	374087531	24858557	16581429
浙　江	72508646	216127109	7414307	12006210
安　徽	60243132	205765765	3007367	3789807
福　建	59926378	166336286	4310458	8050806
江　西	35837580	142492106	1299938	2671037
山　东	65285987	401756756	8022871	6211696
河　南	43333659	297069678	1661117	1392052
湖　北	58266972	217938985	2929392	3548341
湖　南	68276804	201253680	2142887	2088942
广　东	77577691	226766734	13220385	18443451
广　西	43085401	129088420	1599863	2187807
海　南	11201169	27157984	1172976	2063595
重　庆	48920755	112631834	4035702	4740800
四　川	95822487	219842979	3543122	3235163
贵　州	48594820	86436321	254706	1093002
云　南	57049886	108702365	762555	1273203
西　藏	7718295	10682595	300	9420
陕　西	80965839	162703298	4300314	1399127
甘　肃	38686746	77262095	163706	170515
青　海	15984268	27337239	305912	245965
宁　夏	13659019	30699020	63479	176692
新　疆	53651531	89638263	816205	223444
不分地区	62683822	62683822		

国民经济行业小类国有控股、内资、外商及港澳台固定资产投资（不含农户）

单位：万元

行　业	投资中			
	国有及国有控股投资	内资投资	外商投资	港澳台商投资
全国总计	**1613796730**	**4782777838**	**110525651**	**119345258**
（一）农、林、牧、渔业	**36998506**	**144267371**	**838997**	**633706**
农业	10468284	53346119	302232	238952
谷物种植	2624139	5808244	38320	18605
稻谷种植	1521619	2813130	18649	18065
小麦种植	244312	579670		
玉米种植	625171	1507797	16414	540
其他谷物种植	233037	907647	3257	
豆类、油料和薯类种植	519005	2073543	4604	12299
豆类种植	159148	564856		
油料种植	124393	834704	4604	12009
薯类种植	235464	673983		290
棉、麻、糖、烟草种植	377417	975193	4600	5275
棉花种植	63628	384068		5275
麻类种植	5010	33505		
糖料种植	68600	122976		
烟草种植	240179	434644	4600	
蔬菜、食用菌及园艺作物种植	3187256	22900027	92816	146680
蔬菜种植	2309688	12841028	44012	55354
食用菌种植	167925	3024654	14500	22178
花卉种植	559166	4426112	26622	69148
其他园艺作物种植	150477	2608233	7682	
水果种植	1351934	9247103	72318	37090
仁果类和核果类水果种植	523872	3183398	23380	5145
葡萄种植	287707	1703674	8950	1500
柑橘类种植	128375	708243	30500	17667
香蕉等亚热带水果种植	43483	303727		450
其他水果种植	368497	3348061	9488	12328
坚果、含油果、香料和饮料作物种植	620974	3773610	7630	10133
坚果种植	362925	1961441		

续表 1

行　业	投资中			
	国有及国有控股投资	内资投资	外商投资	港澳台商投资
含油果种植	50465	344511		
香料作物种植	28539	140394		
茶及其他饮料作物种植	179045	1327264	7630	10133
中药材种植	419575	3643523	32738	8870
其他农业	1367984	4924876	49206	
林业	7761790	15808621	72446	42881
林木育种和育苗	1343403	6966108	45731	26824
林木育种	248603	1614352	4450	7452
林木育苗	1094800	5351756	41281	19372
造林和更新	5639452	7407591	11714	13207
森林经营和管护	643725	1175809	10991	2850
木材和竹材采运	74186	114100	1800	
木材采运	38650	74486	1800	
竹材采运	35536	39614		
林产品采集	61024	145013	2210	
木竹材林产品采集	16995	68069	2210	
非木竹材林产品采集	44029	76944		
畜牧业	4590791	39997633	381163	171573
牲畜饲养	3881728	31849068	231154	117916
牛的饲养	1458537	10912585	150790	79402
马的饲养	16967	96205	893	
猪的饲养	1053165	12752356	71902	35060
羊的饲养	1199433	6829174	7121	3454
骆驼饲养	5100	5100		
其他牲畜饲养	148526	1253648	448	
家禽饲养	261191	5581204	132651	53657
鸡的饲养	228865	4341364	83087	52857
鸭的饲养	6420	565026	4713	
鹅的饲养	1300	155732		
其他家禽饲养	24606	519082	44851	800

续表 2

行 业	投资中			
	国有及国有控股投资	内资投资	外商投资	港澳台商投资
狩猎和捕捉动物	94075	318766	1000	
其他畜牧业	353797	2248595	16358	
渔业	488303	7604993	43220	19735
水产养殖	466314	6898900	43220	19735
海水养殖	158988	2820397	27210	10059
内陆养殖	307326	4078503	16010	9676
水产捕捞	21989	706093		
海水捕捞	19974	635548		
内陆捕捞	2015	70545		
农、林、牧、渔服务业	13689338	27510005	39936	160565
农业服务业	12574608	24344905	19699	150018
农业机械服务	889481	2390291		1000
灌溉服务	4375537	6113214	4035	14000
农产品初加工服务	512589	3647888	2320	10324
其他农业服务	6797001	12193512	13344	124694
林业服务业	508910	1198202	7541	
林业有害生物防治服务	59295	103051		
森林防火服务	63604	64644		
林产品初级加工服务	7600	213347	3000	
其他林业服务	378411	817160	4541	
畜牧服务业	543224	1279415	12696	4500
渔业服务业	62596	687483		6047
（二）采矿业	**65851561**	**143626546**	**541158**	**1203797**
煤炭开采和洗选业	20521223	46443287	92432	308950
烟煤和无烟煤开采洗选	18564226	41805657	15950	264149
褐煤开采洗选	1423138	3246271	63682	
其他煤炭采选	533859	1391359	12800	44801
石油和天然气开采业	36280144	38779790	223485	475383
石油开采	31805604	33179928	1080	405756
天然气开采	4474540	5599862	222405	69627

续表 3

行　业	投资中			
	国有及国有控股投资	内资投资	外商投资	港澳台商投资
黑色金属矿采选业	1807480	16532012	50951	29881
铁矿采选	1750502	15269885	34099	21256
锰矿、铬矿采选	27850	741044	15952	8625
其他黑色金属矿采选	29128	521083	900	
有色金属矿采选业	3504075	16107499	94034	56224
常用有色金属矿采选	1694343	9470616	31262	13496
铜矿采选	823364	2744868	1077	7194
铅锌矿采选	423791	3760893	23905	
镍钴矿采选	40097	187478	5980	6302
锡矿采选	166677	439584		
锑矿采选	14100	188317		
铝矿采选	68464	848559		
镁矿采选	11550	146251		
其他常用有色金属矿采选	146300	1154666	300	
贵金属矿采选	1219036	4842731	55579	42728
金矿采选	1164299	4380893	52379	42728
银矿采选	34760	300050	3200	
其他贵金属矿采选	19977	161788		
稀有稀土金属矿采选	590696	1794152	7193	
钨钼矿采选	417558	1275061		
稀土金属矿采选	38767	158974	7193	
放射性金属矿采选	70183	70183		
其他稀有金属矿采选	64188	289934		
非金属矿采选业	1138114	20346728	74004	70188
土砂石开采	559083	14905339	38964	34726
石灰石、石膏开采	205658	4218141	1000	19985
建筑装饰用石开采	140864	4629037	33454	14741
耐火土石开采	18502	1146308		
粘土及其他土砂石开采	194059	4911853	4510	
化学矿开采	327407	1760607	4409	30432

续表 4

行　业	投资中			
	国有及国有控股投资	内资投资	外商投资	港澳台商投资
采盐	176212	691992		
石棉及其他非金属矿采选	75412	2988790	30631	5030
石棉、云母矿采选		73320		
石墨、滑石采选	23936	686172	7540	
宝石、玉石采选	6891	328089	5991	2150
其他未列明非金属矿采选	44585	1901209	17100	2880
开采辅助活动	2562146	4815591	4252	263171
煤炭开采和洗选辅助活动	807907	1926096		
石油和天然气开采辅助活动	1552948	2283010		263101
其他开采辅助活动	201291	606485	4252	70
其他采矿业	38379	601639	2000	
其他采矿业	38379	601639	2000	
（三）制造业	**139246844**	**1565561509**	**67267440**	**36148476**
农副食品加工业	4079186	96600884	2250461	1088877
谷物磨制	697887	16662040	211004	157346
饲料加工	264133	12553650	188672	78559
植物油加工	663852	9680271	318600	349820
食用植物油加工	663852	8755693	293938	334677
非食用植物油加工		924578	24662	15143
制糖业	156975	1644165	82932	17889
屠宰及肉类加工	721520	16709279	696954	146071
牲畜屠宰	339644	4585533	40840	81852
禽类屠宰	118510	3253680	257836	21369
肉制品及副产品加工	263366	8870066	398278	42850
水产品加工	300711	7144219	229089	140522
水产品冷冻加工	240894	4462442	112826	99432
鱼糜制品及水产品干腌制加工	27169	939950	16400	17316
水产饲料制造		515494	22721	8537
鱼油提取及制品制造		84807		
其他水产品加工	32648	1141526	77142	15237

续表 5

行　业	投资中			
	国有及国有控股投资	内资投资	外商投资	港澳台商投资
蔬菜、水果和坚果加工	387635	15408156	201225	116921
蔬菜加工	189676	10471712	133375	50671
水果和坚果加工	197959	4936444	67850	66250
其他农副食品加工	886473	16799104	321985	81749
淀粉及淀粉制品制造	179768	4341001	184351	17378
豆制品制造	57046	2534337	12980	3800
蛋品加工	12922	620656	5950	
其他未列明农副食品加工	636737	9303110	118704	60571
食品制造业	1421352	42023484	1778827	668815
焙烤食品制造	175348	6376232	195925	117377
糕点、面包制造	53363	3152804	37855	58016
饼干及其他焙烤食品制造	121985	3223428	158070	59361
糖果、巧克力及蜜饯制造	72681	2546312	149442	76245
糖果、巧克力制造	27906	1389018	149442	51829
蜜饯制作	44775	1157294		24416
方便食品制造	193832	7882797	225295	141640
米、面制品制造	151725	4078497	65328	61556
速冻食品制造	31412	1924297	88829	1340
方便面及其他方便食品制造	10695	1880003	71138	78744
乳制品制造	144979	2519985	179006	75550
罐头食品制造	31265	2760067	100200	29933
肉、禽类罐头制造	2137	549611	50773	1500
水产品罐头制造		206864	8040	1026
蔬菜、水果罐头制造	23148	1626860	30123	12894
其他罐头食品制造	5980	376732	11264	14513
调味品、发酵制品制造	187413	5323664	337388	45899
味精制造	6362	801971	675	
酱油、食醋及类似制品制造	76785	1637784	199543	16056
其他调味品、发酵制品制造	104266	2883909	137170	29843
其他食品制造	615834	14614427	591571	182171

续表6

行业	投资中			
	国有及国有控股投资	内资投资	外商投资	港澳台商投资
营养食品制造	62336	2365418	52571	60942
保健食品制造	77674	2994979	51769	47866
冷冻饮品及食用冰制造	5200	972553	36223	2346
盐加工	135470	699979	4238	
食品及饲料添加剂制造	97522	3413327	156032	45654
其他未列明食品制造	237632	4168171	290738	25363
酒、饮料和精制茶制造业	2776851	36798950	1501669	892672
酒的制造	2235355	17243049	476778	225701
酒精制造	61692	720850	15482	
白酒制造	1378200	10187225	36968	117565
啤酒制造	260997	1592504	330775	80883
黄酒制造	79611	553534		
葡萄酒制造	328823	2576422	93553	11793
其他酒制造	126032	1612514		15460
饮料制造	320311	13120622	998729	620407
碳酸饮料制造	13020	1058394	89878	107216
瓶（罐）装饮用水制造	77902	3405105	200314	53780
果蔬汁及果蔬汁饮料制造	91424	3330536	131976	143866
含乳饮料和植物蛋白饮料制造	78015	2081006	145645	86987
固体饮料制造		520551	17549	2000
茶饮料及其他饮料制造	59950	2725030	413367	226558
精制茶加工	221185	6435279	26162	46564
烟草制品业	2271173	2780903	26935	31787
烟叶复烤	490377	618220	2000	
卷烟制造	1649762	1873706		
其他烟草制品制造	131034	288977	24935	31787
纺织业	1473293	50612440	1215884	1360146
棉纺织及印染精加工	714327	24208471	502156	720736
棉纺纱加工	534133	16510941	247146	194321
棉织造加工	141202	5171702	96285	191617

续表 7

行　业	投资中			
	国有及国有控股投资	内资投资	外商投资	港澳台商投资
棉印染精加工	38992	2525828	158725	334798
毛纺织及染整精加工	135119	3210669	57806	55948
毛条和毛纱线加工	36685	1644147	15821	12359
毛织造加工	94384	1287508	9041	26340
毛染整精加工	4050	279014	32944	17249
麻纺织及染整精加工	32018	1070512	11720	14880
麻纤维纺前加工和纺纱	8000	610074	2000	580
麻织造加工	23853	399025	9720	14300
麻染整精加工	165	61413		
丝绢纺织及印染精加工	63064	1528783	7606	32457
缫丝加工	41144	613338	7216	
绢纺和丝织加工	21920	728724	390	3611
丝印染精加工		186721		28846
化纤织造及印染精加工	65313	4300182	86644	201233
化纤织造加工	34935	3621807	73924	128938
化纤织物染整精加工	30378	678375	12720	72295
针织或钩针编织物及其制品制造	76512	4477519	184469	154099
针织或钩针编织物织造	76512	3574938	120770	99155
针织或钩针编织物印染精加工		263817	29300	27895
针织或钩针编织品制造		638764	34399	27049
家用纺织制成品制造	56959	6467539	128062	70777
床上用品制造	22504	3084214	48397	29513
毛巾类制品制造		978176	6677	5640
窗帘、布艺类产品制造		446145	17888	27254
其他家用纺织制成品制造	34455	1959004	55100	8370
非家用纺织制成品制造	329981	5348765	237421	110016
非织造布制造	19382	2357740	116577	82454
绳、索、缆制造	20967	512707	706	1404
纺织带和帘子布制造	236725	705751	5754	10925
篷、帆布制造		528785	3870	2100

续表 8

行 业	投资中			
	国有及国有控股投资	内资投资	外商投资	港澳台商投资
其他非家用纺织制成品制造	52907	1243782	110514	13133
纺织服装、服饰业	696187	35502944	780854	827004
机织服装制造	544480	22250959	514183	577622
针织或钩针编织服装制造	6080	4719381	135714	74859
服饰制造	145627	8532604	130957	174523
皮革、毛皮、羽毛及其制品和制鞋业	358061	18507717	398494	766240
皮革鞣制加工	14293	1050517	28785	71054
皮革制品制造	107162	5849054	109737	222668
皮革服装制造	55811	1363025	4185	46587
皮箱、包（袋）制造	30816	2277469	93929	135838
皮手套及皮装饰制品制造	11285	781510	10145	23082
其他皮革制品制造	9250	1427050	1478	17161
毛皮鞣制及制品加工	18360	2260587	34267	35754
毛皮鞣制加工		265967		10056
毛皮服装加工	1728	1329437	18711	21048
其他毛皮制品加工	16632	665183	15556	4650
羽毛（绒）加工及制品制造	15048	1258464	15514	12469
羽毛（绒）加工	15048	672221		
羽毛（绒）制品加工		586243	15514	12469
制鞋业	203198	8089095	210191	424295
纺织面料鞋制造		1229377	67218	42658
皮鞋制造	130927	4184602	105388	214309
塑料鞋制造		554152	9600	24513
橡胶鞋制造	11075	688729	20607	63301
其他制鞋业	61196	1432235	7378	79514
木材加工和木、竹、藤、棕、草制品业	864729	33817700	385949	304502
木材加工	229362	8945794	28015	44974
锯材加工	92828	2323520	3340	10500
木片加工	35119	2326611	566	4691
单板加工	12470	2002145	8609	21073

续表 9

行　业	投资中			
	国有及国有控股投资	内资投资	外商投资	港澳台商投资
其他木材加工	88945	2293518	15500	8710
人造板制造	277910	11893269	87060	62648
胶合板制造	115256	5417477	62649	22330
纤维板制造	28636	2512275	8173	19852
刨花板制造	5866	1153581	9738	4300
其他人造板制造	128152	2809936	6500	16166
木制品制造	302079	9680607	233939	190370
建筑用木料及木材组件加工	37193	2593806	47652	37101
木门窗、楼梯制造	77659	2863106	80471	37974
地板制造	87171	1547106	54946	79818
木制容器制造	14586	478749	40037	17076
软木制品及其他木制品制造	85470	2197840	10833	18401
竹、藤、棕、草等制品制造	55378	3298030	36935	6510
竹制品制造	30586	2674803	22335	6510
藤制品制造		206265		
棕制品制造		84682		
草及其他制品制造	24792	332280	14600	
家具制造业	362620	23687356	372092	430008
木质家具制造	305556	17805825	211691	251211
竹、藤家具制造	875	397922	10225	2001
金属家具制造	40700	2279462	62667	36203
塑料家具制造		458411	1810	13783
其他家具制造	15489	2745736	85699	126810
造纸和纸制品业	955838	25240502	1922233	856216
纸浆制造	43121	828837	18727	11852
木竹浆制造	39071	547968	17769	6660
非木竹浆制造	4050	280869	958	5192
造纸	615828	9878498	1271081	460784
机制纸及纸板制造	600138	7582425	1245673	436564
手工纸制造	2650	338983		21620

续表 10

行　业	投资中			
	国有及国有控股投资	内资投资	外商投资	港澳台商投资
加工纸制造	13040	1957090	25408	2600
纸制品制造	296889	14533167	632425	383580
纸和纸板容器制造	102565	6989207	117570	91859
其他纸制品制造	194324	7543960	514855	291721
印刷和记录媒介复制业	715381	15630741	176456	257528
印刷	663286	14503721	171641	256836
书、报刊印刷	227907	2303521	3259	18233
本册印制	58430	509264	625	6080
包装装潢及其他印刷	376949	11690936	167757	232523
装订及印刷相关服务	49758	1030510	4815	692
记录媒介复制	2337	96510		
文教、工美、体育和娱乐用品制造业	200293	16807922	485973	653243
文教办公用品制造	17700	1748236	40196	43447
文具制造	5175	649922	9226	38728
笔的制造	3800	402672	19361	2859
教学用模型及教具制造	3500	265590		
墨水、墨汁制造		69007	6600	
其他文教办公用品制造	5225	361045	5009	1860
乐器制造	38986	697672	15368	25866
中乐器制造	4557	190696		
西乐器制造	5761	227706		21684
电子乐器制造	24668	123262	15368	1584
其他乐器及零件制造	4000	156008		2598
工艺美术品制造	85141	8718399	235029	218266
雕塑工艺品制造	24640	1642796	14915	39068
金属工艺品制造	21060	965529	48009	25545
漆器工艺品制造		224130	66	1750
花画工艺品制造		153003	4878	4306
天然植物纤维编织工艺品制造	4681	565624	33377	13180
抽纱刺绣工艺品制造	11000	424724	3771	18561

续表 11

行　业	投资中			
	国有及国有控股投资	内资投资	外商投资	港澳台商投资
地毯、挂毯制造	3291	949412	33870	16184
珠宝首饰及有关物品制造	8381	1311999	47437	77787
其他工艺美术品制造	12088	2481182	48706	21885
体育用品制造	9100	2843217	83749	203551
球类制造		192851	23074	4977
体育器材及配件制造	9100	1310674	31147	59518
训练健身器材制造		410475	9133	114781
运动防护用具制造		166333	1260	1176
其他体育用品制造		762884	19135	23099
玩具制造	11425	1999928	97461	134274
游艺器材及娱乐用品制造	37941	800470	14170	27839
露天游乐场所游乐设备制造	23350	308860		1379
游艺用品及室内游艺器材制造	4121	213742	1821	26460
其他娱乐用品制造	10470	277868	12349	
石油加工、炼焦和核燃料加工业	10111332	28430326	2829079	825518
精炼石油产品制造	8609637	21136676	2721175	764344
原油加工及石油制品制造	8372343	19726489	2716712	728956
人造原油制造	237294	1410187	4463	35388
炼焦	1501695	7293650	107904	61174
化学原料和化学制品制造业	19919465	135035907	7194202	2933823
基础化学原料制造	11558930	49481720	3230553	705476
无机酸制造	570750	2855505	272091	76851
无机碱制造	533607	2333126	58694	35327
无机盐制造	838167	4088657	31637	24941
有机化学原料制造	8214884	30363656	2262630	393262
其他基础化学原料制造	1401522	9840776	605501	175095
肥料制造	2028648	16826797	208717	179746
氮肥制造	1106234	4036123	101516	117795
磷肥制造	149416	698199		
钾肥制造	199020	697744		18149

续表 12

行　业	投资中			
	国有及国有控股投资	内资投资	外商投资	港澳台商投资
复混肥料制造	326953	5328740	56322	14902
有机肥料及微生物肥料制造	45850	4702478	50879	28900
其他肥料制造	201175	1363513		
农药制造	433786	4948792	163414	33692
化学农药制造	279228	3230403	150584	29112
生物化学农药及微生物农药制造	154558	1718389	12830	4580
涂料、油墨、颜料及类似产品制造	162564	8915639	376028	293938
涂料制造	93945	6074578	195730	205789
油墨及类似产品制造	1500	423433	53129	19400
颜料制造	19927	1015842	48631	25156
染料制造	10700	809773	23481	38784
密封用填料及类似品制造	36492	592013	55057	4809
合成材料制造	3203984	17542493	1313381	1040333
初级形态塑料及合成树脂制造	2196859	8905723	771223	226942
合成橡胶制造	57526	1860712	299287	205303
合成纤维单（聚合）体制造	758093	2532011	9100	472307
其他合成材料制造	191506	4244047	233771	135781
专用化学产品制造	2057341	28939823	1499791	460606
化学试剂和助剂制造	769454	10467453	426911	107625
专项化学用品制造	632016	8717469	362834	222838
林产化学产品制造	62312	910993	18776	5800
信息化学品制造	454897	2321065	433063	44324
环境污染处理专用药剂材料制造	78557	1501293	30533	11550
动物胶制造	1000	194256		
其他专用化学产品制造	59105	4827294	227674	68469
炸药、火工及焰火产品制造	334682	3770787	57924	10461
焰火、鞭炮产品制造	334682	3770787	57924	10461
日用化学产品制造	139530	4609856	344394	209571
肥皂及合成洗涤剂制造	58281	1115533	48130	39662
化妆品制造	27247	1004181	109551	79816

续表 13

行　业	投资中			
	国有及国有控股投资	内资投资	外商投资	港澳台商投资
口腔清洁用品制造		83799	39705	7500
香料、香精制造	16896	991824	97534	35421
其他日用化学产品制造	37106	1414519	49474	47172
医药制造业	3390511	48978220	1733892	1207214
化学药品原料药制造	401885	8142006	381493	238430
化学药品制剂制造	537139	7376303	447921	442302
中药饮片加工	192189	7573280	82183	30030
中成药生产	712496	9327316	174496	282093
兽用药品制造	45368	1628699	46042	8369
生物药品制造	1287700	10296616	347138	110873
卫生材料及医药用品制造	213734	4634000	254619	95117
化学纤维制造业	474650	9974220	284696	733114
纤维素纤维原料及纤维制造	242376	1923615	57859	119973
化纤浆粕制造		257142		55820
人造纤维（纤维素纤维）制造	242376	1666473	57859	64153
合成纤维制造	232274	8050605	226837	613141
锦纶纤维制造		1556319	27161	113261
涤纶纤维制造	18187	2805315	79316	352187
腈纶纤维制造	5139	125158		
维纶纤维制造	6372	403281	8558	40425
丙纶纤维制造	50876	162144	15123	43630
氨纶纤维制造	5749	450314	33752	10329
其他合成纤维制造	145951	2548074	62927	53309
橡胶和塑料制品业	2053249	56151962	1690234	1480830
橡胶制品业	752597	15016420	899233	307784
轮胎制造	519075	5880944	644715	147402
橡胶板、管、带制造	121967	3722926	90557	26903
橡胶零件制造	13023	1427663	75516	46529
再生橡胶制造	11833	1158386	9697	4730
日用及医用橡胶制品制造	31317	552403	10990	9450

续表 14

行　业	投资中			
	国有及国有控股投资	内资投资	外商投资	港澳台商投资
其他橡胶制品制造	55382	2274098	67758	72770
塑料制品业	1300652	41135542	791001	1173046
塑料薄膜制造	199841	5499325	134631	213468
塑料板、管型材制造	708885	10873699	89830	297468
塑料丝、绳及编织品制造	48614	3923961	28272	8940
泡沫塑料制造	22680	1630363	26700	14410
塑料人造革、合成革制造	2378	925726	2531	40448
塑料包装箱及容器制造	25193	4608712	159058	130718
日用塑料制品制造	107443	3843612	99693	124251
塑料零件制造	77423	2011344	73204	104456
其他塑料制品制造	108195	7818800	177082	238887
非金属矿物制品业	5936617	154506386	1452013	1897284
水泥、石灰和石膏制造	1827842	14645955	202853	233827
水泥制造	1602298	10707800	193993	225306
石灰和石膏制造	225544	3938155	8860	8521
石膏、水泥制品及类似制品制造	1111814	28438042	225633	155060
水泥制品制造	494977	15040729	97860	91558
混凝土结构构件制造	300010	4429089	52155	6495
石棉水泥制品制造	4416	530308	5390	5500
轻质建筑材料制造	179515	5137152	68946	43507
其他水泥类似制品制造	132896	3300764	1282	8000
砖瓦、石材等建筑材料制造	1285191	58460543	264402	353230
粘土砖瓦及建筑砌块制造	183194	14596551	21314	69936
建筑陶瓷制品制造	93862	7800455	40971	64523
建筑用石加工	428851	14693688	89143	133383
防水建筑材料制造	36883	2881304	900	2993
隔热和隔音材料制造	67495	5720697	34424	28658
其他建筑材料制造	474906	12767848	77650	53737
玻璃制造	287982	6968103	128471	330961
平板玻璃制造	191625	2992126	14125	128167

续表 15

行 业	投资中			
	国有及国有控股投资	内资投资	外商投资	港澳台商投资
其他玻璃制造	96357	3975977	114346	202794
玻璃制品制造	345666	9949370	118926	324602
技术玻璃制品制造	58335	2529545	32684	118230
光学玻璃制造	37740	819499	28034	19106
玻璃仪器制造		281244		5000
日用玻璃制品制造	85931	2018293	9665	2450
玻璃包装容器制造		997623	4300	9277
玻璃保温容器制造		220256		
制镜及类似品加工	52518	366601	8200	1865
其他玻璃制品制造	111142	2716309	36043	168674
玻璃纤维和玻璃纤维增强塑料制品制造	92013	3409431	92587	125069
玻璃纤维及制品制造	85070	1914653	77299	112394
玻璃纤维增强塑料制品制造	6943	1494778	15288	12675
陶瓷制品制造	424963	9161890	245237	166863
卫生陶瓷制品制造	12850	1073122	78109	16884
特种陶瓷制品制造	105092	2793596	69210	33903
日用陶瓷制品制造	127640	3660342	61426	104417
园林、陈设艺术及其他陶瓷制品制造	179381	1634830	36492	11659
耐火材料制品制造	152360	9145773	81604	57869
石棉制品制造	49997	874139	34828	
云母制品制造		423398		
耐火陶瓷制品及其他耐火材料制造	102363	7848236	46776	57869
石墨及其他非金属矿物制品制造	408786	14327279	92300	149803
石墨及碳素制品制造	324339	5446530	15473	24532
其他非金属矿物制品制造	84447	8880749	76827	125271
黑色金属冶炼和压延加工业	8721877	45877593	927459	1007983
炼铁	780753	2417246	33133	100
炼钢	2743675	8221267	140368	211605
黑色金属铸造	495755	6938227	160729	141559
钢压延加工	4451437	23722192	579427	547373

续表 16

行 业	投资中			
	国有及国有控股投资	内资投资	外商投资	港澳台商投资
铁合金冶炼	250257	4578661	13802	107346
有色金属冶炼和压延加工业	6889622	56051661	996684	1089630
常用有色金属冶炼	3514628	14612849	64135	305266
铜冶炼	370202	2070681	17020	138576
铅锌冶炼	214385	1689602	3190	
镍钴冶炼	256362	1522669	6360	
锡冶炼	122952	326378		725
锑冶炼	50500	209492		
铝冶炼	1484271	5612721	22924	94761
镁冶炼	815179	1240640		10202
其他常用有色金属冶炼	200777	1940666	14641	61002
贵金属冶炼	788778	2034235	14531	
金冶炼	94574	435259	14133	
银冶炼	689309	1227865		
其他贵金属冶炼	4895	371111	398	
稀有稀土金属冶炼	269640	1876223	141114	
钨钼冶炼	101055	667302	31892	
稀土金属冶炼	116988	819481		
其他稀有金属冶炼	51597	389440	109222	
有色金属合金制造	394602	7344307	84726	56929
有色金属铸造	54453	1533755	57530	21583
有色金属压延加工	1867521	28650292	634648	705852
铜压延加工	365736	4959716	20823	62954
铝压延加工	1303516	20124593	529886	531295
贵金属压延加工	26366	435650		20472
稀有稀土金属压延加工	53246	863830	33013	
其他有色金属压延加工	118657	2266503	50926	91131
金属制品业	2705294	82797378	1824989	1689218
结构性金属制品制造	1147780	34767882	432324	200914
金属结构制造	980509	24529882	347758	176569

续表 17

行　业	投资中			
	国有及国有控股投资	内资投资	外商投资	港澳台商投资
金属门窗制造	167271	10238000	84566	24345
金属工具制造	343199	6746664	148994	216081
切削工具制造	86709	1920554	72657	88642
手工具制造	39837	781331	20572	45428
农用及园林用金属工具制造	7069	645137	9747	3628
刀剪及类似日用金属工具制造		642258	6220	38202
其他金属工具制造	209584	2757384	39798	40181
集装箱及金属包装容器制造	119530	5560316	206379	213733
集装箱制造	53000	531264	53304	58588
金属压力容器制造	46685	2657317	29839	9074
金属包装容器制造	19845	2371735	123236	146071
金属丝绳及其制品制造	47282	4267974	57161	55894
建筑、安全用金属制品制造	533294	9421445	191265	120211
建筑、家具用金属配件制造	86244	2845170	25635	26069
建筑装饰及水暖管道零件制造	136224	3206637	81658	90312
安全、消防用金属制品制造	175551	1818897	21176	2230
其他建筑、安全用金属制品制造	135275	1550741	62796	1600
金属表面处理及热处理加工	48447	3925067	274093	354039
搪瓷制品制造	3450	821367	3235	12174
生产专用搪瓷制品制造		131648	170	
建筑装饰搪瓷制品制造		316416	3065	
搪瓷卫生洁具制造		210520		
搪瓷日用品及其他搪瓷制品制造	3450	162783		12174
金属制日用品制造	7439	4991123	145502	151450
金属制厨房用器具制造	900	1479719	54221	3648
金属制餐具和器皿制造		1073641	6330	98232
金属制卫生器具制造	697	348365	12264	
其他金属制日用品制造	5842	2089398	72687	49570
其他金属制品制造	454873	12295540	366036	364722
锻件及粉末冶金制品制造	164979	4435981	139741	12739

续表 18

行业	投资中			
	国有及国有控股投资	内资投资	外商投资	港澳台商投资
交通及公共管理用金属标牌制造	1287	625496		
其他未列明金属制品制造	288607	7234063	226295	351983
通用设备制造业	5403966	116405216	3578306	1448387
锅炉及原动设备制造	1147340	10622257	265890	90184
锅炉及辅助设备制造	281511	5291114	46547	39371
内燃机及配件制造	561275	3162284	195386	21308
汽轮机及辅机制造	211902	730072	19167	613
水轮机及辅机制造	10857	244830		
风能原动设备制造	78415	630303		15577
其他原动设备制造	3380	563654	4790	13315
金属加工机械制造	577026	25919393	412643	291231
金属切削机床制造	108034	4277386	65669	112215
金属成形机床制造	208097	3006264	37426	36079
铸造机械制造	29903	5423570	61870	53157
金属切割及焊接设备制造	87131	2023161	66994	19417
机床附件制造	85514	2617600	23291	15668
其他金属加工机械制造	58347	8571412	157393	54695
物料搬运设备制造	535222	13051444	760733	176692
轻小型起重设备制造	31966	1284361	28093	1579
起重机制造	282307	3883649	166310	2632
生产专用车辆制造	109853	1939434	99916	3103
连续搬运设备制造	14839	1141198	31392	26083
电梯、自动扶梯及升降机制造	66577	3746072	282322	125813
其他物料搬运设备制造	29680	1056730	152700	17482
泵、阀门、压缩机及类似机械制造	798666	15643806	639981	186464
泵及真空设备制造	340930	4819062	78868	43784
气体压缩机械制造	230647	1795618	166241	52781
阀门和旋塞制造	59980	4014904	172148	31658
液压和气压动力机械及元件制造	167109	5014222	222724	58241
轴承、齿轮和传动部件制造	844378	13148156	641358	131032

续表 19

行　业	投资中			
	国有及国有控股投资	内资投资	外商投资	港澳台商投资
轴承制造	560790	6994431	482150	29192
齿轮及齿轮减、变速箱制造	247053	4781520	111804	64592
其他传动部件制造	36535	1372205	47404	37248
烘炉、风机、衡器、包装等设备制造	352197	11346036	298376	103530
烘炉、熔炉及电炉制造	15370	920901	21700	650
风机、风扇制造	136331	2000783	73786	22604
气体、液体分离及纯净设备制造	41742	1361999	46916	10475
制冷、空调设备制造	101604	3892934	100628	32677
风动和电动工具制造	24410	1254801	16569	27696
喷枪及类似器具制造	31940	198569	4849	
衡器制造		373832	9794	3819
包装专用设备制造	800	1342217	24134	5609
文化、办公用机械制造	30064	1076596	134409	88653
电影机械制造		61563	310	
幻灯及投影设备制造		163022	3000	7127
照相机及器材制造	2050	97845	19379	4849
复印和胶印设备制造		189217	78019	26376
计算器及货币专用设备制造	11781	110344	30332	2017
其他文化、办公用机械制造	16233	454605	3369	48284
通用零部件制造	688825	18663517	275762	149094
金属密封件制造		1008679	41294	23070
紧固件制造	49933	2358707	45217	31235
弹簧制造		659153	23624	33337
机械零部件加工	414365	10779872	101134	24207
其他通用零部件制造	224527	3857106	64493	37245
其他通用设备制造业	430248	6934011	149154	231507
专用设备制造业	8712245	108934041	2834025	2081120
采矿、冶金、建筑专用设备制造	4739974	34122004	539455	455316
矿山机械制造	929430	12341671	69316	15195
石油钻采专用设备制造	2378844	8174442	92529	133100

续表 20

行　业	投资中			
	国有及国有控股投资	内资投资	外商投资	港澳台商投资
建筑工程用机械制造	505555	6227094	176789	90937
海洋工程专用设备制造	203676	1527968	148396	197000
建筑材料生产专用机械制造	154603	3097970	35327	19084
冶金专用设备制造	567866	2752859	17098	
化工、木材、非金属加工专用设备制造	681348	15313923	376615	592318
炼油、化工生产专用设备制造	242359	3284000	56786	10180
橡胶加工专用设备制造	91547	716006	18355	19923
塑料加工专用设备制造	32896	1832916	41461	244344
木材加工机械制造	2900	788403	5031	25731
模具制造	195433	6779493	251982	292140
其他非金属加工专用设备制造	116213	1913105	3000	
食品、饮料、烟草及饲料生产专用设备制造	86778	3136877	104166	45480
食品、酒、饮料及茶生产专用设备制造	11077	1112127	36822	40180
农副食品加工专用设备制造	23917	1557807	53674	
烟草生产专用设备制造	43784	200103		
饲料生产专用设备制造	8000	266840	13670	5300
印刷、制药、日化及日用品生产专用设备制造	263587	6322082	79761	92210
制浆和造纸专用设备制造	45305	902974	24686	6091
印刷专用设备制造	84474	974695	28790	38798
日用化工专用设备制造	32102	929511		
制药专用设备制造	63255	659726	3038	12280
照明器具生产专用设备制造	38451	1771720	12569	26843
玻璃、陶瓷和搪瓷制品生产专用设备制造		551055	10678	4896
其他日用品生产专用设备制造		532401		3302
纺织、服装和皮革加工专用设备制造	211089	3605126	173232	115773
纺织专用设备制造	197581	2544243	121389	78041
皮革、毛皮及其制品加工专用设备制造	3308	366691	20028	20543
缝制机械制造		562270	31815	17189
洗涤机械制造	10200	131922		

续表21

行　业	投资中			
	国有及国有控股投资	内资投资	外商投资	港澳台商投资
电子和电工机械专用设备制造	1110589	8908154	461608	107025
电工机械专用设备制造	290172	3761142	44147	13275
电子工业专用设备制造	820417	5147012	417461	93750
农、林、牧、渔专用机械制造	418648	9679173	184591	144795
拖拉机制造	106472	1485745	25226	37650
机械化农业及园艺机具制造	168938	3914205	44281	89490
营林及木竹采伐机械制造	17785	131728	83	
畜牧机械制造	13606	642825	36740	
渔业机械制造	4950	73868		
农、林、牧、渔机械配件制造	40919	1727843	51121	11278
棉花加工机械制造	3918	190553		
其他农、林、牧、渔业机械制造	62060	1512406	27140	6377
医疗仪器设备及器械制造	278263	7904723	319509	337571
医疗诊断、监护及治疗设备制造	173882	2674621	85716	108728
口腔科用设备及器具制造	25000	173091		
医疗实验室及医用消毒设备和器具制造	12993	693919	11271	18538
医疗、外科及兽医用器械制造	17446	1371442	98427	37687
机械治疗及病房护理设备制造	2820	691973	10774	14480
假肢、人工器官及植（介）入器械制造	4725	162021	32300	37300
其他医疗设备及器械制造	41397	2137656	81021	120838
环保、社会公共服务及其他专用设备制造	921969	19941979	595088	190632
环境保护专用设备制造	452041	10320764	226195	82460
地质勘查专用设备制造	80347	523190	7616	4293
邮政专用机械及器材制造		21498		
商业、饮食、服务专用设备制造	2716	137698		8300
社会公共安全设备及器材制造	71885	965983	4100	4054
交通安全、管制及类似专用设备制造	81269	553924		5789
水资源专用机械制造	27457	889157	13496	
其他专用设备制造	206254	6529765	343681	85736
汽车制造业	14145299	85267203	13961136	1705968

续表22

行业	投资中			
	国有及国有控股投资	内资投资	外商投资	港澳台商投资
汽车整车制造	8044094	13213270	7277325	465064
改装汽车制造	248773	2622307	38179	2100
低速载货汽车制造	69432	906233	26564	
电车制造	85675	2518358	59382	12690
汽车车身、挂车制造	254955	2395749	148142	56074
汽车零部件及配件制造	5442370	63611286	6411544	1170040
铁路、船舶、航空航天和其他运输设备制造业	7084499	29929285	1228247	411995
铁路运输设备制造	1428475	5392234	97981	5236
铁路机车车辆及动车组制造	584813	961700		4952
窄轨机车车辆制造		140337		
铁路机车车辆配件制造	554065	1697450	41676	
铁路专用设备及器材、配件制造	197098	2166846	12152	284
其他铁路运输设备制造	92499	425901	44153	
城市轨道交通设备制造	282521	1075436	56406	12827
船舶及相关装置制造	1505544	7368998	517668	155031
金属船舶制造	673379	2742854	244054	44932
非金属船舶制造	638	372523	3200	861
娱乐船和运动船制造		1196808	47131	98890
船用配套设备制造	560599	2175731	145162	10348
船舶改装与拆除	220809	553456	63261	
航标器材及其他相关装置制造	50119	327626	14860	
摩托车制造	594304	3620160	136809	52857
摩托车整车制造	297539	1294905	80649	14017
摩托车零部件及配件制造	296765	2325255	56160	38840
自行车制造	152326	4150470	133436	70152
脚踏自行车及残疾人座车制造	126776	780067	88568	41910
助动自行车制造	25550	3370403	44868	28242
非公路休闲车及零配件制造	2200	543735	63225	6473
潜水救捞及其他未列明运输设备制造	3119129	7778252	222722	109419
其他未列明运输设备制造	3119129	7778252	222722	109419

续表 23

行　业	投资中			
	国有及国有控股投资	内资投资	外商投资	港澳台商投资
电气机械和器材制造业	5654842	98266905	3329969	2438183
电机制造	1093386	10722329	440663	334800
发电机及发电机组制造	456534	4670351	196106	54411
电动机制造	486179	3332290	130537	45110
微电机及其他电机制造	150673	2719688	114020	235279
输配电及控制设备制造	2029554	31965669	1065878	722729
变压器、整流器和电感器制造	449204	6311276	148665	128520
电容器及其配套设备制造	20445	1650198	18176	94510
配电开关控制设备制造	220806	5702103	57801	84058
电力电子元器件制造	319191	6461618	419153	153791
光伏设备及元器件制造	306629	7976262	374240	212472
其他输配电及控制设备制造	713279	3864212	47843	49378
电线、电缆、光缆及电工器材制造	1027548	16697716	365699	234549
电线、电缆制造	865239	12652948	239731	158804
光纤、光缆制造	62237	1210726	55551	20027
绝缘制品制造	22416	1180208		43218
其他电工器材制造	77656	1653834	70417	12500
电池制造	448971	10272098	464747	326578
锂离子电池制造	215176	5514200	238770	252883
镍氢电池制造	4706	450811	43581	3100
其他电池制造	229089	4307087	182396	70595
家用电力器具制造	214554	8779171	573137	509928
家用制冷电器具制造	64171	1892920	138621	52407
家用空气调节器制造	51434	1087457	88921	53576
家用通风电器具制造	2563	303662	8920	157020
家用厨房电器具制造	8458	1899217	57947	142848
家用清洁卫生电器具制造	10000	695039	72020	16891
家用美容、保健电器具制造		263180	27137	2772
家用电力器具专用配件制造	48819	967706	102338	24883
其他家用电力器具制造	29109	1669990	77233	59531

续表 24

行　业	投资中			
	国有及国有控股投资	内资投资	外商投资	港澳台商投资
非电力家用器具制造	156506	4209477	86814	49773
燃气、太阳能及类似能源家用器具制造	156506	3882615	66069	49773
其他非电力家用器具制造		326862	20745	
照明器具制造	400644	11068374	291220	247648
电光源制造	202796	3196350	48188	63413
照明灯具制造	182513	6570193	196696	180335
灯用电器附件及其他照明器具制造	15335	1301831	46336	3900
其他电气机械及器材制造	283679	4552071	41811	12178
电气信号设备装置制造	49503	919874	4591	2996
其他未列明电气机械及器材制造	234176	3632197	37220	9182
计算机、通信和其他电子设备制造业	11686093	62409792	10972888	6345483
计算机制造	795549	5998324	1185063	1149289
计算机整机制造	156747	1246563	361302	242631
计算机零部件制造	262024	2425980	237470	629436
计算机外围设备制造	97998	768674	255276	194520
其他计算机制造	278780	1557107	331015	82702
通信设备制造	1439953	8834468	729236	1334270
通信系统设备制造	745284	4543821	201663	454622
通信终端设备制造	694669	4290647	527573	879648
广播电视设备制造	58799	1885054	21882	99988
广播电视节目制作及发射设备制造	15174	447182	1802	16160
广播电视接收设备及器材制造	9963	777442	2381	12290
应用电视设备及其他广播电视设备制造	33662	660430	17699	71538
视听设备制造	261292	1544370	448921	288128
电视机制造	190792	827758	111807	90369
音响设备制造	26702	421165	98015	45576
影视录放设备制造	43798	295447	239099	152183
电子器件制造	6572575	20728010	6114496	1476841
电子真空器件制造	88562	956951	75890	13650
半导体分立器件制造	106720	682131	288169	103658

续表 25

行　业	投资中			
	国有及国有控股投资	内资投资	外商投资	港澳台商投资
集成电路制造	596717	2695040	3514862	242972
光电子器件及其他电子器件制造	5780576	16393888	2235575	1116561
电子元件制造	782968	14266042	1728860	1489248
电子元件及组件制造	646257	12326656	1117553	1051904
印制电路板制造	136711	1939386	611307	437344
其他电子设备制造	1774957	9153524	744430	507719
仪器仪表制造业	1143884	13817704	633662	419763
通用仪器仪表制造	519904	7171676	283815	190180
工业自动控制系统装置制造	277530	3789799	211942	38352
电工仪器仪表制造	165438	1268749	3750	24009
绘图、计算及测量仪器制造	25210	528148	3792	9316
实验分析仪器制造	1511	539482	17081	14008
试验机制造	32828	201833	185	
供应用仪表及其他通用仪器制造	17387	843665	47065	104495
专用仪器仪表制造	371201	3210457	87522	32429
环境监测专用仪器仪表制造	23949	418191	20866	5164
运输设备及生产用计数仪表制造	8103	506161	40738	14660
农、林、牧、渔专用仪器仪表制造		82938		
地质勘探和地震专用仪器制造	29990	182710	3497	
教学专用仪器制造	4859	179059		2550
电子测量仪器制造	29612	500180	7025	10055
其他专用仪器制造	274688	1341218	15396	
钟表与计时仪器制造	13925	327676	29780	44646
光学仪器及眼镜制造	85113	1335163	184088	107434
光学仪器制造	84903	955232	71184	33309
眼镜制造	210	379931	112904	74125
其他仪器仪表制造业	153741	1772732	48457	45074
其他制造业	6918260	19908872	294649	137691
日用杂品制造	9462	1937109	68154	70691
鬃毛加工、制刷及清扫工具制造	3485	558945		3097

续表 26

行　业	投资中			
	国有及国有控股投资	内资投资	外商投资	港澳台商投资
其他日用杂品制造	5977	1378164	68154	67594
煤制品制造	71973	1877929		
其他未列明制造业	6836825	16093834	226495	67000
废弃资源综合利用业	1179668	11682164	110683	106781
金属废料和碎屑加工处理	434051	6990089	74449	80658
非金属废料和碎屑加工处理	745617	4692075	36234	26123
金属制品、机械和设备修理业	940507	3125131	94800	51453
金属制品修理	91261	528328	2307	
通用设备修理	24032	308996		7000
专用设备修理	112851	569174	8110	
铁路、船舶、航空航天等运输设备修理	610925	954566	56033	44453
铁路运输设备修理	25329	37924		
船舶修理	246298	358877	50600	12904
航空航天器修理	128755	217226	5433	31549
其他运输设备修理	210543	340539		
电气设备修理	7400	124302		
仪器仪表修理		9361	9000	
其他机械和设备修理业	94038	630404	19350	
（四）电力、热力、燃气及水的生产和供应业	**150913575**	**220620743**	**2453385**	**5175952**
电力、热力生产和供应业	119813374	168650931	1742444	3931362
电力生产	68182435	107031067	1348846	3555780
火力发电	22255888	29411654	590558	2663234
水力发电	13913363	19961369	2249	36657
核力发电	9398236	9417169		
风力发电	15885829	24006843	409041	429612
太阳能发电	5060074	17995517	147854	217174
其他电力生产	1669045	6238515	199144	209103
电力供应	43784710	46468708	84123	157880
热力生产和供应	7846229	15151156	309475	217702
燃气生产和供应业	9913274	21069200	363770	982952

续表 27

行　业	投资中			
	国有及国有控股投资	内资投资	外商投资	港澳台商投资
燃气生产和供应业	9913274	21069200	363770	982952
水的生产和供应业	21186927	30900612	347171	261638
自来水生产和供应	10755212	14307358	145323	99424
污水处理及其再生利用	9048004	14306878	172598	162214
其他水的处理、利用与分配	1383711	2286376	29250	
(五) 建筑业	**21653800**	**40141479**	**124412**	**74585**
房屋建筑业	6070173	13171014	8200	13167
房屋建筑业	6070173	13171014	8200	13167
土木工程建筑业	13810303	20266310	83630	51513
铁路、道路、隧道和桥梁工程建筑	9875995	13199517	13400	8563
铁路工程建筑	595727	693874		
公路工程建筑	3930773	4997954		3762
市政道路工程建筑	3422535	5003271		4801
其他道路、隧道和桥梁工程建筑	1926960	2504418	13400	
水利和内河港口工程建筑	1931673	2752869		
水源及供水设施工程建筑	602542	859128		
河湖治理及防洪设施工程建筑	1085787	1340253		
港口及航运设施工程建筑	243344	553488		
海洋工程建筑	69208	378802		
工矿工程建筑	55865	374442	5660	8750
架线和管道工程建筑	869131	1292225	38670	2200
架线及设备工程建筑	432691	654708		
管道工程建筑	436440	637517	38670	2200
其他土木工程建筑	1008431	2268455	25900	32000
建筑安装业	560774	2044483	4000	8191
电气安装	141209	575751		
管道和设备安装	162115	502030		8191
其他建筑安装业	257450	966702	4000	
建筑装饰和其他建筑业	1212550	4659672	28582	1714
建筑装饰业	198448	1681619	9650	1714

续表28

行　业	投资中			
	国有及国有控股投资	内资投资	外商投资	港澳台商投资
工程准备活动	348129	617368		
建筑物拆除活动	139244	164523		
其他工程准备活动	208885	452845		
提供施工设备服务	3575	330139		
其他未列明建筑业	662398	2030546	18932	
（六）批发和零售业	**14141715**	**151160650**	**2073467**	**2291338**
批发业	5899855	73806691	905538	494178
农、林、牧产品批发	894113	8015137	14576	1300
谷物、豆及薯类批发	402855	2366785		
种子批发	20454	664313		
饲料批发	16173	217272		
棉、麻批发	4000	158879		
林业产品批发	57408	881860	4204	
牲畜批发	24304	466161	4300	
其他农牧产品批发	368919	3259867	6072	1300
食品、饮料及烟草制品批发	1586121	10596871	295930	114717
米、面制品及食用油批发	142315	1207470	22987	
糕点、糖果及糖批发	7581	203096		
果品、蔬菜批发	739275	4224503	229818	75435
肉、禽、蛋、奶及水产品批发	269428	2248304	18882	16500
盐及调味品批发	25546	98237		
营养和保健品批发	7270	94561	6443	300
酒、饮料及茶叶批发	75592	998050	17800	5469
烟草制品批发	272486	319675		4365
其他食品批发	46628	1202975		12648
纺织、服装及家庭用品批发	485748	8276846	156481	123927
纺织品、针织品及原料批发	205478	2342227		15358
服装批发	153767	2599376	10968	15022
鞋帽批发	14656	256782		6148
化妆品及卫生用品批发		210734	33232	8930

续表29

行　业	投资中			
	国有及国有控股投资	内资投资	外商投资	港澳台商投资
厨房、卫生间用具及日用杂货批发	900	486761		
灯具、装饰物品批发	21677	608513		
家用电器批发	21900	593174	92044	49530
其他家庭用品批发	67370	1179279	20237	28939
文化、体育用品及器材批发	67726	1391692	7830	15769
文具用品批发	8126	311122		
体育用品及器材批发	3250	100656	7830	
图书批发	36432	140404		
报刊批发		23360		
音像制品及电子出版物批发		54566		
首饰、工艺品及收藏品批发	19918	549675		15769
其他文化用品批发		211909		
医药及医疗器材批发	135943	2264363	19480	17189
西药批发	29920	762142	19000	14239
中药批发	61077	645757		
医疗用品及器材批发	44946	856464	480	2950
矿产品、建材及化工产品批发	1563573	22815520	206151	140148
煤炭及制品批发	140222	2503335	2300	862
石油及制品批发	591784	2908663	94217	19699
非金属矿及制品批发	13650	364864		
金属及金属矿批发	237533	3534516	3669	3000
建材批发	547431	11518694	72215	111737
化肥批发	13610	549716		
农药批发		163700		
农用薄膜批发		27327		
其他化工产品批发	19343	1244705	33750	4850
机械设备、五金产品及电子产品批发	683572	12578026	112749	61895
农业机械批发	98332	1033952		
汽车批发	396250	2472917		
汽车零配件批发	22185	1489213	16459	6664

续表 30

行　业	投资中			
	国有及国有控股投资	内资投资	外商投资	港澳台商投资
摩托车及零配件批发		191019		
五金产品批发	42952	2828895	59392	35568
电气设备批发	41266	911360	7816	5200
计算机、软件及辅助设备批发	1855	487127	19949	2810
通信及广播电视设备批发	21789	168387		
其他机械设备及电子产品批发	58943	2995156	9133	11653
贸易经纪与代理	148511	3737198	44034	11279
贸易代理	79036	2326814	4315	3629
拍卖		41240		
其他贸易经纪与代理	69475	1369144	39719	7650
其他批发业	334548	4131038	48307	7954
再生物资回收与批发	41944	1425435	34081	
其他未列明批发业	292604	2705603	14226	7954
零售业	8241860	77353959	1167929	1797160
综合零售	4101793	32128769	612860	1519467
百货零售	2046233	17123720	390777	534858
超级市场零售	814073	7689189	188350	394474
其他综合零售	1241487	7315860	33733	590135
食品、饮料及烟草制品专门零售	689760	3430965	15419	4950
粮油零售	64787	320441		
糕点、面包零售		100382	610	
果品、蔬菜零售	224421	815628		
肉、禽、蛋、奶及水产品零售	113389	737340		4950
营养和保健品零售		103104		
酒、饮料及茶叶零售	65640	488407	5229	
烟草制品零售	8935	40522		
其他食品零售	212588	825141	9580	
纺织、服装及日用品专门零售	525673	3462939	12560	39002
纺织品及针织品零售	10753	465358	560	
服装零售	358854	2047308	9500	7555

续表 31

行　业	投资中			
	国有及国有控股投资	内资投资	外商投资	港澳台商投资
鞋、帽零售	3000	64342		
化妆品及卫生用品零售	108	98140		
钟表、眼镜零售		99570		
箱、包零售	1289	68527		30071
厨房用具及日用杂品零售	1271	97377		
自行车零售		55648		
其他日用品零售	150398	466669	2500	1376
文化、体育用品及器材专门零售	273071	1930020	22640	17988
文具用品零售	9865	48511		
体育用品及器材零售	2320	72912		1504
图书、报刊零售	49981	97935		
音像制品及电子出版物零售	2600	13633		
珠宝首饰零售	101962	946802	22640	3000
工艺美术品及收藏品零售	100793	523795		10534
乐器零售		19774		2950
照相器材零售		54540		
其他文化用品零售	5550	152118		
医药及医疗器材专门零售	49742	1202542		
药品零售	47386	865430		
医疗用品及器材零售	2356	337112		
汽车、摩托车、燃料及零配件专门零售	1602923	20994273	216271	198054
汽车零售	718975	15973992	197210	87500
汽车零配件零售	19610	1690571	400	76700
摩托车及零配件零售	9800	89382		
机动车燃料零售	854538	3240328	18661	33854
家用电器及电子产品专门零售	48005	2463231	28416	
家用视听设备零售	11606	238285		
日用家电设备零售	2450	763682		
计算机、软件及辅助设备零售	6607	435852	28018	
通信设备零售	26788	361240		

续表 32

行　业	投资中			
	国有及国有控股投资	内资投资	外商投资	港澳台商投资
其他电子产品零售	554	664172	398	
五金、家具及室内装饰材料专门零售	408455	7864290	244392	800
五金零售	22795	1226167		
灯具零售	6000	286230	3900	
家具零售	168536	3924065	215292	800
涂料零售		92080		
卫生洁具零售		79191		
木质装饰材料零售		328835		
陶瓷、石材装饰材料零售	12980	898088		
其他室内装饰材料零售	198144	1029634	25200	
货摊、无店铺及其他零售业	542438	3876930	15371	16899
货摊食品零售	34997	92365		
货摊纺织、服装及鞋零售		46685		
货摊日用品零售	1865	63307		
互联网零售	19839	702642		13891
邮购及电视、电话零售		15738		
旧货零售		32415		
生活用燃料零售	45248	603287	9871	3008
其他未列明零售业	440489	2320491	5500	
（七）交通运输、仓储和邮政业	**324659655**	**421520810**	**3644986**	**3729419**
铁路运输业	74271501	76847154		224540
铁路旅客运输	40041500	40163115		116940
铁路货物运输	28012489	30094001		3500
铁路运输辅助活动	6217512	6590038		104100
客运火车站	1471622	1571433		3800
货运火车站	200688	328416		1800
其他铁路运输辅助活动	4545202	4690189		98500
道路运输业	209437270	244095247	428529	607854
城市公共交通运输	38525698	40527301	64072	221179
公共电汽车客运	4546715	5281629	9050	11374

续表 33

行　业	投资中			
	国有及国有控股投资	内资投资	外商投资	港澳台商投资
城市轨道交通	30154676	30265783	2207	208389
出租车客运	222385	438071	23985	1416
其他城市公共交通运输	3601922	4541818	28830	
公路旅客运输	80942894	87554565	158721	59572
道路货物运输	39197080	57688667	197679	265698
道路运输辅助活动	50771598	58324714	8057	61405
客运汽车站	1744612	2503163		12365
公路管理与养护	39352655	43354912	6057	37955
其他道路运输辅助活动	9674331	12466639	2000	11085
水上运输业	14588315	23128668	519202	697908
水上旅客运输	467806	710960	29737	
海洋旅客运输	128733	214867	28760	
内河旅客运输	216961	351728		
客运轮渡运输	122112	144365	977	
水上货物运输	2557267	5889248	5809	137454
远洋货物运输	743888	1250626	809	
沿海货物运输	1195189	2541760		128701
内河货物运输	618190	2096862	5000	8753
水上运输辅助活动	11563242	16528460	483656	560454
客运港口	349889	443511		345
货运港口	8857277	13023302	460011	547367
其他水上运输辅助活动	2356076	3061647	23645	12742
航空运输业	12351271	12923791	148773	1231647
航空客货运输	6284221	6394159	146795	1187670
航空旅客运输	6015536	6085115	110995	1187670
航空货物运输	268685	309044	35800	
通用航空服务	149220	481316		657
航空运输辅助活动	5917830	6048316	1978	43320
机场	4958958	5000284		31000
空中交通管理	13665	22365		

续表 34

行业	投资中			
	国有及国有控股投资	内资投资	外商投资	港澳台商投资
其他航空运输辅助活动	945207	1025667	1978	12320
管道运输业	2302547	3019830	84102	50812
管道运输业	2302547	3019830	84102	50812
装卸搬运和运输代理业	1186239	11504962	437530	77319
装卸搬运	351033	1620775	151501	6184
运输代理业	835206	9884187	286029	71135
货物运输代理	593058	7567024	259894	27669
旅客票务代理	7000	33350		12862
其他运输代理业	235148	2283813	26135	30604
仓储业	10135936	48752389	1992603	837839
谷物、棉花等农产品仓储	3022639	11049753	93074	23537
谷物仓储	2267531	5709540	39700	10500
棉花仓储	89084	631070		900
其他农产品仓储	666024	4709143	53374	12137
其他仓储业	7113297	37702636	1899529	814302
邮政业	386576	1248769	34247	1500
邮政基本服务	254672	363724	7400	1500
快递服务	131904	885045	26847	
（八）住宿和餐饮业	**8013274**	**59320842**	**1105171**	**1461417**
住宿业	6450828	43573422	940732	1241053
旅游饭店	5091047	33353502	870849	1097293
一般旅馆	724623	5938597	20320	81325
其他住宿业	635158	4281323	49563	62435
餐饮业	1562446	15747420	164439	220364
正餐服务	1173099	12153519	85982	192099
快餐服务	70724	825162	74897	12958
饮料及冷饮服务	109863	659495		12212
茶馆服务	50696	184252		
咖啡馆服务	7950	119945		10952
酒吧服务	41417	229122		1260

续表 35

行　业	投资中:	投资中:		
	国有及国有控股投资	内资投资	外商投资	港澳台商投资
其他饮料及冷饮服务	9800	126176		
其他餐饮业	208760	2109244	3560	3095
小吃服务	56490	381817		
餐饮配送服务	2931	226590		1800
其他未列明餐饮业	149339	1500837	3560	1295
(九) 信息传输、软件和信息技术服务业	**20416771**	**36437941**	**2524463**	**2067358**
电信、广播电视和卫星传输服务	15398746	17952845	1852812	847611
电信	14504277	16689778	1843526	847611
固定电信服务	3083483	3225332		259908
移动电信服务	10579328	12394768	1832564	587703
其他电信服务	841466	1069678	10962	
广播电视传输服务	858590	1187941	9286	
有线广播电视传输服务	715005	900041	9286	
无线广播电视传输服务	143585	287900		
卫星传输服务	35879	75126		
互联网和相关服务	1535769	3166242	222597	711153
互联网接入及相关服务	793109	1143177	21407	284130
互联网信息服务	545510	1454469	191110	388575
其他互联网服务	197150	568596	10080	38448
软件和信息技术服务业	3482256	15318854	449054	508594
软件开发	1660509	6878798	227143	271420
信息系统集成服务	362609	2273986	20082	24895
信息技术咨询服务	283077	1409885	10658	12370
数据处理和存储服务	527584	1950999	121626	93378
集成电路设计	137476	411162	14650	10985
其他信息技术服务业	511001	2394024	54895	95546
数字内容服务	70219	275347		8000
呼叫中心	34225	327332		61853
其他未列明信息技术服务业	406557	1791345	54895	25693
(十) 金融业	**6805955**	**13186384**	**106412**	**336927**

续表 36

行　业	投资中			
	国有及国有控股投资	内资投资	外商投资	港澳台商投资
货币金融服务	4138407	6830396	32979	145030
中央银行服务	311241	737171		80102
货币银行服务	3647910	5533586	32979	4157
非货币银行服务	156266	536649		60771
金融租赁服务	46070	123106		60771
财务公司	22654	47334		
典当		63069		
其他非货币银行服务	87542	303140		
银行监管服务	22990	22990		
资本市场服务	1001262	3621414	511	138060
证券市场服务	554501	670857	511	
证券市场管理服务	158640	214107		
证券经纪交易服务	387517	432167		
基金管理服务	8344	24583	511	
期货市场服务	111722	138853		27712
期货市场管理服务	111722	128718		27712
其他期货市场服务		10135		
证券期货监管服务	24268	26188		
资本投资服务	261398	2451893		
其他资本市场服务	49373	333623		110348
保险业	906646	1095349	49701	
人身保险	615746	712483	49701	
人寿保险	614726	709113	49701	
健康和意外保险	1020	3370		
财产保险	274007	322396		
养老金		3650		
保险经纪与代理服务		30789		
保险监管服务	5285	5285		
其他保险活动	11608	20746		

续表 37

行　业	投资中			
	国有及国有控股投资	内资投资	外商投资	港澳台商投资
风险和损失评估		3959		
其他未列明保险活动	11608	16787		
其他金融业	759640	1639225	23221	53837
金融信托与管理服务	319958	544397	15815	32091
控股公司服务	38930	263885		
非金融机构支付服务	324	12743		21086
金融信息服务	117960	254208		
其他未列明金融业	282468	563992	7406	660
（十一）房地产业	**279811192**	**1148089664**	**25258276**	**62234487**
房地产业	279811192	1148089664	25258276	62234487
房地产开发经营	159713968	916895870	24290140	60931009
物业管理	689021	4036039	42125	12214
房地产中介服务	73890	195304		4833
自有房地产经营活动	6539944	20577902	276544	659965
其他房地产业	112794369	206384549	649467	626466
（十二）租赁和商务服务业	**21646263**	**76812824**	**1358074**	**1364330**
租赁业	1197981	7110035	5389	20692
机械设备租赁	1127130	6946201	5389	17967
汽车租赁	21647	567037		
农业机械租赁		78747		
建筑工程机械与设备租赁	35475	1061754		6661
计算机及通信设备租赁	1000	22535		
其他机械与设备租赁	1069008	5216128	5389	11306
文化及日用品出租	70851	163834		2725
娱乐及体育设备出租	70841	120593		2725
图书出租		2866		
其他文化及日用品出租	10	40375		
商务服务业	20448282	69702789	1352685	1343638
企业管理服务	9630079	27215554	624688	667374

续表 38

行　业	投资中			
	国有及国有控股投资	内资投资	外商投资	港澳台商投资
企业总部管理	2325706	8352611	158730	271639
投资与资产管理	5887979	14675579	318894	369905
单位后勤管理服务	456268	777047	1000	11711
其他企业管理服务	960126	3410317	146064	14119
法律服务	16079	111647		
律师及相关法律服务	2225	87454		
公证服务		189		
其他法律服务	13854	24004		
咨询与调查	168925	1545587	321559	11775
会计、审计及税务服务	17600	127509		
市场调查	953	12983		
社会经济咨询	44363	466639	1800	2775
其他专业咨询	106009	938456	319759	9000
广告业	155619	2024081	3000	2187
知识产权服务	194257	264107		
人力资源服务	494449	1016556		3190
公共就业服务	235038	314183		
职业中介服务	17440	85434		3190
劳务派遣服务	4896	240660		
其他人力资源服务	237075	376279		
旅行社及相关服务	1529579	6849474	72262	139021
旅行社服务	55987	560572		6080
旅游管理服务	1367476	5775855	63754	132941
其他旅行社相关服务	106116	513047	8508	
安全保护服务	256035	526056		
安全服务	141130	233920		
安全系统监控服务	85754	194291		
其他安全保护服务	29151	97845		
其他商务服务业	8003260	30149727	331176	520091
市场管理	1868078	10894727	200340	71946

续表 39

行　业	投资中			
	国有及国有控股投资	内资投资	外商投资	港澳台商投资
会议及展览服务	3451024	6504712	52180	284408
包装服务	11633	383294		850
办公服务	433139	1687890		22301
信用服务	38973	64051		
担保服务	199506	289912		2680
其他未列明商务服务业	2000907	10325141	78656	137906
(十三) 科学研究和技术服务业	**14857944**	**40919231**	**995444**	**276285**
研究和试验发展	5619197	12666401	569111	134399
自然科学研究和试验发展	726084	1386729		4020
工程和技术研究和试验发展	3837372	8030457	466750	103539
农业科学研究和试验发展	518367	1872820	46018	2775
医学研究和试验发展	397906	1142966	56343	24065
社会人文科学研究	139468	233429		
专业技术服务业	6021096	15324946	270714	66639
气象服务	357160	425502		
地震服务	113991	127085		
海洋服务	174581	329946	11865	1814
测绘服务	146723	272396	2992	
质检技术服务	615408	2558873	34152	7532
环境与生态监测	247928	676472		
环境保护监测	210782	600809		
生态监测	37146	75663		
地质勘查	1220070	2198525		2600
能源矿产地质勘查	511508	737743		
固体矿产地质勘查	319934	938322		
水、二氧化碳等矿产地质勘查	6206	24086		
基础地质勘查	162922	238053		
地质勘查技术服务	219500	260321		2600
工程技术	2275374	4864372	51354	
工程管理服务	928725	1546525	36415	

续表 40

行　业	投资中			
	国有及国有控股投资	内资投资	外商投资	港澳台商投资
工程勘察设计	530885	1317365	14939	
规划管理	815764	2000482		
其他专业技术服务业	869861	3871775	170351	54693
专业化设计服务	299082	1145416	75846	54693
摄影扩印服务	6452	198536		
兽医服务	27766	48817		
其他未列明专业技术服务业	536561	2479006	94505	
科技推广和应用服务业	3217651	12927884	155619	75247
技术推广服务	1512137	8487203	56770	74625
农业技术推广服务	734059	3262779	1450	5250
生物技术推广服务	119358	1005886	3284	9132
新材料技术推广服务	174985	1102757	21520	
节能技术推广服务	179190	1635981		3400
其他技术推广服务	304545	1479800	30516	56843
科技中介服务	929775	1802968	85142	622
其他科技推广和应用服务业	775739	2637713	13707	
（十四）水利、环境和公共设施管理业	**347557989**	**460309012**	**819966**	**1115307**
水利管理业	51987563	59697055	127760	76465
防洪除涝设施管理	26354388	30352601	23460	54445
水资源管理	7092549	8115768		
天然水收集与分配	9662383	10568002	3500	832
水文服务	183697	219208		
其他水利管理业	8694546	10441476	100800	21188
生态保护和环境治理业	10632537	17907393	61978	107739
生态保护	2979916	4796469		800
自然保护区管理	1324420	1742742		
野生动物保护	176031	657182		
野生植物保护	167875	272287		
其他自然保护	1311590	2124258		800
环境治理业	7652621	13110924	61978	106939

续表41

行　业	投资中			
	国有及国有控股投资	内资投资	外商投资	港澳台商投资
水污染治理	4958479	7059029	7131	35457
大气污染治理	326109	1103187	1500	52792
固体废物治理	897589	2071440	5590	10696
危险废物治理	123770	324177	3342	21
放射性废物治理		21848		
其他污染治理	1346674	2531243	44415	7973
公共设施管理业	284937889	382704564	630228	931103
市政设施管理	229365688	277681625	278177	224044
环境卫生管理	4121535	6534591	20951	5027
城乡市容管理	9974347	15747401	4700	27435
绿化管理	13845808	17554929	12500	34790
公园和游览景区管理	27630511	65186018	313900	639807
公园管理	11544931	18492321	12413	185194
游览景区管理	16085580	46693697	301487	454613
(十五)居民服务、修理和其他服务业	**5864771**	**22608417**	**54701**	**92742**
居民服务业	4545755	13441078	38999	57495
家庭服务	326457	538528		
托儿所服务	127030	362668		
洗染服务	4365	93578		
理发及美容服务	10334	217498	5853	
洗浴服务	153167	1542392	4872	6080
保健服务	105871	363975		
婚姻服务	8902	137774		2500
殡葬服务	704654	1594559	490	48915
其他居民服务业	3104975	8590106	27784	
机动车、电子产品和日用产品修理业	378062	5051781	11250	6712
汽车、摩托车修理与维护	142428	4454109	11250	86
汽车修理与维护	141408	4430300	11250	86
摩托车修理与维护	1020	23809		
计算机和办公设备维修	232434	420474		6626

续表 42

行业	投资中			
	国有及国有控股投资	内资投资	外商投资	港澳台商投资
计算机和辅助设备修理	86873	156495		
通信设备修理	105005	122501		6626
其他办公设备维修	40556	141478		
家用电器修理		66688		
家用电子产品修理		36054		
日用电器修理		30634		
其他日用产品修理业	3200	110510		
自行车修理		3283		
鞋和皮革修理		6622		
家具和相关物品修理		16878		
其他未列明日用产品修理业	3200	83727		
其他服务业	940954	4115558	4452	28535
清洁服务	12045	409338	4452	3420
建筑物清洁服务	2800	90432		
其他清洁服务	9245	318906	4452	3420
其他未列明服务业	928909	3706220		25115
（十六）教育	**48375892**	**66480385**	**224920**	**350919**
教育	48375892	66480385	224920	350919
学前教育	2905381	4939103	10128	10086
初等教育	10016151	12601278	12126	84981
普通小学教育	9855786	12417859	12126	84981
成人小学教育	160365	183419		
中等教育	18620444	23256714	24920	18818
普通初中教育	8981880	11289404		13938
职业初中教育	433803	522475		1094
成人初中教育	113205	132365		
普通高中教育	5479972	6621308	22120	3786
成人高中教育	85177	105471		
中等职业学校教育	3526407	4585691	2800	
高等教育	12333268	16272616	94405	206407

续表43

行业	投资中			
	国有及国有控股投资	内资投资	外商投资	港澳台商投资
普通高等教育	11279595	14998112	94405	130238
成人高等教育	1053673	1274504		76169
特殊教育	257941	402083		
技能培训、教育辅助及其他教育	4242707	9008591	83341	30627
职业技能培训	2221587	5710154	64955	17633
体校及体育培训	207619	379895		
文化艺术培训	107927	448516		
教育辅助服务	363223	531623		3894
其他未列明教育	1342351	1938403	18386	9100
（十七）卫生和社会工作	**26448001**	**39721390**	**40345**	**148655**
卫生	22930506	31816217	39092	127816
医院	18843726	25903675	33952	117635
综合医院	14456168	18770407	22100	117635
中医医院	1881038	2238041		
中西医结合医院	443888	688855		
民族医院	71498	79119		
专科医院	1611953	3197474	11852	
疗养院	379181	929779		
社区医疗与卫生院	2314546	3319947	1990	5891
社区卫生服务中心（站）	491801	875282	1990	
街道卫生院	178610	279736		
乡镇卫生院	1644135	2164929		5891
门诊部（所）	79587	269652	3150	
计划生育技术服务活动中心	144839	234922		
妇幼保健院（所、站）	738813	920917		
专科疾病防治院（所、站）	77427	131529		
疾病预防控制中心	323459	357672		
其他卫生活动	408109	677903		4290
社会工作	3517495	7905173	1253	20839
提供住宿社会工作	3138526	7255958	453	20839

续表 44

行　业	投资中			
	国有及国有控股投资	内资投资	外商投资	港澳台商投资
干部休养所	107942	162376		
护理机构服务	310725	843151		
精神康复服务	65068	81956		
老年人、残疾人养护服务	2110143	5500254	453	20839
孤残儿童收养和庇护服务	123528	144369		
其他提供住宿社会救助	421120	523852		
不提供住宿社会工作	378969	649215	800	
社会看护与帮助服务	225752	354420	800	
其他不提供住宿社会工作	153217	294795		
（十八）文化、体育和娱乐业	**26478483**	**60107437**	**1066524**	**566646**
新闻和出版业	747594	1023548		
新闻业	241441	282964		
出版业	506153	740584		
图书出版	180894	251622		
报纸出版	267170	321060		
期刊出版	12243	20975		
音像制品出版		11873		
电子出版物出版	41166	47637		
其他出版业	4680	87417		
广播、电视、电影和影视录音制作业	2174024	5610636	9000	30684
广播	204181	222907		
电视	952977	1070232		
电影和影视节目制作	734793	2570920	4500	7355
电影和影视节目发行	49676	402401		
电影放映	226426	1308392	4500	23329
录音制作	5971	35784		
文化艺术业	13609966	26908068	21560	123012
文艺创作与表演	366702	1093029		
艺术表演场馆	1272096	2374518		1550
图书馆与档案馆	1063443	1326360		

续表45

行业	投资中			
	国有及国有控股投资	内资投资	外商投资	港澳台商投资
图书馆	694078	931374		
档案馆	369365	394986		
文物及非物质文化遗产保护	3755823	5837966		17198
博物馆	2115516	3645002	3000	22450
烈士陵园、纪念馆	553701	722066		
群众文化活动	2880990	5973295	9120	2600
其他文化艺术业	1601695	5935832	9440	79214
体育	5893999	10258439	61834	95886
体育组织	62153	171030		10058
体育场馆	3627161	4903090	20000	3977
休闲健身活动	1910998	4601974	41834	81851
其他体育	293687	582345		
娱乐业	4052900	16306746	974130	317064
室内娱乐活动	450214	3052763	2753	27578
歌舞厅娱乐活动	203519	1311678	2253	550
电子游艺厅娱乐活动		66017		8315
网吧活动		275766		
其他室内娱乐活动	246695	1399302	500	18713
游乐园	2411252	7133222	906409	133168
彩票活动	24182	45356		
文化、娱乐、体育经纪代理	9340	107756		
文化娱乐经纪人	9340	35443		
体育经纪人		2500		
其他文化艺术经纪代理		69813		
其他娱乐业	1157912	5967649	64968	156318
（十九）公共管理、社会保障和社会组织	**54054539**	**71885203**	**27510**	**72912**
中国共产党机关	240114	267130		
中国共产党机关	240114	267130		
国家机构	47003407	52423730	11660	33816
国家权力机构	439541	760577		

续表 46

行 业	投资中			
	国有及国有控股投资	内资投资	外商投资	港澳台商投资
国家行政机构	44357919	49261538	11560	33816
综合事务管理机构	13644618	15993752	10660	24800
对外事务管理机构	153593	174988		
公共安全管理机构	13052297	13328411	500	
社会事务管理机构	7384210	8444738		2947
经济事务管理机构	8744861	9861033	400	6069
行政监督检查机构	1378340	1458616		
人民法院和人民检察院	1032667	1080888	100	
人民法院	692479	724900	100	
人民检察院	340188	355988		
其他国家机构	1173280	1320727		
人民政协、民主党派	60121	129280		
人民政协	48615	50815		
民主党派	11506	78465		
社会保障	1412367	2511988		3000
社会保障	1412367	2511988		3000
群众团体、社会团体和其他成员组织	2897844	5608362	6510	16940
群众团体	132894	183100		
工会	50242	63475		
妇联	17265	17265		
共青团	9387	9387		
其他群众团体	56000	92973		
社会团体	2233356	3043923	3000	6600
专业性团体	1748617	2126959		
行业性团体	318136	656220	3000	6600
其他社会团体	166603	260744		
基金会	6460	7660		
宗教组织	525134	2373679	3510	10340
基层群众自治组织	2440686	10944713	9340	19156
社区自治组织	1118957	3785833	6000	4970
村民自治组织	1321729	7158880	3340	14186

各地区按三次产业分的固定资产投资（不含农户）

单位：万元

地区	合计	第一产业	第二产业	第三产业
全国总计	**5012648747**	**118029568**	**2074585084**	**2820034095**
北京	68734408	1354828	6681823	60697757
天津	104903656	1697483	35875551	67330622
河北	261471985	10404858	130443932	120623195
山西	120354560	8872300	50030104	61452156
内蒙古	174378467	7925349	89173193	77279925
辽宁	244268339	4763506	103500591	136004242
吉林	111079410	3300171	62860204	44919035
黑龙江	95378774	4758545	37921285	52698944
上海	60129660	62383	11563735	48503542
江苏	415527517	2069701	202984532	210473284
浙江	235547626	1854000	79109805	154583821
安徽	212562939	4573837	93884107	114104995
福建	178697550	3827861	64576274	110293415
江西	146463081	3159883	79717994	63585204
山东	415991323	7053356	212842591	196095376
河南	300122847	11172963	153664789	135285095
湖北	224416718	4500097	100858352	119058269
湖南	205485509	6010439	87304575	112170495
广东	258430570	2757025	84256027	171417518
广西	132876090	4242218	56292811	72341061
海南	30394555	240873	4413769	25739913
重庆	121408336	3227095	38687463	79493778
四川	226621264	4261702	69554454	152805108
贵州	87784029	49753	18690350	69043926
云南	110738123	3086297	27881629	79770197
西藏	10692315	277466	3465395	6949454
陕西	168402739	6723708	52295136	109383895
甘肃	77596316	2995343	34972378	39628595
青海	27889116	638687	12461712	14788717
宁夏	30939191	985326	14096621	15857244
新疆	90677912	1182515	45688861	43806536
不分地区	62683822		8835041	53848781

各地区按项目规模分的固定资产投资（不含农户）（一）

单位：万元

地　区	500 万～3000 万元	3000 万～5000 万元	5000 万～8000 万元
全国总计	**289896019**	**375881725**	**383527571**
北　京	865773	795811	1232499
天　津	2799756	6463212	6236096
河　北	4845896	7501485	17426785
山　西	6187816	5065410	7674833
内蒙古	6736393	12700024	17564002
辽　宁	2561975	29450443	7944063
吉　林	7029573	12807148	12216143
黑龙江	5115515	16147641	6777456
上　海	1347209	804330	1630513
江　苏	33521892	24985583	32754690
浙　江	26597313	14998388	15553366
安　徽	20736966	32988770	15371557
福　建	13108355	18074798	18083068
江　西	15665447	10249310	10376500
山　东	8319639	21840124	47609668
河　南	4072568	7974357	13001687
湖　北	9470892	6970139	13842248
湖　南	8840722	38704473	34087883
广　东	17854544	18305568	23101188
广　西	26197772	19938749	18553547
海　南	663724	469957	650291
重　庆	2162404	28614231	2372606
四　川	18252557	12956800	22361345
云　南	12173102	6616629	7488707
西　藏	1579598	593110	777462
陕　西	11362176	7352678	13616232
甘　肃	7026190	6516919	8221987
青　海	2381746	1390668	1543775
宁　夏	3569119	725309	927052
新　疆	8849387	3879661	4530322

注：本表不含房地产开发投资。

各地区按项目规模分的固定资产投资（不含农户）（二）

单位：亿元

地　区	0.8 亿~1 亿元	1 亿~5 亿元	5 亿~10 亿元	10 亿元及以上
全国总计	**514960223**	**1098975309**	**521407529**	**877644227**
北　京	820107	6915362	5862073	15089442
天　津	13664075	27214122	11138868	20391031
河　北	28685627	54794239	33958017	73662742
山　西	10494370	37827543	8864756	30204283
内蒙古	41415147	27108318	6911207	48234573
辽　宁	11915020	57158518	42613553	39611716
吉　林	26975724	22617948	9898638	9232951
黑龙江	9301887	22873018	9558903	12363479
上　海	1879963	6685559	5320985	10396328
江　苏	55447008	103882445	27864243	54669490
浙　江	13317540	45552142	17004323	29900725
安　徽	14469096	39300710	22541972	23764265
福　建	21549665	21510363	16060382	24636891
江　西	20233896	31173739	25478757	20060523
山　东	70522586	124162137	34479629	50878002
河　南	14231747	108188984	61568977	47327384
湖　北	10991597	77416227	33892873	31994842
湖　南	40452964	29756117	11753210	13054478
广　东	24087292	45384989	8913595	44398864
广　西	16724523	13535629	7705256	11835672
海　南	568290	3062875	2251407	8411496
重　庆	1731099	19183295	14228576	16813794
四　川	18008395	50379503	31532921	29328824
贵　州	2871000	17764964	14248835	31022532
云　南	5867539	19088441	8777646	22259518
西　藏	702410	2695067	2665722	1149859
陕　西	23440048	30400411	23991696	33974584
甘　肃	8268196	23909061	4388807	12050439
青　海	1349482	4850233	2586987	10703523
宁　夏	585431	7646478	3327615	7610192
新　疆	4388499	16845185	12001627	30035123
不分地区		91687	15473	62576662

注：本表不含房地产开发投资。

各地区按构成分的固定资产投资（不含农户）

单位：万元

地　　区	投资额	建筑安装工程	设备工器具购置	其他费用
全国总计	**5012648747**	**3411549079**	**993875070**	**607224598**
北　　京	68734408	33689412	7072903	27972093
天　　津	104903656	70183682	18321450	16398524
河　　北	261471985	172758870	57898915	30814200
山　　西	120354560	85744759	22491166	12118635
内 蒙 古	174378467	116944427	46722261	10711779
辽　　宁	244268339	175970085	49863997	18434257
吉　　林	111079410	66242163	36463492	8373755
黑 龙 江	95378774	71590165	17970392	5818217
上　　海	60129660	37097954	6248256	16783450
江　　苏	415527517	246861831	123275681	45390005
浙　　江	235547626	137092761	40388794	58066071
安　　徽	212562939	149999826	45328524	17234589
福　　建	178697550	123868895	26367359	28461296
江　　西	146463081	104702660	26369294	15391127
山　　东	415991323	271684062	106374129	37933132
河　　南	300122847	189559591	79948911	30614345
湖　　北	224416718	163783793	37214187	23418738
湖　　南	205485509	143540087	32734011	29211411
广　　东	258430570	173870766	42568681	41991123
广　　西	132876090	88667144	31159731	13049215
海　　南	30394555	22254314	2758398	5381843
重　　庆	121408336	87486083	12619425	21302828
四　　川	226621264	173780862	25483376	27357026
贵　　州	87784029	71441542	4361706	11980781
云　　南	110738123	85179631	9597401	15961091
西　　藏	10692315	9599742	697600	394973
陕　　西	168402739	130430228	24596596	13375915
甘　　肃	77596316	62664528	10275004	4656784
青　　海	27889116	21873032	4423890	1592194
宁　　夏	30939191	22341716	6747423	1850052
新　　疆	90677912	66625663	18627664	5424585
不分地区	62683822	34018805	18904453	9760564

各地区按隶属关系分的固定资产投资（不含农户）

单位：万元

地　区	合　计	中央项目	地方项目				
				省　属	地市属	县　属	其　他
全国总计	**5012648747**	**264486326**	**4748162421**	**238291562**	**457859342**	**850307738**	**3201703779**
北　京	68734408	7358201	61376207	17765853	14154409	364827	29091118
天　津	104903656	6880473	98023183	11958114	23669155	6674994	55720920
河　北	261471985	8330629	253141356	8875828	16318071	38300182	189647275
山　西	120354560	6232607	114121953	14897092	9765611	25831923	63627327
内蒙古	174378467	9649446	164729021	8965167	20959121	65388534	69416199
辽　宁	244268339	7408769	236859570	4044097	23318944	27299924	182196605
吉　林	111079410	7525655	103553755	2525208	7389168	19481806	74157573
黑龙江	95378774	7637433	87741341	4378930	9133063	23981531	50247817
上　海	60129660	5148714	54980946	11279604	9319822	854258	33527262
江　苏	415527517	8197007	407330510	4611701	28372935	34605354	339740520
浙　江	235547626	3515007	232032619	3890039	18447421	35670088	174025071
安　徽	212562939	3897919	208665020	7566915	23969665	29017445	148110995
福　建	178697550	5470936	173226614	10171676	17100061	30477398	115477479
江　西	146463081	2092171	144370910	3862542	8345705	29409139	102753524
山　东	415991323	11877749	404113574	6279689	20425630	42254300	335153955
河　南	300122847	2088867	298033980	4635541	19150648	44880934	229366857
湖　北	224416718	5377569	219039149	4097465	18679903	28143692	168118089
湖　南	205485509	3698167	201787342	7937954	15437923	46309796	132101669
广　东	258430570	14211864	244218706	12083030	35808603	30428231	165898842
广　西	132876090	3426017	129450073	6245889	13072947	20945457	89185780
海　南	30394555	765502	29629053	5925895	5737362	5637450	12328346
重　庆	121408336	6787336	114621000	12360481	16389768	15440353	70430398
四　川	226621264	12441573	214179691	8208821	20687791	65066637	120216442
贵　州	87784029	4321841	83462188	10632490	10656909	24523204	37649585
云　南	110738123	9648946	101089177	8441287	8134710	33971292	50541888
西　藏	10692315	3053358	7638957	776283	1574410	2411854	2876410
陕　西	168402739	5471247	162931492	13959417	23710024	52901488	72360563
甘　肃	77596316	3609239	73987077	6485368	6638051	29137570	31726088
青　海	27889116	2135476	25753640	4749366	3058769	9085120	8860385
宁　夏	30939191	3362680	27576511	3731778	2245629	4475208	17123896
新　疆	90677912	20180106	70497806	6948042	6187114	27337749	30024901
不分地区	62683822	62683822					

各地区按建设性质分的固定资产投资（不含农户）

单位：万元

地　区	新　建	扩　建	改建和技术改造	单纯建造生活设施	迁　建	恢　复	单纯购置
全国总计	**3507827716**	**603913430**	**710614376**	**25982773**	**34981563**	**5505397**	**123823492**
北　京	55574637	5085400	3535609	1278006	231338	55808	2973610
天　津	77614837	10239505	8298471	129388	326521	27304	8267630
河　北	159217623	43638977	46105041	1595662	8249673	157358	2507651
山　西	84558700	17415761	10912238	6055143	561153	154020	697545
内蒙古	130470362	17003720	22723971	413568	294762	182734	3289350
辽　宁	203809827	21444450	12186841	131239	132742	159662	6403578
吉　林	51335175	18332659	34828660	98755	2102416	109337	4272408
黑龙江	59507518	11750340	18051798	532645	232246	140728	5163499
上　海	51197779	3036337	3359346	18033	315398		2202767
江　苏	261302988	82987755	52418993	1348634	2618382	114222	14736543
浙　江	155020379	41311210	28359314	713914	4272333	107382	5763094
安　徽	148544388	29770956	29453516	412322	782503	204353	3394901
福　建	114112779	35103646	22054258	255225	1577503	113788	5480351
江　西	106312144	13255795	22865337	925935	376522	6442	2720906
山　东	204816131	76115904	120696907	3631811	3959488	278195	6492887
河　南	262182924	20324916	13082811	634211	745857	180234	2971894
湖　北	168010548	18458110	33645869	270638	1139639	439243	2452671
湖　南	114621883	17617533	71960452	259330	509849	259546	256916
广　东	196857112	27015127	23961467	447525	704738	222832	9221769
广　西	77166300	14421923	36544815	108567	429374	114705	4090406
海　南	27984257	747655	433942	171768	2365	7800	1046768
重　庆	102130320	8045160	9376044	240501	951804	138517	525990
四　川	163190763	14487735	43308243	962377	1619062	483526	2569558
贵　州	79503297	4506488	3401138	103053	237691	20362	12000
云　南	80123808	16273503	10272175	379426	985327	199899	2503985
西　藏	8815607	396641	801192	258344	21283	167181	232067
陕　西	139181797	9258325	9979882	1348639	1051379	189785	7392932
甘　肃	69642536	4025651	2822987	546820	150292	225045	182985
青　海	22158115	1916971	2124131	99014	68472	980240	542173
宁　夏	26427761	1945966	2425123	5018	46332	5785	83206
新　疆	63449751	16048105	7493847	2607262	285119	59364	734464
不分地区	42985670	1931206	3129958				14636988

各地区固定资产投资（不含农户）旧设备、旧建筑物及建设用地购置情况

单位：万元

地　区	购置旧设备	购置用于更新的设备	旧建筑物购置费	建设用地费
全国总计	**5857271**	**156005913**	**13212897**	**324743772**
北　京	5342	982313	80451	16945430
天　津	74333	2532298	612227	4856928
河　北	625129	12116650	905905	14491951
山　西	97159	3077908	435036	4079566
内蒙古	157352	5231218	430246	3946875
辽　宁	228061	6423921	484310	12536282
吉　林	148861	10005081	208530	3666025
黑龙江	425759	5668431	112710	2890928
上　海	45800	963034	21452	12200323
江　苏	293384	18176557	811163	29486705
浙　江	87039	5398505	213391	40215680
安　徽	191611	6980199	381388	11682811
福　建	134256	3564404	398950	19650963
江　西	551865	4909835	802877	6922315
山　东	476450	15294252	875529	17369709
河　南	126561	350722	882057	12051382
湖　北	186069	7375559	665493	12634087
湖　南	288091	9152629	1032560	8667857
广　东	482905	9243354	604073	25747292
广　西	286504	6751257	229189	6767722
海　南	4938	136591	144185	2617687
重　庆	148749	2234462	222573	13204423
四　川	537176	7828222	886267	17505855
贵　州	11977	842408	476334	4917604
云　南	30360	3319458	387338	8560717
西　藏		194413	2206	193307
陕　西	109177	4126544	546988	5842219
甘　肃	29380	800325	95570	2250877
青　海	6409	612084	68552	577106
宁　夏	3772	902489	44799	668786
新　疆	62412	810790	150548	1594360
不分地区	390			

各地区按行业大类分的固定资产投资（不含农户）（一）

单位：万元

地 区	合 计	（一）农、林、牧、渔业	农 业	林 业	畜牧业
全国总计	**5012648747**	**145740074**	**53887303**	**15923948**	**40550369**
北 京	68734408	1425187	168037	1166516	19875
天 津	104903656	2117007	747479	393640	401308
河 北	261471985	11209457	4805936	818240	4430381
山 西	120354560	9387587	3437366	1421087	3927726
内蒙古	174378467	10431240	2649017	1473458	3762687
辽 宁	244268339	5724310	2121434	229048	1444768
吉 林	111079410	4319898	848746	190395	2203595
黑龙江	95378774	6829137	2525889	105391	2039644
上 海	60129660	117674	37546	4786	15061
江 苏	415527517	2534375	1121292	128684	494861
浙 江	235547626	2635101	1146703	147193	153231
安 徽	212562939	5419864	2292611	799797	1095629
福 建	178697550	4422105	1873143	439555	505996
江 西	146463081	3512762	1680644	542177	772510
山 东	415991323	8935434	3312969	956970	1913574
河 南	300122847	12648002	5399888	716312	4765605
湖 北	224416718	5634363	1859245	621766	1610275
湖 南	205485509	7306772	3240147	1146976	1304693
广 东	258430570	3400461	1221184	408071	614077
广 西	132876090	5202131	1295101	1052996	1337898
海 南	30394555	426562	136871	59878	36784
重 庆	121408336	3930204	2142012	436658	476372
四 川	226621264	5430744	2272275	269332	1538595
贵 州	87784029	990851	28143		21610
云 南	110738123	4405493	1797217	367131	880201
西 藏	10692315	481902	137171	68724	70851
陕 西	168402739	8281937	3573278	1069266	1907832
甘 肃	77596316	4090857	1103313	385589	1437583
青 海	27889116	1219842	240753	132974	260334
宁 夏	30939191	1131679	276515	218435	475084
新 疆	90677912	2137136	395378	152903	631729
不分地区	62683822				

各地区按行业大类分的固定资产投资（不含农户）（二）

单位：万元

地　区	渔业	农、林、牧、渔业	（二）采矿业	煤炭开采和洗选业	石油和天然气开采业	黑色金属矿采选业
全国总计	**7667948**	**27710506**	**145371501**	**46844669**	**39478658**	**16612844**
北　京	400	70359	71843	12854	6106	52883
天　津	155056	419524	3149111		3038182	15400
河　北	350301	804599	6598438	1271253	406972	3331877
山　西	86121	515287	14148170	10780765	1406378	726968
内蒙古	40187	2505891	17019889	8637676	1590590	2747303
辽　宁	968256	960804	6173831	499534	959786	2509606
吉　林	57435	1019727	5055016	400879	2537289	469063
黑龙江	87621	2070592	5084197	1010686	3069750	168497
上　海	4990	55291	825			
江　苏	324864	464674	1064683	156658	358920	124583
浙　江	406873	781101	451014	5521		6216
安　徽	385800	846027	3191980	1263441	34040	608348
福　建	1009167	594244	2469224	750312	118942	299885
江　西	164552	352879	2893892	477327		396298
山　东	869843	1882078	6466788	774220	2988738	717070
河　南	291158	1475039	5739630	1455025	421310	162638
湖　北	408811	1134266	3200082	397403	8194	491412
湖　南	318623	1296333	6262265	2525305		481711
广　东	513693	643436	2487482	6000	1355215	98792
广　西	556223	959913	3357847	127219	22428	516665
海　南	7340	185689	254858	22884	57247	38919
重　庆	172053	703109	2826149	810558	1150127	137960
四　川	181500	1169042	4231235	1745484	143470	886221
贵　州		941098	2360641	1745307		30608
云　南	41748	1319196	3832298	1672042		392726
西　藏	720	204436	524065	290		5500
陕　西	173332	1558229	10886555	4621052	3942700	248550
甘　肃	68858	1095514	4035190	1170788	1211956	176640
青　海	4626	581155	1669735	411736	598461	174750
宁　夏	15292	146353	1673948	1553729	45207	1500
新　疆	2505	954621	10240408	2538721	6056438	594255
不分地区			7950212		7950212	

各地区按行业大类分的固定资产投资（不含农户）（三）

单位：万元

地　　区	有色金属矿采选业	非金属矿采选业	开采辅助活动	其他采矿业	（三）制造业	农副食品加工业
全国总计	**16257757**	**20490920**	**5083014**	**603639**	**1668977425**	**99940222**
北　京					3033640	43211
天　津	3800	13740	67530	10459	28377437	1001186
河　北	433429	1042707	112200		114201621	5924042
山　西	318790	365690	533619	15960	26779952	2083205
内蒙古	2320806	1155801	560213	7500	52493512	3824044
辽　宁	632258	1341176	184926	46545	88663513	6994957
吉　林	715568	791736	134181	6300	51028452	5675196
黑龙江	131428	360022	338214	5600	26109244	7041139
上　海			825		9783957	102671
江　苏	153267	242503	21622	7130	191343021	4636501
浙　江	28318	391970	4489	14500	68214796	1225926
安　徽	458440	769403	31987	26321	83729190	4374389
福　建	359286	892163	29090	19546	51058245	3436025
江　西	455112	1461342	60402	43411	72300500	3576653
山　东	597266	1246963	118017	24514	186699200	11088697
河　南	2700145	860233	140279		141066865	9315204
湖　北	312281	1848132	78811	63849	91462573	7382705
湖　南	1314486	1773594	103700	63469	71573179	5634170
广　东	171849	726466	94660	34500	70568866	1934802
广　西	881570	1640153	58522	111290	46199957	3105621
海　南	58155	30051	47602		1665105	79367
重　庆	27800	350306	349398		32149703	1332891
四　川	323398	1078828	26151	27683	49898317	3067959
贵　州	156899	357968	59101	10758	12156769	607533
云　南	1242210	525320			15371185	1341878
西　藏	499800	11426	585	6464	620558	35408
陕　西	703607	469813	885493	15340	33792001	1779553
甘　肃	709590	404160	320456	41600	13567576	1689076
青　海	82143	120765	281880		6998845	262062
宁　夏	8000	49681	15831		7891536	307972
新　疆	458056	168808	423230	900	20178110	1036179
不分地区						

各地区按行业大类分的固定资产投资（不含农户）（四）

单位：万元

地　区	食品制造业	酒、饮料和精制茶制造业	烟草制品业	纺织业	纺织服装、服饰业	皮革、毛皮、羽毛及其制品和制鞋业
全国总计	**44471126**	**39193291**	**2839625**	**53188470**	**37110802**	**19672451**
北　京	107788	47104	17166	3014	35182	
天　津	852482	199608	598	300970	330346	40995
河　北	2374019	2265853	76770	4246289	1265445	2305618
山　西	783626	671250	6324	190678	49176	5963
内蒙古	1281141	724257	31701	353442	290791	108941
辽　宁	1977709	1559516	46478	938798	1392260	419235
吉　林	2028400	2167365	72262	333841	548459	89819
黑龙江	1033609	1426823	52384	160500	54718	448693
上　海	152214	46310	82102	27723	45536	18037
江　苏	2300371	1454898	242702	9758757	4559783	1129862
浙　江	666901	425798	202925	5922177	1676997	1098196
安　徽	1882310	1540050	271122	1861593	2923267	844114
福　建	1765566	2660325	46992	2855255	2009462	1813084
江　西	1888473	1314115	43450	2186264	3527139	1883165
山　东	4322513	2372500	112388	6598991	3655086	1440123
河　南	6491323	4021480	135870	4970701	5498813	3044552
湖　北	3070093	2857067	285575	3972889	2431286	733428
湖　南	2837259	1755615	305921	1199375	1114836	1232677
广　东	2278798	1262319	85220	2563801	3129325	1286199
广　西	1276380	1455092	69740	933495	710159	690700
海　南	24671	43251	39801	10683		
重　庆	512317	284716	54002	390035	485948	144120
四　川	1527407	3375419	80612	1098627	600382	641845
贵　州	53664	1816991	26361	128030	196627	93815
云　南	464924	1207926	268371	21965	14257	52451
西　藏	59351	110367		11030		2726
陕　西	1046568	1131235	98931	431392	214696	44182
甘　肃	477157	365468	77461	149995	78021	25980
青　海	182958	83435		81800	46320	
宁　夏	310441	206136	3315	754230	76158	24845
新　疆	440693	341002	3081	732130	150327	9086
不分地区						

各地区按行业大类分的固定资产投资（不含农户）（五）

单位：万元

地　　区	木材加工和木、竹、藤、棕、草制品业	家具制造业	造纸和纸制品业	印刷和记录媒介复制业	文教、工美、体育和娱乐用品制造业	石油加工、炼焦和核燃料加工业
全国总计	**34508151**	**24489456**	**28018951**	**16064725**	**17947138**	**32084923**
北　京		34592	22661	46421	28230	41824
天　津	160250	668016	434572	114283	324906	409741
河　北	1905690	2165188	1886657	808567	1290536	2501334
山　西	353772	99807	246962	94270	102383	1702167
内蒙古	330767	219138	478965	163650	79707	2282898
辽　宁	1981779	1228331	989503	555197	576072	1792298
吉　林	2094086	578856	743274	467513	300984	299991
黑龙江	1758140	413877	424613	314775	117831	321053
上　海	28484	29929	25594	83064	41297	71339
江　苏	2789861	1835194	2390763	1428197	2011007	1345041
浙　江	642192	1157477	1833921	681196	1366750	757904
安　徽	1943010	1341410	1324048	1442663	937595	307923
福　建	2524800	1074881	1567151	366117	1304319	849691
江　西	1375106	1129983	1367220	911318	899018	417545
山　东	3156390	1870760	3107014	2015372	2483061	5292864
河　南	2030332	2963698	2231421	1054425	966374	591590
湖　北	1324961	1332576	1832846	1272521	828388	548421
湖　南	1897348	1156479	1192964	1029351	633532	224280
广　东	1212740	1876204	1616554	1180408	1945959	2181971
广　西	4827847	994598	1150665	565284	655659	492435
海　南	11624	1050	148502	645		384016
重　庆	441903	543453	427436	266912	131009	1477522
四　川	799346	1083161	1223089	705806	159543	468752
贵　州	154412	46100	105509	7068	55310	137537
云　南	330895	135477	305002	95556	154853	978232
西　藏	3340	5120		1960	33251	11500
陕　西	139663	339398	616029	258115	119616	1845765
甘　肃	164195	56771	141441	59904	118804	612762
青　海	9900	76670		5900	210855	47850
宁　夏	6914	8320	42981	23740	53065	248248
新　疆	108404	22942	141594	44527	17224	3440429

各地区按行业大类分的固定资产投资（不含农户）（六）

单位：万元

地　区	化学原料和化学制品制造业	医药制造业	化学纤维制造业	橡胶和塑料制品业	非金属矿物制品业	黑色金属冶炼和压延加工业
全国总计	**145163932**	**51919326**	**10992030**	**59323026**	**157855683**	**47813035**
北　京	177426	438114	110	31885	48328	5281
天　津	665238	570220	24100	1640070	1341987	942166
河　北	7701784	3134949	578527	5553568	11700761	7591235
山　西	4262132	760721	12928	602938	4247588	1053329
内蒙古	10393439	1399421	720848	1279354	4489886	3402540
辽　宁	7461003	1643066	231971	2908654	9631584	3530818
吉　林	3454582	3501230	67557	1313832	5608672	724951
黑龙江	1266992	764852	57315	763855	2089271	224624
上　海	1372845	501713	11762	186057	82921	562009
江　苏	18082461	4815672	2746327	6038476	10292770	4944828
浙　江	5200661	1924492	1666397	3316253	2945545	1223991
安　徽	3958357	2069620	170521	4375167	8234016	1844076
福　建	2741101	693305	1861006	1906060	4759440	1730350
江　西	5820821	2525795	399093	2017202	8167788	976444
山　东	25365313	6194915	611015	8696348	14991336	3464932
河　南	10083643	5064845	744465	4191950	15504028	2305692
湖　北	6071169	3550073	218703	2628282	9005965	2054768
湖　南	5226264	2019185	94470	1644924	9695381	1427374
广　东	3821795	1349360	99464	3882550	6945705	1987095
广　西	2386040	1370255	64921	1168626	7683698	1751841
海　南	121567	142759		34202	87745	3500
重　庆	1139959	783565	128435	959235	2153343	323057
四　川	3756642	2688616	316194	1499875	5356409	1998698
贵　州	788766	711365		168809	2213199	455870
云　南	936785	636372	5900	351161	1959233	506849
西　藏	34209	45981		8786	106283	6450
陕　西	3578419	1077351	56350	673118	2837334	732067
甘　肃	1181897	894123	20435	511511	2171017	231848
青　海	1271025	190215		82352	691388	400255
宁　夏	2806522	95302	5895	248356	611563	480004
新　疆	4035075	361874	77321	639570	2201499	926093

各地区按行业大类分的固定资产投资（不含农户）（七）

单位：万元

地　　区	有色金属冶炼和压延加工业	金属制品业	通用设备制造业	专用设备制造业	汽车制造业	铁路、船舶、航空航天和其他运输设备制造业
全国总计	**58137975**	**86311585**	**121431909**	**113849186**	**100934307**	**31569527**
北　京	1839	32262	47327	234253	943544	67423
天　津	2317041	2028026	2401898	2147128	2064611	945470
河　北	1474508	8994052	10653833	10113173	4369427	1946669
山　西	2358387	981246	945873	1101657	952336	668384
内蒙古	6439529	1629066	1753319	2973697	2859068	520760
辽　宁	2632200	5210939	11518326	7693787	4982030	2049584
吉　林	596546	1378110	2407396	3199309	9690926	585894
黑龙江	361694	912129	2197581	1385604	649294	221143
上　海	66593	174573	704271	657472	1426666	374764
江　苏	3679546	11831699	20720231	17996238	9913848	5376041
浙　江	1155466	3774246	6932219	4381843	5913943	1476215
安　徽	2201262	4686762	7034980	6650095	5209971	806422
福　建	626757	2114344	1716236	1936014	1065641	883672
江　西	4080573	2928590	3329635	3547589	3310965	1232994
山　东	5304722	11724070	17471100	14543626	10007865	3809133
河　南	6430503	6498794	8781161	9784027	7470706	2190436
湖　北	1176038	4375489	4517775	5850218	10140906	1245854
湖　南	3127742	3908478	5315312	4688860	2646034	1362383
广　东	1488055	4464095	2778506	2879378	3288551	693136
广　西	1633176	1777977	1543027	2267695	2647554	437784
海　南		9193	12800	17276	68179	63170
重　庆	673157	1477227	2159934	1232793	5386008	1647541
四　川	888140	2169298	2940154	2590838	3222979	1101725
贵　州	623676	348171	270363	577788	977275	211245
云　南	944300	382866	207180	323390	154992	93168
西　藏	62499	300	330	31694		5519
陕　西	1439493	1119301	1908336	3450210	1240236	1489894
甘　肃	968465	525160	562987	916191	47930	43916
青　海	2294716	73188	87798	110923	7270	
宁　夏	493671	207177	243877	134392	108919	1000
新　疆	2597681	574757	268144	432028	166633	18188

各地区按行业大类分的固定资产投资（不含农户）（八）

单位：万元

地　区	电器机械和器材制造业	计算机、通信和其他电子设备制造业	仪器仪表制造业	其他制造业	废弃资源综合利用业
全国总计	**104035057**	**79728163**	**14871129**	**20341212**	**11899628**
北　京	51667	448568	63140	10881	3790
天　津	1203912	1481013	296201	2588319	807262
河　北	6663613	1578533	569658	802779	1157610
山　西	858374	1065670	79318	68005	358136
内蒙古	2722111	1111238	58505	291785	204661
辽　宁	4643458	2036091	828304	440885	531070
吉　林	1592091	571533	325801	320432	219575
黑龙江	881101	265983	136013	268978	60668
上　海	425599	1512799	50463	823018	88001
江　苏	17873762	15355997	3343284	1736532	546962
浙　江	5968706	2459029	815424	649428	576426
安　徽	8355422	4760450	901383	562637	656883
福　建	2432085	2692808	215910	1119166	219825
江　西	5875299	4774868	941651	804010	943347
山　东	9702255	3789356	1390477	984676	758390
河　南	9484073	6996205	1159108	445796	564555
湖　北	5350775	4756647	853288	807434	766301
湖　南	3955935	4204296	643327	709925	613670
广　东	5294493	7150618	590697	402496	724096
广　西	1750165	1520655	152322	345078	626672
海　南	69878	273475	5944		5804
重　庆	1458865	4117714	423447	1137643	344507
四　川	2650937	3135381	281389	145141	276886
贵　州	399820	398954	35955	457369	89187
云　南	361542	23928	1605	2975937	134190
西　藏	37575		1377	4452	
陕　西	2155257	2874471	676673	141486	164097
甘　肃	726763	182535	28092	209358	291744
青　海	492715	73024		195735	18606
宁　夏	274439	11256	65	38851	53746
新　疆	322370	105068	2308	852980	92961

各地区按行业大类分的固定资产投资（不含农户）（九）

单位：万元

地　　区	金属制品、机械和设备修理业	（四）电力、热力、燃气及水的生产和供应业	电力、热力生产和供应业	燃气生产和供应业	水的生产和供应业	（五）建筑业
全国总计	**3271384**	**228250080**	**174324737**	**22415922**	**31509421**	**40340476**
北　　京	609	3531191	2309451	213092	1008648	45758
天　　津	74822	2777412	1856321	653920	267171	1713943
河　　北	600934	10302531	7555450	1221381	1525700	54476
山　　西	13347	9596642	8284753	959448	352441	52306
内 蒙 古	74843	18493206	14568449	1788004	2136753	1801642
辽　　宁	237610	7718301	5472044	972311	1273946	1367482
吉　　林	69969	4849374	3505208	833470	510696	2131512
黑 龙 江	33992	4440880	3416996	534338	489546	2659170
上　　海	8131	1779589	1451580	128043	199966	8320
江　　苏	165410	10182752	7611846	721523	1849383	581108
浙　　江	176152	10122662	7399246	647726	2075690	501974
安　　徽	257672	5730423	4051189	487481	1191753	1522173
福　　建	70857	9090389	6840731	896163	1353495	2058363
江　　西	104387	3874717	2521172	265843	1087702	813674
山　　东	373912	12794546	10161784	1250199	1382563	7373986
河　　南	51095	7015514	3894002	1278527	1842985	34154
湖　　北	220132	5434198	3452160	695825	1286213	1060442
湖　　南	75812	7243270	4312889	678387	2251994	2405373
广　　东	174476	10945925	8669724	889900	1386301	522890
广　　西	144796	6258940	4182940	771114	1304886	679385
海　　南	6003	1474388	936643	272965	264780	1073023
重　　庆	111009	4135767	2722508	638238	775021	36251
四　　川	47067	15378645	12360432	1024928	1993285	119475
贵　　州		4232041	3706472	248491	277078	
云　　南		8663700	7813824	267146	582730	14446
西　　藏	1050	2322407	1786427	492693	43287	
陕　　西	112765	7357762	4879197	1472211	1006354	1257076
甘　　肃	36569	9049722	7947249	434714	667759	8676915
青　　海	1885	3348146	3166222	66984	114940	728751
宁　　夏	10136	4402600	4033107	183928	185565	154504
新　　疆	15942	14817611	12569892	1426929	820790	891904
不分地区		884829	884829			

各地区按行业大类分的固定资产投资（不含农户）（十）

单位：万元

地　区	房屋建筑业	土木工程建筑业	建筑安装业	建筑装饰和其他建筑业	（六）批发和零售业	批发业
全国总计	**13192381**	**20401453**	**2056674**	**4689968**	**155525455**	**75206407**
北　京	6735	14221	8276	16526	333440	184975
天　津	340791	489099	258121	625932	3366171	1950647
河　北	23097	26399		4980	8758853	4514500
山　西	10004	33311	4662	4329	2494808	1193922
内蒙古	361418	1025211	127151	287862	6352298	3512417
辽　宁	32593	928827	282486	123576	10375930	5072198
吉　林	366892	1300802	148252	315566	5018009	2535469
黑龙江	667220	1731442	37838	222670	4827648	2772169
上　海	4350	3970			318629	64436
江　苏	107387	328035	76009	69677	9855191	4084493
浙　江	91666	382701	2300	25307	4275330	2102398
安　徽	298621	698085	142775	382692	7935598	3574315
福　建	452467	1319377	97019	189500	3822055	2299299
江　西	282085	183243	84208	264138	6790014	3613783
山　东	1833839	4280733	313387	946027	19720348	10925819
河　南	23096	2780		8278	9774201	4085679
湖　北	228089	796947	6813	28593	6333253	2577327
湖　南	644115	1313336	119429	328493	8480147	4658819
广　东	70554	307956	33227	111153	8437161	3743070
广　西	226683	141080	84962	226660	4769880	2051803
海　南	136544	894230	12081	30168	529024	109283
重　庆	10870	25081		300	2059959	1122767
四　川	38283	56355	16942	7895	5744781	2602939
贵　州					959984	390500
云　南		10712	1714	2020	2602425	872803
西　藏					91694	39747
陕　西	381105	742368	69311	64292	6517948	2477504
甘　肃	5928893	2424387	91934	231701	2825128	1185580
青　海	394484	173513	13296	147458	183888	53548
宁　夏	84428	50542	8057	11477	530827	192841
新　疆	146072	716710	16424	12698	1440833	641357

各地区按行业大类分的固定资产投资（不含农户）（十一）

单位：万元

地　　区	零售业	（七）交通运输、仓储和邮政业	铁路运输业	道路运输业	水上运输业	航空运输业	管道运输业
全国总计	**80319048**	**428895215**	**77071694**	**245131630**	**24345778**	**14304211**	**3154744**
北　京	148465	7675396	96278	6111785		1261290	30007
天　津	1415524	7495539	658547	3886196	483052	457008	
河　北	4244353	20246312	1153580	10166676	2329295	542377	111977
山　西	1300886	8245670	2211132	4029999		98600	104908
内蒙古	2839881	13424893	3266948	7942157	2850	260372	50598
辽　宁	5303732	18008991	2134707	6783160	4130867	629422	316133
吉　林	2482540	7789703	1177224	3899138	10100	40500	40405
黑龙江	2055479	7072927	1941995	1993727	40073	38056	32334
上　海	254193	4592441	150891	3187952	165753	696639	20344
江　苏	5770698	21689824	116455	12939652	3492247	419488	203605
浙　江	2172932	17292358	1245275	11461315	1580402	528378	212308
安　徽	4361283	10986882	1188877	6838188	842423	26048	35711
福　建	1522756	17837010	216989	12089811	2508509	928441	35241
江　西	3176231	7034040	231077	5021859	109583	30594	241120
山　东	8794529	21961412	1867324	10071833	2944836	472465	397161
河　南	5688522	13943116	617107	6299395	139315	864198	26401
湖　北	3755926	18494994	900712	12536046	1145154	305743	39549
湖　南	3821328	14353270	1128539	10662902	166834	273441	27435
广　东	4694091	25898579	1965621	17937742	1645859	2236133	66168
广　西	2718077	12756419	508369	9299672	1124883	339314	231020
海　南	419741	3512398		1937215	247269	965591	
重　庆	937192	12000353	355463	9833733	277578	642600	30591
四　川	3141842	29347631	3660092	22982287	261651	280659	134639
贵　州	569484	13198540	1115220	10910876	127325	169203	7764
云　南	1729622	15134884	1278806	11941884	31407	1303231	82626
西　藏	51947	2095266	118331	1793329	77043	9425	
陕　西	4040444	9725499	324137	6425914		127785	354565
甘　肃	1639548	7937416	801134	5817715	17037	57296	29583
青　海	130340	4467680	595461	3741077	2005	57048	5997
宁　夏	337986	2035424	57261	1472542		94585	
新　疆	799476	7535278	1325100	5115853	400	148281	286554
不分地区		45105070	44663042		442028		

各地区按行业大类分的固定资产投资（不含农户）（十二）

单位：万元

地 区	装卸搬运和运输代理业	仓储业	邮政业	（八）住宿和餐饮业	住宿业	餐饮业
全国总计	**12019811**	**51582831**	**1284516**	**61887430**	**45755207**	**16132223**
北 京	1689	173291	1056	647985	635048	12937
天 津	183905	1773484	53347	668498	371958	296540
河 北	938581	4999826	4000	2425397	1929262	496135
山 西	218121	1566399	16511	545548	460981	84567
内 蒙 古	572829	1279680	49459	1632670	1119127	513543
辽 宁	620764	3392088	1850	4067536	2943878	1123658
吉 林	362664	2184219	75453	1010534	637818	372716
黑 龙 江	177738	2817742	31262	2018695	1194855	823840
上 海	3234	320678	46950	333452	288956	44496
江 苏	613298	3790938	114141	4244103	2307648	1936455
浙 江	287797	1841179	135704	2539818	2137694	402124
安 徽	757856	1217689	80090	2337008	1304013	1032995
福 建	388127	1623446	46446	2264514	1899334	365180
江 西	356225	987338	56244	2565722	1589972	975750
山 东	1006189	5159123	42481	3361698	2028680	1333018
河 南	1706791	4169726	120183	3187616	2605085	582531
湖 北	725245	2790482	52063	2853923	1884543	969380
湖 南	786379	1232392	75348	2725036	1916921	808115
广 东	436958	1452726	157372	4720558	3738515	982043
广 西	376406	869682	7073	2318117	1685264	632853
海 南	129914	232409		1351425	1284615	66810
重 庆	69713	787875	2800	1947154	1696579	250575
四 川	323269	1690339	14695	3717593	3272464	445129
贵 州	167289	679863	21000	1036031	1017411	18620
云 南	55952	440432	546	2228197	1873745	354452
西 藏	13552	74780	8806	281175	271850	9325
陕 西	476739	1969059	47300	2975524	2226970	748554
甘 肃	131398	1075517	7736	1053134	782323	270811
青 海	400	65692		188796	171599	17197
宁 夏	94765	306271	10000	147652	70095	77557
新 疆	36024	618466	4600	492321	408004	84317

各地区按行业大类分的固定资产投资（不含农户）（十三）

单位：万元

地　区	（九）信息传输、软件和信息技术服务业	电信、广播电视和卫星传输服务	互联网和相关服务	软件和信息技术服务业	（十）金融业	货币金融服务
全国总计	**41029762**	**20653268**	**4099992**	**16276502**	**13629723**	**7008405**
北　京	1780349	997455	245452	537442	543086	267799
天　津	1264262	583999	140992	539271	648056	106357
河　北	1334650	975623	43927	315100	259445	194183
山　西	586062	194949	79039	312074	23384	21994
内蒙古	2469079	1315977	346626	806476	378797	330994
辽　宁	2130734	420529	119802	1590403	1059566	204514
吉　林	1126734	365458	151526	609750	566846	144428
黑龙江	1694433	1119805	39879	534749	289690	194238
上　海	1100348	832387	1543	266418	205406	66681
江　苏	5048889	1245580	749765	3053544	1732515	788289
浙　江	2103496	835203	416113	852180	925106	746403
安　徽	1504824	426888	110100	967836	1023860	618807
福　建	1409797	923256	254236	232305	465885	269672
江　西	736940	78717	52123	606100	336654	216576
山　东	1679856	464063	91773	1124020	837649	435995
河　南	1066933	215019	43053	808861	288010	208751
湖　北	840995	492841	96679	251475	842053	482053
湖　南	1106573	426210	164590	515773	684295	319808
广　东	4307918	2843730	464478	999710	962287	260701
广　西	1346280	1042378	108966	194936	454251	288020
海　南	276527	232709	7109	36709	15906	15906
重　庆	578395	477744	18756	81895	37308	29527
四　川	918277	729249	60530	128498	276675	215363
贵　州	136485	53365	25665	57455	29172	29172
云　南	758371	752867	5504		69640	53241
西　藏	65548	61158	200	4190	126290	68614
陕　西	1642850	1053658	95203	493989	318672	229473
甘　肃	551283	327007	105764	118512	172446	147465
青　海	149297	118285	24007	7005	7657	7657
宁　夏	308506	185062	34500	88944	28800	28800
新　疆	1005071	862097	2092	140882	20316	16924

各地区按行业大类分的固定资产投资（不含农户）（十四）

单位：万元

地　区	资本市场服务	保险业	其他金融业	（十一）房地产业	（十二）租赁和商务服务业	租赁业
全国总计	**3759985**	**1145050**	**1716283**	**1235582427**	**79535228**	**7136116**
北　京	2971	270931	1385	40228965	475457	17751
天　津	400035	42550	99114	26377175	9547581	4715441
河　北	30305		34957	51242790	3203634	91824
山　西			1390	28258487	767140	2080
内蒙古	26285	13828	7690	19200947	1257884	93483
辽　宁	598909	48980	207163	56289436	5577277	157191
吉　林	402478	14960	4980	12436823	1164263	148485
黑龙江	34421	3946	57085	16003558	1532110	98875
上　海	100293	12947	25485	32207316	1865820	16000
江　苏	410013	55545	478668	98531190	8793413	187611
浙　江	93773	22103	62827	88027084	4468509	277050
安　徽	244053	107161	53839	54056960	3333329	216413
福　建	107460	10603	78150	53584054	2322436	97500
江　西	80680	14264	25134	19377351	2707006	131421
山　东	243135	22178	136341	81655618	6701979	296409
河　南	56724	10515	12020	67749371	3087572	58760
湖　北	304319	30615	25066	51950951	4517342	81263
湖　南	198443	12474	153570	37094940	3939713	150277
广　东	308454	330751	62381	91101415	2501488	36592
广　西	86456	48150	31625	22985474	2309024	140867
海　南				15987280	164203	
重　庆		7781		42692514	1023209	12994
四　川	3121	32143	26048	70149072	2348420	21708
贵　州				28002636	813718	
云　南		2883	13516	37993509	785392	3060
西　藏	12018	4600	41058	1368469	104140	
陕　西	1558	16042	71599	48994075	2456356	37130
甘　肃	14081	7900	3000	10992548	775586	45931
青　海				4035627	477656	
宁　夏				8576000	196180	
新　疆		1200	2192	18430792	317391	

各地区按行业大类分的固定资产投资（不含农户）（十五）

单位：万元

地　　区	商务服务业	（十三）科学研究和技术服务业	研究与试验发展	专业技术服务业	科技推广和应用服务业	（十四）水利、环境和公共设施管理业
全国总计	**72399112**	**42190960**	**13369911**	**15662299**	**13158750**	**462244285**
北　京	457706	1158168	634660	234758	288750	4514343
天　津	4832140	1687745	232202	803138	652405	10618599
河　北	3111810	2076172	619129	901314	555729	18658695
山　西	765060	458089	147299	116828	193962	14169148
内蒙古	1164401	1470883	223843	461840	785200	19566496
辽　宁	5420086	2610300	957536	833691	819073	24593350
吉　林	1015778	1238334	367459	404889	465986	8198140
黑龙江	1433235	922912	253348	371010	298554	9261166
上　海	1849820	546682	379690	150345	16647	4714100
江　苏	8605802	6066305	2120356	2307831	1638118	35413399
浙　江	4191459	914915	254562	463975	196378	22293467
安　徽	3116916	2194817	763848	984145	446824	19084686
福　建	2224936	526942	104381	202290	220271	17878436
江　西	2575585	543953	48416	239828	255709	14779901
山　东	6405570	6911275	1944690	2540273	2426312	21389892
河　南	3028812	1326204	691401	168335	466468	21787760
湖　北	4436079	942727	291489	391999	259239	18942453
湖　南	3789436	2060543	519462	586025	955056	25644992
广　东	2464896	1647682	693680	678506	275496	20258952
广　西	2168157	705426	96831	302198	306397	14563680
海　南	164203	118400	64392	11667	42341	1949734
重　庆	1010215	297269	54645	130309	112315	13252365
四　川	2326712	831118	476840	172553	181725	27231180
贵　州	813718	151514	85439	26065	40010	20021422
云　南	782332	321511	180652	93221	47638	11386758
西　藏	104140	112657	11705	97708	3244	750596
陕　西	2419226	3383038	906973	1486084	989981	20300977
甘　肃	729655	662306	190143	342271	129892	6081270
青　海	477656	68821	1000	60695	7126	2300397
宁　夏	196180	70211	20600	12232	37379	2600669
新　疆	317391	129653	33240	51888	44525	8945349
不分地区		34388		34388		1091913

各地区按行业大类分的固定资产投资（不含农户）（十六）

单位：万元

地　区	水利管理业	生态保护和环境治理业	公共设施管理业	（十五）居民服务、修理和其他服务业	居民服务业	机动车、电子产品和日用产品修理业
全国总计	**59901280**	**18077110**	**384265895**	**22755860**	**13537572**	**5069743**
北　京	1030790	85214	3398339	115086	9689	13051
天　津	859632	431964	9327003	1196512	369424	58882
河　北	2980433	410649	15267613	567749	247323	166253
山　西	1398798	994045	11776305	499368	265671	94343
内蒙古	1927147	768699	16870650	778947	347163	344875
辽　宁	2248345	600317	21744688	2038913	1265397	514559
吉　林	1025288	240829	6932023	766335	453225	226395
黑龙江	2599439	192299	6469428	599455	256826	229310
上　海	915977	41541	3756582	52734	52528	206
江　苏	3416213	1252474	30744712	1526077	1097024	267709
浙　江	4728079	1147197	16418191	495432	356496	58619
安　徽	2454285	444927	16185474	931180	406626	346450
福　建	2404980	712551	14760905	530668	227970	253941
江　西	1086643	421312	13271946	687046	301681	305103
山　东	2167765	1881855	17340272	3278700	2108748	399702
河　南	1617755	754047	19415958	1529126	1107324	216086
湖　北	1953490	930150	16058813	1764568	1189937	141346
湖　南	3052937	1421873	21170182	817654	364038	362320
广　东	3140640	862023	16256289	490349	337740	95056
广　西	1581645	522100	12459935	644206	183748	313779
海　南	260077	54661	1634996	8262	8262	
重　庆	1520323	431465	11300577	243044	175073	37296
四　川	3831156	771412	22628612	493566	327668	147829
贵　州	1036112	27183	18958127	105742	91122	14620
云　南	3175286	609432	7602040	584154	499780	71272
西　藏	256974	67234	426388	176922	142438	33352
陕　西	2565441	876805	16858731	767248	544770	161784
甘　肃	1044309	417069	4619892	812722	648982	104206
青　海	287312	363432	1649653	100886	49399	49000
宁　夏	597053	206039	1797577	61901	31269	30632
新　疆	1645043	136312	7163994	91308	70231	11767
不分地区	1091913					

各地区按行业大类分的固定资产投资（不含农户）（十七）

单位：万元

地　区	其他服务业	（十六）教育	（十七）卫生和社会工作	卫生	社会工作	（十八）文化、体育和娱乐业
全国总计	**4148545**	**67056224**	**39910390**	**31983125**	**7927265**	**61740607**
北　京	92346	1242405	670285	597592	72693	801762
天　津	768206	1800652	497037	454683	42354	850753
河　北	154173	2545545	2316689	1700516	616173	3628442
山　西	139354	1393190	690397	498198	192199	1711988
内蒙古	86909	1531677	1163500	820784	342716	1842869
辽　宁	258957	2544183	1273451	1050693	222758	2537006
吉　林	86715	1160074	843679	653415	190264	806956
黑龙江	113319	1358115	1418014	1083180	334834	1077813
上　海		1072344	318348	274994	43354	1046969
江　苏	161344	4797750	2714422	2203936	510486	5788648
浙　江	80317	3406271	1753865	1254198	499667	2846230
安　徽	178104	2358152	1712228	1461676	250552	1950601
福　建	48757	2144515	1186291	931917	254374	2574474
江　西	80262	1824439	1052597	852158	200439	2516902
山　东	770250	5166253	3399963	2456352	943611	8578664
河　南	205716	3618018	2440410	2003093	437317	3094737
湖　北	433285	1982800	1772465	1394695	377770	2529526
湖　南	91296	3661890	2262955	1843519	419436	2480295
广　东	57553	4085206	2318036	1944537	373499	2603363
广　西	146679	3089472	1408929	1275552	133377	1646656
海　南		441786	270827	220198	50629	658940
重　庆	30675	1624105	906087	757235	148852	830797
四　川	18069	4116925	2080245	1720620	359625	1829997
贵　州		2054181	352897	335432	17465	873187
云　南	13102	2362787	1015295	872328	142967	1941381
西　藏	1132	288200	141778	38266	103512	127688
陕　西	60694	2216471	2277073	1958789	318284	2033840
甘　肃	59534	1071893	692528	541185	151343	1404352
青　海	2487	508442	131897	95301	36596	202485
宁　夏		289761	285307	252946	32361	224971
新　疆	9310	1298722	542895	435137	107758	698315

各地区按行业大类分的固定资产投资（不含农户）（十八）

单位：万元

地　区	新闻和出版业	广播、电视、电影和影视录音制作业	文化艺术业	体育	娱乐业	（十九）公共管理、社会保障和社会组织
全国总计	**1023548**	**5650320**	**27052640**	**10416159**	**17597940**	**71985625**
北　京	59789	191440	196589	73973	279971	440062
天　津	2950	48975	397616	163386	237826	750166
河　北	37831	125441	1715640	580781	1168749	1841089
山　西	12016	13050	838575	300427	547920	546624
内蒙古	21100	307177	807476	408321	298795	3068038
辽　宁	46065	173448	724044	597249	996200	1514229
吉　林	31412	66560	239204	284754	185026	1568728
黑龙江	51829	36525	266874	107559	615026	2179610
上　海	21987	55450	107422	34279	827831	64706
江　苏	73350	642068	2867313	692176	1513741	3619852
浙　江	52591	253128	1354183	604167	582161	2280198
安　徽	33289	138223	909713	311685	557691	3559184
福　建	2398	250453	1518831	445699	357093	3052147
江　西	10728	105219	1271983	396444	732528	2114971
山　东	58952	1718284	4036051	750075	2015302	9078062
河　南	249046	30035	1424620	353433	1037603	725608
湖　北	9218	78368	948377	566471	927092	3857010
湖　南	58837	166155	1166298	470888	618117	5382347
广　东	52285	78146	952104	667160	853668	1171952
广　西	9310	100821	519861	433581	583083	2180016
海　南		401669	139026	107215	11030	215907
重　庆	30085	59903	532910	104055	103844	837703
四　川	42904	220626	893941	404734	267792	2477368
贵　州		113600	299406	322681	137500	308218
云　南	550	59151	480558	415781	985341	1266697
西　藏	666	25257	77505	19556	4704	1012960
陕　西	35454	109263	1147393	264996	476734	3217837
甘　肃	4680	35164	688261	139211	537036	3143444
青　海	11600	27933	87215	36400	39337	1100268
宁　夏	826	3819	108752	54904	56670	328715
新　疆	1800	14969	334899	304118	42529	1464499
不分地区						7617410

各地区按行业大类分的固定资产投资（不含农户）（十九）

单位：万元

地　区	中国共产党机关	国家机构	人民政协、民主党派	社会保障	群众团体、社会团体和其他成员组织	基层群众自治组织
全国总计	**267130**	**52469206**	**129280**	**2514988**	**5631812**	**10973209**
北　京	11951	329744		14720	83258	389
天　津	14000	479158		23840	32300	200868
河　北	13196	738797	7638	27522	219976	833960
山　西		387863		10598	118896	29267
内蒙古	3850	2598848	2140	31374	170838	260988
辽　宁	2300	1354060		3920	104372	49577
吉　林		1248076		9820	271655	39177
黑龙江	5781	1918923		57876	102557	94473
上　海		41218		20300	1748	1440
江　苏	10350	2725955		17000	292033	574514
浙　江	6180	1214993	1490	60881	258074	738580
安　徽	7765	2664895	7610	136363	214027	528524
福　建	13968	1686077	500	14935	591785	744882
江　西		1833360		45683	196632	39296
山　东	4500	4368217	55830	627043	565838	3456634
河　南	17236	579479		93038	24700	11155
湖　北	13796	2216674	4507	175110	332318	1114605
湖　南	28391	4485728	6482	402975	164470	294301
广　东	38718	758733		1484	281168	91849
广　西	10102	1436649	11441	170886	64044	486894
海　南	2320	212418				1169
重　庆		698788		43301	40038	55576
四　川	2490	1958184		11348	412333	93013
贵　州		300848			7370	
云　南	832	682209	9133	17434	101201	455888
西　藏	1476	699887	2709	9939	269406	29543
陕　西	11776	2225651	19800	121401	377027	462182
甘　肃	1000	2611784		236515	159530	134615
青　海	3734	920721		350	133115	42348
宁　夏		268848		36876	13661	9330
新　疆	41418	1205011		92456	27442	98172
不分地区		7617410				

各地区按行业门类分的固定资产住宅投资（不含农户）（一）

单位：万元

地　区	合　计	农、林、牧、渔业	采矿业	制造业	电力、热力、燃气及水的生产和供应业
全国总计	**728883674**	**552016**	**283991**	**1905687**	**86201**
北　京	20567428	3585		2580	
天　津	12845535	4008		3385	
河　北	32343422	28023	144166	140669	2820
山　西	17909781	11891	19295	19422	300
内蒙古	11829990	941	1101	4823	5011
辽　宁	38883433			10150	
吉　林	7878509	2172		11371	410
黑龙江	10316655	69392	900	7600	
上　海	17274384			9683	
江　苏	63674116	12544	100	205783	
浙　江	51696171	2517	45	45914	637
安　徽	31965939	53075	4299	82822	21232
福　建	30294467	3315	5023	43648	2173
江　西	13332283	5552	8085	73339	80
山　东	49640045	6169	3894	123649	563
河　南	37075315	30994	1003	43364	7223
湖　北	30066243	17016	5424	141270	715
湖　南	21639058	15285	15863	81017	3329
广　东	54896661	5085	1826	229021	2335
广　西	13979298	24439	10129	101240	7095
海　南	11786053	1100			385
重　庆	26049076	62662	1976	68426	4961
四　川	35533459	58345	12751	131781	6253
贵　州	14160581	960	6090	17672	2090
云　南	22066010	8709	17876	150333	3528
西　藏	615559	1030			
陕　西	25145212	15497	16681	106399	12127
甘　肃	7056021	5227		14191	
青　海	2757845	100252	1101	640	100
宁　夏	4765256	415		1650	900
新　疆	10825601	1816	6363	33845	1934
不分地区	14268				

各地区按行业门类分的固定资产住宅投资（不含农户）（二）

单位：万元

地　区	建筑业	批发和零售业	交通运输、仓储和邮政业	住宿和餐饮业	信息传输、软件和信息技术服务业
全国总计	**1147394**	**762742**	**235553**	**876795**	**60476**
北　京	4000		5012	7301	
天　津	5612	150		600	
河　北	500	73428	9277	15400	
山　西		3390	5350		
内蒙古	6898	10280	2320	10425	
辽　宁	1100	23320		2956	
吉　林	4390	26623	300		
黑龙江	65268	640	100	500	
江　苏	14725	39666	53235	3200	3380
浙　江	184	3550	8718	16182	2871
安　徽	23142	38007	3137	6864	
福　建	12960	650	1711	35446	
江　西		40507		11357	
山　东	170286	86860	3889	92481	2615
河　南		129111	800	2000	
湖　北		41266	1771	36377	576
湖　南	9339	15265	2808	3937	
广　东		7648	15947	146226	21
广　西	4533	16879	2825	27964	28
海　南	25933	113	30802	27570	48922
重　庆	4920	7381	1800	128911	
四　川		41686	27261	204262	190
贵　州		20800	1355		
云　南	50	46628	3423	74631	
西　藏		150	1440		1872
陕　西	33010	74673	7312	7335	
甘　肃	584399	5950	400	10000	
青　海	103582	2000	36580	3220	
宁　夏	9000		218	25	
新　疆	63563	6121	7762	1625	

各地区按行业门类分的固定资产住宅投资（不含农户）（三）

单位：万元

地　区	金融业	房地产业	租赁和商务服务业	科学研究和技术服务业	水利、环境和公共设施管理业
全国总计	**85476**	**712994774**	**1078917**	**184483**	**2582321**
北　京		20409320	980		39
天　津		12339139	380642		15208
河　北		31760579	6205	2112	37800
山　西		17678833	556	1500	43008
内蒙古		11583971		200	10016
辽　宁		38787746	38598		18058
吉　林		7764630			62112
黑龙江		9860974	26200		3668
上　海		17247217	2429	14400	
江　苏		62941894	135827	90049	70410
浙　江	28428	50908693	110326	754	365771
安　徽	1622	31368214	12436	44608	121837
福　建	29	30069922	6789		71329
江　西		12822654	7500		254565
山　东		47293636	45869	5505	74520
河　南		36524479	650		101823
湖　北	5100	29258628	34160	1152	139158
湖　南	1000	21133828	69847	613	55739
广　东		54270895	23341	5103	75597
广　西	37000	13455818	19215	3215	58400
海　南		11619034	308		
重　庆		25487069	4830		196516
四　川	3335	34251826	19980	4479	303330
贵　州		13942568			145078
云　南	260	21435850	25980	85	135340
西　藏	7926	566329	2100		1000
陕　西		24429333	6068	600	73314
甘　肃		6198532			18250
青　海	280	2297050	80048	7120	61300
宁　夏		4682157	18033		46200
新　疆	496	10603956		2988	22935

各地区按行业门类分的固定资产住宅投资（不含农户）（四）

单位：万元

地　区	居民服务、修理和其他服务业	教　育	卫生和社会工作	文化、体育和娱乐业	公共管理社会保障和社会组织
全国总计	**729222**	**916392**	**537101**	**254950**	**3609183**
北　京	300	127652		1280	5378
天　津		29592			67199
河　北	20	12611	19538	2135	88139
山　西	1144	16204	63740	25002	20146
内蒙古	4100	980		400	188524
辽　宁			30		1475
吉　林				1001	5500
黑龙江			300		281113
上　海			655		
江　苏	19292	4613	4889	1118	73391
浙　江	16616	18279	64186	56653	45847
安　徽	1030	9797	14945	3622	155250
福　建	1497	3344	12944	7133	16554
江　西	21840	27670	32837	200	26097
山　东	289482	27166	51405	57866	1304190
河　南	137433	17730	13866	4400	60439
湖　北	189026	24333	36426	4200	129645
湖　南	3075	29010	12897		186206
广　东	126	69604	29567	11917	2402
广　西	1885	103014	40711	4057	60851
海　南		9960	1296	18810	1820
重　庆		33707	17417	6530	21970
四　川	17563	203216	53236	15678	178287
贵　州	800	6950	5818	8900	1500
云　南	2765	66156	16201	7881	70314
西　藏		9407	1707	2700	19898
陕　西	18928	6356	28576	9602	299401
甘　肃	2200	13393	2781	3865	196833
青　海		28312			36260
宁　夏			5658		1000
新　疆	100	17336	5475		49286

国民经济行业小类按构成分的固定资产投资（不含农户）

单位：万元

行　　业	投资额	建筑安装工程	设备工器具购置	其他费用
全国总计	**5012648747**	**3411549079**	**993875070**	**607224598**
（一）农、林、牧、渔业	**145740074**	**105784451**	**20745630**	**19209993**
农业	53887303	39077454	7260771	7549078
谷物种植	5865169	4071937	951017	842215
稻谷种植	2849844	2111315	389937	348592
小麦种植	579670	457194	65731	56745
玉米种植	1524751	857608	372396	294747
其他谷物种植	910904	645820	122953	142131
豆类、油料和薯类种植	2090446	1485428	288439	316579
豆类种植	564856	394523	66954	103379
油料种植	851317	581453	135770	134094
薯类种植	674273	509452	85715	79106
棉、麻、糖、烟草种植	985068	743971	116890	124207
棉花种植	389343	283856	52693	52794
麻类种植	33505	25520	5237	2748
糖料种植	122976	87972	21591	13413
烟草种植	439244	346623	37369	55252
蔬菜、食用菌及园艺作物种植	23139523	17351285	3130413	2657825
蔬菜种植	12940394	9950607	1593250	1396537
食用菌种植	3061332	1995385	733549	332398
花卉种植	4521882	3416358	513156	592368
其他园艺作物种植	2615915	1988935	290458	336522
水果种植	9356511	6490514	1308203	1557794
仁果类和核果类水果种植	3211923	2088842	504695	618386
葡萄种植	1714124	1332393	176003	205728
柑橘类种植	756410	520660	98788	136962
香蕉等亚热带水果种植	304177	199160	56574	48443
其他水果种植	3369877	2349459	472143	548275
坚果、含油果、香料和饮料作物种植	3791373	2699211	377359	714803
坚果种植	1961441	1397032	190798	373611
含油果种植	344511	229645	22569	92297
香料作物种植	140394	92167	22981	25246

续表 1

行　　业	投资额	建筑安装工程	设备工器具购置	其他费用
茶及其他饮料作物种植	1345027	980367	141011	223649
中药材种植	3685131	2578847	473010	633274
其他农业	4974082	3656261	615440	702381
林业	15923948	10343626	1239536	4340786
林木育种和育苗	7038663	4687687	750899	1600077
林木育种	1626254	1162127	178177	285950
林木育苗	5412409	3525560	572722	1314127
造林和更新	7432512	4836374	379850	2216288
森林经营和管护	1189650	640954	87576	461120
木材和竹材采运	115900	69608	12190	34102
木材采运	76286	60512	11958	3816
竹材采运	39614	9096	232	30286
林产品采集	147223	109003	9021	29199
木竹材林产品采集	70279	54031	6732	9516
非木竹材林产品采集	76944	54972	2289	19683
畜牧业	40550369	29834608	6807269	3908492
牲畜饲养	32198138	23999051	5155381	3043706
牛的饲养	11142777	8115681	1957926	1069170
马的饲养	97098	71531	7601	17966
猪的饲养	12859318	9563936	2130370	1165012
羊的饲养	6839749	5342754	821735	675260
骆驼饲养	5100	5100		
其他牲畜饲养	1254096	900049	237749	116298
家禽饲养	5767512	3967187	1252076	548249
鸡的饲养	4477308	3080803	974455	422050
鸭的饲养	569739	394344	118639	56756
鹅的饲养	155732	111579	28602	15551
其他家禽饲养	564733	380461	130380	53892
狩猎和捕捉动物	319766	257970	44622	17174
其他畜牧业	2264953	1610400	355190	299363
渔业	7667948	5391317	1540042	736589
水产养殖	6961855	5278629	952910	730316
海水养殖	2857666	2294302	347298	216066
内陆养殖	4104189	2984327	605612	514250

续表 2

行　　业	投资额	建筑安装工程	设备工器具购置	其他费用
水产捕捞	706093	112688	587132	6273
海水捕捞	635548	97495	532571	5482
内陆捕捞	70545	15193	54561	791
农、林、牧、渔服务业	27710506	21137446	3898012	2675048
农业服务业	24514622	18784027	3448901	2281694
农业机械服务	2391291	1295876	918952	176463
灌溉服务	6131249	5217861	541704	371684
农产品初加工服务	3660532	2542346	823819	294367
其他农业服务	12331550	9727944	1164426	1439180
林业服务业	1205743	819042	111696	275005
林业有害生物防治服务	103051	78505	12214	12332
森林防火服务	64644	52174	7227	5243
林产品初级加工服务	216347	160567	35312	20468
其他林业服务	821701	527796	56943	236962
畜牧服务业	1296611	1028833	188917	78861
渔业服务业	693530	505544	148498	39488
(二) 采矿业	**145371501**	**97261221**	**35521623**	**12588657**
煤炭开采和洗选业	46844669	28267969	14295479	4281221
烟煤和无烟煤开采洗选	42085756	25433572	12760425	3891759
褐煤开采洗选	3309953	1790784	1216544	302625
其他煤炭采选	1448960	1043613	318510	86837
石油和天然气开采业	39478658	32141995	4321991	3014672
石油开采	33586764	27292840	3480110	2813814
天然气开采	5891894	4849155	841881	200858
黑色金属矿采选业	16612844	10412172	4845329	1355343
铁矿采选	15325240	9671275	4378335	1275630
锰矿、铬矿采选	765621	415266	303477	46878
其他黑色金属矿采选	521983	325631	163517	32835
有色金属矿采选业	16257757	10354977	3969130	1933650
常用有色金属矿采选	9515374	6049329	2617619	848426
铜矿采选	2753139	1894995	722834	135310
铅锌矿采选	3784798	2271826	1125826	387146
镍钴矿采选	199760	111858	61563	26339
锡矿采选	439584	292365	82124	65095

续表 3

行　业	投资额	建筑安装工程	设备工器具购置	其他费用
锑矿采选	188317	135606	34770	17941
铝矿采选	848559	579895	229084	39580
镁矿采选	146251	90260	42872	13119
其他常用有色金属矿采选	1154966	672524	318546	163896
贵金属矿采选	4941038	3096871	1053594	790573
金矿采选	4476000	2805983	923934	746083
银矿采选	303250	178566	90177	34507
其他贵金属矿采选	161788	112322	39483	9983
稀有稀土金属矿采选	1801345	1208777	297917	294651
钨钼矿采选	1275061	850830	181015	243216
稀土金属矿采选	166167	111047	42838	12282
放射性金属矿采选	70183	45629	22460	2094
其他稀有金属矿采选	289934	201271	51604	37059
非金属矿采选业	20490920	12063404	6696407	1731109
土砂石开采	14979029	8583164	5175637	1220228
石灰石、石膏开采	4239126	2450357	1419629	369140
建筑装饰用石开采	4677232	2671483	1635845	369904
耐火土石开采	1146308	698836	329097	118375
粘土及其他土砂石开采	4916363	2762488	1791066	362809
化学矿开采	1795448	1191736	513713	89999
采盐	691992	522037	144190	25765
石棉及其他非金属矿采选	3024451	1766467	862867	395117
石棉、云母矿采选	73320	36578	24112	12630
石墨、滑石采选	693712	280207	179879	233626
宝石、玉石采选	336230	274152	48483	13595
其他未列明非金属矿采选	1921189	1175530	610393	135266
开采辅助活动	5083014	3636794	1228929	217291
煤炭开采和洗选辅助活动	1926096	1255254	548555	122287
石油和天然气开采辅助活动	2546111	1884733	583123	78255
其他开采辅助活动	610807	496807	97251	16749
其他采矿业	603639	383910	164358	55371
其他采矿业	603639	383910	164358	55371
（三）制造业	**1668977425**	**906034854**	**647405832**	**115536739**
农副食品加工业	99940222	61765881	31220610	6953731

续表4

行　　业	投资额	建筑安装工程	设备工器具购置	其他费用
谷物磨制	17030390	10273714	5724840	1031836
饲料加工	12820881	7533574	4467431	819876
植物油加工	10348691	6272338	3361141	715212
食用植物油加工	9384308	5792201	2964171	627936
非食用植物油加工	964383	480137	396970	87276
制糖业	1744986	1028570	569087	147329
屠宰及肉类加工	17552304	11001430	5110001	1440873
牲畜屠宰	4708225	2963684	1384771	359770
禽类屠宰	3532885	2174941	1046337	311607
肉制品及副产品加工	9311194	5862805	2678893	769496
水产品加工	7513830	4869073	2125698	519059
水产品冷冻加工	4674700	3084134	1275314	315252
鱼糜制品及水产品干腌制加工	973666	590522	310190	72954
水产饲料制造	546752	325256	195904	25592
鱼油提取及制品制造	84807	64657	16890	3260
其他水产品加工	1233905	804504	327400	102001
蔬菜、水果和坚果加工	15726302	10272344	4448873	1005085
蔬菜加工	10655758	6939337	3047488	668933
水果和坚果加工	5070544	3333007	1401385	336152
其他农副食品加工	17202838	10514838	5413539	1274461
淀粉及淀粉制品制造	4542730	2697582	1572148	273000
豆制品制造	2551117	1525989	829909	195219
蛋品加工	626606	354649	221924	50033
其他未列明农副食品加工	9482385	5936618	2789558	756209
食品制造业	44471126	26170596	14944109	3356421
焙烤食品制造	6689534	3855314	2312292	521928
糕点、面包制造	3248675	1902747	1075612	270316
饼干及其他焙烤食品制造	3440859	1952567	1236680	251612
糖果、巧克力及蜜饯制造	2771999	1695480	810146	266373
糖果、巧克力制造	1590289	909650	497388	183251
蜜饯制作	1181710	785830	312758	83122
方便食品制造	8249732	4814406	2843496	591830
米、面制品制造	4205381	2561988	1352917	290476
速冻食品制造	2014466	1063714	811214	139538

续表 5

行　业	投资额	建筑安装工程	设备工器具购置	其他费用
方便面及其他方便食品制造	2029885	1188704	679365	161816
乳制品制造	2774541	1574535	1080269	119737
罐头食品制造	2890200	1693251	978888	218061
肉、禽类罐头制造	601884	387983	180053	33848
水产品罐头制造	215930	139759	61550	14621
蔬菜、水果罐头制造	1669877	936621	593077	140179
其他罐头食品制造	402509	228888	144208	29413
调味品、发酵制品制造	5706951	3124472	2179540	402939
味精制造	802646	378747	380447	43452
酱油、食醋及类似制品制造	1853383	1109362	606122	137899
其他调味品、发酵品制造	3050922	1636363	1192971	221588
其他食品制造	15388169	9413138	4739478	1235553
营养食品制造	2478931	1594455	688635	195841
保健食品制造	3094614	1976867	899184	218563
冷冻饮品及食用冰制造	1011122	589037	328029	94056
盐加工	704217	503233	144263	56721
食品及饲料添加剂制造	3615013	1942730	1466440	205843
其他未列明食品制造	4484272	2806816	1212927	464529
酒、饮料和精制茶制造业	39193291	24355002	12143034	2695255
酒的制造	17945528	11513677	5262382	1169469
酒精制造	736332	348392	361022	26918
白酒制造	10341758	6926898	2635663	779197
啤酒制造	2004162	1032400	862187	109575
黄酒制造	553534	343032	169989	40513
葡萄酒制造	2681768	1737059	829558	115151
其他酒制造	1627974	1125896	403963	98115
饮料制造	14739758	8372505	5420895	946358
碳酸饮料制造	1255488	748223	406096	101169
瓶（罐）装饮用水制造	3659199	2115586	1316747	226866
果蔬汁及果蔬汁饮料制造	3606378	1983198	1291155	332025
含乳饮料和植物蛋白饮料制造	2313638	1157284	1059995	96359
固体饮料制造	540100	347535	151977	40588

续表 6

行　业	投资额	建筑安装工程	设备工器具购置	其他费用
茶饮料及其他饮料制造	3364955	2020679	1194925	149351
精制茶加工	6508005	4468820	1459757	579428
烟草制品业	2839625	1742187	878031	219407
烟叶复烤	620220	455876	115570	48774
卷烟制造	1873706	1086987	644257	142462
其他烟草制品制造	345699	199324	118204	28171
纺织业	53188470	25494289	24454247	3239934
棉纺织及印染精加工	25431363	11593625	12163217	1674521
棉纺纱加工	16952408	7938189	7877354	1136865
棉织造加工	5459604	2484830	2591833	382941
棉印染精加工	3019351	1170606	1694030	154715
毛纺织及染整精加工	3324423	1526451	1579859	218113
毛条和毛纱线加工	1672327	750087	823725	98515
毛织造加工	1322889	639966	579855	103068
毛染整精加工	329207	136398	176279	16530
麻纺织及染整精加工	1097112	591869	441181	64062
麻纤维纺前加工和纺纱	612654	328913	254130	29611
麻织造加工	423045	244658	155536	22851
麻染整精加工	61413	18298	31515	11600
丝绢纺织及印染精加工	1568846	919272	555572	94002
缫丝加工	620554	358761	220155	41638
绢纺和丝织加工	732725	439571	253554	39600
丝印染精加工	215567	120940	81863	12764
化纤织造及印染精加工	4588059	2021151	2334028	232880
化纤织造加工	3824669	1727194	1891906	205569
化纤织物染整精加工	763390	293957	442122	27311
针织或钩针编织物及其制品制造	4816087	2009441	2603280	203366
针织或钩针编织物织造	3794863	1481407	2154461	158995
针织或钩针编织物印染精加工	321012	153175	161508	6329
针织或钩针编织品制造	700212	374859	287311	38042
家用纺织制成品制造	6666378	3881271	2374981	410126
床上用品制造	3162124	1929677	1057892	174555

续表 7

行　业	投资额	建筑安装工程	设备工器具购置	其他费用
毛巾类制品制造	990493	464840	491007	34646
窗帘、布艺类产品制造	491287	279543	175044	36700
其他家用纺织制成品制造	2022474	1207211	651038	164225
非家用纺织制成品制造	5696202	2951209	2402129	342864
非织造布制造	2556771	1370739	1036084	149948
绳、索、缆制造	514817	275203	213788	25826
纺织带和帘子布制造	722430	315685	367414	39331
篷、帆布制造	534755	261220	223606	49929
其他非家用纺织制成品制造	1367429	728362	561237	77830
纺织服装、服饰业	37110802	21697407	12870867	2542528
机织服装制造	23342764	13476797	8302482	1563485
针织或钩针编织服装制造	4929954	2947650	1622514	359790
服饰制造	8838084	5272960	2945871	619253
皮革、毛皮、羽毛及其制品和制鞋业	19672451	11898207	6424717	1349527
皮革鞣制加工	1150356	672294	416961	61101
皮革制品制造	6181459	3622675	2149477	409307
皮革服装制造	1413797	967460	356264	90073
皮箱、包（袋）制造	2507236	1555625	786628	164983
皮手套及皮装饰制品制造	814737	469394	288636	56707
其他皮革制品制造	1445689	630196	717949	97544
毛皮鞣制及制品加工	2330608	1499326	694271	137011
毛皮鞣制加工	276023	161604	105565	8854
毛皮服装加工	1369196	834388	418253	116555
其他毛皮制品加工	685389	503334	170453	11602
羽毛（绒）加工及制品制造	1286447	741008	463852	81587
羽毛（绒）加工	672221	375454	247672	49095
羽毛（绒）制品加工	614226	365554	216180	32492
制鞋业	8723581	5362904	2700156	660521
纺织面料鞋制造	1339253	743617	486757	108879
皮鞋制造	4504299	2909649	1280844	313806
塑料鞋制造	588265	365828	147879	74558
橡胶鞋制造	772637	420131	301776	50730

续表 8

行　业	投资额	建筑安装工程	设备工器具购置	其他费用
其他制鞋业	1519127	923679	482900	112548
木材加工和木、竹、藤、棕、草制品业	34508151	20170888	11967691	2369572
木材加工	9018783	5169568	3226779	622436
锯材加工	2337360	1332141	849868	155351
木片加工	2331868	1384871	810481	136516
单板加工	2031827	1106564	786157	139106
其他木材加工	2317728	1345992	780273	191463
人造板制造	12042977	7000295	4250436	792246
胶合板制造	5502456	3258256	1855346	388854
纤维板制造	2540300	1329297	1071135	139868
刨花板制造	1167619	708533	371083	88003
其他人造板制造	2832602	1704209	952872	175521
木制品制造	10104916	6020623	3374875	709418
建筑用木料及木材组件加工	2678559	1700044	801871	176644
木门窗、楼梯制造	2981551	1703681	1052207	225663
地板制造	1681870	946707	607322	127841
木制容器制造	535862	255210	235994	44658
软木制品及其他木制品制造	2227074	1414981	677481	134612
竹、藤、棕、草等制品制造	3341475	1980402	1115601	245472
竹制品制造	2703648	1654406	850142	199100
藤制品制造	206265	84840	114324	7101
棕制品制造	84682	53336	29488	1858
草及其他制品制造	346880	187820	121647	37413
家具制造业	24489456	15213665	7258902	2016889
木质家具制造	18268727	11426886	5312163	1529678
竹、藤家具制造	410148	256787	118860	34501
金属家具制造	2378332	1455126	749558	173648
塑料家具制造	474004	282331	151166	40507
其他家具制造	2958245	1792535	927155	238555
造纸和纸制品业	28018951	14571498	11604942	1842511
纸浆制造	859416	399599	399836	59981
木竹浆制造	572397	272191	250050	50156

续表 9

行　　业	投资额	建筑安装工程	设备工器具购置	其他费用
非木竹浆制造	287019	127408	149786	9825
造纸	11610363	5787921	5033082	789360
机制纸及纸板制造	9264662	4409231	4207747	647684
手工纸制造	360603	218572	116900	25131
加工纸制造	1985098	1160118	708435	116545
纸制品制造	15549172	8383978	6172024	993170
纸和纸板容器制造	7198636	3953027	2798693	446916
其他纸制品制造	8350536	4430951	3373331	546254
印刷和记录媒介复制业	16064725	8492179	6623965	948581
印刷	14932198	7841197	6210419	880582
书、报刊印刷	2325013	1252668	922778	149567
本册印制	515969	255093	211258	49618
包装装潢及其他印刷	12091216	6333436	5076383	681397
装订及印刷相关服务	1036017	609544	362426	64047
记录媒介复制	96510	41438	51120	3952
文教、工美、体育和娱乐用品制造业	17947138	10966649	5587162	1393327
文教办公用品制造	1831879	1093278	604366	134235
文具制造	697876	395061	244851	57964
笔的制造	424892	222654	167826	34412
教学用模型及教具制造	265590	180433	77453	7704
墨水、墨汁制造	75607	62272	12399	936
其他文教办公用品制造	367914	232858	101837	33219
乐器制造	738906	429600	256002	53304
中乐器制造	190696	118885	60405	11406
西乐器制造	249390	137678	89430	22282
电子乐器制造	140214	68881	67839	3494
其他乐器及零件制造	158606	104156	38328	16122
工艺美术品制造	9171694	5870306	2675265	626123
雕塑工艺品制造	1696779	1128011	435335	133433
金属工艺品制造	1039083	618026	343751	77306
漆器工艺品制造	225946	161184	48053	16709
花画工艺品制造	162187	94792	57905	9490

续表 10

行 业	投资额	建筑安装工程	设备工器具购置	其他费用
天然植物纤维编织工艺品制造	612181	387749	192208	32224
抽纱刺绣工艺品制造	447056	239998	190133	16925
地毯、挂毯制造	999466	646967	311036	41463
珠宝首饰及有关物品制造	1437223	977398	369307	90518
其他工艺美术品制造	2551773	1616181	727537	208055
体育用品制造	3130517	1813736	1123580	193201
球类制造	220902	111962	94453	14487
体育器材及配件制造	1401339	820494	503013	77832
训练健身器材制造	534389	284991	211180	38218
运动防护用具制造	168769	86778	62868	19123
其他体育用品制造	805118	509511	252066	43541
玩具制造	2231663	1261804	713584	256275
游艺器材及娱乐用品制造	842479	497925	214365	130189
露天游乐场所游乐设备制造	310239	191372	87304	31563
游艺用品及室内游艺器材制造	242023	143073	57653	41297
其他娱乐用品制造	290217	163480	69408	57329
石油加工、炼焦和核燃料加工业	32084923	15335046	13890115	2859762
精炼石油产品制造	24622195	11633100	10466473	2522622
原油加工及石油制品制造	23172157	10855265	9876700	2440192
人造原油制造	1450038	777835	589773	82430
炼焦	7462728	3701946	3423642	337140
化学原料和化学制品制造业	145163932	72293383	62043819	10826730
基础化学原料制造	53417749	24621175	24373264	4423310
无机酸制造	3204447	1562792	1385906	255749
无机碱制造	2427147	1274680	1027120	125347
无机盐制造	4145235	1916176	1820459	408600
有机化学原料制造	33019548	14700724	15297650	3021174
其他基础化学原料制造	10621372	5166803	4842129	612440
肥料制造	17215260	9523268	6469459	1222533
氮肥制造	4255434	1988653	1896922	369859
磷肥制造	698199	406706	242866	48627
钾肥制造	715893	537550	150872	27471

续表 11

行　业	投资额	建筑安装工程	设备工器具购置	其他费用
复混肥料制造	5399964	2794043	2275843	330078
有机肥料及微生物肥料制造	4782257	2942790	1473585	365882
其他肥料制造	1363513	853526	429371	80616
农药制造	5145898	2942615	1905957	297326
化学农药制造	3410099	1784777	1441856	183466
生物化学农药及微生物农药制造	1735799	1157838	464101	113860
涂料、油墨、颜料及类似产品制造	9585605	5287138	3613348	685119
涂料制造	6476097	3601741	2395240	479116
油墨及类似产品制造	495962	283004	171454	41504
颜料制造	1089629	625000	379417	85212
染料制造	872038	416197	406389	49452
密封用填料及类似品制造	651879	361196	260848	29835
合成材料制造	19896207	9535341	8962702	1398164
初级形态塑料及合成树脂制造	9903888	4475970	4796935	630983
合成橡胶制造	2365302	1106895	1079436	178971
合成纤维单（聚合）体制造	3013418	1315825	1446093	251500
其他合成材料制造	4613599	2636651	1640238	336710
专用化学产品制造	30900220	14973603	13947613	1979004
化学试剂和助剂制造	11001989	5230421	5099995	671573
专项化学用品制造	9303141	4197980	4561273	543888
林产化学产品制造	935569	498714	356965	79890
信息化学品制造	2798452	1154716	1506879	136857
环境污染处理专用药剂材料制造	1543376	842813	583878	116685
动物胶制造	194256	101356	80693	12207
其他专用化学产品制造	5123437	2947603	1757930	417904
炸药、火工及焰火产品制造	3839172	2430965	953752	454455
焰火、鞭炮产品制造	3839172	2430965	953752	454455
日用化学产品制造	5163821	2979278	1817724	366819
肥皂及合成洗涤剂制造	1203325	649573	478971	74781
化妆品制造	1193548	685071	422815	85662
口腔清洁用品制造	131004	57278	66353	7373
香料、香精制造	1124779	661110	368073	95596

续表 12

行业	投资额	建筑安装工程	设备工器具购置	其他费用
其他日用化学产品制造	1511165	926246	481512	103407
医药制造业	51919326	30854055	17260094	3805177
化学药品原料药制造	8761929	4819701	3321474	620754
化学药品制剂制造	8266526	4920023	2751607	594896
中药饮片加工	7685493	4941712	2167450	576331
中成药生产	9783905	5997908	3074337	711660
兽用药品制造	1683110	944649	624008	114453
生物药品制造	10754627	6295803	3615890	842934
卫生材料及医药用品制造	4983736	2934259	1705328	344149
化学纤维制造业	10992030	5208006	5142796	641228
纤维素纤维原料及纤维制造	2101447	783917	1173872	143658
化纤浆粕制造	312962	133556	161577	17829
人造纤维（纤维素纤维）制造	1788485	650361	1012295	125829
合成纤维制造	8890583	4424089	3968924	497570
锦纶纤维制造	1696741	857542	646952	192247
涤纶纤维制造	3236818	1277743	1867056	92019
腈纶纤维制造	125158	45647	70953	8558
维纶纤维制造	452264	317965	130977	3322
丙纶纤维制造	220897	147107	69688	4102
氨纶纤维制造	494395	210698	262002	21695
其他合成纤维制造	2664310	1567387	921296	175627
橡胶和塑料制品业	59323026	31285299	24283028	3754699
橡胶制品业	16223437	8119221	7225482	878734
轮胎制造	6673061	3039457	3292809	340795
橡胶板、管、带制造	3840386	1805049	1811146	224191
橡胶零件制造	1549708	848014	623559	78135
再生橡胶制造	1172813	701616	410830	60367
日用及医用橡胶制品制造	572843	353002	191442	28399
其他橡胶制品制造	2414626	1372083	895696	146847
塑料制品业	43099589	23166078	17057546	2875965
塑料薄膜制造	5847424	2942422	2472442	432560
塑料板、管型材制造	11260997	6342659	4254760	663578

续表 13

行　　业	投资额	建筑安装工程	设备工器具购置	其他费用
塑料丝、绳及编织品制造	3961173	2098769	1638109	224295
泡沫塑料制造	1671473	898372	661685	111416
塑料人造革、合成革制造	968705	466484	421472	80749
塑料包装箱及容器制造	4898488	2593999	1966080	338409
日用塑料制品制造	4067556	2379144	1358979	329433
塑料零件制造	2189004	1125469	894687	168848
其他塑料制品制造	8234769	4318760	3389332	526677
非金属矿物制品业	157855683	87559587	59045036	11251060
水泥、石灰和石膏制造	15082635	8475579	5753485	853571
水泥制造	11127099	6256903	4247560	622636
石灰和石膏制造	3955536	2218676	1505925	230935
石膏、水泥制品及类似制品制造	28818735	15695813	10967755	2155167
水泥制品制造	15230147	8206591	5941632	1081924
混凝土结构构件制造	4487739	2468643	1700702	318394
石棉水泥制品制造	541198	206492	300171	34535
轻质建筑材料制造	5249605	2866805	1882871	499929
其他水泥类似制品制造	3310046	1947282	1142379	220385
砖瓦、石材等建筑材料制造	59078175	34509157	20008428	4560590
粘土砖瓦及建筑砌块制造	14687801	8473409	5187473	1026919
建筑陶瓷制品制造	7905949	4115974	3221554	568421
建筑用石加工	14916214	9307902	4205336	1402976
防水建筑材料制造	2885197	1598301	1028097	258799
隔热和隔音材料制造	5783779	3211179	2154498	418102
其他建筑材料制造	12899235	7802392	4211470	885373
玻璃制造	7427535	4065709	2831601	530225
平板玻璃制造	3134418	1664492	1203111	266815
其他玻璃制造	4293117	2401217	1628490	263410
玻璃制品制造	10392898	5302824	4443202	646872
技术玻璃制品制造	2680459	1364636	1140771	175052
光学玻璃制造	866639	385467	422518	58654
玻璃仪器制造	286244	117276	145429	23539
日用玻璃制品制造	2030408	1086516	792092	151800

续表 14

行　业	投资额	建筑安装工程	设备工器具购置	其他费用
玻璃包装容器制造	1011200	556917	397291	56992
玻璃保温容器制造	220256	118670	92785	8801
制镜及类似制品加工	376666	221943	134437	20286
其他玻璃制品制造	2921026	1451399	1317879	151748
玻璃纤维和玻璃纤维增强塑料制品制造	3627087	1770233	1578164	278690
玻璃纤维及制品制造	2104346	964999	977568	161779
玻璃纤维增强塑料制品制造	1522741	805234	600596	116911
陶瓷制品制造	9573990	5753078	3276271	544641
卫生陶瓷制品制造	1168115	742778	357179	68158
特种陶瓷制品制造	2896709	1618903	1094590	183216
日用陶瓷制品制造	3826185	2300921	1355869	169395
园林、陈设艺术及其他陶瓷制品制造	1682981	1090476	468633	123872
耐火材料制品制造	9285246	4830975	3777977	676294
石棉制品制造	908967	460284	409257	39426
云母制品制造	423398	276847	103516	43035
耐火陶瓷制品及其他耐火材料制造	7952881	4093844	3265204	593833
石墨及其他非金属矿物制品制造	14569382	7156219	6408153	1005010
石墨及碳素制品制造	5486535	2696967	2449659	339909
其他非金属矿物制品制造	9082847	4459252	3958494	665101
黑色金属冶炼和压延加工业	47813035	24156196	20922916	2733923
炼铁	2450479	1293557	987575	169347
炼钢	8573240	4708683	3352877	511680
黑色金属铸造	7240515	3609656	3240378	390481
钢压延加工	24848992	12009262	11400408	1439322
铁合金冶炼	4699809	2535038	1941678	223093
有色金属冶炼和压延加工业	58137975	29230675	24849795	4057505
常用有色金属冶炼	14982250	7857960	5985418	1138872
铜冶炼	2226277	1360472	649854	215951
铅锌冶炼	1692792	905481	684312	102999
镍钴冶炼	1529029	791487	656307	81235
锡冶炼	327103	164394	47842	114867
锑冶炼	209492	154377	42364	12751

续表 15

行　业	投资额	建筑安装工程	设备工器具购置	其他费用
铝冶炼	5730406	2910499	2596163	223744
镁冶炼	1250842	645903	411298	193641
其他常用有色金属冶炼	2016309	925347	897278	193684
贵金属冶炼	2048766	911455	909638	227673
金冶炼	449392	314746	119100	15546
银冶炼	1227865	373862	669817	184186
其他贵金属冶炼	371509	222847	120721	27941
稀有稀土金属冶炼	2017337	1169888	710389	137060
钨钼冶炼	699194	454723	211696	32775
稀土金属冶炼	819481	502066	234562	82853
其他稀有金属冶炼	498662	213099	264131	21432
有色金属合金制造	7485962	4401634	2377302	707026
有色金属铸造	1612868	822473	696876	93519
有色金属压延加工	29990792	14067265	14170172	1753355
铜压延加工	5043493	2492837	2168213	382443
铝压延加工	21185774	9643915	10461624	1080235
贵金属压延加工	456122	230679	200825	24618
稀有稀土金属压延加工	896843	511543	294673	90627
其他有色金属压延加工	2408560	1188291	1044837	175432
金属制品业	86311585	48039304	32196415	6075866
结构性金属制品制造	35401120	20647170	12358059	2395891
金属结构制造	25054209	14793962	8646790	1613457
金属门窗制造	10346911	5853208	3711269	782434
金属工具制造	7111739	3795990	2745609	570140
切削工具制造	2081853	1009243	907883	164727
手工具制造	847331	370300	383574	93457
农用及园林用金属工具制造	658512	381571	216208	60733
刀剪及类似日用金属工具制造	686680	417877	207784	61019
其他金属工具制造	2837363	1616999	1030160	190204
集装箱及金属包装容器制造	5980428	3070858	2486908	422662
集装箱制造	643156	360290	254269	28597
金属压力容器制造	2696230	1407217	1102157	186856

续表 16

行　业	投资额	建筑安装工程	设备工器具购置	其他费用
金属包装容器制造	2641042	1303351	1130482	207209
金属丝绳及其制品制造	4381029	2408056	1702892	270081
建筑、安全用金属制品制造	9732921	5279999	3723074	729848
建筑、家具用金属配件制造	2896874	1603916	1086147	206811
建筑装饰及水暖管道零件制造	3378607	1777589	1400332	200686
安全、消防用金属制品制造	1842303	1018860	617334	206109
其他建筑、安全用金属制品制造	1615137	879634	619261	116242
金属表面处理及热处理加工	4553199	2199995	1997336	355868
搪瓷制品制造	836776	468235	254334	114207
生产专用搪瓷制品制造	131818	60818	60616	10384
建筑装饰搪瓷制品制造	319481	160121	71526	87834
搪瓷卫生洁具制造	210520	164064	39200	7256
搪瓷日用品及其他搪瓷制品制造	174957	83232	82992	8733
金属制日用品制造	5288075	2801487	2094436	392152
金属制厨房用器具制造	1537588	901762	507863	127963
金属制餐具和器皿制造	1178203	668443	420419	89341
金属制卫生器具制造	360629	167401	172777	20451
其他金属制日用品制造	2211655	1063881	993377	154397
其他金属制品制造	13026298	7367514	4833767	825017
锻件及粉末冶金制品制造	4588461	2542066	1715882	330513
交通及公共管理用金属标牌制造	625496	325188	243867	56441
其他未列明金属制品制造	7812341	4500260	2874018	438063
通用设备制造业	121431909	63705561	49671442	8054906
锅炉及原动设备制造	10978331	5522129	4834663	621539
锅炉及辅助设备制造	5377032	2823957	2249881	303194
内燃机及配件制造	3378978	1413785	1806277	158916
汽轮机及辅机制造	749852	435869	258180	55803
水轮机及辅机制造	244830	108319	99020	37491
风能原动设备制造	645880	334066	275504	36310
其他原动设备制造	581759	406133	145801	29825
金属加工机械制造	26623267	14623440	10332466	1667361
金属切削机床制造	4455270	2204103	1978463	272704

续表 17

行　业	投资额	建筑安装工程	设备工器具购置	其他费用
金属成形机床制造	3079769	1668117	1258961	152691
铸造机械制造	5538597	3165901	2045433	327263
金属切割及焊接设备制造	2109572	1143576	838267	127729
机床附件制造	2656559	1358778	1096023	201758
其他金属加工机械制造	8783500	5082965	3115319	585216
物料搬运设备制造	13988869	7610670	5533640	844559
轻小型起重设备制造	1314033	687573	561620	64840
起重机制造	4052591	2147559	1680496	224536
生产专用车辆制造	2042453	1171757	754808	115888
连续搬运设备制造	1198673	650485	480067	68121
电梯、自动扶梯及升降机制造	4154207	2310020	1577155	267032
其他物料搬运设备制造	1226912	643276	479494	104142
泵、阀门、压缩机及类似机械制造	16470251	8810853	6453668	1205730
泵及真空设备制造	4941714	2699275	1845850	396589
气体压缩机械制造	2014640	1039380	860747	114513
阀门和旋塞制造	4218710	2271041	1582189	365480
液压和气压动力机械及元件制造	5295187	2801157	2164882	329148
轴承、齿轮和传动部件制造	13920546	7317395	5551470	1051681
轴承制造	7505773	3654859	3197743	653171
齿轮及齿轮减、变速箱制造	4957916	2811163	1838424	308329
其他传动部件制造	1456857	851373	515303	90181
烘炉、风机、衡器、包装等设备制造	11747942	5907092	5041716	799134
烘炉、熔炉及电炉制造	943251	511322	342692	89237
风机、风扇制造	2097173	971182	981640	144351
气体、液体分离及纯净设备制造	1419390	730627	621512	67251
制冷、空调设备制造	4026239	2093210	1634190	298839
风动和电动工具制造	1299066	615105	612326	71635
喷枪及类似器具制造	203418	115391	70581	17446
衡器制造	387445	234936	126852	25657
包装专用设备制造	1371960	635319	651923	84718
文化、办公用机械制造	1299658	717402	533291	48965
电影机械制造	61873	37451	19587	4835

续表 18

行　　业	投资额	建筑安装工程	设备工器具购置	其他费用
幻灯及投影设备制造	173149	112909	56921	3319
照相机及器材制造	122073	66095	50236	5742
复印和胶印设备制造	293612	127165	153903	12544
计算器及货币专用设备制造	142693	75718	64555	2420
其他文化、办公用机械制造	506258	298064	188089	20105
通用零部件制造	19088373	9215305	8651378	1221690
金属密封件制造	1073043	537892	468369	66782
紧固件制造	2435159	1215335	1013082	206742
弹簧制造	716114	374296	292941	48877
机械零部件加工	10905213	5119874	5147401	637938
其他通用零部件制造	3958844	1967908	1729585	261351
其他通用设备制造业	7314672	3981275	2739150	594247
专用设备制造业	113849186	62226267	44107650	7515269
采矿、冶金、建筑专用设备制造	35116775	19318231	13508310	2290234
矿山机械制造	12426182	6653608	4902146	870428
石油钻采专用设备制造	8400071	5073022	2911321	415728
建筑工程用机械制造	6494820	3850891	2374280	269649
海洋工程专用设备制造	1873364	761564	787824	323976
建筑材料生产专用机械制造	3152381	1613987	1286031	252363
冶金专用设备制造	2769957	1365159	1246708	158090
化工、木材、非金属加工专用设备制造	16282856	8640513	6761909	880434
炼油、化工生产专用设备制造	3350966	1842213	1337839	170914
橡胶加工专用设备制造	754284	408074	298169	48041
塑料加工专用设备制造	2118721	1102993	883442	132286
木材加工机械制造	819165	432636	323064	63465
模具制造	7323615	3855507	3097993	370115
其他非金属加工专用设备制造	1916105	999090	821402	95613
食品、饮料、烟草及饲料生产专用设备制造	3286523	1945562	1159031	181930
食品、酒、饮料及茶生产专用设备制造	1189129	753278	379981	55870
农副食品加工专用设备制造	1611481	915174	595706	100601
烟草生产专用设备制造	200103	85073	105386	9644
饲料生产专用设备制造	285810	192037	77958	15815

续表 19

行　业	投资额	建筑安装工程	设备工器具购置	其他费用
印刷、制药、日化及日用品生产专用设备制造	6494053	3461448	2464880	567725
制浆和造纸专用设备制造	933751	499991	380229	53531
印刷专用设备制造	1042283	521738	398197	122348
日用化工专用设备制造	929511	550641	299690	79180
制药专用设备制造	675044	397869	217385	59790
照明器具生产专用设备制造	1811132	872160	773785	165187
玻璃、陶瓷和搪瓷制品生产专用设备制造	566629	317973	203095	45561
其他日用品生产专用设备制造	535703	301076	192499	42128
纺织、服装和皮革加工专用设备制造	3894131	1986929	1649329	257873
纺织专用设备制造	2743673	1362873	1199263	181537
皮革、毛皮及其制品加工专用设备制造	407262	225041	163747	18474
缝制机械制造	611274	322901	241749	46624
洗涤机械制造	131922	76114	44570	11238
电子和电工机械专用设备制造	9476787	5295811	3479516	701460
电工机械专用设备制造	3818564	2157465	1399992	261107
电子工业专用设备制造	5658223	3138346	2079524	440353
农、林、牧、渔专用机械制造	10008559	5425557	3843538	739464
拖拉机制造	1548621	786125	653591	108905
机械化农业及园艺机具制造	4047976	2210616	1549243	288117
营林及木竹采伐机械制造	131811	49826	77432	4553
畜牧机械制造	679565	394728	234463	50374
渔业机械制造	73868	44589	27844	1435
农、林、牧、渔机械配件制造	1790242	915767	733830	140645
棉花加工机械制造	190553	126320	40995	23238
其他农、林、牧、渔业机械制造	1545923	897586	526140	122197
医疗仪器设备及器械制造	8561803	4627449	3357524	576830
医疗诊断、监护及治疗设备制造	2869065	1621783	1016278	231004
口腔科用设备及器具制造	173091	116872	40353	15866
医疗实验室及医用消毒设备和器具制造	723728	394630	294576	34522
医疗、外科及兽医用器械制造	1507556	763015	679697	64844
机械治疗及病房护理设备制造	717227	418639	258643	39945
假肢、人工器官及植（介）入器械制造	231621	99495	105692	26434

续表 20

行　业	投资额	建筑安装工程	设备工器具购置	其他费用
其他医疗设备及器械制造	2339515	1213015	962285	164215
环保、社会公共服务及其他专用设备制造	20727699	11524767	7883613	1319319
环境保护专用设备制造	10629419	5717647	4347526	564246
地质勘查专用设备制造	535099	281454	205502	48143
邮政专用机械及器材制造	21498	2645	18853	
商业、饮食、服务专用设备制造	145998	114911	23420	7667
社会公共安全设备及器材制造	974137	584734	333926	55477
交通安全、管制及类似专用设备制造	559713	291124	193312	75277
水资源专用机械制造	902653	503438	318398	80817
其他专用设备制造	6959182	4028814	2442676	487692
汽车制造业	100934307	50412134	44208162	6314011
汽车整车制造	20955659	8289673	11341426	1324560
改装汽车制造	2662586	1606846	914728	141012
低速载货汽车制造	932797	401275	504215	27307
电车制造	2590430	1348459	1002770	239201
汽车车身、挂车制造	2599965	1507313	895259	197393
汽车零部件及配件制造	71192870	37258568	29549764	4384538
铁路、船舶、航空航天和其他运输设备制造业	31569527	17226750	11752654	2590123
铁路运输设备制造	5495451	2882501	2192727	420223
铁路机车车辆及动车组制造	966652	669574	267191	29887
窄轨机车车辆制造	140337	53356	71963	15018
铁路机车车辆配件制造	1739126	725435	916607	97084
铁路专用设备及器材、配件制造	2179282	1210617	770672	197993
其他铁路运输设备制造	470054	223519	166294	80241
城市轨道交通设备制造	1144669	628464	402341	113864
船舶及相关装置制造	8041697	4557063	2647920	836714
金属船舶制造	3031840	1782043	1054005	195792
非金属船舶制造	376584	162588	188356	25640
娱乐船和运动船制造	1342829	876050	201433	265346
船用配套设备制造	2331241	1230778	853111	247352
船舶改装与拆除	616717	369210	230489	17018
航标器材及其他相关装置制造	342486	136394	120526	85566

续表 21

行　　业	投资额	建筑安装工程	设备工器具购置	其他费用
摩托车制造	3809826	2162407	1244786	402633
摩托车整车制造	1389571	880701	335790	173080
摩托车零部件及配件制造	2420255	1281706	908996	229553
自行车制造	4354058	2387003	1713225	253830
脚踏自行车及残疾人座车制造	910545	480022	395595	34928
助动自行车制造	3443513	1906981	1317630	218902
非公路休闲车及零配件制造	613433	410625	171423	31385
潜水救捞及其他未列明运输设备制造	8110393	4198687	3380232	531474
其他未列明运输设备制造	8110393	4198687	3380232	531474
电气机械和器材制造业	104035057	55932041	41607959	6495057
电机制造	11497792	6231402	4653058	613332
发电机及发电机组制造	4920868	2638170	2029185	253513
电动机制造	3507937	1885369	1461809	160759
微电机及其他电机制造	3068987	1707863	1162064	199060
输配电及控制设备制造	33754276	17198681	14460258	2095337
变压器、整流器和电感器制造	6588461	3801553	2335213	451695
电容器及其配套设备制造	1762884	1047377	631508	83999
配电开关控制设备制造	5843962	2955063	2431817	457082
电力电子元器件制造	7034562	3692788	2934913	406861
光伏设备及元器件制造	8562974	3451752	4682258	428964
其他输配电及控制设备制造	3961433	2250148	1444549	266736
电线、电缆、光缆及电工器材制造	17297964	9346151	6931450	1020363
电线、电缆制造	13051483	7021980	5209481	820022
光纤、光缆制造	1286304	700517	530025	55762
绝缘制品制造	1223426	675767	476284	71375
其他电工器材制造	1736751	947887	715660	73204
电池制造	11063423	5773746	4551710	737967
锂离子电池制造	6005853	3239711	2321496	444646
镍氢电池制造	497492	208857	255578	33057
其他电池制造	4560078	2325178	1974636	260264
家用电力器具制造	9862236	5242899	3963690	655647
家用制冷电器具制造	2083948	1032202	940078	111668

续表22

行　　业	投资额	建筑安装工程	设备工器具购置	其他费用
家用空气调节器制造	1229954	632174	507561	90219
家用通风电器具制造	469602	264677	138697	66228
家用厨房电器具制造	2100012	1135849	840670	123493
家用清洁卫生电器具制造	783950	374887	352646	56417
家用美容、保健电器具制造	293089	143673	121896	27520
家用电力器具专用配件制造	1094927	627031	403417	64479
其他家用电力器具制造	1806754	1032406	658725	115623
非电力家用器具制造	4346064	2582103	1559452	204509
燃气、太阳能及类似能源家用器具制造	3998457	2373163	1436974	188320
其他非电力家用器具制造	347607	208940	122478	16189
照明器具制造	11607242	6714508	4142622	750112
电光源制造	3307951	1918503	1168133	221315
照明灯具制造	6947224	3971374	2522612	453238
灯用电器附件及其他照明器具制造	1352067	824631	451877	75559
其他电气机械及器材制造	4606060	2842551	1345719	417790
电气信号设备装置制造	927461	615196	257201	55064
其他未列明电气机械及器材制造	3678599	2227355	1088518	362726
计算机、通信和其他电子设备制造业	79728163	38699674	36092366	4936123
计算机制造	8332676	4300272	3421013	611391
计算机整机制造	1850496	839444	951169	59883
计算机零部件制造	3292886	1656333	1387732	248821
计算机外围设备制造	1218470	617111	517064	84295
其他计算机制造	1970824	1187384	565048	218392
通信设备制造	10897974	5504648	4701188	692138
通信系统设备制造	5200106	2953088	1954501	292517
通信终端设备制造	5697868	2551560	2746687	399621
广播电视设备制造	2006924	1149797	748772	108355
广播电视节目制作及发射设备制造	465144	275380	163468	26296
广播电视接收设备及器材制造	792113	454077	304353	33683
应用电视设备及其他广播电视设备制造	749667	420340	280951	48376
视听设备制造	2281419	940449	1187567	153403
电视机制造	1029934	415249	534238	80447

续表23

行　　业	投资额	建筑安装工程	设备工器具购置	其他费用
音响设备制造	564756	262270	267481	35005
影视录放设备制造	686729	262930	385848	37951
电子器件制造	28319347	11489099	15276958	1553290
电子真空器件制造	1046491	421536	563580	61375
半导体分立器件制造	1073958	545124	491127	37707
集成电路制造	6452874	1605553	4664708	182613
光电子器件及其他电子器件制造	19746024	8916886	9557543	1271595
电子元件制造	17484150	8667686	7850076	966388
电子元件及组件制造	14496113	7270801	6434867	790445
印制电路板制造	2988037	1396885	1415209	175943
其他电子设备制造	10405673	6647723	2906792	851158
仪器仪表制造业	14871129	8420382	5490896	959851
通用仪器仪表制造	7645671	4049306	3100815	495550
工业自动控制系统装置制造	4040093	2014373	1776328	249392
电工仪器仪表制造	1296508	752683	451221	92604
绘图、计算及测量仪器制造	541256	297204	205333	38719
实验分析仪器制造	570571	320775	225324	24472
试验机制造	202018	144207	56775	1036
供应用仪表及其他通用仪器制造	995225	520064	385834	89327
专用仪器仪表制造	3330408	1911855	1188167	230386
环境监测专用仪器仪表制造	444221	260408	158332	25481
运输设备及生产用计数仪表制造	561559	304714	213967	42878
农、林、牧、渔专用仪器仪表制造	82938	34290	44908	3740
地质勘探和地震专用仪器制造	186207	123409	58401	4397
教学专用仪器制造	181609	103016	62179	16414
电子测量仪器制造	517260	326463	168429	22368
其他专用仪器制造	1356614	759555	481951	115108
钟表与计时仪器制造	402102	284528	95791	21783
光学仪器及眼镜制造	1626685	907322	620207	99156
光学仪器制造	1059725	591130	402868	65727
眼镜制造	566960	316192	217339	33429
其他仪器仪表制造业	1866263	1267371	485916	112976

续表24

行　　业	投资额	建筑安装工程	设备工器具购置	其他费用
其他制造业	20341212	13802622	4141366	2397224
日用杂品制造	2075954	1115924	741700	218330
鬃毛加工、制刷及清扫工具制造	562042	348933	165633	47476
其他日用杂品制造	1513912	766991	576067	170854
煤制品制造	1877929	863684	779246	234999
其他未列明制造业	16387329	11823014	2620420	1943895
废弃资源综合利用业	11899628	7020412	3739703	1139513
金属废料和碎屑加工处理	7145196	4382564	2091179	671453
非金属废料和碎屑加工处理	4754432	2637848	1648524	468060
金属制品、机械和设备修理业	3271384	2089012	981343	201029
金属制品修理	530635	289851	208364	32420
通用设备修理	315996	202460	79211	34325
专用设备修理	577284	384376	173843	19065
铁路、船舶、航空航天等运输设备修理	1055052	732644	264461	57947
铁路运输设备修理	37924	16293	17751	3880
船舶修理	422381	331029	81963	9389
航空航天器修理	254208	116204	126954	11050
其他运输设备修理	340539	269118	37793	33628
电气设备修理	124302	72754	43485	8063
仪器仪表修理	18361	5826	11293	1242
其他机械和设备修理业	649754	401101	200686	47967
(四) 电力、热力、燃气及水的生产和供应业	**228250080**	**127713408**	**80134837**	**20401835**
电力、热力生产和供应业	174324737	89315611	68888566	16120560
电力生产	111935693	52125186	48792897	11017610
火力发电	32665446	14195388	15521586	2948472
水力发电	20000275	13302560	3173490	3524225
核力发电	9417169	2865447	4119754	2431968
风力发电	24845496	10955304	12857775	1032417
太阳能发电	18360545	6866120	10865553	628872
其他电力生产	6646762	3940367	2254739	451656
电力供应	46710711	26746683	15674935	4289093
热力生产和供应	15678333	10443742	4420734	813857

续表 25

行　　业	投资额	建筑安装工程	设备工器具购置	其他费用
燃气生产和供应业	22415922	14866121	5824047	1725754
燃气生产和供应业	22415922	14866121	5824047	1725754
水的生产和供应业	31509421	23531676	5422224	2555521
自来水生产和供应	14552105	11449391	2193942	908772
污水处理及其再生利用	14641690	10283676	2849544	1508470
其他水的处理、利用与分配	2315626	1798609	378738	138279
（五）建筑业	**40340476**	**31747323**	**6089960**	**2503193**
房屋建筑业	13192381	10806832	1734030	651519
房屋建筑业	13192381	10806832	1734030	651519
土木工程建筑业	20401453	16503539	2604946	1292968
铁路、道路、隧道和桥梁工程建筑	13221480	11029347	1426235	765898
铁路工程建筑	693874	484224	177474	32176
公路工程建筑	5001716	4378325	359308	264083
市政道路工程建筑	5008072	4104590	503181	400301
其他道路、隧道和桥梁工程建筑	2517818	2062208	386272	69338
水利和内河港口工程建筑	2752869	2018287	453299	281283
水源及供水设施工程建筑	859128	678985	127798	52345
河湖治理及防洪设施工程建筑	1340253	1103403	85505	151345
港口及航运设施工程建筑	553488	235899	239996	77593
海洋工程建筑	378802	315574	21128	42100
工矿工程建筑	388852	146272	239477	3103
架线和管道工程建筑	1333095	1022422	250887	59786
架线及设备工程建筑	654708	484191	138718	31799
管道工程建筑	678387	538231	112169	27987
其他土木工程建筑	2326355	1971637	213920	140798
建筑安装业	2056674	1191817	708959	155898
电气安装	575751	348326	211822	15603
管道和设备安装	510221	336059	155837	18325
其他建筑安装业	970702	507432	341300	121970
建筑装饰和其他建筑业	4689968	3245135	1042025	402808
建筑装饰业	1692983	1143052	461092	88839
工程准备活动	617368	424643	121807	70918

续表 26

行　　业	投资额	建筑安装工程	设备工器具购置	其他费用
建筑物拆除活动	164523	154198	9101	1224
其他工程准备活动	452845	270445	112706	69694
提供施工设备服务	330139	137402	146346	46391
其他未列明建筑业	2049478	1540038	312780	196660
(六) 批发和零售业	**155525455**	**116142522**	**24405670**	**14977263**
批发业	75206407	54346793	14012664	6846950
农、林、牧产品批发	8031013	5879636	1274671	876706
谷物、豆及薯类批发	2366785	1787774	421810	157201
种子批发	664313	460071	137695	66547
饲料批发	217272	142349	54907	20016
棉、麻批发	158879	98935	45648	14296
林业产品批发	886064	629516	125093	131455
牲畜批发	470461	353172	81801	35488
其他农牧产品批发	3267239	2407819	407717	451703
食品、饮料及烟草制品批发	11007518	8265153	1724390	1017975
米、面制品及食用油批发	1230457	881096	227964	121397
糕点、糖果及糖批发	203096	141962	47607	13527
果品、蔬菜批发	4529756	3608276	582298	339182
肉、禽、蛋、奶及水产品批发	2283686	1735415	362637	185634
盐及调味品批发	98237	68740	26004	3493
营养和保健品批发	101304	69132	28654	3518
酒、饮料及茶叶批发	1021319	694255	208626	118438
烟草制品批发	324040	244048	25092	54900
其他食品批发	1215623	822229	215508	177886
纺织、服装及家庭用品批发	8557254	6258576	1262595	1036083
纺织品、针织品及原料批发	2357585	1548480	353838	455267
服装批发	2625366	1955516	425370	244480
鞋帽批发	262930	187156	18172	57602
化妆品及卫生用品批发	252896	175821	65895	11180
厨房、卫生间用具及日用杂货批发	486761	395569	56714	34478
灯具、装饰物品批发	608513	491182	55169	62162
家用电器批发	734748	562472	109614	62662

续表 27

行　业	投资额	建筑安装工程	设备工器具购置	其他费用
其他家庭用品批发	1228455	942380	177823	108252
文化、体育用品及器材批发	1415291	1043320	257190	114781
文具用品批发	311122	232837	47234	31051
体育用品及器材批发	108486	66075	33390	9021
图书批发	140404	112457	16252	11695
报刊批发	23360	11361	11999	
音像制品及电子出版物批发	54566	38858	12695	3013
首饰、工艺品及收藏品批发	565444	430288	103718	31438
其他文化用品批发	211909	151444	31902	28563
医药及医疗器材批发	2301032	1617087	514995	168950
西药批发	795381	576436	168309	50636
中药批发	645757	442169	131049	72539
医疗用品及器材批发	859894	598482	215637	45775
矿产品、建材及化工产品批发	23161819	16347338	4998073	1816408
煤炭及制品批发	2506497	1594299	735715	176483
石油及制品批发	3022579	2011978	753233	257368
非金属矿及制品批发	364864	241369	79340	44155
金属及金属矿批发	3541185	2345691	971873	223621
建材批发	11702646	8841858	1864112	996676
化肥批发	549716	392013	131958	25745
农药批发	163700	129666	22965	11069
农用薄膜批发	27327	14369	12508	450
其他化工产品批发	1283305	776095	426369	80841
机械设备、五金产品及电子产品批发	12752670	9155275	2444731	1152664
农业机械批发	1033952	739990	187692	106270
汽车批发	2472917	1869524	317180	286213
汽车零配件批发	1512336	1147653	270217	94466
摩托车及零配件批发	191019	118935	26510	45574
五金产品批发	2923855	2163307	480448	280100
电气设备批发	924376	613798	266709	43869
计算机、软件及辅助设备批发	509886	348892	118556	42438
通信及广播电视设备批发	168387	130350	29877	8160

续表 28

行　业	投资额	建筑安装工程	设备工器具购置	其他费用
其他机械设备及电子产品批发	3015942	2022826	747542	245574
贸易经纪与代理	3792511	2769031	717752	305728
贸易代理	2334758	1750711	417897	166150
拍卖	41240	35698	4118	1424
其他贸易经纪与代理	1416513	982622	295737	138154
其他批发业	4187299	3011377	818267	357655
再生物资回收与批发	1459516	983142	375137	101237
其他未列明批发业	2727783	2028235	443130	256418
零售业	80319048	61795729	10393006	8130313
综合零售	34261096	27891213	2932406	3437477
百货零售	18049355	14740379	1608923	1700053
超级市场零售	8272013	6476019	843498	952496
其他综合零售	7939728	6674815	479985	784928
食品、饮料及烟草制品专门零售	3451334	2660323	488168	302843
粮油零售	320441	237718	54112	28611
糕点、面包零售	100992	67854	29661	3477
果品、蔬菜零售	815628	646818	101660	67150
肉、禽、蛋、奶及水产品零售	742290	564650	87314	90326
营养和保健品零售	103104	88969	12251	1884
酒、饮料及茶叶零售	493636	361303	108324	24009
烟草制品零售	40522	31210	7741	1571
其他食品零售	834721	661801	87105	85815
纺织、服装及日用品专门零售	3514501	2836032	433704	244765
纺织品及针织品零售	465918	350968	97233	17717
服装零售	2064363	1710190	198798	155375
鞋帽零售	64342	40241	20392	3709
化妆品及卫生用品零售	98140	80676	14195	3269
钟表、眼镜零售	99570	84022	14253	1295
箱、包零售	98598	92410	4483	1705
厨房用具及日用杂品零售	97377	70393	17291	9693
自行车零售	55648	43273	10498	1877
其他日用品零售	470545	363859	56561	50125

续表 29

行　业	投资额	建筑安装工程	设备工器具购置	其他费用
文化、体育用品及器材专门零售	1970648	1532894	324367	113387
文具用品零售	48511	28739	18779	993
体育用品及器材零售	74416	55602	13686	5128
图书、报刊零售	97935	71328	14553	12054
音像制品及电子出版物零售	13633	7007	6426	200
珠宝首饰零售	972442	762809	148748	60885
工艺美术品及收藏品零售	534329	452521	55250	26558
乐器零售	22724	14070	5351	3303
照相器材零售	54540	26853	27687	
其他文化用品零售	152118	113965	33887	4266
医药及医疗器材专门零售	1202542	810750	312026	79766
药品零售	865430	603356	200776	61298
医疗用品及器材零售	337112	207394	111250	18468
汽车、摩托车、燃料及零配件专门零售	21408598	15552019	3608678	2247901
汽车零售	16258702	12213586	2386179	1658937
汽车零配件零售	1767671	1276683	270131	220857
摩托车及零配件零售	89382	58938	22604	7840
机动车燃料零售	3292843	2002812	929764	360267
家用电器及电子产品专门零售	2491647	1842212	509328	140107
家用视听设备零售	238285	162560	65803	9922
日用家电设备零售	763682	551196	143038	69448
计算机、软件及辅助设备零售	463870	356398	83265	24207
通信设备零售	361240	278229	76950	6061
其他电子产品零售	664570	493829	140272	30469
五金、家具及室内装饰材料专门零售	8109482	6114954	990684	1003844
五金零售	1226167	963763	185079	77325
灯具零售	290130	260050	15667	14413
家具零售	4140157	3134101	353177	652879
涂料零售	92080	69691	14766	7623
卫生洁具零售	79191	54086	12688	12417
木质装饰材料零售	328835	257851	53888	17096
陶瓷、石材装饰材料零售	898088	596656	209208	92224

续表 30

行　　业	投资额	建筑安装工程	设备工器具购置	其他费用
其他室内装饰材料零售	1054834	778756	146211	129867
货摊、无店铺及其他零售业	3909200	2555332	793645	560223
货摊食品零售	92365	62724	7681	21960
货摊纺织、服装及鞋零售	46685	18845	4242	23598
货摊日用品零售	63307	54497	4138	4672
互联网零售	716533	383476	164551	168506
邮购及电视、电话零售	15738	13611	2127	
旧货零售	32415	28083	3822	510
生活用燃料零售	616166	391141	157269	67756
其他未列明零售业	2325991	1602955	449815	273221
(七) 交通运输、仓储和邮政业	**428895215**	**313117191**	**59324295**	**56453729**
铁路运输业	77071694	45680283	18295983	13095428
铁路旅客运输	40280055	29347846	1728345	9203864
铁路货物运输	30097501	11508871	15625832	2962798
铁路运输辅助活动	6694138	4823566	941806	928766
客运火车站	1575233	1329745	156854	88634
货运火车站	330216	220080	72080	38056
其他铁路运输辅助活动	4788689	3273741	712872	802076
道路运输业	245131630	195342696	14974384	34814550
城市公共交通运输	40812552	24087429	6215734	10509389
公共电汽车客运	5302053	2987413	1952607	362033
城市轨道交通	30476379	17387981	3675941	9412457
出租车客运	463472	123479	327621	12372
其他城市公共交通运输	4570648	3588556	259565	722527
公路旅客运输	87772858	74977665	1428891	11366302
道路货物运输	58152044	46218989	5853878	6079177
道路运输辅助活动	58394176	50058613	1475881	6859682
客运汽车站	2515528	1958423	295239	261866
公路管理与养护	43398924	37315564	675671	5407689
其他道路运输辅助活动	12479724	10784626	504971	1190127
水上运输业	24345778	16321007	6717050	1307721
水上旅客运输	740697	605487	106532	28678

续表 31

行　　业	投资额	建筑安装工程	设备工器具购置	其他费用
海洋旅客运输	243627	198767	35906	8954
内河旅客运输	351728	293401	42586	15741
客运轮渡运输	145342	113319	28040	3983
水上货物运输	6032511	2230194	3618733	183584
远洋货物运输	1251435	118664	1126833	5938
沿海货物运输	2670461	1236467	1365132	68862
内河货物运输	2110615	875063	1126768	108784
水上运输辅助活动	17572570	13485326	2991785	1095459
客运港口	443856	389055	14992	39809
货运港口	14030680	11089946	2271090	669644
其他水上运输辅助活动	3098034	2006325	705703	386006
航空运输业	14304211	5907214	7550017	846980
航空客货运输	7728624	669592	6889962	169070
航空旅客运输	7383780	620025	6605207	158548
航空货物运输	344844	49567	284755	10522
通用航空服务	481973	271306	160593	50074
航空运输辅助活动	6093614	4966316	499462	627836
机场	5031284	4125014	351583	554687
空中交通管理	22365	17452	4444	469
其他航空运输辅助活动	1039965	823850	143435	72680
管道运输业	3154744	2294438	638071	222235
管道运输业	3154744	2294438	638071	222235
装卸搬运和运输代理业	12019811	8368762	2606265	1044784
装卸搬运	1778460	1206654	470100	101706
运输代理业	10241351	7162108	2136165	943078
货物运输代理	7854587	5558714	1634516	661357
旅客票务代理	46212	27075	19137	
其他运输代理业	2340552	1576319	482512	281721
仓储业	51582831	38397742	8235606	4949483
谷物、棉花等农产品仓储	11166364	8537720	1666705	961939
谷物仓储	5759740	4552774	804697	402269
棉花仓储	631970	480461	126837	24672

续表 32

行　　业	投资额	建筑安装工程	设备工器具购置	其他费用
其他农产品仓储	4774654	3504485	735171	534998
其他仓储业	40416467	29860022	6568901	3987544
邮政业	1284516	805049	306919	172548
邮政基本服务	372624	248487	85243	38894
快递服务	911892	556562	221676	133654
(八) 住宿和餐饮业	**61887430**	**49592246**	**6434993**	**5860191**
住宿业	45755207	37171530	4063353	4520324
旅游饭店	35321644	28826843	2861450	3633351
一般旅馆	6040242	4899703	739631	400908
其他住宿业	4393321	3444984	462272	486065
餐饮业	16132223	12420716	2371640	1339867
正餐服务	12431600	9722643	1714071	994886
快餐服务	913017	622562	249589	40866
饮料及冷饮服务	671707	458582	154399	58726
茶馆服务	184252	144483	22917	16852
咖啡馆服务	130897	83770	40847	6280
酒吧服务	230382	159553	47150	23679
其他饮料及冷饮服务	126176	70776	43485	11915
其他餐饮业	2115899	1616929	253581	245389
小吃服务	381817	301403	34168	46246
餐饮配送服务	228390	176970	36838	14582
其他未列明餐饮业	1505692	1138556	182575	184561
(九) 信息传输、软件和信息技术服务业	**41029762**	**22215348**	**16774608**	**2039806**
电信、广播电视和卫星传输服务	20653268	9538965	10569307	544996
电信	19380915	8692801	10184171	503943
固定电信服务	3485240	1875704	1464210	145326
移动电信服务	14815035	6104701	8376127	334207
其他电信服务	1080640	712396	343834	24410
广播电视传输服务	1197227	783269	379149	34809
有线广播电视传输服务	909327	589411	292593	27323
无线广播电视传输服务	287900	193858	86556	7486
卫星传输服务	75126	62895	5987	6244

续表 33

行　　业	投资额	建筑安装工程	设备工器具购置	其他费用
互联网和相关服务	4099992	2059730	1783774	256488
互联网接入及相关服务	1448714	715401	664064	69249
互联网信息服务	2034154	891480	1016717	125957
其他互联网服务	617124	452849	102993	61282
软件和信息技术服务业	16276502	10616653	4421527	1238322
软件开发	7377361	4845517	1835307	696537
信息系统集成服务	2318963	1416044	746399	156520
信息技术咨询服务	1432913	1095380	216921	120612
数据处理和存储服务	2166003	1158090	922737	85176
集成电路设计	436797	310127	101033	25637
其他信息技术服务业	2544465	1791495	599130	153840
数字内容服务	283347	151047	126120	6180
呼叫中心	389185	272332	53392	63461
其他未列明信息技术服务业	1871933	1368116	419618	84199
（十）金融业	**13629723**	**10012425**	**2407766**	**1209532**
货币金融服务	7008405	4835347	1556242	616816
中央银行服务	817273	674903	104937	37433
货币银行服务	5570722	3723721	1290425	556576
非货币银行服务	597420	418357	157113	21950
金融租赁服务	183877	88780	94847	250
财务公司	47334	39713	6262	1359
典当	63069	44265	14940	3864
其他非货币银行服务	303140	245599	41064	16477
银行监管服务	22990	18366	3767	857
资本市场服务	3759985	2875309	600391	284285
证券市场服务	671368	472790	180921	17657
证券市场管理服务	214107	99617	103260	11230
证券经纪交易服务	432167	349433	76677	6057
基金管理服务	25094	23740	984	370
期货市场服务	166565	62703	100748	3114
期货市场管理服务	156430	53123	100621	2686
其他期货市场服务	10135	9580	127	428

续表 34

行　　业	投资额	建筑安装工程	设备工器具购置	其他费用
证券期货监管服务	26188	22657		3531
资本投资服务	2451893	1973991	279945	197957
其他资本市场服务	443971	343168	38777	62026
保险业	1145050	886195	120453	138402
人身保险	762184	703561	20248	38375
人寿保险	758814	700281	20248	38285
健康和意外保险	3370	3280		90
财产保险	322396	143891	79212	99293
养老金	3650	3650		
保险经纪与代理服务	30789	19316	11329	144
保险监管服务	5285	5285		
其他保险活动	20746	10492	9664	590
风险和损失评估	3959	3428	531	
其他未列明保险活动	16787	7064	9133	590
其他金融业	1716283	1415574	130680	170029
金融信托与管理服务	592303	497180	24414	70709
控股公司服务	263885	187718	28458	47709
非金融机构支付服务	33829	25004	7189	1636
金融信息服务	254208	222635	18333	13240
其他未列明金融业	572058	483037	52286	36735
（十一）房地产业	**1235582427**	**951576621**	**21075924**	**262929882**
房地产业	1235582427	951576621	21075924	262929882
房地产开发经营	1002117019	750628473	14432911	237055635
物业管理	4090378	3167398	562795	360185
房地产中介服务	200137	162181	29210	8746
自有房地产经营活动	21514411	17247806	913206	3353399
其他房地产业	207660482	180370763	5137802	22151917
（十二）租赁和商务服务业	**79535228**	**57368292**	**12756912**	**9410024**
租赁业	7136116	1123215	5880102	132799
机械设备租赁	6969557	989541	5857180	122836
汽车租赁	567037	193327	347181	26529

续表 35

行　　业	投资额	建筑安装工程	设备工器具购置	其他费用
农业机械租赁	78747	44858	26929	6960
建筑工程机械与设备租赁	1068415	431737	578745	57933
计算机及通信设备租赁	22535	12775	2988	6772
其他机械与设备租赁	5232823	306844	4901337	24642
文化及日用品出租	166559	133674	22922	9963
娱乐及体育设备出租	123318	95842	21042	6434
图书出租	2866	952	1220	694
其他文化及日用品出租	40375	36880	660	2835
商务服务业	72399112	56245077	6876810	9277225
企业管理服务	28507616	21856695	2323880	4327041
企业总部管理	8782980	5784829	833370	2164781
投资与资产管理	15364378	12679815	1009501	1675062
单位后勤管理服务	789758	600846	102674	86238
其他企业管理服务	3570500	2791205	378335	400960
法律服务	111647	89678	11301	10668
律师及相关法律服务	87454	67398	10508	9548
公证服务	189	96	93	
其他法律服务	24004	22184	700	1120
咨询与调查	1878921	1351538	352612	174771
会计、审计及税务服务	127509	92340	22762	12407
市场调查	12983	12743	240	
社会经济咨询	471214	312850	87169	71195
其他专业咨询	1267215	933605	242441	91169
广告业	2029268	1368820	532903	127545
知识产权服务	264107	226414	14170	23523
人力资源服务	1019746	764440	179452	75854
公共就业服务	314183	237068	37221	39894
职业中介服务	88624	64052	18947	5625
劳务派遣服务	240660	154078	71036	15546
其他人力资源服务	376279	309242	52248	14789
旅行社及相关服务	7060757	5385460	886693	788604

续表 36

行　　业	投资额	建筑安装工程	设备工器具购置	其他费用
旅行社服务	566652	439762	96901	29989
旅游管理服务	5972550	4541154	705821	725575
其他旅行社相关服务	521555	404544	83971	33040
安全保护服务	526056	347112	132863	46081
安全服务	233920	180831	41032	12057
安全系统监控服务	194291	109336	70367	14588
其他安全保护服务	97845	56945	21464	19436
其他商务服务业	31000994	24854920	2442936	3703138
市场管理	11167013	8644741	1099226	1423046
会议及展览服务	6841300	5799120	196176	846004
包装服务	384144	218980	139638	25526
办公服务	1710191	1369180	103313	237698
信用服务	64051	51213	11638	1200
担保服务	292592	262637	25011	4944
其他未列明商务服务业	10541703	8509049	867934	1164720
(十三) 科学研究和技术服务业	**42190960**	**28010426**	**10272484**	**3908050**
研究和试验发展	13369911	9027413	2916151	1426347
自然科学研究和试验发展	1390749	987620	328032	75097
工程和技术研究和试验发展	8600746	5452394	2015454	1132898
农业科学研究和试验发展	1921613	1451760	316977	152876
医学研究和试验发展	1223374	923497	242582	57295
社会人文科学研究	233429	212142	13106	8181
专业技术服务业	15662299	9924642	4248582	1489075
气象服务	425502	308558	59812	57132
地震服务	127085	52458	73401	1226
海洋服务	343625	175447	122699	45479
测绘服务	275388	158095	106344	10949
质检技术服务	2600557	1445694	988564	166299
环境与生态监测	676472	414975	207279	54218
环境保护监测	600809	390122	177618	33069
生态监测	75663	24853	29661	21149
地质勘查	2201125	1188897	576634	435594

续表 37

行　　业	投资额	建筑安装工程	设备工器具购置	其他费用
能源矿产地质勘查	737743	348657	230493	158593
固体矿产地质勘查	938322	621760	71507	245055
水、二氧化碳等矿产地质勘查	24086	22239	1267	580
基础地质勘查	238053	110177	108204	19672
地质勘查技术服务	262921	86064	165163	11694
工程技术	4915726	3470488	1073100	372138
工程管理服务	1582940	1154054	382879	46007
工程勘察设计	1332304	732089	490249	109966
规划管理	2000482	1584345	199972	216165
其他专业技术服务业	4096819	2710030	1040749	346040
专业化设计服务	1275955	916711	218840	140404
摄影扩印服务	198536	101035	90469	7032
兽医服务	48817	29504	9681	9632
其他未列明专业技术服务业	2573511	1662780	721759	188972
科技推广和应用服务业	13158750	9058371	3107751	992628
技术推广服务	8618598	5545374	2318849	754375
农业技术推广服务	3269479	2287635	624889	356955
生物技术推广服务	1018302	577215	377292	63795
新材料技术推广服务	1124277	682705	371217	70355
节能技术推广服务	1639381	965661	587862	85858
其他技术推广服务	1567159	1032158	357589	177412
科技中介服务	1888732	1531390	291670	65672
其他科技推广和应用服务业	2651420	1981607	497232	172581
（十四）水利、环境和公共设施管理业	**462244285**	**385499596**	**21859805**	**54884884**
水利管理业	59901280	50516517	2525033	6859730
防洪除涝设施管理	30430506	26228617	910551	3291338
水资源管理	8115768	6649852	575897	890019
天然水收集与分配	10572334	8582319	458013	1532002
水文服务	219208	163560	25843	29805
其他水利管理业	10563464	8892169	554729	1116566
生态保护和环境治理业	18077110	13251729	2403173	2422208
生态保护	4797269	3436068	238869	1122332

续表 38

行　业	投资额	建筑安装工程	设备工器具购置	其他费用
自然保护区管理	1742742	1252029	46105	444608
野生动物保护	657182	406692	41554	208936
野生植物保护	272287	197318	18800	56169
其他自然保护	2125058	1580029	132410	412619
环境治理业	13279841	9815661	2164304	1299876
水污染治理	7101617	5736204	667605	697808
大气污染治理	1157479	613420	484088	59971
固体废物治理	2087726	1410397	476622	200707
危险废物治理	327540	180102	116315	31123
放射性废物治理	21848	18778	1000	2070
其他污染治理	2583631	1856760	418674	308197
公共设施管理业	384265895	321731350	16931599	45602946
市政设施管理	278183846	237289931	9771546	31122369
环境卫生管理	6560569	5057824	797084	705661
城乡市容管理	15779536	13428858	804331	1546347
绿化管理	17602219	13058337	764411	3779471
公园和游览景区管理	66139725	52896400	4794227	8449098
公园管理	18689928	15069757	1040721	2579450
游览景区管理	47449797	37826643	3753506	5869648
(十五)居民服务、修理和其他服务业	**22755860**	**17669112**	**3071871**	**2014877**
居民服务业	13537572	11124022	1163296	1250254
家庭服务	538528	464662	24138	49728
托儿所服务	362668	286965	45703	30000
洗染服务	93578	49846	39710	4022
理发及美容服务	223351	164213	45300	13838
洗浴服务	1553344	1207934	223723	121687
保健服务	363975	278711	62273	22991
婚姻服务	140274	116304	18921	5049
殡葬服务	1643964	1338859	126830	178275
其他居民服务业	8617890	7216528	576698	824664
机动车、电子产品和日用产品修理业	5069743	3441145	1334573	294025

续表 39

行　　业	投资额	建筑安装工程	设备工器具购置	其他费用
汽车、摩托车修理与维护	4465445	3003117	1190029	272299
汽车修理与维护	4441636	2988745	1181840	271051
摩托车修理与维护	23809	14372	8189	1248
计算机和办公设备维修	427100	335089	76968	15043
计算机和辅助设备修理	156495	143576	9819	3100
通信设备修理	129127	97309	26159	5659
其他办公设备维修	141478	94204	40990	6284
家用电器修理	66688	48507	15701	2480
家用电子产品修理	36054	21199	14289	566
日用电器修理	30634	27308	1412	1914
其他日用产品修理业	110510	54432	51875	4203
自行车修理	3283	1618	1230	435
鞋和皮革修理	6622	5610	1012	
家具和相关物品修理	16878	8785	6017	2076
其他未列明日用产品修理业	83727	38419	43616	1692
其他服务业	4148545	3103945	574002	470598
清洁服务	417210	257670	130482	29058
建筑物清洁服务	90432	69668	16943	3821
其他清洁服务	326778	188002	113539	25237
其他未列明服务业	3731335	2846275	443520	441540
（十六）教育	**67056224**	**55249215**	**5612078**	**6194931**
教育	67056224	55249215	5612078	6194931
学前教育	4959317	4220539	391696	347082
初等教育	12698385	10880596	822078	995711
普通小学教育	12514966	10727966	809894	977106
成人小学教育	183419	152630	12184	18605
中等教育	23300452	19663799	1607760	2028893
普通初中教育	11303342	9685112	794676	823554
职业初中教育	523569	462009	20612	40948
成人初中教育	132365	119591	9720	3054
普通高中教育	6647214	5539867	415522	691825

续表 40

行　　业	投资额	建筑安装工程	设备工器具购置	其他费用
成人高中教育	105471	96979	3520	4972
中等职业学校教育	4588491	3760241	363710	464540
高等教育	16573428	13164029	1427155	1982244
普通高等教育	15222755	11995762	1364587	1862406
成人高等教育	1350673	1168267	62568	119838
特殊教育	402083	319452	31161	51470
技能培训、教育辅助及其他教育	9122559	7000800	1332228	789531
职业技能培训	5792742	4435772	919187	437783
体校及体育培训	379895	300799	26412	52684
文化艺术培训	448516	325750	60755	62011
教育辅助服务	535517	386653	116383	32481
其他未列明教育	1965889	1551826	209491	204572
（十七）卫生和社会工作	**39910390**	**29189873**	**7676527**	**3043990**
卫生	31983125	22699654	7095585	2187886
医院	26055262	18184483	6039463	1831316
综合医院	18910142	13090128	4443176	1376838
中医医院	2238041	1662787	424166	151088
中西医结合医院	688855	479536	159578	49741
民族医院	79119	68680	6699	3740
专科医院	3209326	2160105	881333	167888
疗养院	929779	723247	124511	82021
社区医疗与卫生院	3327828	2617648	500352	209828
社区卫生服务中心（站）	877272	651135	144343	81794
街道卫生院	279736	224743	40530	14463
乡镇卫生院	2170820	1741770	315479	113571
门诊部（所）	272802	170194	97459	5149
计划生育技术服务活动中心	234922	186552	32317	16053
妇幼保健院（所、站）	920917	697891	164543	58483
专科疾病防治院（所、站）	131529	107530	19326	4673
疾病预防控制中心	357672	242468	99333	15871
其他卫生活动	682193	492888	142792	46513

续表 41

行　　业	投资额	建筑安装工程	设备工器具购置	其他费用
社会工作	7927265	6490219	580942	856104
提供住宿社会工作	7277250	5951381	514571	811298
干部休养所	162376	122833	5256	34287
护理机构服务	843151	669197	81396	92558
精神康复服务	81956	66856	7121	7979
老年人、残疾人养护服务	5521546	4512599	365047	643900
孤残儿童收养和庇护服务	144369	120415	8449	15505
其他提供住宿社会救助	523852	459481	47302	17069
不提供住宿社会工作	650015	538838	66371	44806
社会看护与帮助服务	355220	282118	56105	16997
其他不提供住宿社会工作	294795	256720	10266	27809
（十八）文化、体育和娱乐业	**61740607**	**47607677**	**6597195**	**7535735**
新闻和出版业	1023548	803774	131190	88584
新闻业	282964	234774	9500	38690
出版业	740584	569000	121690	49894
图书出版	251622	209710	38015	3897
报纸出版	321060	230063	51807	39190
期刊出版	20975	13061	7164	750
音像制品出版	11873	11703	170	
电子出版物出版	47637	36430	10098	1109
其他出版业	87417	68033	14436	4948
广播、电视、电影和影视录音制作业	5650320	3464042	1369360	816918
广播	222907	162949	48158	11800
电视	1070232	572414	419837	77981
电影和影视节目制作	2582775	1470076	561905	550794
电影和影视节目发行	402401	302197	51291	48913
电影放映	1336221	940452	268629	127140
录音制作	35784	15954	19540	290
文化艺术业	27052640	21211283	2186740	3654617
文艺创作与表演	1093029	847256	82697	163076
艺术表演场馆	2376068	1917818	224808	233442

续表 42

行　业	投资额	建筑安装工程	设备工器具购置	其他费用
图书馆与档案馆	1326360	1096658	91354	138348
图书馆	931374	737813	73732	119829
档案馆	394986	358845	17622	18519
文物及非物质文化遗产保护	5855164	4420518	333012	1101634
博物馆	3670452	2985044	331607	353801
烈士陵园、纪念馆	722066	593681	33724	94661
群众文化活动	5985015	4763063	626135	595817
其他文化艺术业	6024486	4587245	463403	973838
体育	10416159	8589994	723415	1102750
体育组织	181088	163271	8610	9207
体育场馆	4927067	4116646	281612	528809
休闲健身活动	4725659	3848386	410020	467253
其他体育	582345	461691	23173	97481
娱乐业	17597940	13538584	2186490	1872866
室内娱乐活动	3083094	2149112	582278	351704
歌舞厅娱乐活动	1314481	927257	288771	98453
电子游艺厅娱乐活动	74332	42232	21470	10630
网吧娱乐活动	275766	167287	103568	4911
其他室内娱乐活动	1418515	1012336	168469	237710
游乐园	8172799	6266561	1011568	894670
彩票活动	45356	29049	3481	12826
文化、娱乐、体育经纪代理	107756	39398	38663	29695
文化娱乐经纪人	35443	13793	15470	6180
体育经纪人	2500			2500
其他文化艺术经纪代理	69813	25605	23193	21015
其他娱乐业	6188935	5054464	550500	583971
（十九）公共管理、社会保障和社会组织	**71985625**	**59757278**	**5707060**	**6521287**
中国共产党机关	267130	243872	12846	10412
中国共产党机关	267130	243872	12846	10412
国家机构	52469206	43113052	4452919	4903235
国家权力机构	760577	618559	35785	106233

续表 43

行　　业	投资额	建筑安装工程	设备工器具购置	其他费用
国家行政机构	49306914	40343225	4283001	4680688
综合事务管理机构	16029212	13719335	969516	1340361
对外事务管理机构	174988	154918	11173	8897
公共安全管理机构	13328911	9854814	1722914	1751183
社会事务管理机构	8447685	7166814	622405	658466
经济事务管理机构	9867502	8415060	748228	704214
行政监督检查机构	1458616	1032284	208765	217567
人民法院和人民检察院	1080988	951820	70226	58942
人民法院	725000	643235	41975	39790
人民检察院	355988	308585	28251	19152
其他国家机构	1320727	1199448	63907	57372
人民政协、民主党派	129280	109099	13450	6731
人民政协	50815	49730	900	185
民主党派	78465	59369	12550	6546
社会保障	2514988	2186011	71537	257440
社会保障	2514988	2186011	71537	257440
群众团体、社会团体和其他成员组织	5631812	4621482	539837	470493
群众团体	183100	152574	19646	10880
工会	63475	51420	8180	3875
妇联	17265	15713	732	820
共青团	9387	6450	2937	
其他群众团体	92973	78991	7797	6185
社会团体	3053523	2431213	325071	297239
专业性团体	2126959	1669196	211526	246237
行业性团体	665820	557859	71294	36667
其他社会团体	260744	204158	42251	14335
基金会	7660	5474	863	1323
宗教组织	2387529	2032221	194257	161051
基层群众自治组织	10973209	9483762	616471	872976
社区自治组织	3796803	3147500	281154	368149
村民自治组织	7176406	6336262	335317	504827

国民经济行业小类按隶属关系分的固定资产投资（不含农户）

单位：万元

行　业	合计	中央项目	地方项目				
				省属	地市属	县属	其他
全国总计	**5012648747**	**264486326**	**4748162421**	**238291562**	**457859342**	**850307738**	**3201703779**
（一）农、林、牧、渔业	**145740074**	**1607727**	**144132347**	**1425569**	**3375732**	**34722164**	**104608882**
农业	53887303	434850	53452453	481044	1057295	10093099	41821015
谷物种植	5865169	52328	5812841	353238	270568	1939108	3249927
稻谷种植	2849844	13170	2836674	333157	60357	1015729	1427431
小麦种植	579670	29200	550470	6500	12610	232131	299229
玉米种植	1524751	3988	1520763	11127	176731	484010	848895
其他谷物种植	910904	5970	904934	2454	20870	207238	674372
豆类、油料和薯类种植	2090446	19549	2070897	8580	50601	500401	1511315
豆类种植	564856	17436	547420		14422	138701	394297
油料种植	851317		851317	2089		124779	724449
薯类种植	674273	2113	672160	6491	36179	236921	392569
棉、麻、糖、烟草种植	985068	30735	954333	3600	3653	261374	685706
棉花种植	389343	28937	360406			27450	332956
麻类种植	33505		33505			5010	28495
糖料种植	122976		122976		2800	53749	66427
烟草种植	439244	1798	437446	3600	853	175165	257828
蔬菜、食用菌及园艺作物种植	23139523	167771	22971752	57314	491951	3421837	19000650
蔬菜种植	12940394	153902	12786492	28362	295307	2354085	10108738
食用菌种植	3061332	4949	3056383	9934	23112	310112	2713225
花卉种植	4521882	6300	4515582	16218	110210	530234	3858920
其他园艺作物种植	2615915	2620	2613295	2800	63322	227406	2319767
水果种植	9356511	87736	9268775	19704	136017	1401413	7711641
仁果类和核果类水果种植	3211923	24547	3187376	6450	20228	557816	2602882
葡萄种植	1714124	61089	1653035	6990	42291	238524	1365230
柑橘类种植	756410		756410		31887	141207	583316
香蕉等亚热带水果种植	304177	90	304087		3100	55263	245724
其他水果种植	3369877	2010	3367867	6264	38511	408603	2914489

续表 1

行　　业	合计	中央项目	地方项目				
				省属	地市属	县属	其他
坚果、含油果、香料和饮料作物种植	3791373	6931	3784442	3360	14568	845363	2921151
坚果种植	1961441	3785	1957656		6548	565597	1385511
含油果种植	344511		344511	2550		51884	290077
香料作物种植	140394	1640	138754			24116	114638
茶及其他饮料作物种植	1345027	1506	1343521	810	8020	203766	1130925
中药材种植	3685131	3900	3681231		23830	460306	3197095
其他农业	4974082	65900	4908182	35248	66107	1263297	3543530
林业	15923948	99584	15824364	265784	1682559	5931123	7944898
林木育种和育苗	7038663	45177	6993486	3638	62488	1565058	5362302
林木育种	1626254	24355	1601899	3450	500	192879	1405070
林木育苗	5412409	20822	5391587	188	61988	1372179	3957232
造林和更新	7432512	42635	7389877	181829	1430882	3899732	1877434
森林经营和管护	1189650	11772	1177878	57728	189189	386505	544456
木材和竹材采运	115900		115900	22589		19572	73739
木材采运	76286		76286	22589		14761	38936
竹材采运	39614		39614			4811	34803
林产品采集	147223		147223			60256	86967
木竹材林产品采集	70279		70279			16775	53504
非木竹材林产品采集	76944		76944			43481	33463
畜牧业	40550369	518094	40032275	338335	184848	5809805	33699287
牲畜饲养	32198138	499964	31698174	274625	142983	4731955	26548611
牛的饲养	11142777	73615	11069162	103830	43623	2083041	8838668
马的饲养	97098	500	96598			15022	81576
猪的饲养	12859318	312547	12546771	138241	64997	1073795	11269738
羊的饲养	6839749	110939	6728810	32106	15185	1345280	5336239
骆驼饲养	5100		5100			5100	
其他牲畜饲养	1254096	2363	1251733	448	19178	209717	1022390
家禽饲养	5767512	14253	5753259	53100	23015	547891	5129253
鸡的饲养	4477308	13066	4464242	49200	18432	415377	3981233

续表2

行　　业	合计	中央项目	地方项目				
				省属	地市属	县属	其他
鸭的饲养	569739		569739	3900	2713	87992	475134
鹅的饲养	155732		155732			5652	150080
其他家禽饲养	564733	1187	563546		1870	38870	522806
狩猎和捕捉动物	319766		319766			98438	221328
其他畜牧业	2264953	3877	2261076	10610	18850	431521	1800095
渔业	7667948	200	7667748	6006	34554	587119	7040069
水产养殖	6961855	200	6961655	4586	30603	527022	6399444
海水养殖	2857666		2857666		19780	118725	2719161
内陆养殖	4104189	200	4103989	4586	10823	408297	3680283
水产捕捞	706093		706093	1420	3951	60097	640625
海水捕捞	635548		635548	1420	3951	27939	602238
内陆捕捞	70545		70545			32158	38387
农、林、牧、渔服务业	27710506	554999	27155507	334400	416476	12301018	14103613
农业服务业	24514622	536918	23977704	320383	365945	11199831	12091545
农业机械服务	2391291	48936	2342355	10706	67502	958537	1305610
灌溉服务	6131249	266435	5864814	70596	84885	3696845	2012488
农产品初加工服务	3660532	61418	3599114	12410	48623	598385	2939696
其他农业服务	12331550	160129	12171421	226671	164935	5946064	5833751
林业服务业	1205743	12320	1193423	10298	18457	490495	674173
林业有害生物防治服务	103051	134	102917		500	65309	37108
森林防火服务	64644	3832	60812	4298	2462	40067	13985
林产品初级加工服务	216347		216347	6000	2500	22110	185737
其他林业服务	821701	8354	813347		12995	363009	437343
畜牧服务业	1296611	5761	1290850	1760	25791	558382	704917
渔业服务业	693530		693530	1959	6283	52310	632978
（二）采矿业	**145371501**	**33828395**	**111543106**	**15493183**	**4615944**	**19761546**	**71672433**
煤炭开采和洗选业	46844669	2704412	44140257	10004113	1665177	9004704	23466263
烟煤和无烟煤开采洗选	42085756	2339395	39746361	9418619	1341891	8013054	20972797
褐煤开采洗选	3309953	347106	2962847	536990	211348	637420	1577089
其他煤炭采选	1448960	17911	1431049	48504	111938	354230	916377

续表 3

行　业	合计	中央项目	地方项目				
				省属	地市属	县属	其他
石油和天然气开采业	39478658	29411383	10067275	2576757	1379323	3297671	2813524
石油开采	33586764	26711762	6875002	1419199	907984	2862134	1685685
天然气开采	5891894	2699621	3192273	1157558	471339	435537	1127839
黑色金属矿采选业	16612844	239105	16373739	838190	368054	1447970	13719525
铁矿采选	15325240	236105	15089135	814545	367904	1181970	12724716
锰矿、铬矿采选	765621	3000	762621	23396		130830	608395
其他黑色金属矿采选	521983		521983	249	150	135170	386414
有色金属矿采选业	16257757	538399	15719358	1327439	353678	3157775	10880466
常用有色金属矿采选	9515374	102484	9412890	697235	168620	2016394	6530641
铜矿采选	2753139	28278	2724861	325167	122947	562323	1714424
铅锌矿采选	3784798	23213	3761585	70939	34873	1316694	2339079
镍钴矿采选	199760	2523	197237	19574		21000	156663
锡矿采选	439584		439584	141362	6000	8830	283392
锑矿采选	188317	100	188217	5428		5530	177259
铝矿采选	848559	23319	825240	68163		23453	733624
镁矿采选	146251		146251	29350		600	116301
其他常用有色金属矿采选	1154966	25051	1129915	37252	4800	77964	1009899
贵金属矿采选	4941038	119164	4821874	450574	173338	904452	3293510
金矿采选	4476000	119164	4356836	430516	173338	838365	2914617
银矿采选	303250		303250	5650		50260	247340
其他贵金属矿采选	161788		161788	14408		15827	131553
稀有稀土金属矿采选	1801345	316751	1484594	179630	11720	236929	1056315
钨钼矿采选	1275061	215550	1059511	85881		170197	803433
稀土金属矿采选	166167	14480	151687	62960	11720	7857	69150
放射性金属矿采选	70183	63325	6858			6858	
其他稀有金属矿采选	289934	23396	266538	30789		52017	183732
非金属矿采选业	20490920	182767	20308153	288367	165662	1592532	18261592
土砂石开采	14979029	84267	14894762	35487	100829	1035172	13723274
石灰石、石膏开采	4239126	81993	4157133	10800	5249	242438	3898646
建筑装饰用石开采	4677232		4677232	8560	12571	394754	4261347

续表 4

行　业	合计	中央项目	地方项目				
				省属	地市属	县属	其他
耐火土石开采	1146308		1146308	1478		34940	1109890
粘土及其他土砂石开采	4916363	2274	4914089	14649	83009	363040	4453391
化学矿开采	1795448	6600	1788848	175028	52746	252073	1309001
采盐	691992	89000	602992	63352	1618	117922	420100
石棉及其他非金属矿采选	3024451	2900	3021551	14500	10469	187365	2809217
石棉、云母矿采选	73320		73320				73320
石墨、滑石采选	693712		693712	14500	2810	27986	648416
宝石、玉石采选	336230		336230			27396	308834
其他未列明非金属矿采选	1921189	2900	1918289		7659	131983	1778647
开采辅助活动	5083014	737664	4345350	458317	683810	1225840	1977383
煤炭开采和洗选辅助活动	1926096	53678	1872418	356915	99622	541725	874156
石油和天然气开采辅助活动	2546111	683986	1862125	46348	584188	521487	710102
其他开采辅助活动	610807		610807	55054		162628	393125
其他采矿业	603639	14665	588974		240	35054	553680
其他采矿业	603639	14665	588974		240	35054	553680
(三) 制造业	**1668977425**	**30278601**	**1638698824**	**33383008**	**55301552**	**136565173**	**1413449091**
农副食品加工业	99940222	391557	99548665	369977	1492505	9591040	88095143
谷物磨制	17030390	106698	16923692	102149	203804	1249735	15368004
饲料加工	12820881	21133	12799748	10146	159789	1091055	11538758
植物油加工	10348691	187675	10161016	57575	129354	925271	9048816
食用植物油加工	9384308	187675	9196633	57575	123174	889758	8126126
非食用植物油加工	964383		964383		6180	35513	922690
制糖业	1744986	4320	1740666	42306	54187	161278	1482895
屠宰及肉类加工	17552304	10524	17541780	30026	326728	2057128	15127898
牲畜屠宰	4708225	6373	4701852	4541	31673	696402	3969236
禽类屠宰	3532885		3532885	4200	23971	281283	3223431

续表 5

行业	合计	中央项目	地方项目				
				省属	地市属	县属	其他
肉制品及副产品加工	9311194	4151	9307043	21285	271084	1079443	7935231
水产品加工	7513830	11251	7502579	3797	107142	390037	7001603
水产品冷冻加工	4674700	11251	4663449	290	65657	254090	4343412
鱼糜制品及水产品干腌制加工	973666		973666		4915	53361	915390
水产饲料制造	546752		546752			47996	498756
鱼油提取及制品制造	84807		84807			1000	83807
其他水产品加工	1233905		1233905	3507	36570	33590	1160238
蔬菜、水果和坚果加工	15726302	27872	15698430	40570	184318	1324720	14148822
蔬菜加工	10655758	15387	10640371	12888	165553	713378	9748552
水果和坚果加工	5070544	12485	5058059	27682	18765	611342	4400270
其他农副食品加工	17202838	22084	17180754	83408	327183	2391816	14378347
淀粉及淀粉制品制造	4542730	4044	4538686	200	101654	753826	3683006
豆制品制造	2551117		2551117		28108	352644	2170365
蛋品加工	626606		626606			151550	475056
其他未列明农副食品加工	9482385	18040	9464345	83208	197421	1133796	8049920
食品制造业	44471126	74561	44396565	325551	1418502	4087144	38565368
焙烤食品制造	6689534		6689534	7900	338231	522519	5820884
糕点、面包制造	3248675		3248675	7900	108951	245080	2886744
饼干及其他焙烤食品制造	3440859		3440859		229280	277439	2934140
糖果、巧克力及蜜饯制造	2771999		2771999		41972	229243	2500784
糖果、巧克力制造	1590289		1590289		40530	74866	1474893
蜜饯制作	1181710		1181710		1442	154377	1025891
方便食品制造	8249732	2725	8247007	19936	232751	700198	7294122
米、面制品制造	4205381	2725	4202656	14925	167919	447483	3572329
速冻食品制造	2014466		2014466	3486	39215	106484	1865281
方便面及其他方便食品制造	2029885		2029885	1525	25617	146231	1856512

续表 6

行　业	合计	中央项目	地方项目				
				省属	地市属	县属	其他
乳制品制造	2774541	31329	2743212	47986	71685	402357	2221184
罐头食品制造	2890200	9402	2880798	45870	101977	151945	2581006
肉、禽类罐头制造	601884		601884		19850	17366	564668
水产品罐头制造	215930		215930			23713	192217
蔬菜、水果罐头制造	1669877	8178	1661699	45870	71567	92490	1451772
其他罐头食品制造	402509	1224	401285		10560	18376	372349
调味品、发酵制品制造	5706951	3702	5703249		187456	600165	4915628
味精制造	802646		802646		5645	311563	485438
酱油、食醋及类似制品制造	1853383	3652	1849731		155891	105700	1588140
其他调味品、发酵制品制造	3050922	50	3050872		25920	182902	2842050
其他食品制造	15388169	27403	15360766	203859	444430	1480717	13231760
营养食品制造	2478931		2478931	6877	86235	271616	2114203
保健食品制造	3094614	16261	3078353	13652	23960	215100	2825641
冷冻饮品及食用冰制造	1011122		1011122	16537	2416	68135	924034
盐加工	704217	7392	696825	94376	3388	21444	577617
食品及饲料添加剂制造	3615013	1000	3614013	41890	57694	305994	3208435
其他未列明食品制造	4484272	2750	4481522	30527	270737	598428	3581830
酒、饮料和精制茶制造业	39193291	134174	39059117	774380	1451043	4053342	32780352
酒的制造	17945528	106009	17839519	706615	1018779	2126047	13988078
酒精制造	736332	864	735468	3280	35263	45937	650988
白酒制造	10341758	79709	10262049	616205	498876	1256773	7890195
啤酒制造	2004162	24186	1979976		135757	217590	1626629
黄酒制造	553534		553534	1695	51917	26917	473005
葡萄酒制造	2681768		2681768		286311	402405	1993052
其他酒制造	1627974	1250	1626724	85435	10655	176425	1354209
饮料制造	14739758	22885	14716873	62765	424020	1481792	12748296
碳酸饮料制造	1255488		1255488	6520	83090	98445	1067433

续表7

行　业	合计	中央项目	地方项目				
				省属	地市属	县属	其他
瓶（罐）装饮用水制造	3659199	397	3658802	1330	72393	336322	3248757
果蔬汁及果蔬汁饮料制造	3606378	19588	3586790		43094	417412	3126284
含乳饮料和植物蛋白饮料制造	2313638	2900	2310738	39685	116182	308390	1846481
固体饮料制造	540100		540100		25025	35612	479463
茶饮料及其他饮料制造	3364955		3364955	15230	84236	285611	2979878
精制茶加工	6508005	5280	6502725	5000	8244	445503	6043978
烟草制品业	2839625	639738	2199887	672660	430341	357601	739285
烟叶复烤	620220	21227	598993	119815	80404	162395	236379
卷烟制造	1873706	588321	1285385	543428	267615	132574	341768
其他烟草制品制造	345699	30190	315509	9417	82322	62632	161138
纺织业	53188470	68609	53119861	143646	645086	3302484	49028645
棉纺织及印染精加工	25431363	15339	25416024	93637	338961	1287024	23696402
棉纺纱加工	16952408	10839	16941569	93637	300524	870318	15677090
棉织造加工	5459604		5459604		24844	217550	5217210
棉印染精加工	3019351	4500	3014851		13593	199156	2802102
毛纺织及染整精加工	3324423	12846	3311577	28765	15920	243025	3023867
毛条和毛纱线加工	1672327		1672327		12300	156138	1503889
毛织造加工	1322889	12846	1310043	28765	3620	86887	1190771
毛染整精加工	329207		329207				329207
麻纺织及染整精加工	1097112	3074	1094038	165	8472	121524	963877
麻纤维纺前加工和纺纱	612654		612654			89305	523349
麻织造加工	423045	3074	419971			29519	390452
麻染整精加工	61413		61413	165	8472	2700	50076
丝绢纺织及印染精加工	1568846		1568846		11815	135123	1421908
缫丝加工	620554		620554		4215	91592	524747
绢纺和丝织加工	732725		732725			21151	711574

续表 8

行　业	合计	中央项目	地方项目	省属	地市属	县属	其他
丝印染精加工	215567		215567		7600	22380	185587
化纤织造及印染精加工	4588059	19750	4568309	7893	71880	280343	4208193
化纤织造加工	3824669		3824669	7893	20238	256071	3540467
化纤织物染整精加工	763390	19750	743640		51642	24272	667726
针织或钩针编织物及其制品制造	4816087		4816087		8058	413196	4394833
针织或钩针编织物织造	3794863		3794863		8058	345438	3441367
针织或钩针编织物印染精加工	321012		321012			44774	276238
针织或钩针编织品制造	700212		700212			22984	677228
家用纺织制成品制造	6666378	17600	6648778	13186	29537	418351	6187704
床上用品制造	3162124	3000	3159124	3250	17800	56573	3081501
毛巾类制品制造	990493		990493			54582	935911
窗帘、布艺类产品制造	491287		491287		7800	19302	464185
其他家用纺织制成品制造	2022474	14600	2007874	9936	3937	287894	1706107
非家用纺织制成品制造	5696202		5696202		160443	403898	5131861
非织造布制造	2556771		2556771		23274	69136	2464361
绳、索、缆制造	514817		514817			14123	500694
纺织带和帘子布制造	722430		722430		127516	202028	392886
篷、帆布制造	534755		534755			5831	528924
其他非家用纺织制成品制造	1367429		1367429		9653	112780	1244996
纺织服装、服饰业	37110802	6414	37104388	5322	461832	2384708	34252526
机织服装制造	23342764	6414	23336350		308682	1750637	21277031
针织或钩针编织服装制造	4929954		4929954	341	650	123980	4804983
服饰制造	8838084		8838084	4981	152500	510091	8170512

续表 9

行　业	合计	中央项目	地方项目				
				省属	地市属	县属	其他
皮革、毛皮、羽毛及其制品和制鞋业	19672451	880	19671571	11100	240526	1330636	18089309
皮革鞣制加工	1150356		1150356		20338	29784	1100234
皮革制品制造	6181459	880	6180579		40653	242812	5897114
皮革服装制造	1413797	880	1412917		6149	42181	1364587
皮箱、包（袋）制造	2507236		2507236		23219	88406	2395611
皮手套及皮装饰制品制造	814737		814737		11285	32546	770906
其他皮革制品制造	1445689		1445689			79679	1366010
毛皮鞣制及制品加工	2330608		2330608			178165	2152443
毛皮鞣制加工	276023		276023			31648	244375
毛皮服装加工	1369196		1369196			126887	1242309
其他毛皮制品加工	685389		685389			19630	665759
羽毛（绒）加工及制品制造	1286447		1286447	1100	16745	9785	1258817
羽毛（绒）加工	672221		672221	1100		7235	663886
羽毛（绒）制品加工	614226		614226		16745	2550	594931
制鞋业	8723581		8723581	10000	162790	870090	7680701
纺织面料鞋制造	1339253		1339253	10000	22027	83397	1223829
皮鞋制造	4504299		4504299		51160	627888	3825251
塑料鞋制造	588265		588265		8310	15100	564855
橡胶鞋制造	772637		772637		4470	34750	733417
其他制鞋业	1519127		1519127		76823	108955	1333349
木材加工和木、竹、藤、棕、草制品业	34508151	10280	34497871	69396	410117	2388554	31629804
木材加工	9018783	3100	9015683	28365	53986	846417	8086915
锯材加工	2337360	3100	2334260		11584	276955	2045721
木片加工	2331868		2331868	8500		205126	2118242
单板加工	2031827		2031827		1070	101538	1929219
其他木材加工	2317728		2317728	19865	41332	262798	1993733
人造板制造	12042977	680	12042297	15535	116102	707596	11203064

续表10

行　业	合计	中央项目	地方项目				
				省属	地市属	县属	其他
胶合板制造	5502456		5502456	8605	8700	212114	5273037
纤维板制造	2540300		2540300	6930	23080	146819	2363471
刨花板制造	1167619		1167619		4002	157232	1006385
其他人造板制造	2832602	680	2831922		80320	191431	2560171
木制品制造	10104916	6500	10098416	25496	236819	720345	9115756
建筑用木料及木材组件加工	2678559		2678559	2528	49940	109308	2516783
木门窗、楼梯制造	2981551	6500	2975051		110827	116792	2747432
地板制造	1681870		1681870	13100	51371	140499	1476900
木制容器制造	535862		535862	9868	15471	22312	488211
软木制品及其他木制品制造	2227074		2227074		9210	331434	1886430
竹、藤、棕、草等制品制造	3341475		3341475		3210	114196	3224069
竹制品制造	2703648		2703648		3210	60537	2639901
藤制品制造	206265		206265			10777	195488
棕制品制造	84682		84682			6180	78502
草及其他制品制造	346880		346880			36702	310178
家具制造业	24489456		24489456		400884	1438971	22649601
木质家具制造	18268727		18268727		318831	1067144	16882752
竹、藤家具制造	410148		410148		1440	4020	404688
金属家具制造	2378332		2378332		36806	89588	2251938
塑料家具制造	474004		474004		530	14118	459356
其他家具制造	2958245		2958245		43277	264101	2650867
造纸和纸制品业	28018951	4838	28014113	91447	1054617	2993385	23874664
纸浆制造	859416		859416	3400	18538	247685	589793
木竹浆制造	572397		572397	3400	18538	238190	312269
非木竹浆制造	287019		287019			9495	277524
造纸	11610363	160	11610203	86232	718905	1233954	9571112
机制纸及纸板制造	9264662		9264662	86232	380142	1130104	7668184
手工纸制造	360603		360603		150	16001	344452

续表 11

行　业	合计	中央项目	地方项目				
				省属	地市属	县属	其他
加工纸制造	1985098	160	1984938		338613	87849	1558476
纸制品制造	15549172	4678	15544494	1815	317174	1511746	13713759
纸和纸板容器制造	7198636		7198636		157143	550295	6491198
其他纸制品制造	8350536	4678	8345858	1815	160031	961451	7222561
印刷和记录媒介复制业	16064725	144897	15919828	179508	518743	1245232	13976345
印刷	14932198	139907	14792291	150827	430940	1180180	13030344
书、报刊印刷	2325013	20946	2304067	101852	118679	182902	1900634
本册印制	515969		515969	34195	20246	28857	432671
包装装潢及其他印刷	12091216	118961	11972255	14780	292015	968421	10697039
装订及印刷相关服务	1036017	4990	1031027	28681	31803	64730	905813
记录媒介复制	96510		96510		56000	322	40188
文教、工美、体育和娱乐用品制造业	17947138	27427	17919711	55295	440391	1232673	16191352
文教办公用品制造	1831879	4675	1827204	7480	8770	91198	1719756
文具制造	697876	4675	693201		4500	17127	671574
笔的制造	424892		424892	3500	4270	23354	393768
教学用模型及教具制造	265590		265590			34500	231090
墨水、墨汁制造	75607		75607				75607
其他文教办公用品制造	367914		367914	3980		16217	347717
乐器制造	738906		738906	28836	18531	13189	678350
中乐器制造	190696		190696				190696
西乐器制造	249390		249390		11740		237650
电子乐器制造	140214		140214	28836		4800	106578
其他乐器及零件制造	158606		158606		6791	8389	143426
工艺美术品制造	9171694	22752	9148942	18979	386213	769186	7974564
雕塑工艺品制造	1696779		1696779	4500	13664	59426	1619189
金属工艺品制造	1039083	1925	1037158		9197	48640	979321
漆器工艺品制造	225946		225946		24557	2735	198654
花画工艺品制造	162187		162187			19550	142637

续表 12

行　业	合计	中央项目	地方项目	省属	地市属	县属	其他
天然植物纤维编织工艺品制造	612181		612181			119909	492272
抽纱刺绣工艺品制造	447056		447056			34644	412412
地毯、挂毯制造	999466		999466		123991	59410	816065
珠宝首饰及有关物品制造	1437223		1437223	14479	31123	208640	1182981
其他工艺美术品制造	2551773	20827	2530946		183681	216232	2131033
体育用品制造	3130517		3130517		11912	152789	2965816
球类制造	220902		220902				220902
体育器材及配件制造	1401339		1401339		11800	41451	1348088
训练健身器材制造	534389		534389		112	79438	454839
运动防护用具制造	168769		168769				168769
其他体育用品制造	805118		805118			31900	773218
玩具制造	2231663		2231663		12547	165610	2053506
游艺器材及娱乐用品制造	842479		842479		2418	40701	799360
露天游乐场所游乐设备制造	310239		310239			18053	292186
游艺用品及室内游艺器材制造	242023		242023		2418	1703	237902
其他娱乐用品制造	290217		290217			20945	269272
石油加工、炼焦和核燃料加工业	32084923	5277518	26807405	3164225	1149862	3789070	18704248
精炼石油产品制造	24622195	5021928	19600267	2500547	918286	1231425	14950009
原油加工及石油制品制造	23172157	5021928	18150229	2362122	918286	1158823	13710998
人造原油制造	1450038		1450038	138425		72602	1239011
炼焦	7462728	255590	7207138	663678	231576	2557645	3754239
化学原料和化学制品制造业	145163932	4581689	140582243	5395580	5475824	16321009	113389830
基础化学原料制造	53417749	3125004	50292745	3050586	3351403	7438432	36452324

续表 13

行　业	合计	中央项目	地方项目				
				省属	地市属	县属	其他
无机酸制造	3204447	15150	3189297	343281	353394	284343	2208279
无机碱制造	2427147	21888	2405259	46934	504861	375160	1478304
无机盐制造	4145235	43749	4101486	111863	172401	1056317	2760905
有机化学原料制造	33019548	2771448	30248100	2017923	1901707	3992861	22335609
其他基础化学原料制造	10621372	272769	10348603	530585	419040	1729751	7669227
肥料制造	17215260	149683	17065577	410317	481880	3534724	12638656
氮肥制造	4255434	120482	4134952	162818	318632	1642281	2011221
磷肥制造	698199		698199	59353	23362	93348	522136
钾肥制造	715893	27220	688673			222811	465862
复混肥料制造	5399964	1150	5398814	102167	95350	1010094	4191203
有机肥料及微生物肥料制造	4782257	831	4781426	35673	36336	383801	4325616
其他肥料制造	1363513		1363513	50306	8200	182389	1122618
农药制造	5145898	223	5145675	31805	128645	350007	4635218
化学农药制造	3410099	223	3409876	31305	15445	238413	3124713
生物化学农药及微生物农药制造	1735799		1735799	500	113200	111594	1510505
涂料、油墨、颜料及类似产品制造	9585605	21746	9563859	12358	79043	573777	8898681
涂料制造	6476097	18204	6457893	10108	47561	362216	6038008
油墨及类似产品制造	495962		495962	2250	2626	31156	459930
颜料制造	1089629	2200	1087429		25651	58165	1003613
染料制造	872038		872038			59506	812532
密封用填料及类似品制造	651879	1342	650537		3205	62734	584598
合成材料制造	19896207	858052	19038155	844604	467620	1441632	16284299
初级形态塑料及合成树脂制造	9903888	570189	9333699	484299	370572	913127	7565701
合成橡胶制造	2365302	5763	2359539	23883	7495	197744	2130417
合成纤维单（聚合）体制造	3013418	280000	2733418	232675	17793	131563	2351387

续表 14

行 业	合计	中央项目	地方项目	省属	地市属	县属	其他
其他合成材料制造	4613599	2100	4611499	103747	71760	199198	4236794
专用化学产品制造	30900220	402221	30497999	826947	812055	2478062	26380935
化学试剂和助剂制造	11001989	83073	10918916	346508	267584	1129072	9175752
专项化学用品制造	9303141	217281	9085860	29341	442234	727917	7886368
林产化学产品制造	935569		935569	5020	32000	81292	817257
信息化学品制造	2798452	37844	2760608	418728	28159	250060	2063661
环境污染处理专用药剂材料制造	1543376	49188	1494188	600	5790	83721	1404077
动物胶制造	194256		194256		1000	4972	188284
其他专用化学产品制造	5123437	14835	5108602	26750	35288	201028	4845536
炸药、火工及焰火产品制造	3839172	14800	3824372	193908	24407	203850	3402207
焰火、鞭炮产品制造	3839172	14800	3824372	193908	24407	203850	3402207
日用化学产品制造	5163821	9960	5153861	25055	130771	300525	4697510
肥皂及合成洗涤剂制造	1203325		1203325	18223	32984	41287	1110831
化妆品制造	1193548		1193548	3082	28997	92851	1068618
口腔清洁用品制造	131004		131004		13487		117517
香料、香精制造	1124779	9960	1114819	3750	35166	72996	1002907
其他日用化学产品制造	1511165		1511165		20137	93391	1397637
医药制造业	51919326	270821	51648505	754808	2180973	6379206	42333518
化学药品原料药制造	8761929	14411	8747518	146119	444085	1283410	6873904
化学药品制剂制造	8266526	20353	8246173	134686	352565	855618	6903304
中药饮片加工	7685493	14512	7670981	52751	199335	1110112	6308783
中成药生产	9783905	66358	9717547	341953	368573	1353970	7653051
兽用药品制造	1683110	2024	1681086	6027	44513	164119	1466427
生物药品制造	10754627	153163	10601464	52239	602462	1269334	8677429
卫生材料及医药用品制造	4983736		4983736	21033	169440	342643	4450620

续表 15

行业	合计	中央项目	地方项目				
				省属	地市属	县属	其他
化学纤维制造业	10992030	79473	10912557	138406	387750	579760	9806641
纤维素纤维原料及纤维制造	2101447	73661	2027786	4318	75428	13791	1934249
化纤浆粕制造	312962		312962			2251	310711
人造纤维（纤维素纤维）制造	1788485	73661	1714824	4318	75428	11540	1623538
合成纤维制造	8890583	5812	8884771	134088	312322	565969	7872392
锦纶纤维制造	1696741		1696741			153468	1543273
涤纶纤维制造	3236818	1572	3235246		47015	165406	3022825
腈纶纤维制造	125158	4240	120918		399	7200	113319
维纶纤维制造	452264		452264	4872		1500	445892
丙纶纤维制造	220897		220897				220897
氨纶纤维制造	494395		494395		94893	85585	313917
其他合成纤维制造	2664310		2664310	129216	170015	152810	2212269
橡胶和塑料制品业	59323026	526315	58796711	326028	1098154	3543846	53828683
橡胶制品业	16223437	48083	16175354	180996	530513	842684	14621161
轮胎制造	6673061	42958	6630103	86305	261381	320421	5961996
橡胶板、管、带制造	3840386	5125	3835261	53668	114593	106897	3560103
橡胶零件制造	1549708		1549708	4978	5460	80199	1459071
再生橡胶制造	1172813		1172813	2543		99314	1070956
日用及医用橡胶制品制造	572843		572843	15486	810	63087	493460
其他橡胶制品制造	2414626		2414626	18016	148269	172766	2075575
塑料制品业	43099589	478232	42621357	145032	567641	2701162	39207522
塑料薄膜制造	5847424	577	5846847	28444	56424	456561	5305418
塑料板、管、型材制造	11260997	457155	10803842	58734	230386	852621	9662101
塑料丝、绳及编织品制造	3961173	16000	3945173	10815	49690	234086	3650582
泡沫塑料制造	1671473		1671473	18980	9776	92312	1550405
塑料人造革、合成革制造	968705		968705		4608	53277	910820

续表 16

行　　业	合计	中央项目	地方项目				
				省属	地市属	县属	其他
塑料包装箱及容器制造	4898488		4898488	2681	55215	166843	4673749
日用塑料制品制造	4067556		4067556	8464	103917	200121	3755054
塑料零件制造	2189004		2189004	13873	2686	68846	2103599
其他塑料制品制造	8234769	4500	8230269	3041	54939	576495	7595794
非金属矿物制品业	157855683	938772	156916911	1331194	2411982	11629891	141543844
水泥、石灰和石膏制造	15082635	432021	14650614	554103	618247	1610387	11867877
水泥制造	11127099	402021	10725078	513294	565221	1311965	8334598
石灰和石膏制造	3955536	30000	3925536	40809	53026	298422	3533279
石膏、水泥制品及类似制品制造	28818735	151615	28667120	175678	420579	1850609	26220254
水泥制品制造	15230147	78530	15151617	126938	187276	1015012	13822391
混凝土结构构件制造	4487739	8798	4478941	24324	88248	332202	4034167
石棉水泥制品制造	541198		541198	1250		9449	530499
轻质建筑材料制造	5249605	64287	5185318	812	96396	327368	4760742
其他水泥类似制品制造	3310046		3310046	22354	48659	166578	3072455
砖瓦、石材等建筑材料制造	59078175	96497	58981678	282187	474356	3718851	54506284
粘土砖瓦及建筑砌块制造	14687801	600	14687201	18563	83833	718056	13866749
建筑陶瓷制品制造	7905949	790	7905159	12900	84181	449029	7359049
建筑用石加工	14916214	16500	14899714	166717	45042	1250913	13437042
防水建筑材料制造	2885197	600	2884597		26731	215297	2642569
隔热和隔音材料制造	5783779	7440	5776339		81802	470964	5223573
其他建筑材料制造	12899235	70567	12828668	84007	152767	614592	11977302
玻璃制造	7427535	4168	7423367	36379	181959	779173	6425856
平板玻璃制造	3134418	4168	3130250	36379	16984	526511	2550376
其他玻璃制造	4293117		4293117		164975	252662	3875480
玻璃制品制造	10392898	1555	10391343	3600	211472	519119	9657152
技术玻璃制品制造	2680459		2680459		69944	70006	2540509

续表 17

行　业	合计	中央项目	地方项目				
				省属	地市属	县属	其他
光学玻璃制造	866639		866639			52754	813885
玻璃仪器制造	286244	1555	284689			4900	279789
日用玻璃制品制造	2030408		2030408	3600	5898	146940	1873970
玻璃包装容器制造	1011200		1011200		67815	64027	879358
玻璃保温容器制造	220256		220256			1860	218396
制镜及类似品加工	376666		376666		3475	62518	310673
其他玻璃制品制造	2921026		2921026		64340	116114	2740572
玻璃纤维和玻璃纤维增强塑料制品制造	3627087	1722	3625365	15900	12729	232573	3364163
玻璃纤维及制品制造	2104346		2104346	13900	6729	164215	1919502
玻璃纤维增强塑料制品制造	1522741	1722	1521019	2000	6000	68358	1444661
陶瓷制品制造	9573990	63060	9510930	34862	162008	854580	8459480
卫生陶瓷制品制造	1168115		1168115		6928	129653	1031534
特种陶瓷制品制造	2896709	53078	2843631		49881	153548	2640202
日用陶瓷制品制造	3826185	9982	3816203	34862	59183	269858	3452300
园林、陈设艺术及其他陶瓷制品制造	1682981		1682981		46016	301521	1335444
耐火材料制品制造	9285246	74377	9210869	17250	129894	424979	8638746
石棉制品制造	908967		908967		1000	38448	869519
云母制品制造	423398		423398		10100		413298
耐火陶瓷制品及其他耐火材料制造	7952881	74377	7878504	17250	118794	386531	7355929
石墨及其他非金属矿物制品制造	14569382	113757	14455625	211235	200738	1639620	12404032
石墨及碳素制品制造	5486535	113257	5373278	65672	153185	460679	4693742
其他非金属矿物制品制造	9082847	500	9082347	145563	47553	1178941	7710290
黑色金属冶炼和压延加工业	47813035	1890853	45922182	3547249	2340906	3337244	36696783
炼铁	2450479	243610	2206869	230940	60441	145084	1770404

续表 18

行　　业	合计	中央项目	地方项目				
				省属	地市属	县属	其他
炼钢	8573240	562775	8010465	1543235	223951	795469	5447810
黑色金属铸造	7240515	24325	7216190	49072	478201	389661	6299256
钢压延加工	24848992	997403	23851589	1677618	1530957	1380037	19262977
铁合金冶炼	4699809	62740	4637069	46384	47356	626993	3916336
有色金属冶炼和压延加工业	58137975	666060	57471915	2706891	2226468	10087504	42451052
常用有色金属冶炼	14982250	222141	14760109	1454526	824841	2244598	10236144
铜冶炼	2226277	5200	2221077	163794	226893	283213	1547177
铅锌冶炼	1692792		1692792	65823	127369	342661	1156939
镍钴冶炼	1529029		1529029	111295	284579	163946	969209
锡冶炼	327103		327103	114638	1680	12359	198426
锑冶炼	209492		209492			54178	155314
铝冶炼	5730406	208101	5522305	909249	60699	112352	4440005
镁冶炼	1250842	4019	1246823		12100	903051	331672
其他常用有色金属冶炼	2016309	4821	2011488	89727	111521	372838	1437402
贵金属冶炼	2048766	4251	2044515	87115	15094	764750	1177556
金冶炼	449392	4251	445141	57258	4085	73241	310557
银冶炼	1227865		1227865			689309	538556
其他贵金属冶炼	371509		371509	29857	11009	2200	328443
稀有稀土金属冶炼	2017337	74490	1942847	35127	124375	249174	1534171
钨钼冶炼	699194	72490	626704	9410	4295	45914	567085
稀土金属冶炼	819481		819481			124323	695158
其他稀有金属冶炼	498662	2000	496662	25717	120080	78937	271928
有色金属合金制造	7485962	57123	7428839	216673	56756	498470	6656940
有色金属铸造	1612868		1612868		8360	197852	1406656
有色金属压延加工	29990792	308055	29682737	913450	1197042	6132660	21439585
铜压延加工	5043493	210349	4833144	45214	198454	422036	4167440
铝压延加工	21185774	34619	21151155	837536	922663	5436790	13954166
贵金属压延加工	456122	15146	440976		3030	15295	422651

续表 19

行业	合计	中央项目	地方项目				
				省属	地市属	县属	其他
稀有稀土金属压延加工	896843	29816	867027		22454	140054	704519
其他有色金属压延加工	2408560	18125	2390435	30700	50441	118485	2190809
金属制品业	86311585	349172	85962413	542442	1240453	5076372	79103146
结构性金属制品制造	35401120	97167	35303953	380915	453475	2202228	32267335
金属结构制造	25054209	95667	24958542	304489	375899	1591818	22686336
金属门窗制造	10346911	1500	10345411	76426	77576	610410	9580999
金属工具制造	7111739	35160	7076579	47598	68679	328751	6631551
切削工具制造	2081853	32348	2049505	37798	34301	46329	1931077
手工具制造	847331	2812	844519			74126	770393
农用及园林用金属工具制造	658512		658512		4800	48612	605100
刀剪及类似日用金属工具制造	686680		686680	9800	760	52013	624107
其他金属工具制造	2837363		2837363		28818	107671	2700874
集装箱及金属包装容器制造	5980428	21986	5958442	32245	214816	623296	5088085
集装箱制造	643156		643156	6064	23256	142587	471249
金属压力容器制造	2696230	21986	2674244	26181	119435	114923	2413705
金属包装容器制造	2641042		2641042		72125	365786	2203131
金属丝绳及其制品制造	4381029	44000	4337029	12456	46599	207174	4070800
建筑、安全用金属制品制造	9732921	26504	9706417	49060	180822	631311	8845224
建筑、家具用金属配件制造	2896874	13959	2882915	15931	42875	116971	2707138
建筑装饰及水暖管道零件制造	3378607	2500	3376107	1800	71923	203307	3099077
安全、消防用金属制品制造	1842303	3000	1839303	26344	16890	186199	1609870
其他建筑、安全用金属制品制造	1615137	7045	1608092	4985	49134	124834	1429139

续表 20

行　业	合计	中央项目	地方项目	省属	地市属	县属	其他
金属表面处理及热处理加工	4553199		4553199	3050	18173	319011	4212965
搪瓷制品制造	836776		836776		38067	25592	773117
生产专用搪瓷制品制造	131818		131818			11972	119846
建筑装饰搪瓷制品制造	319481		319481				319481
搪瓷卫生洁具制造	210520		210520			2850	207670
搪瓷日用品及其他搪瓷制品制造	174957		174957		38067	10770	126120
金属制日用品制造	5288075		5288075		42480	240386	5005209
金属制厨房用器具制造	1537588		1537588		18859	99011	1419718
金属制餐具和器皿制造	1178203		1178203		2967	14055	1161181
金属制卫生器具制造	360629		360629		1200	5005	354424
其他金属制日用品制造	2211655		2211655		19454	122315	2069886
其他金属制品制造	13026298	124355	12901943	17118	177342	498623	12208860
锻件及粉末冶金制品制造	4588461	21066	4567395	4870	62426	180613	4319486
交通及公共管理用金属标牌制造	625496		625496		30560	22695	572241
其他未列明金属制品制造	7812341	103289	7709052	12248	84356	295315	7317133
通用设备制造业	121431909	1048939	120382970	638072	2582651	5688406	111473841
锅炉及原动设备制造	10978331	272056	10706275	61400	397545	942569	9304761
锅炉及辅助设备制造	5377032	103306	5273726	23387	152034	718886	4379419
内燃机及配件制造	3378978	66112	3312866	24788	207561	77033	3003484

续表 21

行　业	合计	中央项目	地方项目				
				省属	地市属	县属	其他
汽轮机及辅机制造	749852	72279	677573	9907	11765	46036	609865
水轮机及辅机制造	244830		244830		1000	4763	239067
风能原动设备制造	645880	30359	615521	3318	11535	20990	579678
其他原动设备制造	581759		581759		13650	74861	493248
金属加工机械制造	26623267	137456	26485811	155958	984588	821349	24523916
金属切削机床制造	4455270		4455270	9773	234175	55617	4155705
金属成形机床制造	3079769	74460	3005309	64672	53860	106984	2779793
铸造机械制造	5538597	4281	5534316	803	93436	166887	5273190
金属切割及焊接设备制造	2109572		2109572	66710	291310	42996	1708556
机床附件制造	2656559	54665	2601894	3000	80197	63474	2455223
其他金属加工机械制造	8783500	4050	8779450	11000	231610	385391	8151449
物料搬运设备制造	13988869	69839	13919030	186755	261031	645343	12825901
轻小型起重设备制造	1314033		1314033		25360	83280	1205393
起重机制造	4052591	22594	4029997	86061	95114	151414	3697408
生产专用车辆制造	2042453	30006	2012447		23769	97578	1891100
连续搬运设备制造	1198673	14839	1183834			153658	1030176
电梯、自动扶梯及升降机制造	4154207	2400	4151807	100694	112462	111205	3827446
其他物料搬运设备制造	1226912		1226912		4326	48208	1174378
泵、阀门、压缩机及类似机械制造	16470251	136711	16333540	86004	401932	847650	14997954
泵及真空设备制造	4941714		4941714		56222	549670	4335822
气体压缩机械制造	2014640	128011	1886629	870	69624	33925	1782210
阀门和旋塞制造	4218710		4218710	1200	70591	129732	4017187
液压和气压动力机械及元件制造	5295187	8700	5286487	83934	205495	134323	4862735
轴承、齿轮和传动部件制造	13920546	157393	13763153	69978	154302	636097	12902776

续表22

行　业	合计	中央项目	地方项目				
				省属	地市属	县属	其他
轴承制造	7505773	119350	7386423	57034	37448	158623	7133318
齿轮及齿轮减、变速箱制造	4957916	33823	4924093	11461	107904	311249	4493479
其他传动部件制造	1456857	4220	1452637	1483	8950	166225	1275979
烘炉、风机、衡器、包装等设备制造	11747942	146487	11601455	20811	128611	602900	10849133
烘炉、熔炉及电炉制造	943251	8700	934551	5500	7001	20430	901620
风机、风扇制造	2097173	104446	1992727	14885	33320	162084	1782438
气体、液体分离及纯净设备制造	1419390	8784	1410606	426	25682	100650	1283848
制冷、空调设备制造	4026239	147	4026092		54445	89203	3882444
风动和电动工具制造	1299066	24410	1274656			60155	1214501
喷枪及类似器具制造	203418		203418			31940	171478
衡器制造	387445		387445		4284	43042	340119
包装专用设备制造	1371960		1371960		3879	95396	1272685
文化、办公用机械制造	1299658	4455	1295203	8292	7989	50541	1228381
电影机械制造	61873		61873				61873
幻灯及投影设备制造	173149		173149		4000	11530	157619
照相机及器材制造	122073		122073			20	122053
复印和胶印设备制造	293612		293612		500	5500	287612
计算器及货币专用设备制造	142693		142693	8292	3489	8558	122354
其他文化、办公用机械制造	506258	4455	501803			24933	476870
通用零部件制造	19088373	32883	19055490	39165	190765	776330	18049230
金属密封件制造	1073043	4000	1069043			51938	1017105
紧固件制造	2435159	3432	2431727	23500	4478	76194	2327555
弹簧制造	716114		716114		11620	42977	661517
机械零部件加工	10905213	6600	10898613	15665	129873	467891	10285184
其他通用零部件制造	3958844	18851	3939993		44794	137330	3757869

续表23

行　　业	合计	中央项目	地方项目				
				省属	地市属	县属	其他
其他通用设备制造业	7314672	91659	7223013	9709	55888	365627	6791789
专用设备制造业	113849186	1534736	112314450	2069481	3876147	8357009	98011813
采矿、冶金、建筑专用设备制造	35116775	763392	34353383	1300586	900217	3178725	28973855
矿山机械制造	12426182	208416	12217766	239350	129042	975320	10874054
石油钻采专用设备制造	8400071	113565	8286506	654194	483137	1595597	5553578
建筑工程用机械制造	6494820	11794	6483026	245870	84203	233810	5919143
海洋工程专用设备制造	1873364	1706	1871658	46466	36925	10646	1777621
建筑材料生产专用机械制造	3152381		3152381	85398	70074	174206	2822703
冶金专用设备制造	2769957	427911	2342046	29308	96836	189146	2026756
化工、木材、非金属加工专用设备制造	16282856	99952	16182904	60773	671830	1172805	14277496
炼油、化工生产专用设备制造	3350966	55588	3295378	11123	352924	458828	2472503
橡胶加工专用设备制造	754284	29725	724559		10551	57570	656438
塑料加工专用设备制造	2118721	4015	2114706		90813	136454	1887439
木材加工机械制造	819165		819165		1800	14903	802462
模具制造	7323615	6702	7316913	43482	150505	391012	6731914
其他非金属加工专用设备制造	1916105	3922	1912183	6168	65237	114038	1726740
食品、饮料、烟草及饲料生产专用设备制造	3286523	40037	3246486	1392	55416	199607	2990071
食品、酒、饮料及茶生产专用设备制造	1189129		1189129	1392	42615	41082	1104040
农副食品加工专用设备制造	1611481		1611481		11554	134350	1465577

续表24

行业	合计	中央项目	地方项目	省属	地市属	县属	其他
烟草生产专用设备制造	200103	40037	160066		1247	12867	145952
饲料生产专用设备制造	285810		285810			11308	274502
印刷、制药、日化及日用品生产专用设备制造	6494053	41425	6452628	23843	471478	463343	5493964
制浆和造纸专用设备制造	933751	2105	931646		18970	44944	867732
印刷专用设备制造	1042283	12700	1029583	6130	17860	66574	939019
日用化工专用设备制造	929511	16800	912711	4207	7500	112721	788283
制药专用设备制造	675044	9800	665244	13506	47913	15126	588699
照明器具生产专用设备制造	1811132		1811132		360732	171901	1278499
玻璃、陶瓷和搪瓷制品生产专用设备制造	566629	20	566609		18503	3516	544590
其他日用品生产专用设备制造	535703		535703			48561	487142
纺织、服装和皮革加工专用设备制造	3894131	13860	3880271	52058	147115	149578	3531520
纺织专用设备制造	2743673	13860	2729813	52058	141515	46389	2489851
皮革、毛皮及其制品加工专用设备制造	407262		407262			33123	374139
缝制机械制造	611274		611274		5600	44868	560806
洗涤机械制造	131922		131922			25198	106724
电子和电工机械专用设备制造	9476787	148194	9328593	67368	341713	903491	8016021
电工机械专用设备制造	3818564	45597	3772967	21990	43932	234528	3472517
电子工业专用设备制造	5658223	102597	5555626	45378	297781	668963	4543504

续表 25

行业	合计	中央项目	地方项目				
				省属	地市属	县属	其他
农、林、牧、渔专用机械制造	10008559	104799	9903760	32329	307625	719165	8844641
拖拉机制造	1548621	42320	1506301	29650	31739	73633	1371279
机械化农业及园艺机具制造	4047976	17450	4030526	2368	113270	347483	3567405
营林及木竹采伐机械制造	131811		131811		83	5000	126728
畜牧机械制造	679565		679565		23000	46506	610059
渔业机械制造	73868	4950	68918			2800	66118
农、林、牧、渔机械配件制造	1790242	22119	1768123	181	134895	119040	1514007
棉花加工机械制造	190553		190553		3918	550	186085
其他农、林、牧、渔业机械制造	1545923	17960	1527963	130	720	124153	1402960
医疗仪器设备及器械制造	8561803	14227	8547576	19912	496985	367102	7663577
医疗诊断、监护及治疗设备制造	2869065		2869065		280429	135178	2453458
口腔科用设备及器具制造	173091		173091		662	300	172129
医疗实验室及医用消毒设备和器具制造	723728	8765	714963	15187	15511	32413	651852
医疗、外科及兽医用器械制造	1507556		1507556		37785	67505	1402266
机械治疗及病房护理设备制造	717227		717227		2615	47270	667342
假肢、人工器官及植（介）入器械制造	231621		231621	4725	10797		216099
其他医疗设备及器械制造	2339515	5462	2334053		149186	84436	2100431
环保、社会公共服务及其他专用设备制造	20727699	308850	20418849	511220	483768	1203193	18220668

续表26

行业	合计	中央项目	地方项目	省属	地市属	县属	其他
环境保护专用设备制造	10629419	140944	10488475	467579	141116	509119	9370661
地质勘查专用设备制造	535099	57050	478049	3557	35353	100135	339004
邮政专用机械及器材制造	21498		21498				21498
商业、饮食、服务专用设备制造	145998		145998		4780	4410	136808
社会公共安全设备及器材制造	974137	47416	926721		17151	99233	810337
交通安全、管制及类似专用设备制造	559713		559713	20050	24750	6520	508393
水资源专用机械制造	902653		902653		19115	104578	778960
其他专用设备制造	6959182	63440	6895742	20034	241503	379198	6255007
汽车制造业	100934307	4546544	96387763	3953583	5202250	7149401	80082529
汽车整车制造	20955659	3676251	17279408	2462337	2233976	1264848	11318247
改装汽车制造	2662586	32492	2630094	13519	248474	347168	2020933
低速载货汽车制造	932797		932797	462100	4071	45700	420926
电车制造	2590430	12436	2577994	3491	86555	324956	2162992
汽车车身、挂车制造	2599965	102416	2497549	125135	94337	55303	2222774
汽车零部件及配件制造	71192870	722949	70469921	887001	2534837	5111426	61936657
铁路、船舶、航空航天和其他运输设备制造业	31569527	2925485	28644042	1057964	1456671	2733637	23395770
铁路运输设备制造	5495451	666986	4828465	124326	73973	645874	3984292
铁路机车车辆及动车组制造	966652	210238	756414			282535	473879
窄轨机车车辆制造	140337		140337				140337
铁路机车车辆配件制造	1739126	339382	1399744	112049	9770	77570	1200355
铁路专用设备及器材、配件制造	2179282	94680	2084602	12277	60820	199210	1812295

续表27

行　业	合计	中央项目	地方项目	省属	地市属	县属	其他
其他铁路运输设备制造	470054	22686	447368		3383	86559	357426
城市轨道交通设备制造	1144669	197411	947258	4450	51020	68630	823158
船舶及相关装置制造	8041697	674566	7367131	113091	371011	491729	6391300
金属船舶制造	3031840	359695	2672145	90258	60652	186442	2334793
非金属船舶制造	376584		376584		2066		374518
娱乐船和运动船制造	1342829		1342829		690	59671	1282468
船用配套设备制造	2331241	73101	2258140	15033	301998	105005	1836104
船舶改装与拆除	616717	241770	374947	7800	610	140611	225926
航标器材及其他相关装置制造	342486		342486		4995		337491
摩托车制造	3809826	27419	3782407	214057	16852	219739	3331759
摩托车整车制造	1389571	25469	1364102	205500	762	156168	1001672
摩托车零部件及配件制造	2420255	1950	2418305	8557	16090	63571	2330087
自行车制造	4354058	27104	4326954		126174	284930	3915850
脚踏自行车及残疾人座车制造	910545	27104	883441		107234	23318	752889
助动自行车制造	3443513		3443513		18940	261612	3162961
非公路休闲车及零配件制造	613433		613433		1800	59715	551918
潜水救捞及其他未列明运输设备制造	8110393	1331999	6778394	602040	815841	963020	4397493
其他未列明运输设备制造	8110393	1331999	6778394	602040	815841	963020	4397493
电气机械和器材制造业	104035057	534357	103500700	769193	4957665	7283278	90490564
电机制造	11497792	33056	11464736	229048	392809	618029	10224850
发电机及发电机组制造	4920868	32092	4888776	108779	301984	289875	4188138
电动机制造	3507937		3507937	120220	65125	196313	3126279

续表28

行业	合计	中央项目	地方项目				
				省属	地市属	县属	其他
微电机及其他电机制造	3068987	964	3068023	49	25700	131841	2910433
输配电及控制设备制造	33754276	231770	33522506	265097	1805954	2180041	29271414
变压器、整流器和电感器制造	6588461	81099	6507362	69358	171697	533348	5732959
电容器及其配套设备制造	1762884	10325	1752559		43568	30765	1678226
配电开关控制设备制造	5843962	18611	5825351	84693	162566	454531	5123561
电力电子元器件制造	7034562		7034562	31308	345911	354739	6302604
光伏设备及元器件制造	8562974	62141	8500833	51508	820192	453179	7175954
其他输配电及控制设备制造	3961433	59594	3901839	28230	262020	353479	3258110
电线、电缆、光缆及电工器材制造	17297964	32428	17265536	6080	649872	1555942	15053642
电线、电缆制造	13051483	1500	13049983	6080	476302	1359739	11207862
光纤、光缆制造	1286304		1286304		91316	40959	1154029
绝缘制品制造	1223426	14688	1208738		45877	24123	1138738
其他电工器材制造	1736751	16240	1720511		36377	131121	1553013
电池制造	11063423	112457	10950966	80252	698672	1134228	9037814
锂离子电池制造	6005853	72957	5932896	54189	449139	391328	5038240
镍氢电池制造	497492		497492			48807	448685
其他电池制造	4560078	39500	4520578	26063	249533	694093	3550889
家用电力器具制造	9862236	27650	9834586	42622	325227	465064	9001673
家用制冷电器具制造	2083948		2083948	31574	145247	124208	1782919
家用空气调节器制造	1229954	27650	1202304	11048	58069	125852	1007335
家用通风电器具制造	469602		469602		2863	11240	455499
家用厨房电器具制造	2100012		2100012		49770	76471	1973771
家用清洁卫生电器具制造	783950		783950		780	14947	768223

续表 29

行业	合计	中央项目	地方项目				
				省属	地市属	县属	其他
家用美容、保健电器具制造	293089		293089		8800		284289
家用电力器具专用配件制造	1094927		1094927		29215	52333	1013379
其他家用电力器具制造	1806754		1806754		30483	60013	1716258
非电力家用器具制造	4346064	58156	4287908	9727	312921	250074	3715186
燃气、太阳能及类似能源家用器具制造	3998457	58156	3940301	9727	312921	243431	3374222
其他非电力家用器具制造	347607		347607			6643	340964
照明器具制造	11607242	8102	11599140	102833	655972	851337	9988998
电光源制造	3307951	6502	3301449	400	60883	316814	2923352
照明灯具制造	6947224	1600	6945624	89494	558554	420252	5877324
灯用电器附件及其他照明器具制造	1352067		1352067	12939	36535	114271	1188322
其他电气机械及器材制造	4606060	30738	4575322	33534	116238	228563	4196987
电气信号设备装置制造	927461	2218	925243	20400	54900	22712	827231
其他未列明电气机械及器材制造	3678599	28520	3650079	13134	61338	205851	3369756
计算机、通信和其他电子设备制造业	79728163	2305584	77422579	3473168	5882571	4912957	63153883
计算机制造	8332676	24910	8307766	285895	272024	648092	7101755
计算机整机制造	1850496	10057	1840439	118865	15137	111452	1594985
计算机零部件制造	3292886		3292886	33405	73925	374886	2810670
计算机外围设备制造	1218470	1545	1216925	4999	70949	31000	1109977
其他计算机制造	1970824	13308	1957516	128626	112013	130754	1586123
通信设备制造	10897974	237144	10660830	203901	738236	1091804	8626889
通信系统设备制造	5200106	209796	4990310	62487	284494	265539	4377790

续表30

行　业	合计	中央项目	地方项目				
				省属	地市属	县属	其他
通信终端设备制造	5697868	27348	5670520	141414	453742	826265	4249099
广播电视设备制造	2006924	5824	2001100	879	22726	68741	1908754
广播电视节目制作及发射设备制造	465144	4890	460254		12204	28724	419326
广播电视接收设备及器材制造	792113	934	791179	879	1590	12621	776089
应用电视设备及其他广播电视设备制造	749667		749667		8932	27396	713339
视听设备制造	2281419	21761	2259658	18069	46319	211697	1983573
电视机制造	1029934	21761	1008173	18069	26373	72101	891630
音响设备制造	564756		564756		15206	113577	435973
影视录放设备制造	686729		686729		4740	26019	655970
电子器件制造	28319347	1902286	26417061	2489865	3353835	985397	19587964
电子真空器件制造	1046491	29480	1017011	9534	15000	69418	923059
半导体分立器件制造	1073958		1073958	90318	64380	36836	882424
集成电路制造	6452874	141789	6311085	69619	414803	124170	5702493
光电子器件及其他电子器件制造	19746024	1731017	18015007	2320394	2859652	754973	12079988
电子元件制造	17484150	61696	17422454	87779	748735	1103405	15482535
电子元件及组件制造	14496113	61696	14434417	86909	548927	1011632	12786949
印制电路板制造	2988037		2988037	870	199808	91773	2695586
其他电子设备制造	10405673	51963	10353710	386780	700696	803821	8462413
仪器仪表制造业	14871129	164068	14707061	145613	909452	870431	12781565
通用仪器仪表制造	7645671	27858	7617813	52835	405668	424367	6734943
工业自动控制系统装置制造	4040093	25216	4014877	28092	240286	167546	3578953
电工仪器仪表制造	1296508	1678	1294830	2879	18376	152575	1121000
绘图、计算及测量仪器制造	541256		541256	6100	6480	31301	497375
实验分析仪器制造	570571		570571	4649	99526	15440	450956
试验机制造	202018	764	201254				201254

续表31

行业	合计	中央项目	地方项目				
				省属	地市属	县属	其他
供应用仪表及其他通用仪器制造	995225	200	995025	11115	41000	57505	885405
专用仪器仪表制造	3330408	97996	3232412	31791	273301	224817	2702503
环境监测专用仪器仪表制造	444221		444221	348	740	46344	396789
运输设备及生产用计数仪表制造	561559		561559		18000	60901	482658
农、林、牧、渔专用仪器仪表制造	82938		82938		9700	5000	68238
地质勘探和地震专用仪器制造	186207	16000	170207			7254	162953
教学专用仪器制造	181609		181609	500	1980	24249	154880
电子测量仪器制造	517260	1569	515691	11337	48964	51327	404063
其他专用仪器制造	1356614	80427	1276187	19606	193917	29742	1032922
钟表与计时仪器制造	402102	11337	390765	1000	3041	19765	366959
光学仪器及眼镜制造	1626685	23277	1603408	2987	60785	85936	1453700
光学仪器制造	1059725	23275	1036450	2987	58985	77502	896976
眼镜制造	566960	2	566958		1800	8434	556724
其他仪器仪表制造业	1866263	3600	1862663	57000	166657	115546	1523460
其他制造业	20341212	788574	19552638	310411	2496452	2781469	13964306
日用杂品制造	2075954		2075954	26853	9500	148810	1890791
鬃毛加工、制刷及清扫工具制造	562042		562042			10310	551732
其他日用杂品制造	1513912		1513912	26853	9500	138500	1339059
煤制品制造	1877929		1877929	55409	6450	83961	1732109
其他未列明制造业	16387329	788574	15598755	228149	2480502	2548698	10341406
废弃资源综合利用业	11899628	210079	11689549	178840	278715	1132625	10099369
金属废料和碎屑加工处理	7145196	5379	7139817	58183	175317	604441	6301876
非金属废料和碎屑加工处理	4754432	204700	4549732	120657	103398	528184	3797493

续表 32

行 业	合计	中央项目	地方项目				
				省属	地市属	县属	其他
金属制品、机械和设备修理业	3271384	136187	3135197	181578	182019	506288	2265312
金属制品修理	530635	34639	495996	26660		5445	463891
通用设备修理	315996	3017	312979	7000	28145	20590	257244
专用设备修理	577284	17865	559419	20169	8166	70574	460510
铁路、船舶、航空航天等运输设备修理	1055052	52886	1002166	118749	17417	306811	559189
铁路运输设备修理	37924	12679	25245	750	2500		21995
船舶修理	422381	39598	382783			210826	171957
航空航天器修理	254208	609	253599	117999	10267	16150	109183
其他运输设备修理	340539		340539		4650	79835	256054
电气设备修理	124302		124302	9000	15486	393	99423
仪器仪表修理	18361		18361				18361
其他机械和设备修理业	649754	27780	621974		112805	102475	406694
(四)电力、热力、燃气及水的生产和供应业	**228250080**	**53468173**	**174781907**	**27217053**	**19141537**	**47352268**	**81071049**
电力、热力生产和供应业	174324737	51719338	122605399	23472125	11674312	30375194	57083768
电力生产	111935693	33450064	78485629	11859894	4640136	18000460	43985139
火力发电	32665446	10395316	22270130	5846664	1329579	4567504	10526383
水力发电	20000275	7871741	12128534	1259989	762256	3481655	6624634
核力发电	9417169	7735033	1682136	857456	481034	1500	342146
风力发电	24845496	5679179	19166317	2514696	984123	5705424	9962074
太阳能发电	18360545	1337964	17022581	983342	640040	3384854	12014345
其他电力生产	6646762	430831	6215931	397747	443104	859523	4515557
电力供应	46710711	17242221	29468490	10743361	4490741	8159743	6074645
热力生产和供应	15678333	1027053	14651280	868870	2543435	4214991	7023984
燃气生产和供应业	22415922	1281723	21134199	2099912	2469278	4541655	12023354
燃气生产和供应业	22415922	1281723	21134199	2099912	2469278	4541655	12023354
水的生产和供应业	31509421	467112	31042309	1645016	4997947	12435419	11963927
自来水生产和供应	14552105	248253	14303852	530538	2590686	6560596	4622032
污水处理及其再生利用	14641690	179999	14461691	1046204	2146490	4943338	6325659

续表 33

行　业	合计	中央项目	地方项目				
				省属	地市属	县属	其他
其他水的处理、利用与分配	2315626	38860	2276766	68274	260771	931485	1016236
（五）建筑业	**40340476**	**1696750**	**38643726**	**1154804**	**3223023**	**15067301**	**19198598**
房屋建筑业	13192381	228976	12963405	353393	622783	4831832	7155397
房屋建筑业	13192381	228976	12963405	353393	622783	4831832	7155397
土木工程建筑业	20401453	1362362	19039091	722303	2084226	8882819	7349743
铁路、道路、隧道和桥梁工程建筑	13221480	931987	12289493	457794	1142755	6515271	4173673
铁路工程建筑	693874	414786	279088	76619	58900	43838	99731
公路工程建筑	5001716	153280	4848436	187934	369991	2879485	1411026
市政道路工程建筑	5008072	143093	4864979	81204	459409	2571096	1753270
其他道路、隧道和桥梁工程建筑	2517818	220828	2296990	112037	254455	1020852	909646
水利和内河港口工程建筑	2752869	295000	2457869	44309	258481	1159839	995240
水源及供水设施工程建筑	859128	79938	779190	18743	46072	445846	268529
河湖治理及防洪设施工程建筑	1340253	2875	1337378	18455	210836	703632	404455
港口及航运设施工程建筑	553488	212187	341301	7111	1573	10361	322256
海洋工程建筑	378802		378802			104648	274154
工矿工程建筑	388852	4683	384169		7000	47068	330101
架线和管道工程建筑	1333095	75337	1257758	141338	100164	529976	486280
架线及设备工程建筑	654708	71877	582831	82406	28395	256301	215729
管道工程建筑	678387	3460	674927	58932	71769	273675	270551
其他土木工程建筑	2326355	55355	2271000	78862	575826	526017	1090295
建筑安装业	2056674	92391	1964283	56645	123787	257360	1526491
电气安装	575751	12813	562938	19075	29873	88436	425554
管道和设备安装	510221	17970	492251	13868	73522	81052	323809
其他建筑安装业	970702	61608	909094	23702	20392	87872	777128

续表 34

行　业	合计	中央项目	地方项目				
				省属	地市属	县属	其他
建筑装饰和其他建筑业	4689968	13021	4676947	22463	392227	1095290	3166967
建筑装饰业	1692983	342	1692641		72675	163605	1456361
工程准备活动	617368	6006	611362	7463	8214	270178	325507
建筑物拆除活动	164523	787	163736			118401	45335
其他工程准备活动	452845	5219	447626	7463	8214	151777	280172
提供施工设备服务	330139	775	329364	2800	3452	24385	298727
其他未列明建筑业	2049478	5898	2043580	12200	307886	637122	1086372
(六) 批发和零售业	**155525455**	**1400318**	**154125137**	**1490432**	**7046476**	**16674157**	**128914072**
批发业	75206407	601781	74604626	791721	2603999	7316233	63892673
农、林、牧产品批发	8031013	16494	8014519	49966	177721	1274076	6512756
谷物、豆及薯类批发	2366785	8486	2358299	14450	6400	576626	1760823
种子批发	664313	1061	663252			38495	624757
饲料批发	217272		217272	166		14517	202589
棉、麻批发	158879		158879			9196	149683
林业产品批发	886064		886064	31299	7013	67462	780290
牲畜批发	470461	1491	468970		6400	32367	430203
其他农牧产品批发	3267239	5456	3261783	4051	157908	535413	2564411
食品、饮料及烟草制品批发	11007518	114390	10893128	127132	457070	1741070	8567856
米、面制品及食用油批发	1230457	9735	1220722	11159	113794	81336	1014433
糕点、糖果及糖批发	203096		203096		787	9730	192579
果品、蔬菜批发	4529756	51547	4478209	4870	113924	1153071	3206344
肉、禽、蛋、奶及水产品批发	2283686	8360	2275326	6000	76243	249141	1943942
盐及调味品批发	98237		98237	6711	4965	5360	81201
营养和保健品批发	101304		101304		23009	8115	70180
酒、饮料及茶叶批发	1021319		1021319	5408	13333	80354	922224
烟草制品批发	324040	42248	281792	89268	49859	82741	59924
其他食品批发	1215623	2500	1213123	3716	61156	71222	1077029
纺织、服装及家庭用品批发	8557254	10960	8546294	28865	305976	602388	7609065

续表 35

行　业	合计	中央项目	地方项目	省属	地市属	县属	其他
纺织品、针织品及原料批发	2357585		2357585	8663	144838	260952	1943132
服装批发	2625366	10810	2614556	3972	84106	176642	2349836
鞋帽批发	262930		262930		1501	6105	255324
化妆品及卫生用品批发	252896		252896		7450	10605	234841
厨房、卫生间用具及日用杂货批发	486761	150	486611		8430	14229	463952
灯具、装饰物品批发	608513		608513		22827	56813	528873
家用电器批发	734748		734748		2463	20061	712224
其他家庭用品批发	1228455		1228455	16230	34361	56981	1120883
文化、体育用品及器材批发	1415291	4341	1410950	13624	37655	124674	1234997
文具用品批发	311122	3926	307196		14740	4200	288256
体育用品及器材批发	108486		108486			12835	95651
图书批发	140404	415	139989	12583	18183	13614	95609
报刊批发	23360		23360				23360
音像制品及电子出版物批发	54566		54566			3780	50786
首饰、工艺品及收藏品批发	565444		565444		4732	83498	477214
其他文化用品批发	211909		211909	1041		6747	204121
医药及医疗器材批发	2301032	8700	2292332	16045	113389	199294	1963604
西药批发	795381	8700	786681	13955	62906	29289	680531
中药批发	645757		645757		12835	122408	510514
医疗用品及器材批发	859894		859894	2090	37648	47597	772559
矿产品、建材及化工产品批发	23161819	373188	22788631	402692	651282	2059516	19675141
煤炭及制品批发	2506497	51251	2455246	34541	23881	97795	2299029
石油及制品批发	3022579	208996	2813583	188196	103242	138574	2383571
非金属矿及制品批发	364864		364864				364864

续表 36

行业	合计	中央项目	地方项目				
				省属	地市属	县属	其他
金属及金属矿批发	3541185	89996	3451189	51749	103135	250785	3045520
建材批发	11702646	7995	11694651	125906	390082	1362201	9816462
化肥批发	549716	5450	544266	2300	2987	96401	442578
农药批发	163700		163700			32895	130805
农用薄膜批发	27327		27327				27327
其他化工产品批发	1283305	9500	1273805		27955	80865	1164985
机械设备、五金产品及电子产品批发	12752670	54465	12698205	59944	652693	836435	11149133
农业机械批发	1033952		1033952	12000	30960	88912	902080
汽车批发	2472917	8600	2464317	38119	370056	245571	1810571
汽车零配件批发	1512336	8685	1503651		34478	173807	1295366
摩托车及零配件批发	191019		191019				191019
五金产品批发	2923855		2923855		16195	171605	2736055
电气设备批发	924376		924376	4580	60378	30649	828769
计算机、软件及辅助设备批发	509886		509886		30386	29865	449635
通信及广播电视设备批发	168387	5050	163337		10471	9198	143668
其他机械设备及电子产品批发	3015942	32130	2983812	5245	99769	86828	2791970
贸易经纪与代理	3792511		3792511	41605	125133	126501	3499272
贸易代理	2334758		2334758	36496	85677	57434	2155151
拍卖	41240		41240		566		40674
其他贸易经纪与代理	1416513		1416513	5109	38890	69067	1303447
其他批发业	4187299	19243	4168056	51848	83080	352279	3680849
再生物资回收与批发	1459516		1459516	14226	20043	95573	1329674
其他未列明批发业	2727783	19243	2708540	37622	63037	256706	2351175
零售业	80319048	798537	79520511	698711	4442477	9357924	65021399
综合零售	34261096	425200	33835896	322086	2043230	4600821	26869759
百货零售	18049355	278300	17771055	203064	1433921	2128033	14006037
超级市场零售	8272013	96780	8175233	33585	201521	1102550	6837577

续表 37

行　业	合计	中央项目	地方项目				
				省属	地市属	县属	其他
其他综合零售	7939728	50120	7889608	85437	407788	1370238	6026145
食品、饮料及烟草制品专门零售	3451334	35193	3416141	90357	130287	510164	2685333
粮油零售	320441	3761	316680		22283	40102	254295
糕点、面包零售	100992		100992			1500	99492
果品、蔬菜零售	815628	5900	809728		46811	173690	589227
肉、禽、蛋、奶及水产品零售	742290	500	741790	52283	8393	107443	573671
营养和保健品零售	103104		103104			13458	89646
酒、饮料及茶叶零售	493636	10040	483596	35000		16765	431831
烟草制品零售	40522		40522	3074	3500	4500	29448
其他食品零售	834721	14992	819729		49300	152706	617723
纺织、服装及日用品专门零售	3514501	3100	3511401	7454	256944	516741	2730262
纺织品及针织品零售	465918		465918		23547	57025	385346
服装零售	2064363	2000	2062363	7454	202380	281792	1570737
鞋帽零售	64342		64342				64342
化妆品及卫生用品零售	98140		98140		108	7137	90895
钟表、眼镜零售	99570		99570			5946	93624
箱、包零售	98598		98598			5912	92686
厨房用具及日用杂品零售	97377	800	96577		2730	8600	85247
自行车零售	55648		55648			33000	22648
其他日用品零售	470545	300	470245		28179	117329	324737
文化、体育用品及器材专门零售	1970648	2320	1968328	31176	66424	239200	1631528
文具用品零售	48511		48511			9865	38646
体育用品及器材零售	74416	2320	72096			10	72086
图书、报刊零售	97935		97935	19267	21225	13908	43535
音像制品及电子出版物零售	13633		13633			2300	11333

续表38

行业	合计	中央项目	地方项目				
				省属	地市属	县属	其他
珠宝首饰零售	972442		972442	9509	25000	117444	820489
工艺美术品及收藏品零售	534329		534329	2400	15699	95173	421057
乐器零售	22724		22724				22724
照相器材零售	54540		54540				54540
其他文化用品零售	152118		152118		4500	500	147118
医药及医疗器材专门零售	1202542	966	1201576		65393	89662	1046521
药品零售	865430		865430		51043	85877	728510
医疗用品及器材零售	337112	966	336146		14350	3785	318011
汽车、摩托车、燃料及零配件专门零售	21408598	219713	21188885	126973	1223933	2238971	17599008
汽车零售	16258702	35800	16222902	43037	951246	1566497	13662122
汽车零配件零售	1767671	4110	1763561	8500	97108	275865	1382088
摩托车及零配件零售	89382		89382			6755	82627
机动车燃料零售	3292843	179803	3113040	75436	175579	389854	2472171
家用电器及电子产品专门零售	2491647	10779	2480868	9806	64977	126288	2279797
家用视听设备零售	238285		238285	9806		2000	226479
日用家电设备零售	763682		763682		30723	82154	650805
计算机、软件及辅助设备零售	463870		463870		27889	6465	429516
通信设备零售	361240	10779	350461		31	11103	339327
其他电子产品零售	664570		664570		6334	24566	633670
五金、家具及室内装饰材料专门零售	8109482	97790	8011692	41437	483553	585408	6901294
五金零售	1226167		1226167		82834	48680	1094653
灯具零售	290130		290130		9240	6500	274390
家具零售	4140157	490	4139667	1000	188965	412601	3537101
涂料零售	92080		92080		8878		83202
卫生洁具零售	79191		79191				79191

续表 39

行　业	合计	中央项目	地方项目				
				省属	地市属	县属	其他
木质装饰材料零售	328835		328835		6830	14318	307687
陶瓷、石材装饰材料零售	898088		898088		103600	47780	746708
其他室内装饰材料零售	1054834	97300	957534	40437	83206	55529	778362
货摊、无店铺及其他零售业	3909200	3476	3905724	69422	107736	450669	3277897
货摊食品零售	92365		92365		3305	38555	50505
货摊纺织、服装及鞋零售	46685		46685		23020		23665
货摊日用品零售	63307		63307			5147	58160
互联网零售	716533		716533	4330	10069	33457	668677
邮购及电视、电话零售	15738		15738				15738
旧货零售	32415		32415				32415
生活用燃料零售	616166		616166	2328	3508	44790	565540
其他未列明零售业	2325991	3476	2322515	62764	67834	328720	1863197
（七）交通运输、仓储和邮政业	**428895215**	**79440571**	**349454644**	**76710425**	**73970982**	**86968735**	**111804502**
铁路运输业	77071694	62784388	14287306	5512945	2961647	2056356	3756358
铁路旅客运输	40280055	33263323	7016732	3732599	2124322	290438	869373
铁路货物运输	30097501	25630412	4467089	1165798	298485	904087	2098719
铁路运输辅助活动	6694138	3890653	2803485	614548	538840	861831	788266
客运火车站	1575233	561848	1013385	308937	242586	186632	275230
货运火车站	330216	67653	262563	10204	21106	121725	109528
其他铁路运输辅助活动	4788689	3261152	1527537	295407	275148	553474	403508
道路运输业	245131630	7060490	238071140	62393755	60759696	70028653	44889036
城市公共交通运输	40812552	142422	40670130	10440293	23986975	3585614	2657248
公共电汽车客运	5302053	24708	5277345	1081452	1795915	1502276	897702
城市轨道交通	30476379	70756	30405623	8923122	21262934	89329	130238
出租车客运	463472		463472	77441	70298	86561	229172
其他城市公共交通运输	4570648	46958	4523690	358278	857828	1907448	1400136
公路旅客运输	87772858	5026926	82745932	34045088	17429296	20256829	11014719

续表 40

行　　业	合计	中央项目	地方项目				
				省属	地市属	县属	其他
道路货物运输	58152044	1517526	56634518	6681815	7032833	22164412	20755458
道路运输辅助活动	58394176	373616	58020560	11226559	12310592	24021798	10461611
客运汽车站	2515528	17711	2497817	266137	590884	855355	785441
公路管理与养护	43398924	275192	43123732	8136949	10510290	18167844	6308649
其他道路运输辅助活动	12479724	80713	12399011	2823473	1209418	4998599	3367521
水上运输业	24345778	1892269	22453509	1877959	4777751	4486878	11310921
水上旅客运输	740697	11316	729381	143007	93885	195797	296692
海洋旅客运输	243627	1716	241911	5381	38047	72365	126118
内河旅客运输	351728	9600	342128	136367		101788	103973
客运轮渡运输	145342		145342	1259	55838	21644	66601
水上货物运输	6032511	280853	5751658	540533	1141969	518660	3550496
远洋货物运输	1251435	266039	985396	164619	109401	183634	527742
沿海货物运输	2670461	9467	2660994	210463	826869	114975	1508687
内河货物运输	2110615	5347	2105268	165451	205699	220051	1514067
水上运输辅助活动	17572570	1600100	15972470	1194419	3541897	3772421	7463733
客运港口	443856		443856	3888	235362	129202	75404
货运港口	14030680	1059972	12970708	713289	2514028	3211595	6531796
其他水上运输辅助活动	3098034	540128	2557906	477242	792507	431624	856533
航空运输业	14304211	4658024	9646187	4493744	1931769	1050704	2169970
航空客货运输	7728624	3459932	4268692	2886095	396794	286883	698920
航空旅客运输	7383780	3459703	3924077	2776639	396794	248113	502531
航空货物运输	344844	229	344615	109456		38770	196389
通用航空服务	481973	11128	470845	7190	84350	30563	348742
航空运输辅助活动	6093614	1186964	4906650	1600459	1450625	733258	1122308
机场	5031284	1135639	3895645	1344408	958392	567485	1025360
空中交通管理	22365	3300	19065		7409		11656
其他航空运输辅助活动	1039965	48025	991940	256051	484824	165773	85292
管道运输业	3154744	766037	2388707	568631	297067	413873	1109136
管道运输业	3154744	766037	2388707	568631	297067	413873	1109136
装卸搬运和运输代理业	12019811	55287	11964524	178453	377994	1150914	10257163
装卸搬运	1778460	4000	1774460	79007	91472	299306	1304675
运输代理业	10241351	51287	10190064	99446	286522	851608	8952488

续表 41

行　　业	合计	中央项目	地方项目				
				省属	地市属	县属	其他
货物运输代理	7854587	50388	7804199	60963	198429	672169	6872638
旅客票务代理	46212		46212			7000	39212
其他运输代理业	2340552	899	2339653	38483	88093	172439	2040638
仓储业	51582831	2136492	49446339	1592102	2764265	7617861	37472111
谷物、棉花等农产品仓储	11166364	664328	10502036	500042	403493	2567218	7031283
谷物仓储	5759740	581294	5178446	165156	253912	1585545	3173833
棉花仓储	631970	68861	563109			165610	397499
其他农产品仓储	4774654	14173	4760481	334886	149581	816063	3459951
其他仓储业	40416467	1472164	38944303	1092060	2360772	5050643	30440828
邮政业	1284516	87584	1196932	92836	100793	163496	839807
邮政基本服务	372624	18707	353917	68523	33115	123344	128935
快递服务	911892	68877	843015	24313	67678	40152	710872
（八）住宿和餐饮业	**61887430**	**371585**	**61515845**	**1162562**	**3781270**	**6979939**	**49592074**
住宿业	45755207	356501	45398706	1054479	3255020	5973465	35115742
旅游饭店	35321644	176142	35145502	921934	2808009	4644643	26770916
一般旅馆	6040242	92592	5947650	75974	230226	678834	4962616
其他住宿业	4393321	87767	4305554	56571	216785	649988	3382210
餐饮业	16132223	15084	16117139	108083	526250	1006474	14476332
正餐服务	12431600	9884	12421716	93783	409348	634547	11284038
快餐服务	913017	1600	911417	3700	11760	107821	788136
饮料及冷饮服务	671707	3600	668107	9800	39837	60933	557537
茶馆服务	184252	3600	180652			35726	144926
咖啡馆服务	130897		130897			8150	122747
酒吧服务	230382		230382		39837	12080	178465
其他饮料及冷饮服务	126176		126176	9800		4977	111399
其他餐饮业	2115899		2115899	800	65305	203173	1846621
小吃服务	381817		381817		29300	52355	300162
餐饮配送服务	228390		228390	800		4727	222863
其他未列明餐饮业	1505692		1505692		36005	146091	1323596
（九）信息传输、软件和信息技术服务业	**41029762**	**8777089**	**32252673**	**5205782**	**4986090**	**3007054**	**19053747**

续表 42

行　　业	合计	中央项目	地方项目				
				省属	地市属	县属	其他
电信、广播电视和卫星传输服务	20653268	7803296	12849972	4416156	2576026	1296198	4561592
电信	19380915	7755675	11625240	4113657	2443311	938913	4129359
固定电信服务	3485240	1875277	1609963	442705	463209	167401	536648
移动电信服务	14815035	5590441	9224594	3533545	1688888	690812	3311349
其他电信服务	1080640	289957	790683	137407	291214	80700	281362
广播电视传输服务	1197227	29559	1167668	302499	128133	344560	392476
有线广播电视传输服务	909327	29556	879771	277734	93080	301087	207870
无线广播电视传输服务	287900	3	287897	24765	35053	43473	184606
卫星传输服务	75126	18062	57064		4582	12725	39757
互联网和相关服务	4099992	518619	3581373	273674	575623	444004	2288072
互联网接入及相关服务	1448714	246312	1202402	140871	153888	184040	723603
互联网信息服务	2034154	272307	1761847	85763	382832	114747	1178505
其他互联网服务	617124		617124	47040	38903	145217	385964
软件和信息技术服务业	16276502	455174	15821328	515952	1834441	1266852	12204083
软件开发	7377361	154765	7222596	234437	537347	505819	5944993
信息系统集成服务	2318963	97311	2221652	85045	306423	131608	1698576
信息技术咨询服务	1432913	11347	1421566	42429	146339	237847	994951
数据处理和存储服务	2166003	80955	2085048	114746	447346	219335	1303621
集成电路设计	436797		436797	27913	47923	6137	354824
其他信息技术服务业	2544465	110796	2433669	11382	349063	166106	1907118
数字内容服务	283347	15000	268347		14639	17480	236228
呼叫中心	389185	24540	364645			22513	342132
其他未列明信息技术服务业	1871933	71256	1800677	11382	334424	126113	1328758
(十) 金融业	**13629723**	**1250441**	**12379282**	**1702334**	**2334542**	**1721505**	**6620901**
货币金融服务	7008405	902574	6105831	1435669	1025615	1097993	2546554
中央银行服务	817273	55369	761904	141211	53047	150414	417232
货币银行服务	5570722	783129	4787593	1270369	955517	834051	1727656
非货币银行服务	597420	62652	534768	24089	6361	102652	401666
金融租赁服务	183877	1758	182119	20000		28034	134085

续表 43

行　　业	合计	中央项目	地方项目				
				省属	地市属	县属	其他
财务公司	47334	22654	24680				24680
典当	63069		63069			4900	58169
其他非货币银行服务	303140	38240	264900	4089	6361	69718	184732
银行监管服务	22990	1424	21566		10690	10876	
资本市场服务	3759985	101098	3658887	70160	771762	376825	2440140
证券市场服务	671368	56025	615343	22429	476088	14786	102040
证券市场管理服务	214107	56025	158082		115640	14786	27656
证券经纪交易服务	432167		432167	21918	360448		49801
基金管理服务	25094		25094	511			24583
期货市场服务	166565	9272	157293		52450	2006	102837
期货市场管理服务	156430	9272	147158		52450	2006	92702
其他期货市场服务	10135		10135				10135
证券期货监管服务	26188	24268	1920				1920
资本投资服务	2451893		2451893	47731	165175	326233	1912754
其他资本市场服务	443971	11533	432438		78049	33800	320589
保险业	1145050	209965	935085	191390	63888	46835	632972
人身保险	762184	159137	603047	85961	10212	15221	491653
人寿保险	758814	159137	599677	85961	7862	14201	491653
健康和意外保险	3370		3370		2350	1020	
财产保险	322396	50828	271568	105429	48391	16356	101392
养老金	3650		3650			3650	
保险经纪与代理服务	30789		30789				30789
保险监管服务	5285		5285		5285		
其他保险活动	20746		20746			11608	9138
风险和损失评估	3959		3959				3959
其他未列明保险活动	16787		16787			11608	5179
其他金融业	1716283	36804	1679479	5115	473277	199852	1001235
金融信托与管理服务	592303	965	591338	5115	287318	10967	287938
控股公司服务	263885	9400	254485		78389		176096
非金融机构支付服务	33829		33829		324		33505
金融信息服务	254208		254208		18946	21514	213748
其他未列明金融业	572058	26439	545619		88300	167371	289948

续表44

行　业	合计	中央项目	地方项目				
				省属	地市属	县属	其他
(十一)房地产业	**1235582427**	**24107884**	**1211474543**	**37039175**	**137917387**	**183015759**	**853502222**
房地产业	1235582427	24107884	1211474543	37039175	137917387	183015759	853502222
房地产开发经营	1002117019	18345153	983771866	31213792	115657984	98453683	738446407
物业管理	4090378	115417	3974961	52766	356065	474742	3091388
房地产中介服务	200137		200137	4190	4700	68300	122947
自有房地产经营活动	21514411	425486	21088925	426661	2184236	5068695	13409333
其他房地产业	207660482	5221828	202438654	5341766	19714402	78950339	98432147
(十二)租赁和商务服务业	**79535228**	**780810**	**78754418**	**1807282**	**11400796**	**10287955**	**55258385**
租赁业	7136116	5187	7130929	79449	2022894	278635	4749951
机械设备租赁	6969557	5187	6964370	79439	2010274	212214	4662443
汽车租赁	567037		567037	6068	95058	20911	445000
农业机械租赁	78747		78747			7610	71137
建筑工程机械与设备租赁	1068415		1068415	8800	20620	46071	992924
计算机及通信设备租赁	22535	5187	17348			650	16698
其他机械与设备租赁	5232823		5232823	64571	1894596	136972	3136684
文化及日用品出租	166559		166559	10	12620	66421	87508
娱乐及体育设备出租	123318		123318		2820	66421	54077
图书出租	2866		2866				2866
音像制品出租							
其他文化及日用品出租	40375		40375	10	9800		30565
商务服务业	72399112	775623	71623489	1727833	9377902	10009320	50508434
企业管理服务	28507616	656180	27851436	815916	4510506	4250652	18274362
企业总部管理	8782980	447557	8335423	341627	1336116	688559	5969121
投资与资产管理	15364378	141999	15222379	373404	2814310	2866284	9168381
单位后勤管理服务	789758	60750	729008	79414	101725	163376	384493
其他企业管理服务	3570500	5874	3564626	21471	258355	532433	2752367
法律服务	111647		111647	2398	10054	14648	84547
律师及相关法律服务	87454		87454	2398		10848	74208
公证服务	189		189				189
其他法律服务	24004		24004		10054	3800	10150

续表 45

行业	合计	中央项目	地方项目				
				省属	地市属	县属	其他
咨询与调查	1878921		1878921	1835	387820	68348	1420918
会计、审计及税务服务	127509		127509		12505		115004
市场调查	12983		12983			953	12030
社会经济咨询	471214		471214	415	9000	39488	422311
其他专业咨询	1267215		1267215	1420	366315	27907	871573
广告业	2029268		2029268	2850	98909	156472	1771037
知识产权服务	264107		264107	38483	2120	76041	147463
人力资源服务	1019746	2720	1017026	16158	83189	330937	586742
公共就业服务	314183		314183	690	4598	180716	128179
职业中介服务	88624	1400	87224		9205	8522	69497
劳务派遣服务	240660		240660		9363	10125	221172
其他人力资源服务	376279	1320	374959	15468	60023	131574	167894
旅行社及相关服务	7060757	1753	7059004	20707	317857	1306171	5414269
旅行社服务	566652		566652	308	4722	65066	496556
旅游管理服务	5972550	1753	5970797	20399	292382	1150351	4507665
其他旅行社相关服务	521555		521555		20753	90754	410048
安全保护服务	526056	15800	510256	68701	61103	106243	274209
安全服务	233920	12101	221819	60265	30672	41360	89522
安全系统监控服务	194291	2900	191391	8436	23427	43531	115997
其他安全保护服务	97845	799	97046		7004	21352	68690
其他商务服务业	31000994	99170	30901824	760785	3906344	3699808	22534887
市场管理	11167013	10414	11156599	309889	476148	1474296	8896266
会议及展览服务	6841300	10542	6830758	317725	1862578	751025	3899430
包装服务	384144		384144		26317	1515	356312
办公服务	1710191	39679	1670512	21868	191742	332951	1123951
信用服务	64051		64051		3000	35973	25078
担保服务	292592		292592		1900	8360	282332
其他未列明商务服务业	10541703	38535	10503168	111303	1344659	1095688	7951518
（十三）科学研究和技术服务业	**42190960**	**3501112**	**38689848**	**2406043**	**4437030**	**4928560**	**26918215**
研究和试验发展	13369911	2069270	11300641	1181362	1509676	1110016	7499587
自然科学研究和试验发展	1390749	378975	1011774	173515	220030	53527	564702

续表 46

行　　业	合计	中央项目	地方项目				
				省属	地市属	县属	其他
工程、技术研究和试验发展	8600746	1572924	7027822	714201	1051933	558690	4702998
农业科学研究和试验发展	1921613	57682	1863931	140218	79745	308947	1335021
医学研究和试验发展	1223374	43608	1179766	125157	121080	126444	807085
社会人文科学研究	233429	16081	217348	28271	36888	62408	89781
专业技术服务业	15662299	1210421	14451878	961249	1850096	1911665	9728868
气象服务	425502	98790	326712	39081	97783	138695	51153
地震服务	127085	68189	58896	18042	4441	22801	13612
海洋服务	343625	54280	289345	1513	84078	28690	175064
测绘服务	275388	62041	213347	58469	9400	22563	122915
质检技术服务	2600557	113333	2487224	151425	242561	228528	1864710
环境与生态监测	676472	7797	668675	57036	54298	155853	401488
环境保护监测	600809	6965	593844	51996	50265	128612	362971
生态监测	75663	832	74831	5040	4033	27241	38517
地质勘查	2201125	405592	1795533	236306	76173	478638	1004416
能源矿产地质勘查	737743	323666	414077	22419	21997	104558	265103
固体矿产地质勘查	938322	13132	925190	69695	23783	235691	596021
水、二氧化碳等矿产地质勘查	24086		24086	2539		3000	18547
基础地质勘查	238053	8700	229353	76617	9357	64787	78592
地质勘查技术服务	262921	60094	202827	65036	21036	70602	46153
工程技术	4915726	252907	4662819	301608	821073	599438	2940700
工程管理服务	1582940	70118	1512822	125655	477423	89954	819790
工程勘察设计	1332304	182789	1149515	172499	85345	80017	811654
规划管理	2000482		2000482	3454	258305	429467	1309256
其他专业技术服务业	4096819	147492	3949327	97769	460289	236459	3154810
专业化设计服务	1275955		1275955	32773	242732	51014	949436
摄影扩印服务	198536		198536			1685	196851
兽医服务	48817		48817		1247	29546	18024
其他未列明专业技术服务业	2573511	147492	2426019	64996	216310	154214	1990499

续表47

行　　业	合计	中央项目	地方项目				
				省属	地市属	县属	其他
科技推广和应用服务业	13158750	221421	12937329	263432	1077258	1906879	9689760
技术推广服务	8618598	123723	8494875	113907	298611	1097553	6984804
农业技术推广服务	3269479	8708	3260771	22636	100214	775715	2362206
生物技术推广服务	1018302		1018302	10000	61969	49196	897137
新材料技术推广服务	1124277	18947	1105330	15482	7548	77675	1004625
节能技术推广服务	1639381	7450	1631931	9916	12018	159786	1450211
其他技术推广服务	1567159	88618	1478541	55873	116862	35181	1270625
科技中介服务	1888732	48827	1839905	67962	422900	562242	786801
其他科技推广和应用服务业	2651420	48871	2602549	81563	355747	247084	1918155
（十四）水利、环境和公共设施管理业	**462244285**	**9043844**	**453200441**	**15995842**	**92156487**	**196039819**	**149008293**
水利管理业	59901280	2485552	57415728	5537815	8004008	31992214	11881691
防洪除涝设施管理	30430506	860638	29569868	2613319	4188800	16325357	6442392
水资源管理	8115768	215707	7900061	701943	1336916	4446738	1414464
天然水收集与分配	10572334	1311918	9260416	1362337	756994	5688391	1452694
水文服务	219208	18557	200651	16658	54486	92720	36787
其他水利管理业	10563464	78732	10484732	843558	1666812	5439008	2535354
生态保护和环境治理业	18077110	221404	17855706	561482	2918658	6295427	8080139
生态保护	4797269	8771	4788498	128416	944167	1786400	1929515
自然保护区管理	1742742	7718	1735024	2680	532585	794995	404764
野生动物保护	657182		657182	31061	94992	52196	478933
野生植物保护	272287	550	271737	63252	56846	63165	88474
其他自然保护	2125058	503	2124555	31423	259744	876044	957344
环境治理业	13279841	212633	13067208	433066	1974491	4509027	6150624
水污染治理	7101617	28199	7073418	192394	1328732	2923646	2628646
大气污染治理	1157479	99849	1057630	28456	61498	200084	767592
固体废物治理	2087726	33943	2053783	99142	263067	512186	1179388
危险废物治理	327540		327540	44887	32901	46672	203080
放射性废物治理	21848		21848				21848
其他污染治理	2583631	50642	2532989	68187	288293	826439	1350070

续表48

行　业	合计	中央项目	地方项目	省属	地市属	县属	其他
公共设施管理业	384265895	6336888	377929007	9896545	81233821	157752178	129046463
市政设施管理	278183846	5328666	272855180	8153405	68016424	118346127	78339224
环境卫生管理	6560569	113016	6447553	661970	693758	2678649	2413176
城乡市容管理	15779536	108683	15670853	60491	1078648	7969330	6562384
绿化管理	17602219	345605	17256614	430253	5112658	7349229	4364474
公园和游览景区管理	66139725	440918	65698807	590426	6332333	21408843	37367205
公园管理	18689928	153048	18536880	201242	3152064	7512847	7670727
游览景区管理	47449797	287870	47161927	389184	3180269	13895996	29696478
(十五) 居民服务、修理和其他服务业	**22755860**	**162563**	**22593297**	**289157**	**1067392**	**4090884**	**17145864**
居民服务业	13537572	82607	13454965	222774	757766	3179828	9294597
家庭服务	538528	31632	506896	6000	49380	226111	225405
托儿所服务	362668		362668		700	37027	324941
洗染服务	93578		93578		591	4334	88653
理发及美容服务	223351		223351		6818	6653	209880
洗浴服务	1553344	1284	1552060	73883	22360	155017	1300800
保健服务	363975		363975	13500	76090	63711	210674
婚姻服务	140274		140274		7552	1350	131372
殡葬服务	1643964	8130	1635834	27336	78946	586934	942618
其他居民服务业	8617890	41561	8576329	102055	515329	2098691	5860254
机动车、电子产品和日用产品修理业	5069743	37030	5032713	11433	103912	402096	4515272
汽车、摩托车修理与维护	4465445	5924	4459521	1680	60143	281880	4115818
汽车修理与维护	4441636	5924	4435712	1160	60143	281380	4093029
摩托车修理与维护	23809		23809	520		500	22789
计算机和办公设备维修	427100	28906	398194	9753	43769	119216	225456
计算机和辅助设备修理	156495	17975	138520	495	39681	21960	76384
通信设备修理	129127		129127		4088	83910	41129
其他办公设备维修	141478	10931	130547	9258		13346	107943

续表 49

行　业	合计	中央项目	地方项目				
				省属	地市属	县属	其他
家用电器修理	66688		66688				66688
家用电子产品修理	36054		36054				36054
日用电器修理	30634		30634				30634
其他日用产品修理业	110510	2200	108310			1000	107310
自行车修理	3283		3283				3283
鞋和皮革修理	6622		6622				6622
家具和相关物品修理	16878		16878				16878
其他未列明日用产品修理业	83727	2200	81527			1000	80527
其他服务业	4148545	42926	4105619	54950	205714	508960	3335995
清洁服务	417210		417210		1022	16821	399367
建筑物清洁服务	90432		90432		485	3349	86598
其他清洁服务	326778		326778		537	13472	312769
其他未列明服务业	3731335	42926	3688409	54950	204692	492139	2936628
（十六）教育	**67056224**	**3426736**	**63629488**	**6666938**	**10869721**	**23573953**	**22518876**
教育	67056224	3426736	63629488	6666938	10869721	23573953	22518876
学前教育	4959317	51503	4907814	74310	321332	2047996	2464176
初等教育	12698385	241744	12456641	47111	1300864	6707833	4400833
普通小学教育	12514966	241744	12273222	44062	1275009	6616229	4337922
成人小学教育	183419		183419	3049	25855	91604	62911
中等教育	23300452	371427	22929025	637890	4340521	11511722	6438892
普通初中教育	11303342	171876	11131466	106282	1430682	6148562	3445940
职业初中教育	523569	18410	505159	50494	99012	280454	75199
成人初中教育	132365		132365		4876	78812	48677
普通高中教育	6647214	67418	6579796	126869	1374196	3532467	1546264
成人高中教育	105471	2009	103462	6807	34510	41291	20854
中等职业学校教育	4588491	111714	4476777	347438	1397245	1430136	1301958
高等教育	16573428	2605092	13968336	5265756	3307517	1150436	4244627
普通高等教育	15222755	2452530	12770225	5010243	3118123	963230	3678629
成人高等教育	1350673	152562	1198111	255513	189394	187206	565998
特殊教育	402083	10556	391527	10017	101676	112183	167651

续表 50

行业	合计	中央项目	地方项目				
				省属	地市属	县属	其他
技能培训、教育辅助及其他教育	9122559	146414	8976145	631854	1497811	2043783	4802697
职业技能培训	5792742	110852	5681890	416717	779580	1062036	3423557
体校及体育培训	379895	517	379378	31164	65602	74763	207849
文化艺术培训	448516	5803	442713	25908	25177	71213	320415
教育辅助服务	535517		535517	7868	120730	208942	197977
其他未列明教育	1965889	29242	1936647	150197	506722	626829	652899
(十七)卫生和社会工作	**39910390**	**1321367**	**38589023**	**4127113**	**7083831**	**12632648**	**14745431**
卫生	31983125	1203144	30779981	3942676	6441560	10180879	10214866
医院	26055262	1130702	24924560	3700015	5920630	7483511	7820404
综合医院	18910142	884792	18025350	2742490	4676252	5597804	5008804
中医医院	2238041	16576	2221465	330696	350640	1091667	448462
中西医结合医院	688855		688855	58019	119882	295393	215561
民族医院	79119	1020	78099	4750	7480	60509	5360
专科医院	3209326	155152	3054174	449583	709105	318168	1577318
疗养院	929779	73162	856617	114477	57271	119970	564899
社区医疗与卫生院	3327828	42211	3285617	30514	152394	1633075	1469634
社区卫生服务中心(站)	877272	15243	862029	14550	94038	256028	497413
街道卫生院	279736		279736	3500	23975	105618	146643
乡镇卫生院	2170820	26968	2143852	12464	34381	1271429	825578
门诊部(所)	272802		272802	500	4074	66880	201348
计划生育技术服务活动中心	234922		234922	40507	15550	65657	113208
妇幼保健院(所、站)	920917	22281	898636	89409	181152	441403	186672
专科疾病防治院(所、站)	131529		131529	2293	38639	42616	47981
疾病预防控制中心	357672	7030	350642	54161	62084	192436	41961
其他卫生活动	682193	920	681273	25277	67037	255301	333658
社会工作	7927265	118223	7809042	184437	642271	2451769	4530565
提供住宿社会工作	7277250	107348	7169902	170463	563661	2181046	4254732
干部休养所	162376	4830	157546	45607	39041	39117	33781
护理机构服务	843151	4980	838171	12785	72920	216118	536348

续表 51

行业	合计	中央项目	地方项目				
				省属	地市属	县属	其他
精神康复服务	81956	974	80982	7480	17459	33500	22543
老年人、残疾人养护服务	5521546	87664	5433882	90460	371567	1434429	3537426
孤残儿童收养和庇护服务	144369	8900	135469	580	39905	78338	16646
其他提供住宿社会救助	523852		523852	13551	22769	379544	107988
不提供住宿社会工作	650015	10875	639140	13974	78610	270723	275833
社会看护与帮助服务	355220	9375	345845	12774	23690	151243	158138
其他不提供住宿社会工作	294795	1500	293295	1200	54920	119480	117695
（十八）文化、体育和娱乐业	**61740607**	**874483**	**60866124**	**1796733**	**7467332**	**16119685**	**35482374**
新闻和出版业	1023548	60857	962691	250755	350884	85456	275596
新闻业	282964	38309	244655	48391	125611	58096	12557
出版业	740584	22548	718036	202364	225273	27360	263039
图书出版	251622	12283	239339	125508	18707	9936	85188
报纸出版	321060	10265	310795	71600	162116	6637	70442
期刊出版	20975		20975	4959	3284		12732
音像制品出版	11873		11873				11873
电子出版物出版	47637		47637	297	41166	2974	3200
其他出版业	87417		87417			7813	79604
广播、电视、电影和影视录音制作业	5650320	122582	5527738	425274	561611	1530864	3009989
广播	222907	16761	206146	72114	18574	89670	25788
电视	1070232	99074	971158	325664	200367	204010	241117
电影和影视节目制作	2582775	5262	2577513	8750	203461	727443	1637859
电影和影视节目发行	402401		402401	7672	46356	305348	43025
电影放映	1336221	1485	1334736	5103	92853	204393	1032387
录音制作	35784		35784	5971			29813
文化艺术业	27052640	354202	26698438	653912	4150951	8392115	13501460

续表 52

行　业	合计	中央项目	地方项目				
				省属	地市属	县属	其他
文艺创作与表演	1093029	25876	1067153	117903	74815	161541	712894
艺术表演场馆	2376068	1300	2374768	146351	630790	463309	1134318
图书馆与档案馆	1326360	74837	1251523	72406	465701	417376	296040
图书馆	931374	61798	869576	62948	283866	273824	248938
档案馆	394986	13039	381947	9458	181835	143552	47102
文物及非物质文化遗产保护	5855164	27589	5827575	21197	1128811	2312266	2365301
博物馆	3670452	106241	3564211	171105	591948	1283616	1517542
烈士陵园、纪念馆	722066	4267	717799	3960	38898	495830	179111
群众文化活动	5985015	90322	5894693	87695	477953	2045045	3284000
其他文化艺术业	6024486	23770	6000716	33295	742035	1213132	4012254
体育	10416159	155097	10261062	168573	1761899	3346576	4984014
体育组织	181088	212	180876		43939	57105	79832
体育场馆	4927067	151985	4775082	129371	1212642	2021914	1411155
休闲健身活动	4725659	2900	4722759	33071	326187	1156609	3206892
其他体育	582345		582345	6131	179131	110948	286135
娱乐业	17597940	181745	17416195	298219	641987	2764674	13711315
室内娱乐活动	3083094	31051	3052043	181061	45324	318835	2506823
歌舞厅娱乐活动	1314481	30744	1283737	113504	16938	149396	1003899
电子游艺厅娱乐活动	74332		74332				74332
网吧活动	275766		275766			11585	264181
其他室内娱乐活动	1418515	307	1418208	67557	28386	157854	1164411
游乐园	8172799	75539	8097260	41344	302048	1111677	6642191
彩票活动	45356		45356	14678		8020	22658
文化、娱乐、体育经纪代理	107756		107756		9340	2047	96369
文化娱乐经纪人	35443		35443		9340		26103
体育经纪人	2500		2500				2500
其他文化艺术经纪代理	69813		69813			2047	67766
其他娱乐业	6188935	75155	6113780	61136	285275	1324095	4443274

续表 53

行　业	合计	中央项目	地方项目				
				省属	地市属	县属	其他
（十九）公共管理、社会保障和社会组织	**71985625**	**9147877**	**62837748**	**3218127**	**7682218**	**30798633**	**21138770**
中国共产党机关	267130	12780	254350	58175	25460	143469	27246
中国共产党机关	267130	12780	254350	58175	25460	143469	27246
国家机构	52469206	8864022	43605184	2856687	6554177	24977804	9216516
国家权力机构	760577	2627	757950	32922	167236	244697	313095
国家行政机构	49306914	8762464	40544450	2562476	5900921	23705867	8375186
综合事务管理机构	16029212	424688	15604524	635059	1467318	9233144	4269003
对外事务管理机构	174988	6167	168821	16218	47273	75253	30077
公共安全管理机构	13328911	7885917	5442994	1165604	1557159	2116741	603490
社会事务管理机构	8447685	184282	8263403	242096	1050072	5500154	1471081
经济事务管理机构	9867502	182223	9685279	162765	1580679	6020871	1920964
行政监督检查机构	1458616	79187	1379429	340734	198420	759704	80571
人民法院和人民检察院	1080988	17511	1063477	87290	276248	580688	119251
人民法院	725000	11541	713459	34878	177603	418672	82306
人民检察院	355988	5970	350018	52412	98645	162016	36945
其他国家机构	1320727	81420	1239307	173999	209772	446552	408984
人民政协、民主党派	129280	7216	122064	30552	8245	13490	69777
人民政协	50815		50815	26262	8245	13490	2818
民主党派	78465	7216	71249	4290			66959
社会保障	2514988	19603	2495385	47129	261621	1135842	1050793
社会保障	2514988	19603	2495385	47129	261621	1135842	1050793
群众团体、社会团体和其他成员组织	5631812	210557	5421255	208024	551753	1995760	2665718
群众团体	183100	10967	172133	13736	35828	77250	45319
工会	63475	3167	60308	7950	5564	38528	8266
妇联	17265	6350	10915	2849	3671	4395	
共青团	9387		9387	2937	740	5710	
其他群众团体	92973	1450	91523		25853	28617	37053
社会团体	3053523	195346	2858177	163708	406076	1337090	951303
专业性团体	2126959	180039	1946920	44205	298442	1122273	482000
行业性团体	665820	15307	650513	109428	80493	83754	376838
其他社会团体	260744		260744	10075	27141	131063	92465
基金会	7660		7660			7660	
宗教组织	2387529	4244	2383285	30580	109849	573760	1669096
基层群众自治组织	10973209	33699	10939510	17560	280962	2532268	8108720
社区自治组织	3796803	2240	3794563	3860	88509	722023	2980171
村民自治组织	7176406	31459	7144947	13700	192453	1810245	5128549

国民经济行业小类按建设性质分的固定资产投资（不含农户）

单位：万元

行　业	新建	扩建	改建和技术改造	单纯建造生活设施	迁建	恢复	单纯购置
全国总计	**3507827716**	**603913430**	**710614376**	**25982773**	**34981563**	**5505397**	**123823492**
（一）农、林、牧、渔业	**112343608**	**20855392**	**10248681**	**341887**	**212960**	**345304**	**1392242**
农业	43785410	6903320	2835995	89174	29079	55231	189094
谷物种植	4548808	546115	558883	43020	3800	23946	140597
稻谷种植	2111311	273047	315623	40546	3400	7641	98276
小麦种植	427570	92347	50932			3800	5021
玉米种植	1238293	137128	134581			3126	11623
其他谷物种植	771634	43593	57747	2474	400	9379	25677
豆类、油料和薯类种植	1719274	286841	77629		6000		702
豆类种植	448212	81818	28826		6000		
油料种植	731372	97649	21594				702
薯类种植	539690	107374	27209				
棉、麻、糖、烟草种植	682878	129196	172428				566
棉花种植	227960	19896	141487				
麻类种植	21728	3774	8003				
糖料种植	86207	22740	13463				566
烟草种植	346983	82786	9475				
蔬菜、食用菌及园艺作物种植	18572650	3394356	1089165	21514	15779	7070	38989
蔬菜种植	10305861	2041278	548924	12487	15779		16065
食用菌种植	2345588	456722	234276	5253		7070	12423
花卉种植	3754286	556527	202315	3774			4980
其他园艺作物种植	2166915	339829	103650				5521
水果种植	7740397	1249412	335033	17550		8000	6119
仁果类和核果类水果种植	2663708	443195	97470	7550			
葡萄种植	1461524	195081	53086	3600			833
柑橘类种植	590238	109610	56562				
香蕉等亚热带水果种植	259707	41775	2695				
其他水果种植	2765220	459751	125220	6400		8000	5286
坚果、含油果、香料和饮料作物种植	3238349	384509	157573	1600		8710	632
坚果种植	1723559	168949	66701	1600			632

续表1

行　　业	新建	扩建	改建和技术改造	单纯建造生活设施	迁建	恢复	单纯购置
含油果种植	288312	50084	6115				
香料作物种植	114392	10880	11122			4000	
茶及其他饮料作物种植	1112086	154596	73635			4710	
中药材种植	3074585	458198	145848		3500	3000	
其他农业	4208469	454693	299436	5490		4505	1489
林业	11769187	2867487	1053386	136901	16825	61112	19050
林木育种和育苗	5648277	1077020	280442	7522	5219	6983	13200
林木育种	1278946	263311	73572		200	6275	3950
林木育苗	4369331	813709	206870	7522	5019	708	9250
造林和更新	5194391	1486695	567365	123629	11020	48212	1200
森林经营和管护	715877	276992	180478	5750	586	5917	4050
木材和竹材采运	91181	12880	11239				600
木材采运	52347	12100	11239				600
竹材采运	38834	780					
林产品采集	119461	13900	13862				
木竹材林产品采集	42517	13900	13862				
非木竹材林产品采集	76944						
畜牧业	32766351	5640004	1777648	78592	99053	81451	107270
牲畜饲养	26294753	4308018	1317866	65166	71066	81451	59818
牛的饲养	9079742	1596902	400922	14088	12020	4691	34412
马的饲养	81173	9344	6562	19			
猪的饲养	10134278	1891411	666316	40616	45928	61030	19739
羊的饲养	5935317	690737	186422	5483	8790	13000	
骆驼饲养	5100						
其他牲畜饲养	1059143	119624	57644	4960	4328	2730	5667
家禽饲养	4360764	1031898	310841	10500	27313		26196
鸡的饲养	3387029	794422	245081	9100	24600		17076
鸭的饲养	433753	102660	29213	1400	2713		
鹅的饲养	110236	43496	2000				
其他家禽饲养	429746	91320	34547				9120

续表 2

行　　业	新建	扩建	改建和技术改造	单纯建造生活设施	迁建	恢复	单纯购置
狩猎和捕捉动物	271874	30618	17274				
其他畜牧业	1838960	269470	131667	2926	674		21256
渔业	4818295	1249822	975744	22000	8870	21560	571657
水产养殖	4695294	1220155	940022	22000	8870	21560	53954
海水养殖	1602963	528704	662919	22000		2100	38980
内陆养殖	3092331	691451	277103		8870	19460	14974
水产捕捞	123001	29667	35722				517703
海水捕捞	112664	29667	17752				475465
内陆捕捞	10337		17970				42238
农、林、牧、渔服务业	19204365	4194759	3605908	15220	59133	125950	505171
农业服务业	16867592	3779939	3217538	9834	57503	121445	460771
农业机械服务	1561847	302946	195000			1863	329635
灌溉服务	3806730	1173914	1114044	2390		18898	15273
农产品初加工服务	2660231	574145	390069		16198	2548	17341
其他农业服务	8838784	1728934	1518425	7444	41305	98136	98522
林业服务业	938416	140720	110061	1260		2737	12549
林业有害生物防治服务	87909	5128	4917			2737	2360
森林防火服务	51789	1849	11006				
林产品初级加工服务	157134	36869	19344				3000
其他林业服务	641584	96874	74794	1260			7189
畜牧服务业	919501	213048	144586	4126		1768	13582
渔业服务业	478856	61052	133723		1630		18269
（二）采矿业	**72078811**	**24739299**	**46429591**	**218875**	**210650**	**354634**	**1339641**
煤炭开采和洗选业	22518787	7372983	16143844	170593	62290	63894	512278
烟煤和无烟煤开采洗选	19049405	6758638	15556144	165793	59580	22474	473722
褐煤开采洗选	2667097	310038	283748	4800	1730	41420	1120
其他煤炭采选	802285	304307	303952		980		37436
石油和天然气开采业	24442636	5362709	9643496	4200	5800		19817
石油开采	20604443	3598516	9358799	4200	5800		15006
天然气开采	3838193	1764193	284697				4811
黑色金属矿采选业	5397855	3956054	7076325	12400	69711	3879	96620

续表 3

行　业	新建	扩建	改建和技术改造	单纯建造生活设施	迁建	恢复	单纯购置
铁矿采选	4980169	3744245	6439685	12400	67911	3879	76951
锰矿、铬矿采选	224256	100789	429831		1800		8945
其他黑色金属矿采选	193430	111020	206809				10724
有色金属矿采选业	7247008	3299703	5406281	8768	11338	24356	260303
常用有色金属矿采选	4286746	1978406	2990591	937	11338	24356	223000
铜矿采选	1176004	726579	785459	937		2732	61428
铅锌矿采选	1874515	596660	1149064			18324	146235
镍钴矿采选	127793	18722	53245				
锡矿采选	32061	62748	341375				3400
锑矿采选	32401	47757	108159				
铝矿采选	482402	273553	91984				620
镁矿采选	81352	39420	25379				100
其他常用有色金属矿采选	480218	212967	435926		11338	3300	11217
贵金属矿采选	2181663	1089407	1628549	7831			33588
金矿采选	1941153	1010652	1487256	7831			29108
银矿采选	191610	21325	87715				2600
其他贵金属矿采选	48900	57430	53578				1880
稀有稀土金属矿采选	778599	231890	787141				3715
钨钼矿采选	576414	137752	560895				
稀土金属矿采选	60139	22920	79393				3715
放射性金属矿采选	35858	21255	13070				
其他稀有金属矿采选	106188	49963	133783				
非金属矿采选业	9173846	4185977	6663497	11112	39138	4820	412530
土砂石开采	6627722	2918301	5033613	10512	29657	4820	354404
石灰石、石膏开采	1619723	803925	1762132	9514	1500	1980	40352
建筑装饰用石开采	2181093	927792	1442975		8217	2840	114315
耐火土石开采	506042	330856	288502		6440		14468
粘土及其他土砂石开采	2320864	855728	1540004	998	13500		185269
化学矿开采	817435	511972	447084				18957
采盐	183619	210656	259626	600	9481		28010
石棉及其他非金属矿采选	1545070	545048	923174				11159

续表4

行　　业	新建	扩建	改建和技术改造	单纯建造生活设施	迁建	恢复	单纯购置
石棉、云母矿采选	29273	16580	27467				
石墨、滑石采选	199199	101757	392756				
宝石、玉石采选	289472	13586	30958				2214
其他未列明非金属矿采选	1027126	413125	471993				8945
开采辅助活动	3010421	459273	1286986	11802	22373	257685	34474
煤炭开采和洗选辅助活动	990532	65058	605206	3500		257100	4700
石油和天然气开采辅助活动	1638069	318367	567357	8302	1073		12943
其他开采辅助活动	381820	75848	114423		21300	585	16831
其他采矿业	288258	102600	209162				3619
其他采矿业	288258	102600	209162				3619
（三）制造业	**855788710**	**309823226**	**423056512**	**673892**	**24075759**	**1130252**	**54429074**
农副食品加工业	55100678	19202565	23402948	18549	869087	27032	1319363
谷物磨制	8434581	3650708	4586404	5950	120018		232729
饲料加工	7004585	2566332	2922476	1600	80527		245361
植物油加工	5811673	1594999	2736907	2999	111999	500	89614
食用植物油加工	5209382	1470906	2517536	2999	107899	500	75086
非食用植物油加工	602291	124093	219371		4100		14528
制糖业	1084858	206385	435811		6861		11071
屠宰及肉类加工	9999880	3548819	3587400	8000	214630		193575
牲畜屠宰	2870905	978605	764180	8000	34531		52004
禽类屠宰	1631378	957010	770049		130339		44109
肉制品及副产品加工	5497597	1613204	2053171		49760		97462
水产品加工	3387640	1830081	2025619		37468	150	232872
水产品冷冻加工	2035638	1116278	1344864		9727	150	168043
鱼糜制品及水产品干腌制加工	456450	172423	291921		8756		44116
水产饲料制造	268256	143608	114886		11105		8897
鱼油提取及制品制造	56169	15473	13165				

续表 5

行　　业	新建	扩建	改建和技术改造	单纯建造生活设施	迁建	恢复	单纯购置
其他水产品加工	571127	382299	260783		7880		11816
蔬菜、水果和坚果加工	9168182	2959035	3343824		128901	750	125610
蔬菜加工	5885923	2108239	2476566		97398		87632
水果和坚果加工	3282259	850796	867258		31503	750	37978
其他农副食品加工	10209279	2846206	3764507		168683	25632	188531
淀粉及淀粉制品制造	2537329	857402	1093695		16709	13600	23995
豆制品制造	1424731	417111	643350		22904	4520	38501
蛋品加工	274102	143946	204308				4250
其他未列明农副食品加工	5973117	1427747	1823154		129070	7512	121785
食品制造业	23895519	8152390	10774271	13824	624654	3090	1007378
焙烤食品制造	3539518	1281607	1495072	3000	150464	610	219263
糕点、面包制造	1573928	636631	826631		88506		122979
饼干及其他焙烤食品制造	1965590	644976	668441	3000	61958	610	96284
糖果、巧克力及蜜饯制造	1384054	617966	710332		14390		45257
糖果、巧克力制造	865669	255112	430531		1734		37243
蜜饯制作	518385	362854	279801		12656		8014
方便食品制造	4858885	1199284	2006775		86254		98534
米、面制品制造	2510716	469912	1170853		34597		19303
速冻食品制造	1174882	323776	442899		17163		55746
方便面及其他方便食品制造	1173287	405596	393023		34494		23485
乳制品制造	1232074	674970	631327	4000	49941	1050	181179
罐头食品制造	1284736	671515	763655	6100	118897		45297
肉、禽类罐头制造	285039	112870	175111		17160		11704
水产品罐头制造	124397	34688	53262				3583
蔬菜、水果罐头制造	654543	459919	423732	6100	100642		24941
其他罐头食品制造	220757	64038	111550		1095		5069
调味品、发酵制品制造	2689557	1103056	1744456		82395	520	86967

续表 6

行　业	新建	扩建	改建和技术改造	单纯建造生活设施	迁建	恢复	单纯购置
味精制造	173397	267807	300255		41987		19200
酱油、食醋及类似制品制造	936338	289657	583859		7462	520	35547
其他调味品、发酵制品制造	1579822	545592	860342		32946		32220
其他食品制造	8906695	2603992	3422654	724	122313	910	330881
营养食品制造	1713269	301125	439903		18750		5884
保健食品制造	1664161	453885	869539		21241	610	85178
冷冻饮品及食用冰制造	598774	168950	189508		3480		50410
盐加工	339964	248340	100308	724	5640		9241
食品及饲料添加剂制造	1966678	718237	854136		1200	300	74462
其他未列明食品制造	2623849	713455	969260		72002		105706
酒、饮料和精制茶制造业	19458240	7772553	10223585	5200	1050591	7827	675295
酒的制造	7479226	3905478	5533720		849970	3627	173507
酒精制造	147871	205880	363678				18903
白酒制造	3445202	2607006	3661684		543875	3627	80364
啤酒制造	922192	206591	594538		222325		58516
黄酒制造	324928	127839	79713		20214		840
葡萄酒制造	1708918	518172	438506		3023		13149
其他酒制造	930115	239990	395601		60533		1735
饮料制造	8785119	2642809	2616689	2600	192413		500128
碳酸饮料制造	742868	212381	257415		11572		31252
瓶（罐）装饮用水制造	2139530	593372	667217	2600	81782		174698
果菜汁及果菜汁饮料制造	2252034	574207	673929		28826		77382
含乳饮料和植物蛋白饮料制造	1233786	525345	360692		53683		140132
固体饮料制造	338919	70043	125448				5690

续表 7

行　业	新建	扩建	改建和技术改造	单纯建造生活设施	迁建	恢复	单纯购置
茶饮料及其他饮料制造	2077982	667461	531988		16550		70974
精制茶加工	3193895	1224266	2073176	2600	8208	4200	1660
烟草制品业	1028713	422610	1042575		185505		160222
烟叶复烤	367536	52182	182387				18115
卷烟制造	448745	333063	777241		175380		139277
其他烟草制品制造	212432	37365	82947		10125		2830
纺织业	21281885	13596985	14964030	20042	1176948		2148580
棉纺织及印染精加工	10318417	5894489	7413621	6852	727429		1070555
棉纺纱加工	7476818	4142069	4521690	600	377116		434115
棉织造加工	1982050	1267943	1823236	6252	85705		294418
棉印染精加工	859549	484477	1068695		264608		342022
毛纺织及染整精加工	1621434	825647	648263		93688		135391
毛条和毛纱线加工	843171	498172	231033		71700		28251
毛织造加工	690417	251742	328057		13672		39001
毛染整精加工	87846	75733	89173		8316		68139
麻纺织及染整精加工	537386	222264	318525	580	2757		15600
麻纤维纺前加工和纺纱	281322	126125	195327	580			9300
麻织造加工	220358	84949	108681		2757		6300
麻染整精加工	35706	11190	14517				
丝绢纺织及印染精加工	589088	294083	638574		11363		35738
缫丝加工	215849	92622	305479		3424		3180
绢纺和丝织加工	317888	138417	251823		7939		16658
丝印染精加工	55351	63044	81272				15900
化纤织造及印染精加工	1723916	1412292	1031022		151095		269734
化纤织造加工	1518080	1212787	793871		137274		162657
化纤织物染整精加工	205836	199505	237151		13821		107077
针织或钩针编织物及其制品制造	1301446	1780165	1328636	12010	24346		369484
针织或钩针编织物织造	934753	1506165	1034460	12010	7448		300027

续表 8

行业	新建	扩建	改建和技术改造	单纯建造生活设施	迁建	恢复	单纯购置
针织或钩针编织物印染精加工	79084	64033	138932		12571		26392
针织或钩针编织品制造	287609	209967	155244		4327		43065
家用纺织制成品制造	2995904	1483696	1959038		103447		124293
床上用品制造	1309156	826475	961561		34219		30713
毛巾类制品制造	397466	264988	325146				2893
窗帘、布艺类产品制造	237411	110699	115529		8180		19468
其他家用纺织制成品制造	1051871	281534	556802		61048		71219
非家用纺织制成品制造	2194294	1684349	1626351	600	62823		127785
非织造布制造	825890	895868	735930	600	42070		56413
绳、索、缆制造	159317	161619	193231				650
纺织带和帘子布制造	358575	164434	183722				15699
篷、帆布制造	200025	109275	197200		8873		19382
其他非家用纺织制成品制造	650487	353153	316268		11880		35641
纺织服装、服饰业	20962418	7394335	7465207	15579	205131	18938	1049194
机织服装制造	12938639	5090389	4557554	5880	103959	13895	632448
针织或钩针编织服装制造	2312314	974576	1321270	9699	62140	5043	244912
服饰制造	5711465	1329370	1586383		39032		171834
皮革、毛皮、羽毛及其制品和制鞋业	10963772	3994499	3845401	7900	308203		552676
皮革鞣制加工	682623	193138	237050		18384		19161
皮革制品制造	3562906	1076636	1306873		103682		131362
皮革服装制造	903480	229048	183244		84932		13093
皮箱、包（袋）制造	1567755	397780	462721		7000		71980
皮手套及皮装饰制品制造	367861	88746	339362		7668		11100

续表 9

行　业	新建	扩建	改建和技术改造	单纯建造生活设施	迁建	恢复	单纯购置
其他皮革制品制造	723810	361062	321546		4082		35189
毛皮鞣制及制品加工	1016331	966481	228643		76724		42429
毛皮鞣制加工	72346	119236	77220				7221
毛皮服装加工	466754	738833	87823		61338		14448
其他毛皮制品加工	477231	108412	63600		15386		20760
羽毛（绒）加工及制品制造	920604	183605	167775	1100	10478		2885
羽毛（绒）加工	495189	77448	90079	1100	7905		500
羽毛（绒）制品加工	425415	106157	77696		2573		2385
制鞋业	4781308	1574639	1905060	6800	98935		356839
纺织面料鞋制造	685828	255203	318107		4900		75215
皮鞋制造	2622144	785813	882908		24039		189395
塑料鞋制造	316991	154253	109475				7546
橡胶鞋制造	389946	126530	241220		6046		8895
其他制鞋业	766399	252840	353350	6800	63950		75788
木材加工和木、竹、藤、棕、草制品业	16531548	7954075	9182150	11413	285966	16389	526610
木材加工	4267828	1735372	2769593	11413	59170	11389	164018
锯材加工	948530	523800	818250		5516	2300	38964
木片加工	926717	452296	890497	1215	20706	9089	31348
单板加工	1032603	450636	503805	10198	18776		15809
其他木材加工	1359978	308640	557041		14172		77897
人造板制造	5571472	3066869	3175558		83135	5000	140943
胶合板制造	2170815	1636611	1580736		37365		76929
纤维板制造	1427583	618480	466693		20850		6694
刨花板制造	726678	173100	244626				23215
其他人造板制造	1246396	638678	883503		24920	5000	34105
木制品制造	5330205	2221891	2220260		118989		213571
建筑用木料及木材组件加工	1443366	455398	627706		97401		54688
木门窗、楼梯制造	1671949	652589	595965		6500		54548

续表 10

行业	新建	扩建	改建和技术改造	单纯建造生活设施	迁建	恢复	单纯购置
地板制造	1078300	297050	249225		8800		48495
木制容器制造	233569	156426	112913				32954
软木制品及其他木制品制造	903021	660428	634451		6288		22886
竹、藤、棕、草等制品制造	1362043	929943	1016739		24672		8078
竹制品制造	1007895	813905	849098		24672		8078
藤制品制造	137206	46362	22697				
棕制品制造	54153	7050	23479				
草及其他制品制造	162789	62626	121465				
家具制造业	14097594	4739011	4922551		289757	4050	436493
木质家具制造	10766127	3286195	3727433		213198	4050	271724
竹、藤家具制造	162227	125155	121553		1213		
金属家具制造	1173366	648529	461384		37888		57165
塑料家具制造	279233	127233	66753				785
其他家具制造	1716641	551899	545428		37458		106819
造纸和纸制品业	12469871	6169807	7611376	8150	693272	11875	1054600
纸浆制造	464436	85308	248499		23875		37298
木竹浆制造	281502	37197	208845		23875		20978
非木竹浆制造	182934	48111	39654				16320
造纸	4373820	2571363	3776706	7850	410509	8550	461565
机制纸及纸板制造	3153724	2207539	3162663	7850	324299	8550	400037
手工纸制造	157905	68408	126819				7471
加工纸制造	1062191	295416	487224		86210		54057
纸制品制造	7631615	3513136	3586171	300	258888	3325	555737
纸和纸板容器制造	3296876	1782538	1824639		104606		189977
其他纸制品制造	4334739	1730598	1761532	300	154282	3325	365760
印刷和记录媒介复制业	6843366	3342637	4628389		80505		1169828
印刷	6440388	3112934	4241005		66505		1071366
书、报刊印刷	973176	353125	804060		18471		176181
本册印制	228756	65795	120405				101013

续表11

行　　业	新建	扩建	改建和技术改造	单纯建造生活设施	迁建	恢复	单纯购置
包装装潢及其他印刷	5238456	2694014	3316540		48034		794172
装订及印刷相关服务	385424	211665	330389		14000		94539
记录媒介复制	17554	18038	56995				3923
文教、工美、体育和娱乐用品制造业	8689805	4112562	4271734	4300	253639	2440	612658
文教办公用品制造	898219	422737	393430		23635		93858
文具制造	297727	231832	128969		6140		33208
笔的制造	154938	97844	142009		8118		21983
教学用模型及教具制造	214270	19287	29043				2990
墨水、墨汁制造	28567	17051	29989				
其他文教办公用品制造	202717	56723	63420		9377		35677
乐器制造	333161	264156	119005		5200		17384
中乐器制造	104252	60537	20707		5200		
西乐器制造	71846	136129	37409				4006
电子乐器制造	43348	52737	30751				13378
其他乐器及零件制造	113715	14753	30138				
工艺美术品制造	4630163	2013924	2178079	4300	68597		276631
雕塑工艺品制造	756484	458514	436926		11060		33795
金属工艺品制造	411605	276356	292461		7211		51450
漆器工艺品制造	119371	38756	63319		1750		2750
花画工艺品制造	98491	24127	36969				2600
天然植物纤维编织工艺品制造	202500	119624	260095		12726		17236
抽纱刺绣工艺品制造	162365	121262	141863		5800		15766
地毯、挂毯制造	441141	286281	167511		12694		91839
珠宝首饰及有关物品制造	996017	203732	200770	4300			32404
其他工艺美术品制造	1442189	485272	578165		17356		28791
体育用品制造	1354283	696097	915139		40685	2440	121873

续表 12

行　业	新建	扩建	改建和技术改造	单纯建造生活设施	迁建	恢复	单纯购置
球类制造	73478	62121	77475		3695		4133
体育器材及配件制造	751488	304099	312411		2700		30641
训练健身器材制造	183689	141868	162080		10174	2440	34138
运动防护用具制造	51080	34420	58860		19716		4693
其他体育用品制造	294548	153589	304313		4400		48268
玩具制造	973017	617263	464316		105060		72007
游艺器材及娱乐用品制造	500962	98385	201765		10462		30905
露天游乐场所游乐设备制造	165585	62287	61546		6100		14721
游艺用品及室内游艺器材制造	174138	25688	31114		4362		6721
其他娱乐用品制造	161239	10410	109105				9463
石油加工、炼焦和核燃料加工业	18024037	5994923	7363299	7760	135733	12790	546381
精炼石油产品制造	13700362	4687080	5611661	7760	88533		526799
原油加工及石油制品制造	12839917	4439444	5272202	7760	88533		524301
人造原油制造	860445	247636	339459				2498
炼焦	4323675	1307843	1751638		47200	12790	19582
化学原料和化学制品制造业	73837610	24005370	41826532	69656	2922136	81518	2421110
基础化学原料制造	30310298	8232884	13468000		866043	40647	499877
无机酸制造	1814837	431962	908197		10677	2450	36324
无机碱制造	1109443	138428	896579		279197		3500
无机盐制造	1950852	563101	1599699		3425	891	27267
有机化学原料制造	18787642	5535063	8011151		414832	37306	233554
其他基础化学原料制造	6647524	1564330	2052374		157912		199232
肥料制造	9736311	2145742	4637725	1100	433275	3198	257909
氮肥制造	2287116	260240	1337063		302167		68848

续表 13

行　业	新建	扩建	改建和技术改造	单纯建造生活设施	迁建	恢复	单纯购置
磷肥制造	158801	137159	391160	1100	5887		4092
钾肥制造	559055	72565	81121				3152
复混肥料制造	2974341	801921	1423119		101696	3198	95689
有机肥料及微生物肥料制造	2934226	703254	1075969		14025		54783
其他肥料制造	822772	170603	329293		9500		31345
农药制造	2529668	930073	1541818		69771		74568
化学农药制造	1449929	785215	1103279		22065		49611
生物化学农药及微生物农药制造	1079739	144858	438539		47706		24957
涂料、油墨、颜料及类似产品制造	4675540	1755856	2596554	7945	232580	10000	307130
涂料制造	3437950	1069248	1635920	7945	96979		228055
油墨及类似产品制造	226484	115115	139447		3049		11867
颜料制造	391135	222540	431166		2888	10000	31900
染料制造	329992	171386	250378		113807		6475
密封用填料及类似品制造	289979	177567	139643		15857		28833
合成材料制造	9243034	3956971	5658288		588448	7573	441893
初级形态塑料及合成树脂制造	4864579	1907453	2527730		441481	7573	155072
合成橡胶制造	922481	586370	772238		9297		74916
合成纤维单（聚合）体制造	1399830	483670	1005100		50380		74438
其他合成材料制造	2056144	979478	1353220		87290		137467
专用化学产品制造	13716556	5091074	10754040	60611	615632	20100	642207
化学试剂和助剂制造	4950159	1661042	3858486	29644	255417		247241
专项化学用品制造	3699809	1871155	3382685	8307	182188	20100	138897
林产化学产品制造	359938	253097	277039	200	39295		6000
信息化学品制造	1370881	375776	876295	22460			153040
环境污染处理专用药剂材料制造	871652	223084	367547		54088		27005

续表 14

行业	新建	扩建	改建和技术改造	单纯建造生活设施	迁建	恢复	单纯购置
动物胶制造	78737	17960	83033		1976		12550
其他专用化学产品制造	2385380	688960	1908955		82668		57474
炸药、火工及焰火产品制造	1039357	730135	1964620		92627		12433
焰火、鞭炮产品制造	1039357	730135	1964620		92627		12433
日用化学产品制造	2586846	1162635	1205487		23760		185093
肥皂及合成洗涤剂制造	605920	240408	308678		22763		25556
化妆品制造	603052	293665	254362		997		41472
口腔清洁用品制造	70583	6075	31207				23139
香料、香精制造	635921	303113	148029				37716
其他日用化学产品制造	671370	319374	463211				57210
医药制造业	26606015	9464503	13542420	20714	1092700	23418	1169556
化学药品原料药制造	3798639	2003098	2461345	17600	245154	20000	216093
化学药品制剂制造	3802814	1399342	2579971		297410		186989
中药饮片加工	4496744	897140	2188664		45381	1230	56334
中成药生产	5042323	1499690	2601216		341590	88	298998
兽用药品制造	824902	225913	558608		24601	2100	46986
生物药品制造	6209625	2103397	2202844	3114	81643		154004
卫生材料及医药用品制造	2430968	1335923	949772		56921		210152
化学纤维制造业	5196356	2762556	2460303	2645	235814		334356
纤维素纤维原料及纤维制造	743405	576666	724738				56638
化纤浆粕制造	167026	26968	109113				9855
人造纤维（纤维素纤维）制造	576379	549698	615625				46783
合成纤维制造	4452951	2185890	1735565	2645	235814		277718
锦纶纤维制造	1173289	358927	129032		28710		6783

续表 15

行业	新建	扩建	改建和技术改造	单纯建造生活设施	迁建	恢复	单纯购置
涤纶纤维制造	919901	1269213	693361	2645	199396		152302
腈纶纤维制造	83918	12610	8630		2000		18000
维纶纤维制造	397401	3311	43919				7633
丙纶纤维制造	124831	76216	18050				1800
氨纶纤维制造	229108	135534	129753				
其他合成纤维制造	1524503	330079	712820		5708		91200
橡胶和塑料制品业	28024291	13761476	14344352	16884	852033	7310	2316680
橡胶制品业	6311609	4525444	4315045	3784	377124	704	689727
轮胎制造	2150197	1861140	2036081	2300	273153		350190
橡胶板、管、带制造	1248509	1472862	983417		12905		122693
橡胶零件制造	636564	391773	399630		32235		89506
再生橡胶制造	720549	187340	237005		18000		9919
日用及医用橡胶制品制造	387923	96854	75484		4435		8147
其他橡胶制品制造	1167867	515475	583428	1484	36396	704	109272
塑料制品业	21712682	9236032	10029307	13100	474909	6606	1626953
塑料薄膜制造	3077621	1153143	1428575		30613		157472
塑料板、管、型材制造	6427229	1997293	2307071	8000	179278		342126
塑料丝、绳及编织品制造	1958233	881671	997253		31965		92051
泡沫塑料制造	785519	402433	390096	4300	41613		47512
塑料人造革、合成革制造	380709	226043	323097				38856
塑料包装箱及容器制造	2349219	990709	1258833	800	71292	4050	223585
日用塑料制品制造	1986372	987616	929491		6656	2556	154865
塑料零件制造	813889	590534	598886		17920		167775
其他塑料制品制造	3933891	2006590	1796005		95572		402711
非金属矿物制品业	81670562	26325635	45332058	48827	1387613	394819	2696169
水泥、石灰和石膏制造	6731294	2015769	5564649	27000	122588	320949	300386

续表 16

行　业	新建	扩建	改建和技术改造	单纯建造生活设施	迁建	恢复	单纯购置
水泥制造	4774875	1401267	4244910		101072	320439	284536
石灰和石膏制造	1956419	614502	1319739	27000	21516	510	15850
石膏、水泥制品及类似制品制造	15928278	4698204	7171365	10100	383269		627519
水泥制品制造	8314967	2441167	3856071	5200	225421		387321
混凝土结构构件制造	2486370	610832	1212777		58232		119528
石棉水泥制品制造	347735	69511	112062				11890
轻质建筑材料制造	2925226	1070007	1122970		90245		41157
其他水泥类似制品制造	1853980	506687	867485	4900	9371		67623
砖瓦、石材等建筑材料制造	30999985	10069927	16811273	7696	382574	24557	782163
粘土砖瓦及建筑砌块制造	6160276	2526553	5711442	4000	49632	16400	219498
建筑陶瓷制品制造	3637550	1725315	2470932		10523		61629
建筑用石加工	8485087	2396590	3870839		98869		64829
防水建筑材料制造	1462724	550338	805744		14566		51825
隔热和隔音材料制造	3428254	1002394	1194260		76409	8157	74305
其他建筑材料制造	7826094	1868737	2758056	3696	132575		310077
玻璃制造	3707441	1339737	2122932	2300	50865		204260
平板玻璃制造	1666918	362858	977655		34095		92892
其他玻璃制造	2040523	976879	1145277	2300	16770		111368
玻璃制品制造	5107018	1933318	2958288	1731	57287		335256
技术玻璃制品制造	1407681	484480	706394	1243	8000		72661
光学玻璃制造	456175	94525	231732		4960		79247
玻璃仪器制造	89621	54804	111376				30443
日用玻璃制品制造	1033814	337652	601350		3236		54356
玻璃包装容器制造	436577	134368	389613	488	31889		18265
玻璃保温容器制造	102902	25945	80756		2753		7900
制镜及类似品加工	213294	81469	67260				14643
其他玻璃制品制造	1366954	720075	769807		6449		57741

续表 17

行　业	新建	扩建	改建和技术改造	单纯建造生活设施	迁建	恢复	单纯购置
玻璃纤维和玻璃纤维增强塑料制品制造	1566966	770030	1124380		16867		148844
玻璃纤维及制品制造	808855	474446	693891		13662		113492
玻璃纤维增强塑料制品制造	758111	295584	430489		3205		35352
陶瓷制品制造	4158064	1265275	3986466		94292	6000	63893
卫生陶瓷制品制造	515623	259638	312597		67330		12927
特种陶瓷制品制造	963399	523725	1378175		12642		18768
日用陶瓷制品制造	1639293	331444	1810397		14320	6000	24731
园林、陈设艺术及其他陶瓷制品制造	1039749	150468	485297				7467
耐火材料制品制造	5530487	1606986	1970795		38673	41413	96892
石棉制品制造	367373	313969	171443		6432		49750
云母制品制造	247860	65108	108618		280		1532
耐火陶瓷制品及其他耐火材料制造	4915254	1227909	1690734		31961	41413	45610
石墨及其他非金属矿物制品制造	7941029	2626389	3621910		241198	1900	136956
石墨及碳素制品制造	2775623	928447	1693348		35423		53694
其他非金属矿物制品制造	5165406	1697942	1928562		205775	1900	83262
黑色金属冶炼和压延加工业	18959716	9601101	17136545	14461	1357567	20500	723145
炼铁	931763	495498	1007453				15765
炼钢	3161339	2250356	2774422	2000	352574		32549
黑色金属铸造	2643161	1745845	2447459		270734		133316
钢压延加工	9986136	4539926	9237408	5961	583162		496399
铁合金冶炼	2237317	569476	1669803	6500	151097	20500	45116
有色金属冶炼和压延加工业	36276551	7167509	13129483	10498	468786	260954	824194
常用有色金属冶炼	8008980	2303144	4460076	6030	122677	19761	61582

续表 18

行业	新建	扩建	改建和技术改造	单纯建造生活设施	迁建	恢复	单纯购置
铜冶炼	1337474	394569	477380			990	15864
铅锌冶炼	497127	245329	920365		9199	16035	4737
镍钴冶炼	843521	230384	453326				1798
锡冶炼	111319	15679	105387		94718		
锑冶炼	45560	36672	127230	30			
铝冶炼	2870141	1237065	1598577		5000		19623
镁冶炼	1068991	19860	161991				
其他常用有色金属冶炼	1234847	123586	615820	6000	13760	2736	19560
贵金属冶炼	1036252	334443	670241		600		7230
金冶炼	171843	107283	167016		600		2650
银冶炼	625592	170291	431982				
其他贵金属冶炼	238817	56869	71243				4580
稀有稀土金属冶炼	1002397	252637	642418		91214	5003	23668
钨钼冶炼	275128	99175	239793		79298		5800
稀土金属冶炼	418520	110936	260241		11916		17868
其他稀有金属冶炼	308749	42526	142384			5003	
有色金属合金制造	4192529	1116415	1920525	4468	137420		114605
有色金属铸造	876782	186471	505164				44451
有色金属压延加工	21159611	2974399	4931059		116875	236190	572658
铜压延加工	3124350	661064	1055634		101816		100629
铝压延加工	16185947	1884171	2747769		7420	236190	124277
贵金属压延加工	363477	18542	70521				3582
稀有稀土金属压延加工	423169	77828	347141				48705
其他有色金属压延加工	1062668	332794	709994		7639		295465
金属制品业	42189791	17118933	22925482	15371	1090669	67244	2904095
结构性金属制品制造	19244607	6426466	8408733	7821	443150		870343
金属结构制造	13176532	4882139	6039548	7821	272245		675924
金属门窗制造	6068075	1544327	2369185		170905		194419

续表 19

行　业	新建	扩建	改建和技术改造	单纯建造生活设施	迁建	恢复	单纯购置
金属工具制造	2721425	1628641	2102569	7550	104250	32268	515036
切削工具制造	843114	320424	626254		15626		276435
手工具制造	240323	324745	210678	7550	38869		25166
农用及园林用金属工具制造	229932	121551	281415		13185		12429
刀剪及类似日用金属工具制造	274653	155913	146344		36400	32268	41102
其他金属工具制造	1133403	706008	837878		170		159904
集装箱及金属包装容器制造	2936500	1329104	1437774		145702		131348
集装箱制造	364160	94104	99337		23256		62299
金属压力容器制造	1149718	811351	641000		63602		30559
金属包装容器制造	1422622	423649	697437		58844		38490
金属丝绳及其制品制造	1744040	1206472	1220674		74169		135674
建筑、安全用金属制品制造	5188602	1869040	2336555		60856	1000	276868
建筑、家具用金属配件制造	1515057	682440	599719		24068	1000	74590
建筑装饰及水暖管道零件制造	1716836	626951	909033		23573		102214
安全、消防用金属制品制造	960781	321325	489303		115		70779
其他建筑、安全用金属制品制造	995928	238324	338500		13100		29285
金属表面处理及热处理加工	2037695	1001094	1200061		105322		209027
搪瓷制品制造	575861	112203	138888				9824
生产专用搪瓷制品制造	73219	13049	44400				1150
建筑装饰搪瓷制品制造	280775	23206	15500				

续表20

行业	新建	扩建	改建和技术改造	单纯建造生活设施	迁建	恢复	单纯购置
搪瓷卫生洁具制造	136173	41274	31573				1500
搪瓷日用品及其他搪瓷制品制造	85694	34674	47415				7174
金属制日用品制造	2639983	996880	1433071		25757	33976	158408
金属制厨房用器具制造	874356	246370	370181		11281		35400
金属制餐具和器皿制造	604171	246448	261042		1744	33976	30822
金属制卫生器具制造	270799	37321	46283		2305		3921
其他金属制日用品制造	890657	466741	755565		10427		88265
其他金属制品制造	5101078	2549033	4647157		131463		597567
锻件及粉末冶金制品制造	1854434	1013732	1550259		51914		118122
交通及公共管理用金属标牌制造	337310	83079	164227		8728		32152
其他未列明金属制品制造	2909334	1452222	2932671		70821		447293
通用设备制造业	57003985	24223189	32351385	28415	2219945	24368	5580622
锅炉及原动设备制造	4725345	2223131	3270028		264248		495579
锅炉及辅助设备制造	2449458	1144257	1382266		60562		340489
内燃机及配件制造	1181892	803457	1166236		165094		62299
汽轮机及辅机制造	377886	80421	245811		21972		23762
水轮机及辅机制造	109540	9275	107902		14190		3923
风能原动设备制造	256472	81383	275722		2430		29873
其他原动设备制造	350097	104338	92091				35233
金属加工机械制造	12551190	4874001	7550878	16915	491825	4990	1133468
金属切削机床制造	1900652	926845	1322261		83174		222338
金属成形机床制造	1487164	547460	750458	6215	70114		218358
铸造机械制造	2448622	1064869	1812695		28217		184194
金属切割及焊接设备制造	1131454	341093	550160		19625		67240

续表 21

行　　业	新建	扩建	改建和技术改造	单纯建造生活设施	迁建	恢复	单纯购置
机床附件制造	1185562	520913	719673		77969		152442
其他金属加工机械制造	4397736	1472821	2395631	10700	212726	4990	288896
物料搬运设备制造	7914512	2518784	2851320		341326		362927
轻小型起重设备制造	723832	261313	246126		6597		76165
起重机制造	2432369	514376	979517		33533		92796
生产专用车辆制造	1068940	385599	523280		21656		42978
连续搬运设备制造	556778	271042	169952		183341		17560
电梯、自动扶梯及升降机制造	2349770	853624	765162		94405		91246
其他物料搬运设备制造	782823	232830	167283		1794		42182
泵、阀门、压缩机及类似机械制造	7205575	3235200	4694770		397106		937600
泵及真空设备制造	2164891	885087	1346217		162881		382638
气体压缩机械制造	976219	443790	482088		10503		102040
阀门和旋塞制造	1645227	960129	1159331		171298		282725
液压和气压动力机械及元件制造	2419238	946194	1707134		52424		170197
轴承、齿轮和传动部件制造	6877369	3056222	3292503		243429		451023
轴承制造	4239936	1588485	1335586		103516		238250
齿轮及齿轮减、变速箱制造	2054997	1107864	1572420		80725		141910
其他传动部件制造	582436	359873	384497		59188		70863
烘炉、风机、衡器、包装等设备制造	6027780	2219653	2742119	7750	258826	9990	481824
烘炉、熔炉及电炉制造	450128	119790	330793		36957		5583
风机、风扇制造	1115015	335800	517591	2760	32491		93516

续表22

行　业	新建	扩建	改建和技术改造	单纯建造生活设施	迁建	恢复	单纯购置
气体、液体分离及纯净设备制造	561895	369981	353297		46634		87583
制冷、空调设备制造	2092457	779459	884371		96477		173475
风动和电动工具制造	846254	216041	176159		8210		52402
喷枪及类似器具制造	87337	19177	52218		35177		9509
衡器制造	165139	70726	110641	4990	2880	9990	23079
包装专用设备制造	709555	308679	317049				36677
文化、办公用机械制造	660641	207787	274260		28328		128642
电影机械制造	47493		14380				
幻灯及投影设备制造	119906	4000	43508				5735
照相机及器材制造	53869	27304	17527		2570		20803
复印和胶印设备制造	89685	79565	54236		16467		53659
计算器及货币专用设备制造	48358	30359	31644				32332
其他文化、办公用机械制造	301330	66559	112965		9291		16113
通用零部件制造	7313379	4558443	5896704	2150	107589	9388	1200720
金属密封件制造	417822	279736	293397		16110		65978
紧固件制造	800404	739636	741904		25584		127631
弹簧制造	144982	233714	289732			9388	38298
机械零部件加工	4210163	2404923	3507273	2150	25835		754869
其他通用零部件制造	1740008	900434	1064398		40060		213944
其他通用设备制造业	3728194	1329968	1778803	1600	87268		388839
专用设备制造业	58165338	21928534	27327997	96271	1658915	32123	4640008
采矿、冶金、建筑专用设备制造	16805435	7742427	8865791	19340	539817	4990	1138975
矿山机械制造	6508107	2550020	2863779	9810	142371	4990	347105
石油钻采专用设备制造	4018458	1980613	1887874		158080		355046
建筑工程用机械制造	2880318	1201744	2028290	8900	146630		228938
海洋工程专用设备制造	826391	614148	381407		3800		47618

续表 23

行　业	新建	扩建	改建和技术改造	单纯建造生活设施	迁建	恢复	单纯购置
建筑材料生产专用机械制造	1507739	746607	775761		42923		79351
冶金专用设备制造	1064422	649295	928680	630	46013		80917
化工、木材、非金属加工专用设备制造	7665884	3365524	4222845	5000	115491	4990	903122
炼油、化工生产专用设备制造	1573093	765694	900472	5000	28640		78067
橡胶加工专用设备制造	383648	142476	189840				38320
塑料加工专用设备制造	1024209	473190	541246		17255		62821
木材加工机械制造	245612	215048	310918		6713		40874
模具制造	3310248	1502469	1866350		48845		595703
其他非金属加工专用设备制造	1129074	266647	414019		14038	4990	87337
食品、饮料、烟草及饲料生产专用设备制造	1692090	542491	946460	1900	56898		46684
食品、酒、饮料及茶生产专用设备制造	583079	151353	423371	1900	4530		24896
农副食品加工专用设备制造	908389	278309	367387		49388		8008
烟草生产专用设备制造	59487	40175	87661				12780
饲料生产专用设备制造	141135	72654	68041		2980		1000
印刷、制药、日化及日用品生产专用设备制造	3775616	941719	1526741		62436	7000	180541
制浆和造纸专用设备制造	430228	195398	269420		4764		33941
印刷专用设备制造	530669	143637	327380		14248		26349
日用化工专用设备制造	487797	195458	216170		12100		17986
制药专用设备制造	310371	57116	281502		2434		23621
照明器具生产专用设备制造	1442429	148547	163033		15500		41623

续表 24

行业	新建	扩建	改建和技术改造	单纯建造生活设施	迁建	恢复	单纯购置
玻璃、陶瓷和搪瓷制品生产专用设备制造	266941	111085	154094		13390	7000	14119
其他日用品生产专用设备制造	307181	90478	115142				22902
纺织、服装和皮革加工专用设备制造	1660524	1113361	724285	23032	161963		210966
纺织专用设备制造	1242308	747905	498242	19600	118097		117521
皮革、毛皮及其制品加工专用设备制造	87252	175617	60784	3432	25693		54484
缝制机械制造	263879	180512	111020		18173		37690
洗涤机械制造	67085	9327	54239				1271
电子和电工机械专用设备制造	5206357	1392469	2140173	44416	47924		645448
电工机械专用设备制造	1836026	699235	1018087	44416	43808		176992
电子工业专用设备制造	3370331	693234	1122086		4116		468456
农、林、牧、渔专用机械制造	5088625	1770256	2570978		297576	14543	266581
拖拉机制造	771258	199567	461672		67000	9460	39664
机械化农业及园艺机具制造	2297346	669719	878303		63637		138971
营林及木竹采伐机械制造	65461	21486	18586		2600	83	23595
畜牧机械制造	300315	219897	135508		6000	5000	12845
渔业机械制造	36281	24850	12737				
农林牧渔机械配件制造	631597	322932	653912		158339		23462
棉花加工机械制造	143496	8210	38847				
其他农、林、牧、渔业机械制造	842871	303595	371413				28044
医疗仪器设备及器械制造	4712653	1570861	1607295		77544		593450

续表 25

行业	新建	扩建	改建和技术改造	单纯建造生活设施	迁建	恢复	单纯购置
医疗诊断、监护及治疗设备制造	1802992	338731	587154		7371		132817
口腔科用设备及器具制造	122221	15213	23349		5451		6857
医疗实验室及医用消毒设备和器具制造	309027	146188	190034		12887		65592
医疗、外科及兽医用器械制造	779300	341066	227150		9956		150084
机械治疗及病房护理设备制造	328369	205221	123937		26413		33287
假肢、人工器官及植（介）入器械制造	101633	39461	48569				41958
其他医疗设备及器械制造	1269111	484981	407102		15466		162855
环保、社会公共服务及其他专用设备制造	11558154	3489426	4723429	2583	299266	600	654241
环境保护专用设备制造	5646615	2005424	2574895	2583	135022	600	264280
地质勘查专用设备制造	300776	38535	115245		57050		23493
邮政专用机械及器材制造			14928				6570
商业、饮食、服务专用设备制造	88530	15135	34135		5400		2798
社会公共安全设备及器材制造	491265	223040	235420				24412
交通安全、管制及类似专用设备制造	240215	152373	100478		17400		49247
水资源专用机械制造	495668	202075	159622		27029		18259
其他专用设备制造	4295085	852844	1488706		57365		265182
汽车制造业	51917004	16692249	26053893	57369	1629113	11900	4572779
汽车整车制造	10227186	2976657	6322753		483439		945624
改装汽车制造	1458311	485003	654067	17500	1262		46443

续表 26

行　业	新建	扩建	改建和技术改造	单纯建造生活设施	迁建	恢复	单纯购置
低速载货汽车制造	790860	48980	92957				
电车制造	1545937	634844	361576		23236		24837
汽车车身、挂车制造	1475039	234487	801057	36374	20793		32215
汽车零部件及配件制造	36419671	12312278	17821483	3495	1100383	11900	3523660
铁路、船舶、航空航天和其他运输设备制造业	16490481	4906964	7331912	61128	827652	280	1951110
铁路运输设备制造	2246436	875344	1768231		248032		357408
铁路机车车辆及动车组制造	530680	23410	240102		141452		31008
窄轨机车车辆制造	30076	29976	76785		3500		
铁路机车车辆配件制造	472280	207353	839530		45710		174253
铁路专用设备及器材、配件制造	972231	539158	477989		57370		132534
其他铁路运输设备制造	241169	75447	133825				19613
城市轨道交通设备制造	412330	227517	457235				47587
船舶及相关装置制造	3602842	1557158	2303156	45869	146772	280	385620
金属船舶制造	1347302	544762	792669	40690	135312	280	170825
非金属船舶制造	55173	152941	148406		1960		18104
娱乐船和运动船制造	633293	47216	661791				529
船用配套设备制造	1295637	338698	533098	5179	9500		149129
船舶改装与拆除	148275	342921	78488				47033
航标器材及其他相关装置制造	123162	130620	88704				
摩托车制造	2199703	547829	695528	2599	254558		109609
摩托车整车制造	849628	88693	181889		239603		29758
摩托车零部件及配件制造	1350075	459136	513639	2599	14955		79851
自行车制造	2557590	774104	681165		151288		189911
脚踏自行车及残疾人座车制造	345328	241396	193648		38497		91676

续表 27

行　业	新建	扩建	改建和技术改造	单纯建造生活设施	迁建	恢复	单纯购置
助动自行车制造	2212262	532708	487517		112791		98235
非公路休闲车及零配件制造	398243	98934	68847				47409
潜水救捞及其他未列明运输设备制造	5073337	826078	1357750	12660	27002		813566
其他未列明运输设备制造	5073337	826078	1357750	12660	27002		813566
电气机械和器材制造业	56282625	18836890	23406670	27017	1146761	52671	4282423
电机制造	6059000	2191963	2504476	6111	161010	4990	570242
发电机及发电机组制造	2614401	1026551	1003994		15432	4990	255500
电动机制造	1898889	473919	886828	3600	110378		134323
微电机及其他电机制造	1545710	691493	613654	2511	35200		180419
输配电及控制设备制造	17350481	6588261	7795966	4820	364627		1650121
变压器、整流器和电感器制造	3014838	1306794	1757512		174054		335263
电容器及其配套设备制造	1056188	300783	325652		6990		73271
配电开关控制设备制造	2520517	1178124	1809486		57049		278786
电力电子元器件制造	3635836	1236600	1764538	4820	5270		387498
光伏设备及元器件制造	4973891	1785771	1310481		83721		409110
其他输配电及控制设备制造	2149211	780189	828297		37543		166193
电线、电缆、光缆及电工器材制造	8226074	3206416	4994130		200212	6671	664461
电线、电缆制造	6207434	2363464	3859930		193395		427260
光纤、光缆制造	508072	340212	385799				52221
绝缘制品制造	460417	214655	492784		5283	6671	43616

续表 28

行 业	新建	扩建	改建和技术改造	单纯建造生活设施	迁建	恢复	单纯购置
其他电工器材制造	1050151	288085	255617		1534		141364
电池制造	6651559	1454749	2494576		110724	41010	310805
锂离子电池制造	3974397	558931	1303400		40715	2900	125510
镍氢电池制造	203686	82228	161933		1183		48462
其他电池制造	2473476	813590	1029243		68826	38110	136833
家用电力器具制造	5249602	1965877	2011524		169478		465755
家用制冷电器具制造	908358	432643	578222		11000		153725
家用空气调节器制造	706438	174436	265029		42830		41221
家用通风电器具制造	211089	114328	118109		16219		9857
家用厨房电器具制造	1402658	313474	274225		16600		93055
家用清洁卫生电器具制造	473463	98766	137667		55113		18941
家用美容、保健电器具制造	176704	69067	28438				18880
家用电力器具专用配件制造	510522	339854	200719		2812		41020
其他家用电力器具制造	860370	423309	409115		24904		89056
非电力家用器具制造	2416544	643276	1074387		67015		144842
燃气、太阳能及类似能源家用器具制造	2260084	589399	988607		67015		93352
其他非电力家用器具制造	156460	53877	85780				51490
照明器具制造	7838020	1782543	1599674	6300	47518		333187
电光源制造	2142881	611985	412000		19645		121440
照明灯具制造	4849224	951691	956867	6300	26274		156868
灯用电器附件及其他照明器具制造	845915	218867	230807		1599		54879
其他电气机械及器材制造	2491345	1003805	931937	9786	26177		143010
电气信号设备装置制造	663865	100913	100823		11853		50007

续表 29

行　业	新建	扩建	改建和技术改造	单纯建造生活设施	迁建	恢复	单纯购置
其他未列明电气机械及器材制造	1827480	902892	831114	9786	14324		93003
计算机、通信和其他电子设备制造业	45289061	11122870	15604176	6150	420768	41546	7243592
计算机制造	4508400	1086216	1794645	2855	70185	10974	859401
计算机整机制造	907624	147148	310553				485171
计算机零部件制造	2089289	339473	628392		7550	10974	217208
计算机外围设备制造	458599	354299	290990				114582
其他计算机制造	1052888	245296	564710	2855	62635		42440
通信设备制造	5784675	2018322	1675482		63151		1356344
通信系统设备制造	3013948	965183	964786		15970		240219
通信终端设备制造	2770727	1053139	710696		47181		1116125
广播电视设备制造	968539	262616	639404	197			136168
广播电视节目制作及发射设备制造	179231	73008	184169				28736
广播电视接收设备及器材制造	408061	90992	233530				59530
应用电视设备及其他广播电视设备制造	381247	98616	221705	197			47902
视听设备制造	1027366	250750	615705		629		386969
电视机制造	567021	99125	238691				125097
音响设备制造	263109	71670	139589		629		89759
影视录放设备制造	197236	79955	237425				172113
电子器件制造	17186379	3700181	4811778		50602	12000	2558407
电子真空器件制造	394827	166951	375830		6121		102762
半导体分立器件制造	361998	275670	250023		2188		184079
集成电路制造	3051753	726269	1241757		36000		1397095
光电子器件及其他电子器件制造	13377801	2531291	2944168		6293	12000	874471
电子元件制造	9097950	2689758	3855575	2094	144604	11550	1682619
电子元件及组件制造	7338726	2329031	3383460	2094	143957	11550	1287295

续表 30

行　业	新建	扩建	改建和技术改造	单纯建造生活设施	迁建	恢复	单纯购置
印制电路板制造	1759224	360727	472115		647		395324
其他电子设备制造	6715752	1115027	2211587	1004	91597	7022	263684
仪器仪表制造业	7465779	2656062	3836035	79993	203817	412	629031
通用仪器仪表制造	3657758	1322062	2157412	79993	145351		283095
工业自动控制系统装置制造	1756247	811132	1292344		60767		119603
电工仪器仪表制造	591409	229712	350887		48198		76302
绘图、计算及测量仪器制造	303026	93447	117504		19200		8079
实验分析仪器制造	283942	59638	107646	79993	16810		22542
试验机制造	124143	18810	50465				8600
供应用仪表及其他通用仪器制造	598991	109323	238566		376		47969
专用仪器仪表制造	1554313	568438	998011		29562		180084
环境监测专用仪器仪表制造	260417	64197	90264		1963		27380
运输设备及生产用计数仪表制造	146629	98449	287397				29084
农、林、牧、渔专用仪器仪表制造	19000	28900	25338				9700
地质勘探和地震专用仪器制造	101681	42255	29061				13210
教学专用仪器制造	52510	29809	90961				8329
电子测量仪器制造	283918	78651	107206		10697		36788
其他专用仪器制造	690158	226177	367784		16902		55593
钟表与计时仪器制造	262348	54174	74428				11152
光学仪器及眼镜制造	791018	526805	211673				97189
光学仪器制造	577621	252372	152680				77052
眼镜制造	213397	274433	58993				20137
其他仪器仪表制造业	1200342	184583	394511		28904	412	57511
其他制造业	12614630	4150531	2961510	5776	89643	6758	512364

续表 31

行　业	新建	扩建	改建和技术改造	单纯建造生活设施	迁建	恢复	单纯购置
日用杂品制造	1070986	432311	459150		24224		89283
鬃毛加工、制刷及清扫工具制造	270790	101766	168075		750		20661
其他日用杂品制造	800196	330545	291075		23474		68622
煤制品制造	1432720	157940	269694		10000		7575
其他未列明制造业	10110924	3560280	2232666	5776	55419	6758	415506
废弃资源综合利用业	6826980	1620881	3045772		249499		156496
金属废料和碎屑加工处理	4127606	793468	1976250		139482		108390
非金属废料和碎屑加工处理	2699374	827413	1069522		110017		48106
金属制品、机械和设备修理业	1624489	629021	742471		63337		212066
金属制品修理	231434	99547	170907		10197		18550
通用设备修理	166191	79069	54960		624		15152
专用设备修理	340656	37221	145498		11972		41937
铁路、船舶、航空航天等运输设备修理	481325	288526	206246		16900		62055
铁路运输设备修理	23800		10346				3778
船舶修理	140715	202463	60738		8100		10365
航空航天器修理	97109	24846	88479				43774
其他运输设备修理	219701	61217	46683		8800		4138
电气设备修理	56389	19066	19042		10544		19261
仪器仪表修理	5136		4225				9000
其他机械和设备修理业	343358	105592	141593		13100		46111
（四）电力、热力、燃气及水的生产和供应业	**150515247**	**35581800**	**37786363**	**561177**	**623814**	**382684**	**2798995**
电力、热力生产和供应业	114226890	27951252	28537887	262378	472465	330508	2543357
电力生产	79092638	16871794	14639506	32316	175900	253453	870086
火力发电	18039788	6622585	7472128	13580	8698		508667
水力发电	15800052	1650931	2244880	2076	23360	250253	28723

续表 32

行　　业	新建	扩建	改建和技术改造	单纯建造生活设施	迁建	恢复	单纯购置
核力发电	5782635	2220117	1380959				33458
风力发电	19348737	3866782	1523086	8660	49380	3200	45651
太阳能发电	16114989	1519128	537439	8000	38292		142697
其他电力生产	4006437	992251	1481014		56170		110890
电力供应	25199604	8534422	11131874	62920	234564	59165	1488162
热力生产和供应	9934648	2545036	2766507	167142	62001	17890	185109
燃气生产和供应业	16079691	2884084	3085463	102647	90649	27773	145615
燃气生产和供应业	16079691	2884084	3085463	102647	90649	27773	145615
水的生产和供应业	20208666	4746464	6163013	196152	60700	24403	110023
自来水生产和供应	8799480	2510357	3096773	82205	22061	16950	24279
污水处理及其再生利用	9697233	2050940	2679520	112746	38638	3453	59160
其他水的处理、利用与分配	1711953	185167	386720	1201	1	4000	26584
（五）建筑业	**27911566**	**4068485**	**5057630**	**152863**	**145576**	**172747**	**2831609**
房屋建筑业	10501297	833149	663832	37593	67244	40871	1048395
房屋建筑业	10501297	833149	663832	37593	67244	40871	1048395
土木工程建筑业	14212360	2049228	2905569	89103	57513	78511	1009169
铁路、道路、隧道和桥梁工程建筑	9203000	1254375	1844345	50003	17852	57283	794622
铁路工程建筑	495904	2630	49998				145342
公路工程建筑	3442047	470819	931411	17004	2500	12216	125719
市政道路工程建筑	3650287	450580	582175	27999	500	43867	252664
其他道路、隧道和桥梁工程建筑	1614762	330346	280761	5000	14852	1200	270897
水利和内河港口工程建筑	1946604	274731	383869	19200	4694	15750	108021
水源及供水设施工程建筑	586815	102182	137523	11850			20758
河湖治理及防洪设施工程建筑	1010084	144191	146398	7350	4694	15750	11786
港口及航运设施工程建筑	349705	28358	99948				75477
海洋工程建筑	335093	749			25960		17000

续表 33

行　　业	新建	扩建	改建和技术改造	单纯建造生活设施	迁建	恢复	单纯购置
工矿工程建筑	96408	37734	230744			538	23428
架线和管道工程建筑	946627	143974	203804	13400	3007		22283
架线及设备工程建筑	466163	98965	76768		3007		9805
管道工程建筑	480464	45009	127036	13400			12478
其他土木工程建筑	1684628	337665	242807	6500	6000	4940	43815
建筑安装业	1047862	263544	414099	10307	6066		314796
电气安装	340535	72984	91502				70730
管道和设备安装	238318	93558	126964	7532			43849
其他建筑安装业	469009	97002	195633	2775	6066		200217
建筑装饰和其他建筑业	2150047	922564	1074130	15860	14753	53365	459249
建筑装饰业	715312	277067	501488	7000	3217	2225	186674
工程准备活动	300342	148944	82970	8640			76472
建筑物拆除活动	96253	10909	46323	8640			2398
其他工程准备活动	204089	138035	36647				74074
提供施工设备服务	148335	30561	57974				93269
其他未列明建筑业	986058	465992	431698	220	11536	51140	102834
（六）批发和零售业	**110262497**	**20642191**	**19595781**	**262834**	**804049**	**119115**	**3838988**
批发业	50295032	11119983	10516534	109956	561827	76102	2526973
农、林、牧产品批发	6291012	1049256	499709	9420	100466		81150
谷物、豆及薯类批发	1831935	343921	134972	4800	32042		19115
种子批发	462156	105067	74072				23018
饲料批发	124300	44733	35025		5000		8214
棉、麻批发	126839	18823	10362	2000			855
林业产品批发	735396	112420	33049		3799		1400
牲畜批发	361254	80659	28009				539
其他农牧产品批发	2649132	343633	184220	2620	59625		28009
食品、饮料及烟草制品批发	7924873	1341184	1306996	12780	200024	4155	217506
米、面制品及食用油批发	846926	133580	128579	6700	33440		81232
糕点、糖果及糖批发	109139	45372	31930				16655

续表 34

行业	新建	扩建	改建和技术改造	单纯建造生活设施	迁建	恢复	单纯购置
果品、蔬菜批发	3608624	473810	375936		64825		6561
肉、禽、蛋、奶及水产品批发	1626591	282203	281986	80	77835	100	14891
盐及调味品批发	55315	20261	5490				17171
营养和保健品批发	33996	14779	44840		1815		5874
酒、饮料及茶叶批发	665930	113587	192015		10717		39070
烟草制品批发	198794	82166	23039	6000	3210	1736	9095
其他食品批发	779558	175426	223181		8182	2319	26957
纺织、服装及家庭用品批发	6122758	908776	1284449	28463		28016	184792
纺织品、针织品及原料批发	1707683	201452	397762	20613			30075
服装批发	1850675	280280	415354			28016	51041
鞋帽批发	206852	27723	23720				4635
化妆品及卫生用品批发	159029	20234	50705				22928
厨房、卫生间用具及日用杂货批发	339706	84293	46314				16448
灯具、装饰物品批发	452025	98801	52907				4780
家用电器批发	471894	89943	146327	7850			18734
其他家庭用品批发	934894	106050	151360				36151
文化、体育用品及器材批发	723867	376866	251889		19271		43398
文具用品批发	199478	39358	48021		2600		21665
体育用品及器材批发	66990	18289	15177				8030
图书批发	87318	3447	43964				5675
报刊批发		18577	4783				
音像制品及电子出版物批发	9792	29766	15008				
首饰、工艺品及收藏品批发	245594	212141	87331		12350		8028

续表 35

行业	新建	扩建	改建和技术改造	单纯建造生活设施	迁建	恢复	单纯购置
其他文化用品批发	114695	55288	37605		4321		
医药及医疗器材批发	1215467	458448	480396		29108		117613
西药批发	474679	117358	148701		25553		29090
中药批发	343744	175594	116370				10049
医疗用品及器材批发	397044	165496	215325		3555		78474
矿产品、建材及化工产品批发	15467551	3688691	2996414	23466	152750	8708	824239
煤炭及制品批发	1606471	477484	307433	8050	22040		85019
石油及制品批发	1653568	653902	471841	7500	89438	5952	140378
非金属矿及制品批发	194041	85990	67505				17328
金属及金属矿批发	2218367	681686	476632		7015		157485
建材批发	8763239	1357137	1238075	4800	18533	2756	318106
化肥批发	319891	137797	72902				19126
农药批发	94766	35266	33668				
农用薄膜批发	13169	4200					9958
其他化工产品批发	604039	255229	328358	3116	15724		76839
机械设备、五金产品及电子产品批发	8280661	1865176	1918211	2827	27985	34823	622987
农业机械批发	758656	110067	130400	2827			32002
汽车批发	2026282	364404	72786		2080		7365
汽车零配件批发	1001137	282063	200466				28670
摩托车及零配件批发	153937	19873	12634		1650		2925
五金产品批发	1991632	396754	406807		2900	34823	90939
电气设备批发	461819	124601	210949		3280		123727
计算机、软件及辅助设备批发	257823	33189	162022		7528		49324
通信及广播电视设备批发	69170	31692	57369				10156
其他机械设备及电子产品批发	1560205	502533	664778		10547		277879
贸易经纪与代理	1663893	638667	1211894		9000		269057

续表 36

行业	新建	扩建	改建和技术改造	单纯建造生活设施	迁建	恢复	单纯购置
贸易代理	944745	431103	835455				123455
拍卖	15649	8687	16904				
其他贸易经纪与代理	703499	198877	359535		9000		145602
其他批发业	2604950	792919	566576	33000	23223	400	166231
再生物资回收与批发	896467	324145	203970		13544	400	20990
其他未列明批发业	1708483	468774	362606	33000	9679		145241
零售业	59967465	9522208	9079247	152878	242222	43013	1312015
综合零售	27402037	3367149	3038333	95316	93255	5772	259234
百货零售	14080652	1842285	1829243	81908	58903	2750	153614
超级市场零售	6760581	726414	655582	3500	30232	3022	92682
其他综合零售	6560804	798450	553508	9908	4120		12938
食品、饮料及烟草制品专门零售	2064364	603857	702892	3122	26549	1385	49165
粮油零售	186566	34678	80159	2950	12000		4088
糕点、面包零售	30663	9551	45119				15659
果品、蔬菜零售	509091	189760	114305	172			2300
肉、禽、蛋、奶及水产品零售	446621	113123	172682		4500	1385	3979
营养和保健品零售	62217	25131	11048				4708
酒、饮料及茶叶零售	259104	79982	137169				17381
烟草制品零售	15027	16419	9076				
其他食品零售	555075	135213	133334		10049		1050
纺织、服装及日用品专门零售	2084923	441170	864776	22920	1000	23289	76423
纺织品及针织品零售	317223	58928	57419	8120			24228
服装零售	1192115	235692	587749	8400	1000		39407
鞋帽零售	7500	22509	27933	6400			
化妆品及卫生用品零售	37684	13738	42483				4235
钟表、眼镜零售	45791	1995	46777				5007
箱、包零售	89080	9518					

续表 37

行　业	新建	扩建	改建和技术改造	单纯建造生活设施	迁建	恢复	单纯购置
厨房用具及日用杂品零售	51123	15100	19923			9900	1331
自行车零售	33000	9988	12660				
其他日用品零售	311407	73702	69832			13389	2215
文化、体育用品及器材专门零售	1242640	332505	368622		480		26401
文具用品零售	26263	7930	11537				2781
体育用品及器材零售	21915	31576	15825				5100
图书、报刊零售	55378	16358	22875		480		2844
音像制品及电子出版物零售	10458	875	2300				
珠宝首饰零售	577593	168715	221372				4762
工艺美术品及收藏品零售	423497	69784	34555				6493
乐器零售	10729	2738	5570				3687
照相器材零售		12200	42340				
其他文化用品零售	116807	22329	12248				734
医药及医疗器材专门零售	563973	194452	333360				110757
药品零售	413955	140070	254567				56838
医疗用品及器材零售	150018	54382	78793				53919
汽车、摩托车、燃料及零配件专门零售	17073940	2317760	1581279	15820	91122	12567	316110
汽车零售	13465553	1596334	986579	6620	24721	7577	171318
汽车零配件零售	1454321	144879	102721	9200	23000		33550
摩托车及零配件零售	45001	16401	27980				
机动车燃料零售	2109065	560146	463999		43401	4990	111242
家用电器及电子产品专门零售	1262432	456204	635787	8800	6950		121474
家用视听设备零售	92050	104983	32621				8631
日用家电设备零售	393680	170478	177451				22073

续表 38

行　　业	新建	扩建	改建和技术改造	单纯建造生活设施	迁建	恢复	单纯购置
计算机、软件及辅助设备零售	275096	48121	130280	300	450		9623
通信设备零售	113673	59749	162014				25804
其他电子产品零售	387933	72873	133421	8500	6500		55343
五金、家具及室内装饰材料专门零售	5842854	1158202	969982		7501		130943
五金零售	758108	199966	238491		7500		22102
灯具零售	222957	20256	42141				4776
家具零售	3333774	468008	297188		1		41186
涂料零售	39585	30711	19782				2002
卫生洁具零售	43800	20640	12761				1990
木质装饰材料零售	209612	70870	48353				
陶瓷、石材装饰材料零售	582767	182290	101532				31499
其他室内装饰材料零售	652251	165461	209734				27388
货摊、无店铺及其他零售业	2430302	650909	584216	6900	15365		221508
货摊食品零售	53139	12981	21295	4950			
货摊纺织、服装及鞋零售	29670	7215	9800				
货摊日用品零售	56200	7107					
互联网零售	600762	21064	31167				63540
邮购及电视、电话零售	13611						2127
旧货零售	22506	9909					
生活用燃料零售	369657	165234	64730	1950	5005		9590
其他未列明零售业	1284757	427399	457224		10360		146251
(七)交通运输、仓储和邮政业	**307136136**	**42198302**	**45736521**	**894826**	**782730**	**833496**	**31313204**
铁路运输业	55101245	4131500	2807920	6930	76511	58000	14889588
铁路旅客运输	38523687	811214	822542		38746	58000	25866

续表39

行　业	新建	扩建	改建和技术改造	单纯建造生活设施	迁建	恢复	单纯购置
铁路货物运输	11387377	2842075	1084593	6050	21301		14756105
铁路运输辅助活动	5190181	478211	900785	880	16464		107617
客运火车站	1210712	222886	138238		3397		
货运火车站	274952	25313	18882		11069		
其他铁路运输辅助活动	3704517	230012	743665	880	1998		107617
道路运输业	176926178	25174690	36109537	680462	368283	760567	5111913
城市公共交通运输	35859372	1612464	1082397	13562	19229	19860	2205668
公共电汽车客运	2838945	313438	334951	7171	17235	3580	1786733
城市轨道交通	29647301	629431	156091				43556
出租车客运	101757	32556	56421				272738
其他城市公共交通运输	3271369	637039	534934	6391	1994	16280	102641
公路旅客运输	67132542	7210097	12094277	381337	45990	350782	557833
道路货物运输	37116975	7793780	10708015	213730	127644	196076	1995824
道路运输辅助活动	36817289	8558349	12224848	71833	175420	193849	352588
客运汽车站	1743298	199283	253662	1143	105838		212304
公路管理与养护	26463023	6473161	10215966	57599	11804	101038	76333
其他道路运输辅助活动	8610968	1885905	1755220	13091	57778	92811	63951
水上运输业	16118981	2624595	1862056	138301	56497	5226	3540122
水上旅客运输	463034	93931	32059	70414		3920	77339
海洋旅客运输	92745	28760	17700	70414			34008
内河旅客运输	294241	24248	12551			3920	16768
客运轮渡运输	76048	40923	1808				26563
水上货物运输	1997106	431260	558525	10440	4705	506	3029969
远洋货物运输	187156	11555	4879		400		1047445
沿海货物运输	941874	183711	435039				1109837
内河货物运输	868076	235994	118607	10440	4305	506	872687
水上运输辅助活动	13658841	2099404	1271472	57447	51792	800	432814
客运港口	416585	18849	7840				582

续表 40

行　业	新建	扩建	改建和技术改造	单纯建造生活设施	迁建	恢复	单纯购置
货运港口	11326037	1748003	631737	57447	6785		260671
其他水上运输辅助活动	1916219	332552	631895		45007	800	171561
航空运输业	4842523	1806017	753317		90315		6812039
航空客货运输	438206	264801	524755				6500862
航空旅客运输	369803	264801	516770				6232406
航空货物运输	68403		7985				268456
通用航空服务	340428	10690	23031				107824
航空运输辅助活动	4063889	1530526	205531		90315		203353
机场	3153494	1448128	195047		90315		144300
空中交通管理	6256	16109					
其他航空运输辅助活动	904139	66289	10484				59053
管道运输业	2656112	220940	223689	31657			22346
管道运输业	2656112	220940	223689	31657			22346
装卸搬运和运输代理业	9717808	1238427	606647		69948	6100	380881
装卸搬运	1221404	267206	140334		9100		140416
运输代理业	8496404	971221	466313		60848	6100	240465
货物运输代理	6528198	750764	292743		60848	6100	215934
旅客票务代理	37302	1910	7000				
其他运输代理业	1930904	218547	166570				24531
仓储业	40892132	6810301	3234520	37476	119777	3603	485022
谷物、棉花等农产品仓储	8504476	1713921	851199		65258	2603	28907
谷物仓储	4334438	1049118	298814		62392	2603	12375
棉花仓储	384313	223869	20948				2840
其他农产品仓储	3785725	440934	531437		2866		13692
其他仓储业	32387656	5096380	2383321	37476	54519	1000	456115
邮政业	881157	191832	138835		1399		71293
邮政基本服务	251574	22147	83778		1049		14076
快递服务	629583	169685	55057		350		57217

续表 41

行　业	新建	扩建	改建和技术改造	单纯建造生活设施	迁建	恢复	单纯购置
（八）住宿和餐饮业	**47145197**	**7666091**	**6011245**	**208478**	**74696**	**40914**	**740809**
住宿业	36757324	4924424	3449950	96577	62796	40414	423722
旅游饭店	29278195	3367283	2300973	51211	29540	15486	278956
一般旅馆	3954448	939434	952999	43366	11496	24928	113571
其他住宿业	3524681	617707	195978	2000	21760		31195
餐饮业	10387873	2741667	2561295	111901	11900	500	317087
正餐服务	7861944	2226054	2006851	91451	2040	500	242760
快餐服务	497382	70673	297378	8250			39334
饮料及冷饮服务	402718	127350	122639				19000
茶馆服务	106213	48994	23300				5745
咖啡馆服务	80597	10030	39720				550
酒吧服务	139969	49616	33069				7728
其他饮料及冷饮服务	75939	18710	26550				4977
其他餐饮业	1625829	317590	134427	12200	9860		15993
小吃服务	316823	39979	17365				7650
餐饮配送服务	182074	29700	16616				
其他未列明餐饮业	1126932	247911	100446	12200	9860		8343
（九）信息传输、软件和信息技术服务业	**23194710**	**6787663**	**6707759**	**31051**	**32325**	**10200**	**4266054**
电信、广播电视和卫星传输服务	9672265	4484732	4379886	5895	7972	10200	2092318
电信	8841168	4379547	4136593	1800		9300	2012507
固定电信服务	1047436	1344102	952942				140760
移动电信服务	7222949	2850646	2901005	1800		9300	1829335
其他电信服务	570783	184799	282646				42412
广播电视传输服务	771245	101603	234503	4095	5070	900	79811
有线广播电视传输服务	576539	87443	172631	4095	2428	900	65291
无线广播电视传输服务	194706	14160	61872		2642		14520
卫星传输服务	59852	3582	8790		2902		
互联网和相关服务	2319317	522053	706548	10156	2300		539618

续表 42

行　　业	新建	扩建	改建和技术改造	单纯建造生活设施	迁建	恢复	单纯购置
互联网接入及相关服务	888181	113527	376798	4156			66052
互联网信息服务	1091533	252260	221246	6000			463115
其他互联网服务	339603	156266	108504		2300		10451
软件和信息技术服务业	11203128	1780878	1621325	15000	22053		1634118
软件开发	5050203	760081	696494	11000			859583
信息系统集成服务	1661842	97761	302159		9900		247301
信息技术咨询服务	1011456	179916	157100				84441
数据处理和存储服务	1413574	304140	167463				280826
集成电路设计	306640	87154	33443				9560
其他信息技术服务业	1759413	351826	264666	4000	12153		152407
数字内容服务	160528	25264	19016				78539
呼叫中心	296021	33520	47836	4000			7808
其他未列明信息技术服务业	1302864	293042	197814		12153		66060
（十）金融业	**9344840**	**1347972**	**1580711**	**17826**	**49537**	**5431**	**1283406**
货币金融服务	4297616	767154	957784	17826	34607	5431	927987
中央银行服务	547258	159685	54335	17690	799		37506
货币银行服务	3465590	497695	796162	136	24265	5431	781443
非货币银行服务	264523	109774	104542		9543		109038
金融租赁服务	83808				9543		90526
财务公司	26680	6375	11319				2960
典当	14229	31842	12487				4511
其他非货币银行服务	139806	71557	80736				11041
银行监管服务	20245		2745				
资本市场服务	2800318	332173	355149		1000		271345
证券市场服务	515350	9517	29022				117479
证券市场管理服务	104369		9738				100000
证券经纪交易服务	395437	4917	14334				17479
基金管理服务	15544	4600	4950				
期货市场服务	56227	2006	7332		1000		100000
期货市场管理服务	48974	2006	4450		1000		100000

续表 43

行　　业	新建	扩建	改建和技术改造	单纯建造生活设施	迁建	恢复	单纯购置
其他期货市场服务	7253		2882				
证券期货监管服务	26188						
资本投资服务	1878209	267621	270689				35374
其他资本市场服务	324344	53029	48106				18492
保险业	823205	94397	161044				66404
人身保险	610885	38476	111401				1422
人寿保险	607515	38476	111401				1422
健康和意外保险	3370						
财产保险	189382	47812	22589				62613
再保险							
养老金		3650					
保险经纪与代理服务	6045	3180	21564				
保险监管服务	5285						
其他保险活动	11608	1279	5490				2369
风险和损失评估		1279	2680				
其他未列明保险活动	11608		2810				2369
其他金融业	1423701	154248	106734		13930		17670
金融信托与管理服务	526847	33423	27833				4200
控股公司服务	189980	65096	8150				659
非金融机构支付服务	29786	850	3193				
金融信息服务	192029	22126	38953				1100
其他未列明金融业	485059	32753	28605		13930		11711
（十一）房地产业	**1177420062**	**21191964**	**17382638**	**17455312**	**1503750**	**275436**	**353265**
房地产业	1177420062	21191964	17382638	17455312	1503750	275436	353265
房地产开发经营	995601365	2740003	2592766	1034333	126325	6797	15430
物业管理	2271104	316728	1162140	94317	16276		229813
房地产中介服务	90824	23710	51751	20900			12952
自有房地产经营活动	18386856	1131952	1515698	356759	75542	35077	12527
其他房地产业	161069913	16979571	12060283	15949003	1285607	233562	82543
（十二）租赁和商务服务业	**57951253**	**8154665**	**5984505**	**386060**	**223578**	**67901**	**6767266**

续表 44

行　　业	新建	扩建	改建和技术改造	单纯建造生活设施	迁建	恢复	单纯购置
租赁业	1074778	291864	303597	32518	3987		5429372
机械设备租赁	947860	261619	297469	32518	3987		5426104
汽车租赁	133271	76247	72566				284953
农业机械租赁	62830	1560	1967				12390
建筑工程机械与设备租赁	506766	115119	106197		3987		336346
计算机及通信设备租赁	20885	650					1000
其他机械与设备租赁	224108	68043	116739	32518			4791415
文化及日用品出租	126918	30245	6128				3268
娱乐及体育设备出租	89592	27145	3313				3268
图书出租	2866						
音像制品出租							
其他文化及日用品出租	34460	3100	2815				
商务服务业	56876475	7862801	5680908	353542	219591	67901	1337894
企业管理服务	23443347	2546226	1710532	182327	125376	18381	481427
企业总部管理	7483685	555588	481282	11656	42180	3829	204760
投资与资产管理	12696783	1325561	926264	107750	79565	6000	222455
单位后勤管理服务	499205	202232	47146	27099		590	13486
其他企业管理服务	2763674	462845	255840	35822	3631	7962	40726
法律服务	64161	30160	11179				6147
律师及相关法律服务	40957	30160	10190				6147
公证服务			189				
其他法律服务	23204		800				
咨询与调查	1051523	288210	414872	7239			117077
会计、审计及税务服务	42266	38512	45854				877
市场调查	7130	5853					
社会经济咨询	268418	61245	118113				23438
其他专业咨询	733709	182600	250905	7239			92762
广告业	986000	259772	535983				247513

续表 45

行　　业	新建	扩建	改建和技术改造	单纯建造生活设施	迁建	恢复	单纯购置
知识产权服务	236043	17731	8737				1596
人力资源服务	721276	118484	96101	4700	41634		37551
公共就业服务	278227	15086	15260		4710		900
职业中介服务	50178	12135	16642		4539		5130
劳务派遣服务	98877	67216	45883	4700			23984
其他人力资源服务	293994	24047	18316		32385		7537
旅行社及相关服务	5719246	754503	516748				70260
旅行社服务	361202	102124	75199				28127
旅游管理服务	4936116	611679	395074				29681
其他旅行社相关服务	421928	40700	46475				12452
安全保护服务	340284	49763	75676	1200			59133
安全服务	172358	20377	22334				18851
安全系统监控服务	106330	20112	37038	1200			29611
其他安全保护服务	61596	9274	16304				10671
其他商务服务业	24314595	3797952	2311080	158076	52581	49520	317190
市场管理	8644331	1299808	898219	109694	34053	49000	131908
会议及展览服务	5227637	1420127	162530	1988	4200		24818
包装服务	188811	62890	103661				28782
办公服务	1457672	121245	129241	519	428		1086
信用服务	44748	4176	12160				2967
担保服务	240339	18754	30362		1900		1237
其他未列明商务服务业	8511057	870952	974907	45875	12000	520	126392
（十三）科学研究和技术服务业	**27282989**	**4720339**	**5899594**	**85933**	**186894**	**40156**	**3975055**
研究和试验发展	9726441	1376019	1271467	43104	52350	5985	894545
自然科学研究和试验发展	1043581	70981	131040				145147
工程和技术研究和试验发展	6263782	987998	721999	1600	28776	5985	590606

续表 46

行　　业	新建	扩建	改建和技术改造	单纯建造生活设施	迁建	恢复	单纯购置
农业科学研究和试验发展	1436781	158527	270015		4172		52118
医学研究和试验发展	843810	153551	114483		7852		103678
社会人文科学研究	138487	4962	33930	41504	11550		2996
专业技术服务业	9125285	1972524	2257079	9927	118577	29401	2149506
气象服务	274493	55439	57466		13727		24377
地震服务	36369	7319	16008				67389
海洋服务	193149	59862	43222			6146	41246
测绘服务	99913	49878	48964	1106			75527
质检技术服务	1469078	197951	236721		70332	12102	614373
环境与生态监测	357207	100189	112044	1051	1827	650	103504
环境保护监测	309029	98709	106154	1051	1827	650	83389
生态监测	48178	1480	5890				20115
地质勘查	1301256	369978	197755		16759		315377
能源矿产地质勘查	525818	118939	31190				61796
固体矿产地质勘查	604674	166893	129168				37587
水、二氧化碳等矿产地质勘查	15449	3667	4970				
基础地质勘查	87318	59214	10612		1991		78918
地质勘查技术服务	67997	21265	21815		14768		137076
工程技术	3074289	413303	1011764	5000	1800	10503	399067
工程管理服务	1193363	86854	206977	500		5628	89618
工程勘察设计	626079	160337	236226	4500		4875	300287
规划管理	1254847	166112	568561		1800		9162
其他专业技术服务业	2319531	718605	533135	2770	14132		508646
专业化设计服务	846949	139195	195129		10444		84238
摄影扩印服务	61136	24609	48437				64354
兽医服务	21982	9200	16985	650			
其他未列明专业技术服务业	1389464	545601	272584	2120	3688		360054
科技推广和应用服务业	8431263	1371796	2371048	32902	15967	4770	931004

续表 47

行　　业	新建	扩建	改建和技术改造	单纯建造生活设施	迁建	恢复	单纯购置
技术推广服务	5307405	774841	1791640	3574	8705	4770	727663
农业技术推广服务	2446087	339784	399961	3574		4770	75303
生物技术推广服务	541461	77125	259368		3825		136523
新材料技术推广服务	622141	102353	236493				163290
节能技术推广服务	645417	118119	700373				175472
其他技术推广服务	1052299	137460	195445		4880		177075
科技中介服务	1237756	373614	250700				26662
其他科技推广和应用服务业	1886102	223341	328708	29328	7262		176679
（十四）水利、环境和公共设施管理业	**340662347**	**60185740**	**55876321**	**2959589**	**581961**	**1187717**	**790610**
水利管理业	39381312	9341402	10152651	532725	47917	377106	68167
防洪除涝设施管理	19293112	4676769	6092346	99524	15001	230329	23425
水资源管理	5605337	1009157	1035192	340535	25310	88669	11568
天然水收集与分配	7521684	1859062	1163062	13366	1167	9942	4051
水文服务	130818	57267	20340				10783
其他水利管理业	6830361	1739147	1841711	79300	6439	48166	18340
生态保护和环境治理业	11985887	2244410	3448994	32672	12315	234066	118766
生态保护	3746680	681207	328380			33399	7603
自然保护区管理	1301507	353721	68762			18752	
野生动物保护	530642	94922	30832				786
野生植物保护	220246	13853	31908				6280
其他自然保护	1694285	218711	196878			14647	537
环境治理业	8239207	1563203	3120614	32672	12315	200667	111163
水污染治理	4505822	909799	1559767	19069	3202	65874	38084
大气污染治理	595457	78360	441121	8726			33815
固体废物治理	1503859	291643	263864	3830	5627	10903	8000
危险废物治理	208943	28612	63382		3486		23117
放射性废物治理	6500		15348				
其他污染治理	1418626	254789	777132	1047		123890	8147
公共设施管理业	289295148	48599928	42274676	2394192	521729	576545	603677

续表 48

行　业	新建	扩建	改建和技术改造	单纯建造生活设施	迁建	恢复	单纯购置
市政设施管理	209654531	35282306	30787079	1548610	436745	268019	206556
环境卫生管理	4401211	751842	1130789	85758	7279	51067	132623
城乡市容管理	10200517	2160349	2934850	388358	4505	58568	32389
绿化管理	12633510	2227124	2306806	230384	45060	1400	157935
公园和游览景区管理	52405379	8178307	5115152	141082	28140	197491	74174
公园管理	14580516	2165741	1837815	50888	3817	26579	24572
游览景区管理	37824863	6012566	3277337	90194	24323	170912	49602
（十五）居民服务、修理和其他服务业	**15988284**	**2662326**	**3240614**	**164659**	**139931**	**48687**	**511359**
居民服务业	9854421	1567519	1761549	122424	79552	48687	103420
家庭服务	346847	112328	28913	45091	4200		1149
托儿所服务	117765	26965	215745	990			1203
洗染服务	40460	12667	24891			50	15510
理发及美容服务	77176	43814	79037	15795			7529
洗浴服务	823828	487286	213530	16790			11910
保健服务	260062	26736	71745				5432
婚姻服务	88963	12288	33482	2998			2543
殡葬服务	1216781	279039	87228	11732	38641		10543
其他居民服务业	6882539	566396	1006978	29028	36711	48637	47601
机动车、电子产品和日用产品修理业	3152202	703806	794126	36435	38579		344595
汽车、摩托车修理与维护	2877586	611226	650708		38579		287346
汽车修理与维护	2875946	589057	650708		38579		287346
摩托车修理与维护	1640	22169					
计算机和办公设备维修	248263	54311	70537	36435			17554
计算机和辅助设备修理	100779	31718	23998				
通信设备修理	64629	4673	23390	36435			
其他办公设备维修	82855	17920	23149				17554
家用电器修理	7534	20928	28886				9340

续表 49

行　业	新建	扩建	改建和技术改造	单纯建造生活设施	迁建	恢复	单纯购置
家用电子产品修理	1512	14848	10354				9340
日用电器修理	6022	6080	18532				
其他日用产品修理业	18819	17341	43995				30355
自行车修理	2433		850				
鞋和皮革修理		6050					572
家具和相关物品修理		745	16133				
其他未列明日用产品修理业	16386	10546	27012				29783
其他服务业	2981661	391001	684939	5800	21800		63344
清洁服务	166166	73500	108729		21800		47015
建筑物清洁服务	22404	20158	45070				2800
其他清洁服务	143762	53342	63659		21800		44215
其他未列明服务业	2815495	317501	576210	5800			16329
（十六）教育	**47217293**	**11090858**	**4586796**	**287381**	**2332705**	**38501**	**1502690**
教育	47217293	11090858	4586796	287381	2332705	38501	1502690
学前教育	3721555	681867	450835	30777	42270	2000	30013
初等教育	8394181	2465513	1229964	71343	376638	8764	151982
普通小学教育	8258679	2439263	1210724	71343	376106	8764	150087
成人小学教育	135502	26250	19240		532		1895
中等教育	16126556	3992808	1702396	94929	1058911	18514	306338
普通初中教育	7564426	2186556	1026480	45018	298284	11418	171160
职业初中教育	431854	49446	14869		27400		
成人初中教育	90445	21335	13685				6900
普通高中教育	4759463	1042067	339607	24702	393822	2985	84568
成人高中教育	72874	20543	1634		10420		
中等职业学校教育	3207494	672861	306121	25209	328985	4111	43710
高等教育	12078537	2687703	448682	64259	569781	9223	715243
普通高等教育	11132938	2474160	408231	64259	441274	9223	692670
成人高等教育	945599	213543	40451		128507		22573
特殊教育	262460	53609	36316		46050		3648
技能培训、教育辅助及其他教育	6634004	1209358	718603	26073	239055		295466

续表 50

行　业	新建	扩建	改建和技术改造	单纯建造生活设施	迁建	恢复	单纯购置
职业技能培训	4317773	786405	372669	12127	121386		182382
体校及体育培训	256387	54519	21990		40282		6717
文化艺术培训	276611	68864	71062	12946	5890		13143
教育辅助服务	283763	86187	88517	1000	18150		57900
其他未列明教育	1499470	213383	164365		53347		35324
（十七）卫生和社会工作	**24157910**	**6430048**	**3511860**	**146090**	**1967301**	**35720**	**3661461**
卫生	17738909	5638921	2957365	112197	1900745	35270	3599718
医院	14345606	4611105	2174522	96211	1633566	30627	3163625
综合医院	10807953	3293144	1314836	73918	993930	690	2425671
中医医院	1137014	376646	196683	17883	379236		130579
中西医结合医院	323821	170931	79618		41189		73296
民族医院	56698	13985	3486				4950
专科医院	1383233	578699	539100	2450	204597	4950	496297
疗养院	636887	177700	40799	1960	14614	24987	32832
社区医疗与卫生院	1855640	694452	489994	15986	139494	4643	127619
社区卫生服务中心（站）	476286	101308	200484		52722		46472
街道卫生院	127847	69273	41473	455	26336		14352
乡镇卫生院	1251507	523871	248037	15531	60436	4643	66795
门诊部（所）	101850	59870	63764		520		46798
计划生育技术服务活动	188770	6865	18970		5007		15310
妇幼保健院（所、站）	534163	146941	70294		72909		96610
专科疾病防治院（所、站）	64036	31588	13074		13039		9792
疾病预防控制中心	175142	32445	51717		22704		75664
其他卫生活动	473702	55655	75030		13506		64300
社会工作	6419001	791127	554495	33893	66556	450	61743
提供住宿社会工作	5892786	737219	520017	33893	63973		29362
干部休养所	113331	21434	21637		5974		
护理机构服务	663286	84330	70019	13425	65		12026
精神康复服务	48491	16272	15293		1900		

续表 51

行　　业	新建	扩建	改建和技术改造	单纯建造生活设施	迁建	恢复	单纯购置
老年人、残疾人养护服务	4575410	574096	318126	12157	24941		16816
孤残儿童收养和庇护服务	123002	15424	505		4918		520
其他提供住宿社会救助	369266	25663	94437	8311	26175		
不提供住宿社会工作	526215	53908	34478		2583	450	32381
社会看护与帮助服务	260088	34043	26558		1700	450	32381
其他不提供住宿社会工作	266127	19865	7920		883		
（十八）文化、体育和娱乐业	**48761439**	**6529963**	**5049184**	**218913**	**173422**	**234991**	**772695**
新闻和出版业	832702	97035	65125				28686
新闻业	223708	59256					
出版业	608994	37779	65125				28686
图书出版	208557	14169	13181				15715
报纸出版	262035	13732	40414				4879
期刊出版	8171	3284	4561				4959
音像制品出版	11873						
电子出版物出版	44663	2974					
其他出版业	73695	3620	6969				3133
广播、电视、电影和影视录音制作业	4308972	311088	633845	49210	13754		333451
广播	111765	69443	24711		7701		9287
电视	572461	46992	292073		4553		154153
电影和影视节目制作	2423143	54864	48450				56318
电影和影视节目发行	332634	6189	18453				45125
电影放映	863969	132918	234502	49210	1500		54122
录音制作	5000	682	15656				14446
文化艺术业	20401403	3437459	2556392	106856	128717	226246	195567
文艺创作与表演	892942	92847	56207	708		25803	24522

续表 52

行　　业	新建	扩建	改建和技术改造	单纯建造生活设施	迁建	恢复	单纯购置
艺术表演场馆	1987643	201734	161613			140	24938
图书馆与档案馆	1060235	112823	86858	24150	15058		27236
图书馆	714122	96421	68348	24150	1097		27236
档案馆	346113	16402	18510		13961		
文物及非物质文化遗产保护	3408406	1190555	1003005	699	58415	189304	4780
博物馆	2917001	489252	183011		31505	4480	45203
烈士陵园、纪念馆	454345	171320	88992	210	6095	344	760
群众文化活动	4744409	615519	504502	56689	17644	5151	41101
其他文化艺术业	4936422	563409	472204	24400		1024	27027
体育	8668985	1141497	514693	28157	19953	7464	35410
体育组织	174949	3589					2550
体育场馆	4159930	526561	202093	9139	9382	5100	14862
休闲健身活动	3831723	562669	285619	19018	10571	2364	13695
其他体育	502383	48678	26981				4303
娱乐业	14549377	1542884	1279129	34690	10998	1281	179581
室内娱乐活动	1932074	358303	656411	22690			113616
歌舞厅娱乐活动	713893	191690	343694	8180			57024
电子游艺厅娱乐活动	26600	3058	40229				4445
网吧活动	53399	45860	140768	3210			32529
其他室内娱乐活动	1138182	117695	131720	11300			19618
游乐园	7454889	450583	239881				27446
彩票活动	24398	17477					3481
文化、娱乐、体育经纪代理	13640	43511	22376				28229
文化娱乐经纪人	8710		11740				14993
体育经纪人	2500						
其他文化艺术经纪代理	2430	43511	10636				13236
其他娱乐业	5124376	673010	360461	12000	10998	1281	6809
(十九)公共管理、社会保障和社会组织	**52664817**	**9237106**	**6872070**	**915127**	**859925**	**181511**	**1255069**

续表 53

行　业	新建	扩建	改建和技术改造	单纯建造生活设施	迁建	恢复	单纯购置
中国共产党机关	158745	33868	64573	2664	7280		
中国共产党机关	158745	33868	64573	2664	7280		
国家机构	39370475	6078301	4708458	439720	595831	131032	1145389
国家权力机构	495652	159243	48233	17949	24430	4660	10410
国家行政机构	37110924	5731813	4367278	414263	457321	126372	1098943
综合事务管理机构	12066010	1862815	1423963	300973	102735	82546	190170
对外事务管理机构	149184	11193	9656				4955
公共安全管理机构	11572452	791756	310494	9493	292167	5300	347249
社会事务管理机构	5444350	1635571	999457	66663	32585	11720	257339
经济事务管理机构	7051211	1280671	1293387	31439	15208	25482	170104
行政监督检查机构	827717	149807	330321	5695	14626	1324	129126
人民法院和人民检察院	841388	122841	39571	5391	39390		32407
人民法院	559776	87754	18991	3200	31543		23736
人民检察院	281612	35087	20580	2191	7847		8671
其他国家机构	922511	64404	253376	2117	74690		3629
人民政协、民主党派	80716	20584	27430		550		
人民政协	40080	8045	2140		550		
民主党派	40636	12539	25290				
社会保障	1876365	373656	255200	6512	2829	426	
社会保障	1876365	373656	255200	6512	2829	426	
群众团体、社会团体和其他成员组织	3580444	1331248	492037	46679	52609	35827	92968
群众团体	140137	10723	4123	9000	6700	2980	9437
工会	61165	210	600		1500		
妇联	10745	3671	2849				
共青团	6450						2937
其他群众团体	61777	6842	674	9000	5200	2980	6500
社会团体	2186919	397978	347630	37172	6043		77781
专业性团体	1530960	293334	218524	37172	5607		41362
行业性团体	533550	8854	120106				3310
其他社会团体	122409	95790	9000		436		33109
基金会	7660						
宗教组织	1245728	922547	140284	507	39866	32847	5750
基层群众自治组织	7598072	1399449	1324372	419552	200826	14226	16712
社区自治组织	2774479	386875	395001	132193	107755		500
村民自治组织	4823593	1012574	929371	287359	93071	14226	16212

各地区按隶属关系分新增固定资产

单位：万元

地　　区	合　计	中央项目	地方项目				
				省　属	地市属	县　属	其　他
全国总计	**3333389932**	**168471921**	**3164918011**	**120072741**	**254042191**	**596186041**	**2194617038**
北　　京	36800822	5644402	31156420	7842498	8922737		14391185
天　　津	68225764	5230831	62994933	4033758	13516015	3984228	41460932
河　　北	190292241	5561323	184730918	5554998	10237793	28407686	140530441
山　　西	88257466	6007758	82249708	10403425	6481215	20337375	45027693
内 蒙 古	127637574	4954105	122683469	5602543	16622195	49515482	50943249
辽　　宁	172340734	8103439	164237295	2297404	14341369	18250310	129348212
吉　　林	96022989	5560954	90462035	2134229	7782009	16113089	64432708
黑 龙 江	71620936	4372972	67247964	2731954	8384768	18586825	37544417
上　　海	27575640	2802579	24773061	5270188	3698033	371203	15433637
江　　苏	319526631	4799176	314727455	3864243	20824065	23542873	266496274
浙　　江	140880871	1776735	139104136	2143164	7665831	22434679	106860462
安　　徽	139639510	2471976	137167534	4123648	12235280	19927167	100881439
福　　建	109771749	2581085	107190664	4047762	7451136	18374240	77317526
江　　西	96941726	1031747	95909979	2331597	4503020	20232164	68843198
山　　东	282615380	6868719	275746661	3772618	10087938	26840416	235045689
河　　南	196734545	1849836	194884709	3166357	11104544	29856282	150757526
湖　　北	133848136	4393842	129454294	2170496	5464920	17372364	104446514
湖　　南	138068914	1975701	136093213	2802161	8449666	33147457	91693929
广　　东	177061385	13271145	163790240	4376819	17304768	25802553	116306100
广　　西	83140181	1212699	81927482	1942660	4532470	14562386	60889966
海　　南	13271480	653963	12617517	1961525	3055419	2647482	4953091
重　　庆	75461757	3014836	72446921	5040391	11171069	12507209	43728252
四　　川	152052346	10758357	141293989	4586971	11934491	46115647	78656880
贵　　州	44034516	1726191	42308325	4346310	3307366	14976189	19678460
云　　南	62200597	7067048	55133549	5452325	3064706	20324823	26291695
西　　藏	7304493	2018542	5285951	602240	1126825	1741277	1815609
陕　　西	103626241	2920176	100706065	5809602	10444582	38794734	45657147
甘　　肃	53177884	2164285	51013599	3326907	3020093	23913258	20753341
青　　海	13433195	946404	12486791	675584	1920359	5166674	4724174
宁　　夏	21730690	1591395	20139295	2864220	1270506	3747821	12256748
新　　疆	57599118	12645279	44953839	4794144	4117003	18592148	17450544
不分地区	32494421	32494421					

各地区按建设性质分新增固定资产

单位：万元

地　　区	新　建	扩　建	改建和技术改造	单纯建造生活设施	迁　建	恢　复	单纯购置
全国总计	**2119640095**	**475749194**	**584664832**	**22405358**	**29131904**	**4092246**	**97706303**
北　　京	25375872	4239785	2549784	1337528	201300	133562	2962991
天　　津	46594757	6399220	6751211	46398	52488	17571	8364119
河　　北	106800401	33859566	38836046	1097807	6745928	438415	2514078
山　　西	57224000	14441318	10631955	5257764	196368	66166	439895
内 蒙 古	87569414	14683549	21761938	355432	204313	142153	2920775
辽　　宁	136372302	19904587	10688607	58246	287587	70476	4958929
吉　　林	41174306	16222405	32411847	38414	2680574	97746	3397697
黑 龙 江	39624702	10634373	15787164	501730	225427	44132	4803408
上　　海	22065565	1696770	2109662	17600	121946		1564097
江　　苏	184215352	71811499	47752947	1185848	2279980	58800	12222205
浙　　江	79060529	31809186	21683475	680808	3292187	60598	4294088
安　　徽	90802519	23089357	23184885	306295	674723	60510	1521221
福　　建	57748909	26613037	18272395	198963	1314939	112386	5511120
江　　西	66925309	10250013	16035581	1157847	468387	6442	2098147
山　　东	122860178	56333321	93770647	3023353	2390267	230109	4007505
河　　南	167501398	14538861	11112912	473977	675119	201403	2230875
湖　　北	93856418	13012241	24277401	97669	730933	344621	1528853
湖　　南	67728733	12097398	57239915	189839	419238	226585	167206
广　　东	120264027	22569923	25754876	158235	745698	190250	7378376
广　　西	40066196	10868446	28724145	215686	343603	93312	2828793
海　　南	12488363	447873	272377	36572	4826	3075	18394
重　　庆	59285226	6121615	8086645	218453	1477668	82456	189694
四　　川	101469840	12179211	34477696	590438	1310816	595640	1428705
贵　　州	38121454	2634638	2458316	42874	771600	5634	
云　　南	41270687	10796004	7868412	355326	533229	156214	1220725
西　　藏	6094417	282263	292852	426569	8153	18676	181563
陕　　西	82768126	7662080	8228443	862070	673937	172713	3258872
甘　　肃	46039576	3705822	2224091	682814	103039	202576	219966
青　　海	10671294	1014178	1291910	101170	74032	193176	87435
宁　　夏	17352205	1250420	3011407	5018	35873	2785	72982
新　　疆	35785592	12932073	5368447	2684615	87726	64064	676601
不分地区	14462428	1648162	1746843				14636988

各地区按行业门类分新增固定资产（一）

单位：万元

地　区	合　计	农、林、牧、渔业	采矿业	制造业	电力、热力、燃气及水的生产和供应业
全国总计	**3333389932**	**118920027**	**103418150**	**1249920193**	**160327264**
北　京	36800822	797196	136157	4765355	2444964
天　津	68225764	2165193	3402368	18544721	1259122
河　北	190292241	9232912	5936544	91109432	6999186
山　西	88257466	8097872	10902220	19017210	6798740
内蒙古	127637574	9408965	9876645	34447535	13553057
辽　宁	172340734	4647370	4662319	70509997	7136736
吉　林	96022989	3995115	4020331	46718278	5013803
黑龙江	71620936	5632218	4409298	19851455	2990039
上　海	27575640	70745	473743	4461452	906215
江　苏	319526631	2284468	848551	163163966	9242599
浙　江	140880871	2132657	401280	53015766	7183971
安　徽	139639510	4284091	2269025	60216332	3679604
福　建	109771749	3812050	2132823	42773310	5736787
江　西	96941726	2943527	2388058	50159564	2978787
山　东	282615380	7256701	5435138	132936956	7768149
河　南	196734545	9536972	4128559	97954481	4168699
湖　北	133848136	4058527	2552614	63483875	4326801
湖　南	138068914	5273254	5640406	55317180	4776753
广　东	177061385	2708186	1212799	57897025	8099688
广　西	83140181	4173760	2660549	34419733	3612459
海　南	13271480	99831	95149	904963	282189
重　庆	75461757	3455756	1931627	22187000	3540595
四　川	152052346	4369945	3223319	38504324	11112064
贵　州	44034516	507947	1896126	7224194	2536875
云　南	62200597	3418515	2266310	10636576	7410227
西　藏	7304493	360797	541806	518670	1476856
陕　西	103626241	7095800	7603129	20998394	3670872
甘　肃	53177884	3214561	2516748	8880540	7474920
青　海	13433195	1039909	162828	1834671	2360109
宁　夏	21730690	1007998	1503919	5802063	3044704
新　疆	57599118	1837189	6220899	11665175	8042735
不分地区	32494421		1966863		698959

各地区按行业门类分新增固定资产（二）

单位：万元

地　　区	建筑业	批发和零售业	交通运输、仓储和邮政业	住宿和餐饮业	信息传输、软件和信息技术服务业
全国总计	**30152989**	**116951959**	**250886783**	**48286642**	**30448578**
北　京	32637	163526	2758768	586920	1359776
天　津	797624	2874089	3450222	494025	906003
河　北	30372	7455453	16558535	1827537	1157907
山　西	61017	1914141	7688913	454721	507369
内蒙古	1387429	5923583	11376559	1426219	1943330
辽　宁	1027723	8454415	12493077	3304060	1510192
吉　林	1808152	4565355	4196737	964631	837117
黑龙江	2285651	4087159	3749190	1842694	831189
上　海	8010	270275	2471940	11304	578065
江　苏	473810	8401628	17714882	3620856	4759686
浙　江	289500	2780573	8987485	1782299	864270
安　徽	963600	6466022	5789594	1842631	1096378
福　建	1417764	2830984	8790231	1888756	951015
江　西	390759	4688110	3760768	1886014	468739
山　东	6118741	14869390	14461615	2692768	1068734
河　南	28461	5346968	8570794	2091512	586343
湖　北	490455	3997507	11470730	2123458	475997
湖　南	1317900	5407934	6426941	2007257	777536
广　东	356703	7346163	12535908	4470863	4135368
广　西	506617	3568672	5549363	1578565	1121458
海　南	649312	31599	428290	575395	156633
重　庆	19870	1759772	6020357	1183520	189311
四　川	90441	3602774	20198695	3061929	690380
贵　州		552063	4868745	542630	79717
云　南	3780	1723045	6092841	1558241	752124
西　藏		77560	809248	421535	52752
陕　西	1013413	4590033	5167887	2731212	989755
甘　肃	7312479	2071100	4834887	729372	405588
青　海	301128	115080	1278956	105927	86714
宁　夏	133614	380355	1313576	61627	180454
新　疆	836027	636631	3796287	418164	928678
不分地区			27274762		

各地区按行业门类分新增固定资产（三）

单位：万元

地　　区	金融业	房地产业	租赁和商务服务业	科学研究和技术服务业	水利、环境和公共设施管理业
全国总计	**8653160**	**618745578**	**52070762**	**30726393**	**323901633**
北　　京	238285	17018506	588258	378615	2773099
天　　津	523573	14580151	8842909	1335961	5554066
河　　北	203623	25390153	2304938	1703364	12843113
山　　西	25302	18086883	646247	320493	9938699
内 蒙 古	379856	11484470	1118347	1329955	16412228
辽　　宁	642717	27145485	4133268	2161256	16579941
吉　　林	512703	7014007	823726	1101955	9946593
黑 龙 江	298830	11540268	1191339	828241	6639669
上　　海	95697	15845703	181039	263588	1328868
江　　苏	1258803	55460669	5762346	4540307	27802118
浙　　江	315246	40618059	2344918	667535	12708479
安　　徽	741912	26851303	2473781	1454070	13688578
福　　建	225213	18118556	1134758	388712	12423040
江　　西	230829	11203732	1208961	391359	9221190
山　　东	614907	43002401	4068502	5283913	15891916
河　　南	109264	37072652	1328042	793174	15897044
湖　　北	457637	19276246	2367474	510562	10081862
湖　　南	564933	18630094	2944786	1686074	17096412
广　　东	240396	47926578	1526720	1248695	17987072
广　　西	318492	8526913	1708336	518975	8459000
海　　南	59486	8489139	219424	30283	743462
重　　庆	26495	20156597	709723	261738	10970183
四　　川	183595	38168114	1121527	404236	18906381
贵　　州	50000	11761346	207935	50140	11749782
云　　南	53047	14060821	280423	372697	8583445
西　　藏	48488	1042069	147454	51910	460572
陕　　西	66296	24725553	1282953	1903361	14448137
甘　　肃	142785	5837772	626403	573833	3696618
青　　海	4450	2483122	343886	48083	1733438
宁　　夏		4851118	181627	28797	2150840
新　　疆	20300	12377098	250712	94511	7185788
不分地区					

各地区按行业门类分新增固定资产（四）

单位：万元

地　　区	居民服务、修理和其他服务业	教　育	卫生和社会工作	文化、体育和娱乐业	公共管理社会保障和社会组织
全国总计	**19293755**	**50957112**	**28146457**	**38064737**	**53517760**
北　　京	45303	914970	872921	404166	521400
天　　津	1118778	692079	498321	600281	586278
河　　北	478387	2249249	1532525	1881773	1397238
山　　西	272300	1254377	454197	1370028	446737
内 蒙 古	725966	1510967	831825	1476582	3024056
辽　　宁	1781631	2023162	1036298	1898740	1192347
吉　　林	689997	1097073	801160	717607	1198649
黑 龙 江	521499	1096388	1337486	646542	1841781
上　　海	15860	356837	139023	81261	16015
江　　苏	1361587	4215468	1667335	3775728	3171824
浙　　江	308260	1951808	1170813	1554932	1803020
安　　徽	760178	1757670	1181700	1475229	2647812
福　　建	477582	1369079	794918	1841055	2665116
江　　西	424057	1220227	631881	1012044	1733120
山　　东	2885667	3950532	2288877	4924612	7095861
河　　南	2372892	2570800	1445221	2206524	526143
湖　　北	1205253	1614245	1350009	1502405	2502479
湖　　南	621027	2455664	1639766	1543177	3941820
广　　东	470586	3913824	1740461	2190081	1054269
广　　西	580155	2108033	1068973	936424	1723704
海　　南	13113	160640	29765	190251	112556
重　　庆	207703	1230081	583506	322644	705279
四　　川	343698	3223390	1635641	1293958	1917935
贵　　州	71000	1044055	168116	475087	248758
云　　南	362611	2106440	556380	900937	1062137
西　　藏	61814	289894	72367	81753	788948
陕　　西	435816	1783418	1498638	1264029	2357545
甘　　肃	395371	886816	584763	835782	2157546
青　　海	101388	532652	83438	100990	716426
宁　　夏	65133	303200	181326	167072	373267
新　　疆	119143	1074074	268807	393043	1433857
不分地区					2553837

各地区按工业行业大类分新增固定资产（一）

单位：万元

地　区	工业合计	煤炭开采和洗选业	石油和天然气开采业	黑色金属矿采选业	有色金属矿采选业	非金属矿采选业	开采辅助活动
全国总计	**1513665607**	**31839996**	**23135537**	**13223903**	**12535215**	**17662436**	**4465599**
北　京	7346476	21485		114672			
天　津	23206211		3264529	14940	3800	11684	95656
河　北	104045162	1291405	434289	2850399	368020	842231	150200
山　西	36718170	8718068	452263	722472	225024	328053	441340
内蒙古	57877237	3872679	579750	2000048	1856920	1136533	423215
辽　宁	82309052	498645	406757	1832405	448881	1277000	168576
吉　林	55752412	431964	1716196	322225	706801	702758	134087
黑龙江	27250792	649927	3035800	103997	41620	352340	225314
上　海	5841410						473743
江　苏	173255116	109900	202867	112295	146890	247877	21592
浙　江	60601017	3424		4007	43003	345867	4029
安　徽	66164961	343498	31100	795042	384834	665924	23566
福　建	50642920	571317	56500	273861	360150	855898	10180
江　西	55526409	360595		311330	268736	1356821	39143
山　东	146140243	523972	2870035	408637	493915	1042730	62336
河　南	106251739	1176905	486372	77069	1664818	627471	95924
湖　北	70363290	364798	5055	430713	126648	1490926	74518
湖　南	65734339	2279128		442340	1106019	1674001	93181
广　东	67209512	6000	306370	124238	89601	588717	84522
广　西	40692741	75179	21778	443347	631215	1321322	37512
海　南	1282301	20000	9905	3600	1	14041	47602
重　庆	27659222	599194	660499	87084	27400	348233	209217
四　川	52839707	1439226	68391	526058	247129	854673	27623
贵　州	11657195	1126933		4459	264012	420182	69782
云　南	20313113	771146		253222	876798	365144	
西　藏	2537332	700		5500	502586	11796	585
陕　西	32272395	2504027	3209429	149038	682856	284823	769356
甘　肃	18872208	427834	787520	268208	470728	282383	262985
青　海	4357608	53053	10000	24470	40944	17947	16414
宁　夏	10350686	1365146	41207			36181	61385
新　疆	25928809	2233848	2512062	518227	455866	158880	342016
不分地区	2665822		1966863				

各地区按工业行业大类分新增固定资产（二）

单位：万元

地　区	其他采矿业	农副食品加工业	食品制造业	酒、饮料和精制茶制造业	烟草制品业	纺织业	纺织服装、服饰业
全国总计	**555464**	**77927158**	**32879780**	**29276468**	**1991405**	**43024765**	**29249760**
北　京		25011	79697	10984		2609	8630
天　津	11759	599406	466714	167169		218609	356708
河　北		4294721	2013002	1967882		3956307	1012912
山　西	15000	1487000	404052	338932	5710	77550	42240
内蒙古	7500	3344045	1173370	533024	39341	329792	147490
辽　宁	30055	5995115	1640554	1292372	36232	734144	1096807
吉　林	6300	5214972	2017330	1787221	28758	301592	452220
黑龙江	300	4984722	514861	1014597	41204	133879	19601
上　海		42263	93926	54883	11751	22949	28651
江　苏	7130	4001054	1866962	1383922	106802	8897524	3960335
浙　江	950	973275	528435	291600	38464	4394420	1365628
安　徽	25061	3514732	1477462	912949	157441	1462166	2404314
福　建	4917	2636230	1416926	2193391	43789	2293507	1576165
江　西	51433	2671209	1129018	912104	31100	1465045	2946561
山　东	33513	8952328	3180023	1473859	40475	5217401	2892992
河　南		6482367	3943522	2848305	116150	3945507	3782019
湖　北	59956	5205827	2248455	2321506	105083	3019600	1571214
湖　南	45737	4328096	2157011	1481772	217499	965845	1002425
广　东	13351	1579926	1466422	920659	33862	2241045	2894612
广　西	130196	2420122	997505	1151589	23603	672677	641249
海　南		5910	1845	14736	39801		
重　庆		995702	465477	216969	25840	240760	145531
四　川	60219	2438469	1243635	2728037	40318	847084	463402
贵　州	10758	497664	65000	673439		97683	119093
云　南		1265151	286142	811263	668525	15667	7807
西　藏	20639	19036	39231	79348		982	
陕　西	3600	1404461	930508	1048767	78819	551907	92391
甘　肃	17090	1356734	347646	301460	60838	80757	54877
青　海		110147	56388	13366		7700	13700
宁　夏		248963	293102	72975		391941	88654
新　疆		832500	335559	257388		438116	61532

各地区按工业行业大类分新增固定资产（三）

单位：万元

地　　区	皮革、毛皮、羽毛及其制品和制鞋业	木材加工及木、竹、藤、棕、草制品业	家具制造业	造纸及纸制品业	印刷业和记录媒介复制业	文教、工美、体育和娱乐用品制造业	石油加工炼焦及核燃料加工业
全国总计	**15305823**	**28688188**	**18701524**	**21958297**	**12180308**	**14317879**	**23970508**
北　　京			14237	9494	19291	4187	15708
天　　津	39275	149670	453543	356757	99348	387220	277056
河　　北	1998010	1362861	1993257	1593268	649583	1047172	2887662
山　　西	4235	207394	78497	347415	74933	54161	1145594
内 蒙 古	127405	304466	218458	831422	123950	66707	1327573
辽　　宁	361433	1653463	963454	733863	347760	493619	3911537
吉　　林	83970	1891535	594979	889782	453431	311784	185499
黑 龙 江	403910	1697318	346325	382277	265700	111206	249841
上　　海	8327	6728	12377	14444	80486	3105	37626
江　　苏	943366	2674790	1680805	1919902	1208473	1707637	642147
浙　　江	953306	404483	764951	1456383	575677	1044625	240492
安　　徽	686517	1524147	865270	867315	815130	750894	195145
福　　建	1654243	2299934	930186	1338158	311431	1133992	1759953
江　　西	1385509	1155812	758675	821272	626349	532371	167118
山　　东	1059630	2349952	1461298	2082203	1568177	1875833	3186542
河　　南	1783942	1549803	1668607	1806503	614978	678821	533779
湖　　北	519926	936533	1059148	1283186	936746	573140	295144
湖　　南	1038341	1628180	883918	990987	790705	648496	139778
广　　东	1119870	1012783	1467870	1136108	1086987	1788932	2797544
广　　西	433442	3911059	798811	801202	465149	526339	104195
海　　南				13400			108359
重　　庆	87850	401845	473157	236191	172172	123735	60040
四　　川	375724	707276	698144	1056003	568660	100947	315504
贵　　州	151656	181792	62100	164128	2000	21500	
云　　南	10200	290881	108321	101796	34012	46472	84029
西　　藏	1776	3340	5670		3520	10051	11500
陕　　西	30230	99543	198796	437241	195918	96380	1344415
甘　　肃	18578	188762	37970	162700	42210	126506	234593
青　　海		1000	72170		3500	13945	97920
宁　　夏	15255	8485	8320	47216	17180	22065	195328
新　　疆	9897	84353	22210	77681	26852	16037	1418887

各地区按工业行业大类分新增固定资产（四）

单位：万元

地　　区	化学原料及化学制品制造业	医药制造业	化学纤维制造业	橡胶和塑料制品业	非金属矿物制品业	黑色金属冶炼和压延加工业	有色金属冶炼和压延加工业
全国总计	**98018816**	**36138402**	**7512488**	**46591118**	**125698733**	**37627354**	**35795932**
北　京	182404	226363	95	10178	82826	4021	6260
天　津	482144	359448	40300	983236	1213647	689629	259365
河　北	6141018	1994891	443854	4872361	9149129	5103570	1429708
山　西	1585149	643398	5800	632105	3273952	1969464	1908891
内蒙古	4229111	584223	20000	814597	3444438	2512115	2587597
辽　宁	4717633	1372802	351529	2106116	6829081	2624754	1089841
吉　林	3553488	2772252	72121	1234387	5272262	608950	244846
黑龙江	849213	569210	40085	560676	1813293	156560	95542
上　海	461361	203347	7896	107696	24322	496413	7533
江　苏	15616561	3950275	2561949	5657678	8752317	4941825	2708408
浙　江	3928738	1496896	1334487	2622918	2207819	996183	1077595
安　徽	2604196	1307435	161080	3398707	5726896	1834747	1387922
福　建	1769652	501558	866599	1686167	4067603	2485728	349508
江　西	4097732	1751712	162784	1362525	6451239	823470	2964802
山　东	15891296	3936935	429062	6017289	11891248	2421316	4007838
河　南	6471032	3772259	328451	2983764	11219610	1487018	3561377
湖　北	4639652	2251896	128055	2012514	7334812	1071210	984123
湖　南	4060905	1420370	66567	1703762	7993175	1056965	2212616
广　东	2902544	1320052	64378	3266193	6250667	693854	1211710
广　西	2078271	899959	91672	918753	5950834	597060	686023
海　南	530957	97055		582	48889	3500	
重　庆	830982	631902	38843	596121	1808820	252254	1279392
四　川	2637838	1909821	184990	1118174	4607023	1882516	466843
贵　州	309202	309235		155700	1689269	205136	320453
云　南	565677	373329		330939	1652785	315659	1237837
西　藏	24639	25824		1646	127009	20000	107999
陕　西	1826421	646581	66185	623051	2495871	531003	878072
甘　肃	464906	632989	4480	273027	1995155	211712	420611
青　海	221492	10686		13719	232566	423994	288590
宁　夏	1426483	67928		119909	566980	597490	758220
新　疆	2918119	97771	41226	406628	1525196	609238	1256410

各地区按工业行业大类分新增固定资产（五）

单位：万元

地　区	金属制品业	通用设备制造业	专用设备制造业	汽车制造业	铁路、船舶、航空航天和其他运输设备制造业	电气机械和器材制造业	计算机、通信和其他电子设备制造业
全国总计	**68266099**	**97136145**	**85466658**	**75536544**	**22214146**	**76675703**	**52764293**
北　京	80457	44077	132116	1187907	69787	37973	2454519
天　津	1630378	1771398	1540501	1214673	586109	925139	1097930
河　北	7550108	9264569	6278519	4195975	1074081	5827471	833576
山　西	610087	523626	648756	1028424	258037	877151	264402
内蒙古	1554825	1384543	3443244	2193565	195060	1488663	981262
辽　宁	3932774	10137547	5972064	3740168	1507307	3740913	1133784
吉　林	1337932	2269087	3030513	8789444	531107	1409730	514414
黑龙江	733294	1751157	943018	567488	148853	729708	309385
上　海	98527	291306	258825	542102	99214	184801	781682
江　苏	10077025	18441705	15434128	8964739	4729653	14363564	11282039
浙　江	3041915	5731850	3123224	4527083	1232490	4812836	1866851
安　徽	3455249	5474324	4117733	3735817	521726	5799886	3429836
福　建	1862545	1518416	1350861	881670	673503	1896935	2205629
江　西	2339200	2308248	2334925	2135219	554220	3781307	2789038
山　东	9188536	13299849	10471749	6036454	2738558	6482658	2390313
河　南	4688012	6368576	7278176	6300471	1514288	6757526	4046748
湖　北	3327256	2939426	4255384	5984920	757604	3912365	2281541
湖　南	3138821	4001459	3571652	1477204	1118392	2683225	3044788
广　东	3653369	2009698	2416353	2943586	551295	4174888	5337223
广　西	1364606	1305389	1912011	1953888	326170	1478706	973454
海　南	5982		4207	6200	13839	9701	
重　庆	1006894	1717817	913447	3504631	1339822	1429085	1827850
四　川	1558574	2451906	2236052	2429092	817625	1715321	2091868
贵　州	179720	170095	311592	355217	148076	204567	160955
云　南	258073	148100	153274	81449	37870	256548	14909
西　藏	200	330	32967			2411	
陕　西	744317	1269438	2504782	558228	620967	776393	456597
甘　肃	368681	142786	342621	43760	35300	419274	81309
青　海	28870	33098	56913			75979	4600
宁　夏	160094	164796	153595	105028	1000	218166	324
新　疆	289778	201529	243456	52142	12193	202813	107467

各地区按工业行业大类分新增固定资产（六）

单位：万元

地　　区	仪器仪表制造业	其他制造业	废弃资源综合利用业	金属制品机械和设备修理业	电力、热力生产和供应业	燃气生产和供应业	水的生产和供应业
全国总计	**11039328**	**11412867**	**9632896**	**2920808**	**121237184**	**15357157**	**23732923**
北　　京	29768	20940		5816	2007910	223695	213359
天　　津	202111	1121666	793697	61875	847388	166410	245324
河　　北	454689	588521	819353	311402	4636719	883384	1479083
山　　西	181868	34009	298178	6200	5508462	983937	306341
内 蒙 古	54305	156299	181256	55389	10644142	896096	2012819
辽　　宁	695247	256969	681704	359411	5249830	847777	1039129
吉　　林	335825	290832	193628	44387	3868625	730068	415110
黑 龙 江	74806	236622	66704	40400	2169625	441040	379374
上　　海	33412	438838	1661	5000	741099	105519	59597
江　　苏	2892617	1272774	387278	135712	6890385	487518	1864696
浙　　江	633264	501619	590047	258212	4790910	860540	1532521
安　　徽	569436	378795	490511	188554	2341880	447379	890345
福　　建	189440	690567	118263	70761	3976312	695180	1065295
江　　西	493831	432783	613276	161110	1885187	214255	879345
山　　东	1097361	529581	455698	310502	5903995	757351	1106803
河　　南	753034	136854	474282	58700	2186401	746691	1235607
湖　　北	374527	569291	427898	155893	2842953	556930	926918
湖　　南	484300	539414	407788	62724	2746863	453104	1576786
广　　东	479198	318137	504588	252672	6426276	537569	1135843
广　　西	96195	151621	589903	98276	2338551	403395	870513
海　　南					166015	7613	108561
重　　庆	338435	412098	502329	111009	2540760	467112	532723
四　　川	301469	148529	342440	21040	8924033	848478	1339553
贵　　州	7955	535422	125545		2158979	188064	189832
云　　南	1600	1375036	103225		6834199	183033	392995
西　　藏	140	1		1050	996520	448048	32288
陕　　西	243061	37681	106073	104297	1986849	1006337	677686
甘　　肃	19374	123014	267010	20900	6614362	355508	505050
青　　海		37800	14643	1885	2210246	56632	93231
宁　　夏		38851	5085	8630	2722621	176657	145426
新　　疆	2060	38303	70833	9001	7380128	181837	480770
不分地区					698959		

国民经济行业大类按隶属关系分新增固定资产

单位：万元

行　业	合　计	中央项目	地方项目				
			省　属	地市属	县　属	其　他	
全国总计	**3333389932**	**168471921**	**3164918011**	**120072741**	**254042191**	**596186041**	**2194617038**
(一)农、林、牧、渔业	**118920027**	**1435936**	**117484091**	**1074327**	**2515220**	**29314478**	**84580066**
农业	42672490	393534	42278956	469031	913081	8120371	32776473
林业	12904589	84939	12819650	249847	975980	5262141	6331682
畜牧业	33629769	473133	33156636	84646	194222	4813182	28064586
渔业	6650952		6650952	5906	24833	569381	6050832
农、林、牧、渔服务业	23062227	484330	22577897	264897	407104	10549403	11356493
(二)采矿业	**103418150**	**18918053**	**84500097**	**10490770**	**2451406**	**14030044**	**57527877**
煤炭开采和洗选业	31839996	1296219	30543777	7596925	751736	5001473	17193643
石油和天然气开采业	23135537	16361310	6774227	872926	578984	3612052	1710265
黑色金属矿采选业	13223903	103747	13120156	540040	330789	925335	11323992
有色金属矿采选业	12535215	495867	12039348	826253	112778	2216984	8883333
非金属矿采选业	17662436	123835	17538601	121800	110272	1267274	16039255
开采辅助活动	4465599	521110	3944489	532826	566847	991712	1853104
其他采矿业	555464	15965	539499			15214	524285
(三)制造业	**1249920193**	**21666616**	**1228253577**	**18767954**	**35112709**	**93065111**	**1081307803**
农副食品加工业	77927158	317829	77609329	253055	1127009	6924442	69304823
食品制造业	32879780	106915	32772865	175460	698995	2876853	29021557
酒、饮料和精制茶制造业	29276468	54059	29222409	84213	924297	2867028	25346871
烟草制品业	1991405	849743	1141662	345106	156310	271874	368372
纺织业	43024765	63304	42961461	60860	522603	2551463	39826535
纺织服装、服饰业	29249760	6414	29243346	6000	194384	1539341	27503621
皮革、毛皮、羽毛及其制品和制鞋业	15305823	700	15305123	6000	186871	1067667	14044585

续表 1

行　　业	合计	中央项目	地方项目				
				省属	地市属	县属	其他
木材加工和木、竹、藤、棕、草制品业	28688188	7180	28681008	92603	277531	2265041	26045833
家具制造业	18701524		18701524		143647	1208754	17349123
造纸和纸制品业	21958297	7350	21950947	65281	576497	2250874	19058295
印刷和记录媒介复制业	12180308	162072	12018236	129876	353567	992686	10542107
文教、工美、体育和娱乐用品制造业	14317879	27427	14290452	42016	221483	910615	13116338
石油加工、炼焦和核燃料加工业	23970508	5777485	18193023	754814	801723	2600134	14036352
化学原料及化学制品制造业	98018816	2592833	95425983	2358938	3167545	8562923	81336577
医药制造业	36138402	219488	35918914	633854	1145054	4529430	29610576
化学纤维制造业	7512488	9207	7503281	132838	160509	268790	6941144
橡胶和塑料制品业	46591118	39498	46551620	226181	593992	2966915	42764532
非金属矿物制品业	125698733	956581	124742152	866846	1751378	9937240	112186688
黑色金属冶炼和压延加工业	37627354	1021585	36605769	3492722	1468584	2428684	29215779
有色金属冶炼和压延加工业	35795932	866313	34929619	2075701	525803	4552132	27775983
金属制品业	68266099	248314	68017785	497446	872045	3987881	62660413
通用设备制造业	97136145	469513	96666632	510546	1281592	3675909	91198585
专用设备制造业	85466658	973714	84492944	832197	4514004	5841683	73305060
汽车制造业	75536544	3392976	72143568	2267358	4213258	4225399	61437553
铁路、船舶、航空航天和其他运输设备制造业	22214146	2079131	20135015	498460	869885	1208557	17558113
电气机械和器材制造业	76675703	412582	76263121	376087	3070309	5044092	67772633

续表 2

行业	合计	中央项目	地方项目				
				省属	地市属	县属	其他
计算机、通信和其他电子设备制造业	52764293	529031	52235262	1395024	3879085	3788709	43172444
仪器仪表制造业	11039328	128391	10910937	80152	446427	636278	9748080
其他制造业	11412867	171677	11241190	218853	415867	2045324	8561146
废弃资源综合利用业	9632896	23062	9609834	171331	410252	811699	8216552
金属制品、机械和设备修理业	2920808	152242	2768566	118136	142203	226694	2281533
(四)电力、热力、燃气及水的生产和供应业	**160327264**	**34990744**	**125336520**	**19765548**	**11957699**	**33172897**	**60440376**
电力、热力生产和供应业	121237184	33484134	87753050	18212132	7246680	20032154	42262084
燃气生产和供应业	15357157	1083769	14273388	1010090	1500983	3155114	8607201
水的生产和供应业	23732923	422841	23310082	543326	3210036	9985629	9571091
(五)建筑业	**30152989**	**1426915**	**28726074**	**902628**	**1900944**	**11876451**	**14046051**
房屋建筑业	9985837	121266	9864571	336943	342071	3936544	5249013
土木工程建筑业	14977378	1211597	13765781	502228	1306581	6897072	5059900
建筑安装业	1573594	81153	1492441	41534	73835	223567	1153505
建筑装饰和其他建筑业	3616180	12899	3603281	21923	178457	819268	2583633
(六)批发和零售业	**116951959**	**1116936**	**115835023**	**1101467**	**4386103**	**12847855**	**97499598**
批发业	56616512	416613	56199899	446333	1791783	5622262	48339521
零售业	60335447	700323	59635124	655134	2594320	7225593	49160077
(七)交通运输、仓储和邮政业	**250886783**	**50356055**	**200530728**	**24025230**	**35585498**	**59363785**	**81556215**
铁路运输业	42836672	38066052	4770620	746910	765065	1311701	1946944
道路运输业	136562487	4215538	132346949	19419810	29018116	50016325	33892698

续表3

行业	合计	中央项目	地方项目				
				省属	地市属	县属	其他
水上运输业	16505401	1354952	15150449	841029	2614969	2349136	9345315
航空运输业	9906264	4555247	5351017	1734498	523621	515465	2577433
管道运输业	2655413	703276	1952137	356827	637058	283410	674842
装卸搬运和运输代理业	8357038	19050	8337988	131561	269908	794434	7142085
仓储业	33251421	1350655	31900766	740454	1730550	3985283	25444479
邮政业	812087	91285	720802	54141	26211	108031	532419
（八）住宿和餐饮业	**48286642**	**635688**	**47650954**	**1134162**	**2437037**	**5155209**	**38924546**
住宿业	34593286	620288	33972998	1070928	2020632	4018413	26863025
餐饮业	13693356	15400	13677956	63234	416405	1136796	12061521
（九）信息传输、软件和信息技术服务业	**30448578**	**6328084**	**24120494**	**3837859**	**3640458**	**2354886**	**14287291**
电信、广播电视和卫星传输服务	15917334	5831443	10085891	3419174	1934434	936178	3796105
互联网和相关服务	2524331	257922	2266409	185441	451099	225352	1404517
软件和信息技术服务业	12006913	238719	11768194	233244	1254925	1193356	9086669
（十）金融业	**8653160**	**831893**	**7821267**	**991334**	**991170**	**1387288**	**4451475**
货币金融服务	4853803	703664	4150139	854752	568995	829112	1897280
资本市场服务	2195790	4751	2191039	9560	272106	342386	1566987
保险业	532571	41513	491058	119881	35344	75359	260474
其他金融业	1070996	81965	989031	7141	114725	140431	726734
（十一）房地产业	**618745578**	**13349210**	**605396368**	**17862208**	**67669799**	**106705039**	**413159322**
房地产业	618745578	13349210	605396368	17862208	67669799	106705039	413159322
（十二）租赁和商务服务业	**52070762**	**391547**	**51679215**	**565435**	**7675512**	**6791018**	**36647250**
租赁业	6638967		6638967	14868	1988182	283420	4352497
商务服务业	45431795	391547	45040248	550567	5687330	6507598	32294753

续表 4

行　业	合计	中央项目	地方项目				
				省属	地市属	县属	其他
(十三)科学研究和技术服务业	**30726393**	**1986560**	**28739833**	**1685425**	**2921360**	**3583727**	**20549321**
研究和试验发展	9188934	993908	8195026	848754	1008914	1077190	5260168
专业技术服务业	11842130	767562	11074568	786395	1207589	1431446	7649138
科技推广和应用服务业	9695329	225090	9470239	50276	704857	1075091	7640015
(十四)水利、环境和公共设施管理业	**323901633**	**6982740**	**316918893**	**6653510**	**52322660**	**147895411**	**110047312**
水利管理业	38965352	1145746	37819606	2659378	3455975	22813077	8891176
生态保护和环境治理业	13853986	261675	13592311	398311	1762142	4852574	6579284
公共设施管理业	271082295	5575319	265506976	3595821	47104543	120229760	94576852
(十五)居民服务、修理和其他服务业	**19293755**	**144986**	**19148769**	**108796**	**746687**	**3561667**	**14731619**
居民服务业	11661386	79066	11582320	64023	546946	2661521	8309830
机动车、电子产品和日用产品修理业	4141412	54530	4086882	6686	51732	412329	3616135
其他服务业	3490957	11390	3479567	38087	148009	487817	2805654
(十六)教育	**50957112**	**1929610**	**49027502**	**4640290**	**7821126**	**19483466**	**17082620**
教育	50957112	1929610	49027502	4640290	7821126	19483466	17082620
(十七)卫生和社会工作	**28146457**	**1212110**	**26934347**	**3048369**	**4613663**	**9428917**	**9843398**
卫生	22527150	1153351	21373799	2855609	4125597	7527062	6865531
社会工作	5619307	58759	5560548	192760	488066	1901855	2977867
(十八)文化、体育和娱乐业	**38064737**	**852780**	**37211957**	**1218899**	**3836311**	**11179952**	**20976795**
新闻和出版业	647523	53808	593715	236194	117345	46500	193676
广播、电视、电影和影视录音制作业	2520998	113912	2407086	255831	305593	629902	1215760

续表5

行 业	合计	中央项目	地方项目				
				省属	地市属	县属	其他
文化艺术业	17844187	215778	17628409	498584	2163365	6314531	8651929
体育	7389037	92482	7296555	178125	906518	2623870	3588042
娱乐业	9662992	376800	9286192	50165	343490	1565149	7327388
（十九）公共管理、社会保障和社会组织	**53517760**	**3915458**	**49602302**	**2198530**	**5456829**	**24988840**	**16958103**
中国共产党机关	323414	130549	192865	23470	16999	151454	942
国家机构	37596352	3467439	34128913	1991010	4448583	20476718	7212602
人民政协、民主党派	155740	5209	150531	79679	3578	8520	58754
社会保障	1919546	14051	1905495	21922	104482	921808	857283
群众团体、社会团体和其他成员组织	4933835	279127	4654708	78589	787335	1625274	2163510
基层群众自治组织	8588873	19083	8569790	3860	95852	1805066	6665012

国民经济行业大类按建设性质分新增固定资产

单位：万元

行 业	新 建	扩 建	改建和技术改造	单纯建造生活设施	迁 建	恢 复	单纯购置
全国总计	**2119640095**	**475749194**	**584664832**	**22405358**	**29131904**	**4092246**	**97706303**
（一）农、林、牧、渔业	**90366073**	**17758480**	**8778356**	**323356**	**193721**	**347534**	**1152507**
农业	34261613	5667122	2439228	63973	28379	56821	155354
林业	9600497	2203376	867509	133503	16826	63828	19050
畜牧业	26966545	4804081	1530424	90961	78294	78547	80917
渔业	4024943	1231589	789230	22000	10800	27875	544515
农、林、牧、渔服务业	15512475	3852312	3151965	12919	59422	120463	352671
（二）采矿业	**41889805**	**18867046**	**41103218**	**208836**	**186891**	**164285**	**998069**
煤炭开采和洗选业	9832861	6574025	14700408	172006	56245	143124	361327
石油和天然气开采业	12421637	2410907	8273176	4200	5800		19817

续表 1

行 业	新建	扩建	改建和技术改造	单纯建造生活设施	迁建	恢复	单纯购置
黑色金属矿采选业	4133309	3021753	5930708	12500	50514	5979	69140
有色金属矿采选业	5416227	2233521	4648692	5468	36338	7617	187352
非金属矿采选业	7638059	3655395	5987748	11112	36921	6980	326221
开采辅助活动	2222064	886444	1321290	3550	1073	585	30593
其他采矿业	225648	85001	241196				3619
(三) 制造业	**586759974**	**253858627**	**347078996**	**537405**	**20078742**	**535080**	**41071369**
农副食品加工业	40954308	15695871	19387563	14600	723489	28002	1123325
食品制造业	16259872	6782907	8759848	7724	351755	3090	714584
酒、饮料和精制茶制造业	13764960	5669808	8487629	5200	806827	8200	533844
烟草制品业	496760	269755	1072088		45075		107727
纺织业	16265793	11809782	12294697	15390	1041247		1597856
纺织服装、服饰业	15083287	6541519	6546784	15579	207806	13895	840890
皮革、毛皮、羽毛及其制品和制鞋业	7975562	3296129	3299560	6800	297490		430282
木材加工和木、竹、藤、棕、草制品业	12864860	7024953	8177582	18813	170333	15089	416558
家具制造业	10046358	3739457	4283553		262828		369328
造纸和纸制品业	8880314	5185869	5907495	8150	1116943	8165	851361
印刷和记录媒介复制业	4459914	2941405	3732412		57343		989234
文教、工美、体育和娱乐用品制造业	6122245	3765502	3767482	4300	198562		459788
石油加工、炼焦和核燃料加工业	11863853	5166486	6589273	7760	72681		270455
化学原料及化学制品制造业	43755492	18619536	31496309	61279	2173331	55384	1857485
医药制造业	16646098	6877272	11153150	17600	750686	20488	673108
化学纤维制造业	3141071	2005778	1851057	2645	280780		231157
橡胶和塑料制品业	20287743	11536295	12293163	21131	604232	7690	1840864
非金属矿物制品业	61313958	21927859	39091506	50310	1183141	104560	2027399
黑色金属冶炼和压延加工业	12686276	7844370	15673755	16500	819815	16500	570138
有色金属冶炼和压延加工业	18223749	6058681	9768704	4468	1040185	91928	608217

续表 2

行　业	新建	扩建	改建和技术改造	单纯建造生活设施	迁建	恢复	单纯购置
金属制品业	30256452	14917269	19700612	15371	990839	28773	2356783
通用设备制造业	42007494	21289093	27730259	25655	1840933	16260	4226451
专用设备制造业	40650837	17789173	22110331	102138	1141796	19483	3652900
汽车制造业	36915346	14059066	19427568	56674	1666462		3411428
铁路、船舶、航空航天和其他运输设备制造业	10934589	4345482	5311709	20438	293730	280	1307918
电气机械和器材制造业	39215000	14941759	18418657	30357	1105678	59551	2904701
计算机、通信和其他电子设备制造业	26392573	8058815	12362801	5953	375237	30572	5538342
仪器仪表制造业	5171124	2262517	2955956		167293	412	482026
其他制造业	6720528	1842745	2337547	2570	77158	6758	425561
废弃资源综合利用业	5727568	1168583	2509500		127447		99798
金属制品、机械和设备修理业	1675990	424891	580446		87620		151861
（四）电力、热力、燃气及水的生产和供应业	**101905826**	**22503996**	**32322050**	**474158**	**872193**	**356516**	**1892525**
电力、热力生产和供应业	76972279	16209562	24991290	240139	801667	322071	1700176
燃气生产和供应业	10237405	2516900	2374601	89616	20930	7873	109832
水的生产和供应业	14696142	3777534	4956159	144403	49596	26572	82517
（五）建筑业	**20068905**	**3537765**	**3805819**	**165436**	**152497**	**187993**	**2234574**
房屋建筑业	7817367	607015	570348	71076	78441	50655	790935
土木工程建筑业	9965327	1858854	2177548	68193	52611	73571	781274
建筑安装业	759062	228528	325794	10307	9123		240780
建筑装饰和其他建筑业	1527149	843368	732129	15860	12322	63767	421585
（六）批发和零售业	**79152946**	**16903071**	**16781045**	**193583**	**823857**	**69010**	**3028447**
批发业	35403070	9353539	9109385	68956	599153	36574	2045835
零售业	43749876	7549532	7671660	124627	224704	32436	982612
（七）交通运输、仓储和邮政业	**158680307**	**28960385**	**34930776**	**405971**	**519639**	**522363**	**26867342**
铁路运输业	24961372	2244537	815527	8090	7523		14799623
道路运输业	87118104	17100919	27304380	341301	269709	485964	3942110
水上运输业	10454016	1946199	1236464	14930	37960	6641	2809191

续表 3

行　　业	新建	扩建	改建和技术改造	单纯建造生活设施	迁建	恢复	单纯购置
航空运输业	1431198	1637536	2200527		1802		4635201
管道运输业	2357551	157386	93256	24874			22346
装卸搬运和运输代理业	6513805	829048	556314		100793	25100	331978
仓储业	25362997	4883120	2618171	16776	97754	4658	267945
邮政业	481264	161640	106137		4098		58948
(八)住宿和餐饮业	**35533680**	**6767343**	**5125332**	**184358**	**52520**	**46148**	**577261**
住宿业	26973640	4315012	2813928	82467	40240	45648	322351
餐饮业	8560040	2452331	2311404	101891	12280	500	254910
(九)信息传输、软件和信息技术服务业	**16759206**	**4849245**	**5550743**	**27416**	**39220**	**2100**	**3220648**
电信、广播电视和卫星传输服务	7458865	3190927	3521361	3944	10230	2100	1729907
互联网和相关服务	1546183	324526	447345	8472	8000		189805
软件和信息技术服务业	7754158	1333792	1582037	15000	20990		1300936
(十)金融业	**5007233**	**1155634**	**1346857**	**19290**	**36570**	**2996**	**1084580**
货币金融服务	2603054	669038	781743	19290	34298	2996	743384
资本市场服务	1353411	250695	321539		2272		267873
保险业	181640	120624	167643				62664
其他金融业	869128	115277	75932				10659
(十一)房地产业	**569950496**	**16063651**	**14935161**	**15881753**	**1434849**	**208816**	**270852**
房地产业	569950496	16063651	14935161	15881753	1434849	208816	270852
(十二)租赁和商务服务业	**34527449**	**5578480**	**5095516**	**391619**	**203494**	**12371**	**6261833**
租赁业	827902	257174	251880		3800		5298211
商务服务业	33699547	5321306	4843636	391619	199694	12371	963622
(十三)科学研究和技术服务业	**18291830**	**4075137**	**5289971**	**53774**	**122636**	**45039**	**2848006**
研究和试验发展	6203305	1306184	1002121	8604	52017	5985	610718
专业技术服务业	6332343	1729394	2078735	7542	53639	34284	1606193
科技推广和应用服务业	5756182	1039559	2209115	37628	16980	4770	631095
(十四)水利、环境和公共设施管理业	**231711439**	**44670859**	**43588711**	**1796028**	**494395**	**1045768**	**594433**

续表 4

行　业	新建	扩建	改建和技术改造	单纯建造生活设施	迁建	恢复	单纯购置
水利管理业	24574530	6030893	7635966	210068	58294	408685	46916
生态保护和环境治理业	9166166	1726139	2616826	24449	6771	209372	104263
公共设施管理业	197970743	36913827	33335919	1561511	429330	427711	443254
（十五）居民服务、修理和其他服务业	**13287466**	**2772142**	**2557508**	**126090**	**87110**	**85703**	**377736**
居民服务业	8400481	1648079	1305527	87355	37591	85703	96650
机动车、电子产品和日用产品修理业	2463940	654414	723486	36435	27719		235418
其他服务业	2423045	469649	528495	2300	21800		45668
（十六）教育	**34427270**	**9368108**	**4045476**	**370803**	**1517653**	**56985**	**1170817**
教育	34427270	9368108	4045476	370803	1517653	56985	1170817
（十七）卫生和社会工作	**15624159**	**5451259**	**2700577**	**95833**	**1551153**	**146895**	**2576581**
卫生	11212549	4795687	2288024	64508	1485213	145445	2535724
社会工作	4411610	655572	412553	31325	65940	1450	40857
（十八）文化、体育和娱乐业	**27389288**	**5084987**	**4555313**	**177396**	**101867**	**139084**	**616802**
新闻和出版业	454184	113038	56290				24011
广播、电视、电影和影视录音制作业	1434994	243735	575000	4210	676		262383
文化艺术业	12467670	2582402	2338310	115278	33795	134989	171743
体育	5891909	932443	452531	23218	56398	2814	29724
娱乐业	7140531	1213369	1133182	34690	10998	1281	128941
（十九）公共管理、社会保障和社会组织	**38306743**	**7522979**	**5073407**	**972253**	**662897**	**117560**	**861921**
中国共产党机关	237739	33386	49625	2664			
国家机构	27422712	4908157	3486051	416767	486259	69868	806538
人民政协、民主党派	90564	15039	46559		3578		
社会保障	1541588	198808	169135	6100	2829	1086	
群众团体、社会团体和其他成员组织	3161559	1256223	363700	46789	23913	32380	49271
基层群众自治组织	5852581	1111366	958337	499933	146318	14226	6112

各地区固定资产投资项目个数（不含农户）

单位：个

地　区	施工项目个数		全部建成投产项目个数	项目建成投产率（%）
		新开工项目个数		
全国总计	**585093**	**413004**	**399808**	**68.3**
北　京	3598	1261	1376	38.2
天　津	8044	6279	5498	68.3
河　北	19149	13050	13830	72.2
山　西	12818	8444	9173	71.6
内蒙古	18507	14916	14837	80.2
辽　宁	16335	11610	12173	74.5
吉　林	12705	11198	10944	86.1
黑龙江	12864	9672	9229	71.7
上　海	3882	1708	1078	27.8
江　苏	44449	35783	35733	80.4
浙　江	44062	27651	26171	59.4
安　徽	30373	22409	22079	72.7
福　建	25396	17541	16554	65.2
江　西	18871	12917	13280	70.4
山　东	39212	30703	29211	74.5
河　南	24602	14687	13996	56.9
湖　北	19732	12901	11774	59.7
湖　南	31618	22859	22234	70.3
广　东	33342	22341	22760	68.3
广　西	37615	28649	26000	69.1
海　南	1909	948	841	44.1
重　庆	12743	9102	8503	66.7
四　川	33630	20393	20255	60.2
贵　州	2472	1079	844	34.1
云　南	19766	14879	13028	65.9
西　藏	2835	1791	1678	59.2
陕　西	18607	12854	12820	68.9
甘　肃	13981	10351	9521	68.1
青　海	4315	2666	2564	59.4
宁　夏	4222	2787	3035	71.9
新　疆	13358	9571	8789	65.8
不分地区	81	4		

注：本表不含房地产开发投资。

国民经济行业小类固定资产投资项目个数（不含农户）

单位：个

行业	施工项目个数	新开工项目个数	全部建成投产项目个数	项目建成投产率（%）
全国总计	**585093**	**413004**	**399808**	**68.3**
（一）农、林、牧、渔业	**38847**	**30403**	**28709**	**73.9**
农业	13555	10554	9709	71.6
谷物种植	1721	1375	1320	76.7
稻谷种植	1028	818	755	73.4
小麦种植	167	131	129	77.3
玉米种植	280	238	245	87.5
其他谷物种植	246	188	191	77.6
豆类、油料和薯类种植	555	411	410	73.9
豆类种植	144	99	110	76.4
油料种植	217	164	141	65.0
薯类种植	194	148	159	82.0
棉、麻、糖、烟草种植	346	280	261	75.4
棉花种植	116	95	96	82.8
麻类种植	12	4	8	66.7
糖料种植	55	50	39	70.9
烟草种植	163	131	118	72.4
蔬菜、食用菌及园艺作物种植	5132	3909	3580	69.8
蔬菜种植	3018	2338	2155	71.4
食用菌种植	713	550	519	72.8
花卉种植	917	663	588	64.1
其他园艺作物种植	484	358	318	65.7
水果种植	2445	1953	1773	72.5
仁果类和核果类水果种植	750	614	560	74.7
葡萄种植	475	348	335	70.5
柑橘类种植	205	158	146	71.2
香蕉等亚热带水果种植	107	91	71	66.4
其他水果种植	908	742	661	72.8
坚果、含油果、香料和饮料作物种植	1075	851	776	72.2
坚果种植	456	379	363	79.6
含油果种植	94	69	60	63.8

续表1

行业	施工项目个数	新开工项目个数	全部建成投产项目个数	项目建成投产率（%）
香料作物种植	45	38	28	62.2
茶及其他饮料作物种植	480	365	325	67.7
中药材种植	1075	820	728	67.7
其他农业	1206	955	861	71.4
林业	4140	3339	3177	76.7
林木育种和育苗	1805	1415	1337	74.1
林木育种	463	348	341	73.7
林木育苗	1342	1067	996	74.2
造林和更新	1891	1571	1511	79.9
森林经营和管护	356	282	259	72.8
木材和竹材采运	39	29	35	89.7
木材采运	24	16	22	91.7
竹材采运	15	13	13	86.7
林产品采集	49	42	35	71.4
木竹材林产品采集	30	26	20	66.7
非木竹材林产品采集	19	16	15	79.0
畜牧业	10601	8259	7884	74.4
牲畜饲养	8352	6565	6216	74.4
牛的饲养	2588	2094	1875	72.5
马的饲养	28	19	23	82.1
猪的饲养	3441	2479	2518	73.2
羊的饲养	1976	1722	1562	79.1
骆驼饲养	1	1	1	100.0
其他牲畜饲养	318	250	237	74.5
家禽饲养	1574	1174	1157	73.5
鸡的饲养	1178	888	862	73.2
鸭的饲养	138	99	105	76.1
鹅的饲养	63	43	49	77.8
其他家禽饲养	195	144	141	72.3
狩猎和捕捉动物	70	53	58	82.9
其他畜牧业	605	467	453	74.9

续表 2

行　　业	施工项目个数	新开工项目个数	全部建成投产项目个数	项目建成投产率（%）
渔业	1807	1383	1405	77.8
水产养殖	1749	1338	1359	77.7
海水养殖	551	417	443	80.4
内陆养殖	1198	921	916	76.5
水产捕捞	58	45	46	79.3
海水捕捞	48	37	39	81.3
内陆捕捞	10	8	7	70.0
农、林、牧、渔服务业	8744	6868	6534	74.7
农业服务业	7817	6177	5848	74.8
农业机械服务	578	499	456	78.9
灌溉服务	2599	2063	1999	76.9
农产品初加工服务	877	672	635	72.4
其他农业服务	3763	2943	2758	73.3
林业服务业	374	276	266	71.1
林业有害生物防治服务	35	24	25	71.4
森林防火服务	44	26	28	63.6
林产品初级加工服务	56	47	43	76.8
其他林业服务	239	179	170	71.1
畜牧服务业	408	310	312	76.5
渔业服务业	145	105	108	74.5
（二）采矿业	**15099**	**10587**	**10783**	**71.4**
煤炭开采和洗选业	4714	2893	3042	64.5
烟煤和无烟煤开采洗选	4377	2699	2798	63.9
褐煤开采洗选	165	92	116	70.3
其他煤炭采选	172	102	128	74.4
石油和天然气开采业	584	456	387	66.3
石油开采	371	294	268	72.2
天然气开采	213	162	119	55.9
黑色金属矿采选业	2315	1692	1740	75.2
铁矿采选	2042	1485	1544	75.6
锰矿、铬矿采选	161	123	124	77.0

续表3

行　　业	施工项目个数		全部建成投产项目个数	项目建成投产率（%）
		新开工项目个数		
其他黑色金属矿采选	112	84	72	64.3
有色金属矿采选业	2393	1741	1765	73.8
常用有色金属矿采选	1597	1198	1190	74.5
铜矿采选	408	300	274	67.2
铅锌矿采选	661	505	505	76.4
镍钴矿采选	22	9	12	54.6
锡矿采选	190	169	160	84.2
锑矿采选	47	37	41	87.2
铝矿采选	64	41	43	67.2
镁矿采选	20	14	13	65.0
其他常用有色金属矿采选	185	123	142	76.8
贵金属矿采选	583	425	440	75.5
金矿采选	507	367	385	75.9
银矿采选	47	35	37	78.7
其他贵金属矿采选	29	23	18	62.1
稀有稀土金属矿采选	213	118	135	63.4
钨钼矿采选	135	81	91	67.4
稀土金属矿采选	28	15	19	67.9
放射性金属矿采选	8	4	6	75.0
其他稀有金属矿采选	42	18	19	45.2
非金属矿采选业	4424	3328	3370	76.2
土砂石开采	3559	2707	2730	76.7
石灰石、石膏开采	873	682	682	78.1
建筑装饰用石开采	1152	825	855	74.2
耐火土石开采	202	152	156	77.2
粘土及其他土砂石开采	1332	1048	1037	77.9
化学矿开采	202	131	133	65.8
采盐	69	50	55	79.7
石棉及其他非金属矿采选	594	440	452	76.1
石棉、云母矿采选	18	14	16	88.9
石墨、滑石采选	128	99	106	82.8

续表4

行　业	施工项目个数		全部建成投产项目个数	项目建成投产率（%）
		新开工项目个数		
宝石、玉石采选	60	49	44	73.3
其他未列明非金属矿采选	388	278	286	73.7
开采辅助活动	514	374	360	70.0
煤炭开采和洗选辅助活动	225	153	153	68.0
石油和天然气开采辅助活动	159	119	104	65.4
其他开采辅助活动	130	102	103	79.2
其他采矿业	155	103	119	76.8
其他采矿业	155	103	119	76.8
（三）制造业	**228053**	**164543**	**162735**	**71.4**
农副食品加工业	17296	12703	12405	71.7
谷物磨制	3371	2690	2554	75.8
饲料加工	2185	1604	1604	73.4
植物油加工	1514	1076	1045	69.0
食用植物油加工	1359	967	943	69.4
非食用植物油加工	155	109	102	65.8
制糖业	268	191	187	69.8
屠宰及肉类加工	2621	1783	1853	70.7
牲畜屠宰	837	592	611	73.0
禽类屠宰	410	262	308	75.1
肉制品及副产品加工	1374	929	934	68.0
水产品加工	1268	938	922	72.7
水产品冷冻加工	784	587	569	72.6
鱼糜制品及水产品干腌制加工	163	121	120	73.6
水产饲料制造	99	65	77	77.8
鱼油提取及制品制造	12	6	8	66.7
其他水产品加工	210	159	148	70.5
蔬菜、水果和坚果加工	2972	2157	2106	70.9
蔬菜加工	1831	1317	1319	72.0
水果和坚果加工	1141	840	787	69.0
其他农副食品加工	3097	2264	2134	68.9
淀粉及淀粉制品制造	720	510	514	71.4

续表5

行　　业	施工项目个数	新开工项目个数	全部建成投产项目个数	项目建成投产率（%）
豆制品制造	527	391	380	72.1
蛋品加工	130	102	96	73.9
其他未列明农副食品加工	1720	1261	1144	66.5
食品制造业	6878	4991	4781	69.5
焙烤食品制造	1165	872	838	71.9
糕点、面包制造	613	474	436	71.1
饼干及其他焙烤食品制造	552	398	402	72.8
糖果、巧克力及蜜饯制造	560	409	411	73.4
糖果、巧克力制造	251	172	169	67.3
蜜饯制作	309	237	242	78.3
方便食品制造	1322	960	921	69.7
米、面制品制造	762	555	535	70.2
速冻食品制造	296	216	220	74.3
方便面及其他方便食品制造	264	189	166	62.9
乳制品制造	381	266	253	66.4
罐头食品制造	514	388	358	69.7
肉、禽类罐头制造	113	86	79	69.9
水产品罐头制造	44	29	36	81.8
蔬菜、水果罐头制造	261	199	183	70.1
其他罐头食品制造	96	74	60	62.5
调味品、发酵制品制造	851	627	592	69.6
味精制造	76	53	55	72.4
酱油、食醋及类似制品制造	311	225	213	68.5
其他调味品、发酵制品制造	464	349	324	69.8
其他食品制造	2085	1469	1408	67.5
营养食品制造	284	202	197	69.4
保健食品制造	426	297	271	63.6
冷冻饮品及食用冰制造	132	92	93	70.5
盐加工	63	41	39	61.9
食品及饲料添加剂制造	475	322	331	69.7
其他未列明食品制造	705	515	477	67.7

续表 6

行　　业	施工项目个数	新开工项目个数	全部建成投产项目个数	项目建成投产率（%）
酒、饮料和精制茶制造业	6056	4197	4164	68.8
酒的制造	2307	1490	1520	65.9
酒精制造	108	82	68	63.0
白酒制造	1310	817	894	68.2
啤酒制造	188	127	114	60.6
黄酒制造	113	75	64	56.6
葡萄酒制造	304	199	188	61.8
其他酒制造	284	190	192	67.6
饮料制造	2012	1407	1385	68.8
碳酸饮料制造	166	119	114	68.7
瓶（罐）装饮用水制造	664	490	470	70.8
果菜汁及果菜汁饮料制造	463	298	325	70.2
含乳饮料和植物蛋白饮料制造	219	153	146	66.7
固体饮料制造	106	73	72	67.9
茶饮料及其他饮料制造	394	274	258	65.5
精制茶加工	1737	1300	1259	72.5
烟草制品业	267	161	155	58.1
烟叶复烤	92	74	78	84.8
卷烟制造	139	65	54	38.9
其他烟草制品制造	36	22	23	63.9
纺织业	9254	7101	7103	76.8
棉纺织及印染精加工	3893	2942	2912	74.8
棉纺纱加工	2350	1729	1735	73.8
棉织造加工	1006	800	757	75.3
棉印染精加工	537	413	420	78.2
毛纺织及染整精加工	538	401	398	74.0
毛条和毛纱线加工	224	180	166	74.1
毛织造加工	232	163	175	75.4
毛染整精加工	82	58	57	69.5
麻纺织及染整精加工	191	134	144	75.4
麻纤维纺前加工和纺纱	99	70	80	80.8

续表7

行　业	施工项目个数		全部建成投产项目个数	项目建成投产率（%）
		新开工项目个数		
麻织造加工	81	60	56	69.1
麻染整精加工	11	4	8	72.7
丝绢纺织及印染精加工	396	278	301	76.0
缫丝加工	185	128	141	76.2
绢纺和丝织加工	161	114	124	77.0
丝印染精加工	50	36	36	72.0
化纤织造及印染精加工	1027	813	834	81.2
化纤织造加工	820	641	658	80.2
化纤织物染整精加工	207	172	176	85.0
针织或钩针编织物及其制品制造	1105	898	914	82.7
针织或钩针编织物织造	863	716	723	83.8
针织或钩针编织物印染精加工	75	54	51	68.0
针织或钩针编织品制造	167	128	140	83.8
家用纺织制成品制造	1137	896	885	77.8
床上用品制造	559	454	446	79.8
毛巾类制品制造	167	121	120	71.9
窗帘、布艺类产品制造	115	87	98	85.2
其他家用纺织制成品制造	296	234	221	74.7
非家用纺织制成品制造	967	739	715	73.9
非织造布制造	397	307	293	73.8
绳、索、缆制造	114	88	87	76.3
纺织带和帘子布制造	94	71	68	72.3
篷、帆布制造	101	87	74	73.3
其他非家用纺织制成品制造	261	186	193	74.0
纺织服装、服饰业	7318	5506	5499	75.1
机织服装制造	4597	3470	3432	74.7
针织或钩针编织服装制造	1055	803	811	76.9
服饰制造	1666	1233	1256	75.4
皮革、毛皮、羽毛及其制品和制鞋业	3742	2758	2795	74.7
皮革鞣制加工	196	126	131	66.8
皮革制品制造	1111	803	863	77.7

续表 8

行　业	施工项目个数	新开工项目个数	全部建成投产项目个数	项目建成投产率（%）
皮革服装制造	234	177	177	75.6
皮箱、包（袋）制造	481	347	382	79.4
皮手套及皮装饰制品制造	176	133	129	73.3
其他皮革制品制造	220	146	175	79.6
毛皮鞣制及制品加工	343	274	258	75.2
毛皮鞣制加工	60	54	34	56.7
毛皮服装加工	157	125	120	76.4
其他毛皮制品加工	126	95	104	82.5
羽毛（绒）加工及制品制造	258	167	168	65.1
羽毛（绒）加工	139	85	83	59.7
羽毛（绒）制品加工	119	82	85	71.4
制鞋业	1834	1388	1375	75.0
纺织面料鞋制造	286	228	202	70.6
皮鞋制造	873	654	649	74.3
塑料鞋制造	139	120	108	77.7
橡胶鞋制造	226	150	175	77.4
其他制鞋业	310	236	241	77.7
木材加工和木、竹、藤、棕、草制品业	7937	6106	6037	76.1
木材加工	2615	2069	2042	78.1
锯材加工	606	486	479	79.0
木片加工	840	656	651	77.5
单板加工	652	519	524	80.4
其他木材加工	517	408	388	75.1
人造板制造	2390	1804	1712	71.6
胶合板制造	1429	1073	1000	70.0
纤维板制造	291	207	206	70.8
刨花板制造	175	130	118	67.4
其他人造板制造	495	394	388	78.4
木制品制造	2016	1513	1582	78.5
建筑用木料及木材组件加工	508	374	395	77.8
木门窗、楼梯制造	544	412	420	77.2

续表 9

行　业	施工项目个数	新开工项目个数	全部建成投产项目个数	项目建成投产率（%）
地板制造	279	209	195	69.9
木制容器制造	117	102	85	72.7
软木制品及其他木制品制造	568	416	487	85.7
竹、藤、棕、草等制品制造	916	720	701	76.5
竹制品制造	775	607	593	76.5
藤制品制造	47	37	42	89.4
棕制品制造	21	16	16	76.2
草及其他制品制造	73	60	50	68.5
家具制造业	4221	3130	3062	72.5
木质家具制造	3073	2279	2237	72.8
竹、藤家具制造	102	78	76	74.5
金属家具制造	400	294	283	70.8
塑料家具制造	90	61	65	72.2
其他家具制造	556	418	401	72.1
造纸和纸制品业	3836	2760	2776	72.4
纸浆制造	99	52	71	71.7
木竹浆制造	63	37	46	73.0
非木竹浆制造	36	15	25	69.4
造纸	1334	957	945	70.8
机制纸及纸板制造	961	673	672	69.9
手工纸制造	69	47	44	63.8
加工纸制造	304	237	229	75.3
纸制品制造	2403	1751	1760	73.2
纸和纸板容器制造	1222	910	910	74.5
其他纸制品制造	1181	841	850	72.0
印刷和记录媒介复制业	2898	2223	2179	75.2
印刷	2657	2028	1997	75.2
书、报刊印刷	375	293	284	75.7
本册印制	103	84	77	74.8
包装装潢及其他印刷	2179	1651	1636	75.1
装订及印刷相关服务	225	181	169	75.1

续表10

行　　业	施工项目个数	新开工项目个数	全部建成投产项目个数	项目建成投产率（%）
记录媒介复制	16	14	13	81.3
文教、工美、体育和娱乐用品制造业	3872	2868	2870	74.1
文教办公用品制造	465	347	339	72.9
文具制造	184	127	137	74.5
笔的制造	145	114	114	78.6
教学用模型及教具制造	53	41	39	73.6
墨水、墨汁制造	10	7	7	70.0
其他文教办公用品制造	73	58	42	57.5
乐器制造	135	93	92	68.2
中乐器制造	32	22	22	68.8
西乐器制造	45	32	32	71.1
电子乐器制造	22	15	16	72.7
其他乐器及零件制造	36	24	22	61.1
工艺美术品制造	2074	1533	1570	75.7
雕塑工艺品制造	457	340	339	74.2
金属工艺品制造	281	210	222	79.0
漆器工艺品制造	48	34	36	75.0
花画工艺品制造	51	30	43	84.3
天然植物纤维编织工艺品制造	174	139	134	77.0
抽纱刺绣工艺品制造	122	92	99	81.2
地毯、挂毯制造	131	94	89	67.9
珠宝首饰及有关物品制造	270	180	204	75.6
其他工艺美术品制造	540	414	404	74.8
体育用品制造	508	355	366	72.1
球类制造	63	47	44	69.8
体育器材及配件制造	187	121	131	70.1
训练健身器材制造	106	70	78	73.6
运动防护用具制造	34	27	22	64.7
其他体育用品制造	118	90	91	77.1
玩具制造	532	420	401	75.4
游艺器材及娱乐用品制造	158	120	102	64.6

续表 11

行　业	施工项目个数	新开工项目个数	全部建成投产项目个数	项目建成投产率（%）
露天游乐场所游乐设备制造	78	55	51	65.4
游艺用品及室内游艺器材制造	33	26	20	60.6
其他娱乐用品制造	47	39	31	66.0
石油加工、炼焦和核燃料加工业	1650	987	1034	62.7
精炼石油产品制造	1320	811	837	63.4
原油加工及石油制品制造	1182	719	756	64.0
人造原油制造	138	92	81	58.7
炼焦	330	176	197	59.7
化学原料和化学制品制造业	14547	10311	10172	69.9
基础化学原料制造	3503	2398	2365	67.5
无机酸制造	310	187	208	67.1
无机碱制造	139	85	90	64.8
无机盐制造	445	306	329	73.9
有机化学原料制造	1740	1209	1174	67.5
其他基础化学原料制造	869	611	564	64.9
肥料制造	2056	1474	1393	67.8
氮肥制造	216	148	134	62.0
磷肥制造	97	64	65	67.0
钾肥制造	72	51	41	56.9
复混肥料制造	633	446	434	68.6
有机肥料及微生物肥料制造	835	621	571	68.4
其他肥料制造	203	144	148	72.9
农药制造	548	398	393	71.7
化学农药制造	380	280	284	74.7
生物化学农药及微生物农药制造	168	118	109	64.9
涂料、油墨、颜料及类似产品制造	1563	1135	1132	72.4
涂料制造	1044	760	747	71.6
油墨及类似产品制造	102	74	71	69.6
颜料制造	163	123	125	76.7
染料制造	137	107	100	73.0
密封用填料及类似品制造	117	71	89	76.1

续表 12

行　业	施工项目个数		全部建成投产项目个数	项目建成投产率（%）
		新开工项目个数		
合成材料制造	1636	1098	1091	66.7
初级形态塑料及合成树脂制造	738	488	480	65.0
合成橡胶制造	234	157	165	70.5
合成纤维单（聚合）体制造	136	80	88	64.7
其他合成材料制造	528	373	358	67.8
专用化学产品制造	3433	2483	2483	72.3
化学试剂和助剂制造	1295	943	965	74.5
专项化学用品制造	947	697	688	72.7
林产化学产品制造	190	131	142	74.7
信息化学品制造	223	162	154	69.1
环境污染处理专用药剂材料制造	201	138	137	68.2
动物胶制造	33	27	24	72.7
其他专用化学产品制造	544	385	373	68.6
炸药、火工及焰火产品制造	975	709	738	75.7
焰火、鞭炮产品制造	975	709	738	75.7
日用化学产品制造	833	616	577	69.3
肥皂及合成洗涤剂制造	181	129	116	64.1
化妆品制造	222	163	160	72.1
口腔清洁用品制造	16	14	11	68.8
香料、香精制造	181	128	119	65.8
其他日用化学产品制造	233	182	171	73.4
医药制造业	6132	3931	3802	62.0
化学药品原料药制造	988	626	611	61.8
化学药品制剂制造	857	497	503	58.7
中药饮片加工	1144	798	758	66.3
中成药生产	1184	753	693	58.5
兽用药品制造	277	200	179	64.6
生物药品制造	1056	625	622	58.9
卫生材料及医药用品制造	626	432	436	69.7
化学纤维制造业	948	659	633	66.8
纤维素纤维原料及纤维制造	222	154	159	71.6

续表 13

行　　业	施工项目个数	新开工项目个数	全部建成投产项目个数	项目建成投产率（%）
化纤浆粕制造	33	23	26	78.8
人造纤维（纤维素纤维）制造	189	131	133	70.4
合成纤维制造	726	505	474	65.3
锦纶纤维制造	94	47	53	56.4
涤纶纤维制造	250	168	164	65.6
腈纶纤维制造	15	10	8	53.3
维纶纤维制造	16	8	7	43.8
丙纶纤维制造	22	13	16	72.7
氨纶纤维制造	42	33	19	45.2
其他合成纤维制造	287	226	207	72.1
橡胶和塑料制品业	9928	7439	7366	74.2
橡胶制品业	1906	1386	1316	69.1
轮胎制造	367	250	233	63.5
橡胶板、管、带制造	502	372	310	61.8
橡胶零件制造	319	237	255	79.9
再生橡胶制造	190	138	125	65.8
日用及医用橡胶制品制造	110	70	75	68.2
其他橡胶制品制造	418	319	318	76.1
塑料制品业	8022	6053	6050	75.4
塑料薄膜制造	785	559	560	71.3
塑料板、管、型材制造	1754	1257	1297	74.0
塑料丝、绳及编织品制造	788	598	569	72.2
泡沫塑料制造	351	275	273	77.8
塑料人造革、合成革制造	212	153	148	69.8
塑料包装箱及容器制造	1002	771	767	76.6
日用塑料制品制造	887	665	672	75.8
塑料零件制造	478	371	370	77.4
其他塑料制品制造	1765	1404	1394	79.0
非金属矿物制品业	25424	18917	18740	73.7
水泥、石灰和石膏制造	2345	1700	1760	75.1
水泥制造	1624	1155	1218	75.0

续表 14

行　　业	施工项目个数	新开工项目个数	全部建成投产项目个数	项目建成投产率（%）
石灰和石膏制造	721	545	542	75.2
石膏、水泥制品及类似制品制造	5178	3978	3963	76.5
水泥制品制造	2918	2250	2287	78.4
混凝土结构构件制造	754	565	559	74.1
石棉水泥制品制造	92	70	65	70.7
轻质建筑材料制造	799	609	603	75.5
其他水泥类似制品制造	615	484	449	73.0
砖瓦、石材等建筑材料制造	10942	8239	8097	74.0
粘土砖瓦及建筑砌块制造	3904	2934	3001	76.9
建筑陶瓷制品制造	954	685	686	71.9
建筑用石加工	2868	2156	2084	72.7
防水建筑材料制造	479	367	339	70.8
隔热和隔音材料制造	742	572	546	73.6
其他建筑材料制造	1995	1525	1441	72.2
玻璃制造	732	489	513	70.1
平板玻璃制造	321	198	227	70.7
其他玻璃制造	411	291	286	69.6
玻璃制品制造	1374	986	965	70.2
技术玻璃制品制造	305	209	202	66.2
光学玻璃制造	117	69	87	74.4
玻璃仪器制造	50	39	41	82.0
日用玻璃制品制造	316	228	240	76.0
玻璃包装容器制造	138	99	97	70.3
玻璃保温容器制造	39	27	29	74.4
制镜及类似品加工	53	41	31	58.5
其他玻璃制品制造	356	274	238	66.9
玻璃纤维和玻璃纤维增强塑料制品制造	466	335	330	70.8
玻璃纤维及制品制造	263	189	189	71.9
玻璃纤维增强塑料制品制造	203	146	141	69.5
陶瓷制品制造	1567	1173	1169	74.6
卫生陶瓷制品制造	183	133	111	60.7

续表15

行　　业	施工项目个数	新开工项目个数	全部建成投产项目个数	项目建成投产率（%）
特种陶瓷制品制造	448	352	354	79.0
日用陶瓷制品制造	656	503	490	74.7
园林、陈设艺术及其他陶瓷制品制造	280	185	214	76.4
耐火材料制品制造	1117	808	747	66.9
石棉制品制造	127	104	104	81.9
云母制品制造	59	43	44	74.6
耐火陶瓷制品及其他耐火材料制造	931	661	599	64.3
石墨及其他非金属矿物制品制造	1703	1209	1196	70.2
石墨及碳素制品制造	595	428	456	76.6
其他非金属矿物制品制造	1108	781	740	66.8
黑色金属冶炼和压延加工业	4872	3279	3394	69.7
炼铁	270	194	188	69.6
炼钢	492	270	332	67.5
黑色金属铸造	1068	827	845	79.1
钢压延加工	2557	1652	1696	66.3
铁合金冶炼	485	336	333	68.7
有色金属冶炼和压延加工业	4270	2882	2863	67.1
常用有色金属冶炼	1035	651	704	68.0
铜冶炼	190	112	137	72.1
铅锌冶炼	211	144	149	70.6
镍钴冶炼	68	38	40	58.8
锡冶炼	28	17	19	67.9
锑冶炼	42	25	33	78.6
铝冶炼	198	130	121	61.1
镁冶炼	53	33	30	56.6
其他常用有色金属冶炼	245	152	175	71.4
贵金属冶炼	179	115	96	53.6
金冶炼	86	52	60	69.8
银冶炼	48	35	10	20.8
其他贵金属冶炼	45	28	26	57.8

续表 16

行　　业	施工项目个数	新开工项目个数	全部建成投产项目个数	项目建成投产率（%）
稀有稀土金属冶炼	232	157	161	69.4
钨钼冶炼	78	54	48	61.5
稀土金属冶炼	82	61	59	72.0
其他稀有金属冶炼	72	42	54	75.0
有色金属合金制造	525	367	354	67.4
有色金属铸造	230	165	148	64.4
有色金属压延加工	2069	1427	1400	67.7
铜压延加工	517	334	346	66.9
铝压延加工	1038	714	675	65.0
贵金属压延加工	48	28	27	56.3
稀有稀土金属压延加工	95	69	77	81.1
其他有色金属压延加工	371	282	275	74.1
金属制品业	13217	9886	9786	74.0
结构性金属制品制造	5113	3807	3779	73.9
金属结构制造	3338	2463	2471	74.0
金属门窗制造	1775	1344	1308	73.7
金属工具制造	1340	1026	988	73.7
切削工具制造	359	270	269	74.9
手工具制造	192	153	154	80.2
农用及园林用金属工具制造	166	124	99	59.6
刀剪及类似日用金属工具制造	138	110	107	77.5
其他金属工具制造	485	369	359	74.0
集装箱及金属包装容器制造	724	534	528	72.9
集装箱制造	85	67	69	81.2
金属压力容器制造	295	213	216	73.2
金属包装容器制造	344	254	243	70.6
金属丝绳及其制品制造	552	419	417	75.5
建筑、安全用金属制品制造	1611	1188	1175	72.9
建筑、家具用金属配件制造	555	389	388	69.9
建筑装饰及水暖管道零件制造	542	398	400	73.8
安全、消防用金属制品制造	261	204	196	75.1

续表 17

行　　业	施工项目个数	新开工项目个数	全部建成投产项目个数	项目建成投产率（%）
其他建筑、安全用金属制品制造	253	197	191	75.5
金属表面处理及热处理加工	764	581	567	74.2
搪瓷制品制造	168	128	122	72.6
生产专用搪瓷制品制造	28	23	24	85.7
建筑装饰搪瓷制品制造	63	53	49	77.8
搪瓷卫生洁具制造	46	29	23	50.0
搪瓷日用品及其他搪瓷制品制造	31	23	26	83.9
金属制日用品制造	1104	820	836	75.7
金属制厨房用器具制造	257	178	194	75.5
金属制餐具和器皿制造	294	228	208	70.8
金属制卫生器具制造	63	45	46	73.0
其他金属制日用品制造	490	369	388	79.2
其他金属制品制造	1841	1383	1374	74.6
锻件及粉末冶金制品制造	670	488	493	73.6
交通及公共管理用金属标牌制造	93	75	60	64.5
其他未列明金属制品制造	1078	820	821	76.2
通用设备制造业	17798	13291	12978	72.9
锅炉及原动设备制造	1415	985	1013	71.6
锅炉及辅助设备制造	716	503	531	74.2
内燃机及配件制造	409	287	296	72.4
汽轮机及辅机制造	90	54	57	63.3
水轮机及辅机制造	40	26	24	60.0
风能原动设备制造	71	44	46	64.8
其他原动设备制造	89	71	59	66.3
金属加工机械制造	3756	2822	2795	74.4
金属切削机床制造	593	395	408	68.8
金属成形机床制造	378	274	263	69.6
铸造机械制造	866	657	656	75.8
金属切割及焊接设备制造	302	231	200	66.2
机床附件制造	375	303	300	80.0
其他金属加工机械制造	1242	962	968	77.9

续表18

行　　业	施工项目个数	新开工项目个数	全部建成投产项目个数	项目建成投产率（%）
物料搬运设备制造	1534	1040	993	64.7
轻小型起重设备制造	186	132	132	71.0
起重机制造	398	254	271	68.1
生产专用车辆制造	186	121	118	63.4
连续搬运设备制造	165	123	122	73.9
电梯、自动扶梯及升降机制造	473	307	269	56.9
其他物料搬运设备制造	126	103	81	64.3
泵、阀门、压缩机及类似机械制造	2636	1881	1837	69.7
泵及真空设备制造	768	550	538	70.1
气体压缩机械制造	251	171	158	63.0
阀门和旋塞制造	874	617	620	70.9
液压和气压动力机械及元件制造	743	543	521	70.1
轴承、齿轮和传动部件制造	1932	1429	1385	71.7
轴承制造	1049	778	727	69.3
齿轮及齿轮减、变速箱制造	642	481	477	74.3
其他传动部件制造	241	170	181	75.1
烘炉、风机、衡器、包装等设备制造	1785	1336	1318	73.8
烘炉、熔炉及电炉制造	170	137	126	74.1
风机、风扇制造	305	234	240	78.7
气体、液体分离及纯净设备制造	231	151	163	70.6
制冷、空调设备制造	497	370	347	69.8
风动和电动工具制造	260	201	201	77.3
喷枪及类似器具制造	35	23	26	74.3
衡器制造	67	50	49	73.1
包装专用设备制造	220	170	166	75.5
文化、办公用机械制造	199	130	136	68.3
电影机械制造	10	7	7	70.0
幻灯及投影设备制造	18	12	14	77.8
照相机及器材制造	24	13	16	66.7
复印和胶印设备制造	43	30	29	67.4
计算器及货币专用设备制造	30	19	19	63.3

续表 19

行　业	施工项目个数	新开工项目个数	全部建成投产项目个数	项目建成投产率（%）
其他文化、办公用机械制造	74	49	51	68.9
通用零部件制造	3464	2812	2700	77.9
金属密封件制造	197	153	153	77.7
紧固件制造	460	343	377	82.0
弹簧制造	158	131	128	81.0
机械零部件加工	1974	1629	1510	76.5
其他通用零部件制造	675	556	532	78.8
其他通用设备制造业	1077	856	801	74.4
专用设备制造业	14656	10447	10359	70.7
采矿、冶金、建筑专用设备制造	3757	2658	2583	68.8
矿山机械制造	1540	1074	1065	69.2
石油钻采专用设备制造	665	488	436	65.6
建筑工程用机械制造	724	488	488	67.4
海洋工程专用设备制造	89	63	51	57.3
建筑材料生产专用机械制造	433	333	322	74.4
冶金专用设备制造	306	212	221	72.2
化工、木材、非金属加工专用设备制造	2498	1802	1817	72.7
炼油、化工生产专用设备制造	334	239	236	70.7
橡胶加工专用设备制造	114	83	82	71.9
塑料加工专用设备制造	376	269	273	72.6
木材加工机械制造	132	102	94	71.2
模具制造	1269	904	940	74.1
其他非金属加工专用设备制造	273	205	192	70.3
食品、饮料、烟草及饲料生产专用设备制造	527	378	374	71.0
食品、酒、饮料及茶生产专用设备制造	213	156	148	69.5
农副食品加工专用设备制造	221	158	151	68.3
烟草生产专用设备制造	29	17	25	86.2
饲料生产专用设备制造	64	47	50	78.1

续表 20

行　　业	施工项目个数	新开工项目个数	全部建成投产项目个数	项目建成投产率（%）
印刷、制药、日化及日用品生产专用设备制造	881	619	615	69.8
制浆和造纸专用设备制造	124	83	89	71.8
印刷专用设备制造	171	126	129	75.4
日用化工专用设备制造	138	97	110	79.7
制药专用设备制造	108	75	61	56.5
照明器具生产专用设备制造	157	98	102	65.0
玻璃、陶瓷和搪瓷制品生产专用设备制造	95	68	68	71.6
其他日用品生产专用设备制造	88	72	56	63.6
纺织、服装和皮革加工专用设备制造	716	501	522	72.9
纺织专用设备制造	476	335	362	76.1
皮革、毛皮及其制品加工专用设备制造	69	47	50	72.5
缝制机械制造	144	95	90	62.5
洗涤机械制造	27	24	20	74.1
电子和电工机械专用设备制造	1113	783	787	70.7
电工机械专用设备制造	481	348	356	74.0
电子工业专用设备制造	632	435	431	68.2
农、林、牧、渔专用机械制造	1497	1050	1062	70.9
拖拉机制造	164	113	119	72.6
机械化农业及园艺机具制造	562	369	405	72.1
营林及木竹采伐机械制造	23	16	17	73.9
畜牧机械制造	92	68	67	72.8
渔业机械制造	27	20	17	63.0
农林牧渔机械配件制造	341	243	241	70.7
棉花加工机械制造	30	25	16	53.3
其他农、林、牧、渔业机械制造	258	196	180	69.8
医疗仪器设备及器械制造	1101	786	754	68.5
医疗诊断、监护及治疗设备制造	303	206	184	60.7
口腔科用设备及器具制造	32	19	17	53.1

续表21

行　　业	施工项目个数		全部建成投产项目个数	项目建成投产率（%）
		新开工项目个数		
医疗实验室及医用消毒设备和器具制造	127	88	97	76.4
医疗、外科及兽医用器械制造	196	149	132	67.4
机械治疗及病房护理设备制造	68	42	43	63.2
假肢、人工器官及植（介）入器械制造	36	23	23	63.9
其他医疗设备及器械制造	339	259	258	76.1
环保、社会公共服务及其他专用设备制造	2566	1870	1845	71.9
环境保护专用设备制造	1362	1002	998	73.3
地质勘查专用设备制造	49	37	31	63.3
邮政专用机械及器材制造	3	3	3	100.0
商业、饮食、服务专用设备制造	33	24	28	84.9
社会公共安全设备及器材制造	174	133	125	71.8
交通安全、管制及类似专用设备制造	79	59	53	67.1
水资源专用机械制造	125	89	82	65.6
其他专用设备制造	741	523	525	70.9
汽车制造业	10070	6800	6595	65.5
汽车整车制造	588	309	303	51.5
改装汽车制造	245	165	164	66.9
低速载货汽车制造	31	18	17	54.8
电车制造	197	131	98	49.8
汽车车身、挂车制造	227	145	142	62.6
汽车零部件及配件制造	8782	6032	5871	66.9
铁路、船舶、航空航天和其他运输设备制造业	3153	2154	2171	68.9
铁路运输设备制造	569	402	394	69.2
铁路机车车辆及动车组制造	79	47	45	57.0
窄轨机车车辆制造	13	9	11	84.6
铁路机车车辆配件制造	214	164	163	76.2

续表 22

行　　业	施工项目个数	新开工项目个数	全部建成投产项目个数	项目建成投产率（%）
铁路专用设备及器材、配件制造	215	146	145	67.4
其他铁路运输设备制造	48	36	30	62.5
城市轨道交通设备制造	78	58	60	76.9
船舶及相关装置制造	905	607	649	71.7
金属船舶制造	356	239	255	71.6
非金属船舶制造	63	45	47	74.6
娱乐船和运动船制造	58	33	33	56.9
船用配套设备制造	359	239	260	72.4
船舶改装与拆除	44	34	35	79.6
航标器材及其他相关装置制造	25	17	19	76.0
摩托车制造	527	372	386	73.2
摩托车整车制造	97	56	67	69.1
摩托车零部件及配件制造	430	316	319	74.2
自行车制造	501	352	358	71.5
脚踏自行车及残疾人座车制造	118	79	89	75.4
助动自行车制造	383	273	269	70.2
非公路休闲车及零配件制造	64	45	42	65.6
潜水救捞及其他未列明运输设备制造	509	318	282	55.4
其他未列明运输设备制造	509	318	282	55.4
电气机械和器材制造业	13718	9548	9554	69.7
电机制造	1569	1101	1109	70.7
发电机及发电机组制造	551	379	377	68.4
电动机制造	499	334	347	69.5
微电机及其他电机制造	519	388	385	74.2
输配电及控制设备制造	4677	3378	3260	69.7
变压器、整流器和电感器制造	892	640	629	70.5
电容器及其配套设备制造	217	166	147	67.7
配电开关控制设备制造	1339	1004	940	70.2
电力电子元器件制造	1161	838	854	73.6
光伏设备及元器件制造	579	381	367	63.4
其他输配电及控制设备制造	489	349	323	66.1

续表23

行　　业	施工项目个数		全部建成投产项目个数	项目建成投产率（%）
		新开工项目个数		
电线、电缆、光缆及电工器材制造	2249	1661	1654	73.5
电线、电缆制造	1668	1234	1235	74.0
光纤、光缆制造	158	100	116	73.4
绝缘制品制造	182	146	129	70.9
其他电工器材制造	241	181	174	72.2
电池制造	923	525	580	62.8
锂离子电池制造	470	256	283	60.2
镍氢电池制造	69	43	49	71.0
其他电池制造	384	226	248	64.6
家用电力器具制造	1428	973	987	69.1
家用制冷电器具制造	223	151	153	68.6
家用空气调节器制造	137	94	83	60.6
家用通风电器具制造	75	59	55	73.3
家用厨房电器具制造	356	238	230	64.6
家用清洁卫生电器具制造	120	74	84	70.0
家用美容、保健电器具制造	52	37	38	73.1
家用电力器具专用配件制造	211	150	163	77.3
其他家用电力器具制造	254	170	181	71.3
非电力家用器具制造	570	369	387	67.9
燃气、太阳能及类似能源家用器具制造	522	333	349	66.9
其他非电力家用器具制造	48	36	38	79.2
照明器具制造	1638	1065	1113	68.0
电光源制造	400	252	267	66.8
照明灯具制造	993	655	676	68.1
灯用电器附件及其他照明器具制造	245	158	170	69.4
其他电气机械及器材制造	664	476	464	69.9
电气信号设备装置制造	119	81	76	63.9
其他未列明电气机械及器材制造	545	395	388	71.2
计算机、通信和其他电子设备制造业	7457	4876	4930	66.1
计算机制造	776	510	528	68.0

续表 24

行　　业	施工项目个数	新开工项目个数	全部建成投产项目个数	项目建成投产率（%）
计算机整机制造	108	57	68	63.0
计算机零部件制造	313	218	221	70.6
计算机外围设备制造	138	93	93	67.4
其他计算机制造	217	142	146	67.3
通信设备制造	863	511	520	60.3
通信系统设备制造	548	325	347	63.3
通信终端设备制造	315	186	173	54.9
广播电视设备制造	243	159	167	68.7
广播电视节目制作及发射设备制造	71	42	47	66.2
广播电视接收设备及器材制造	103	78	73	70.9
应用电视设备及其他广播电视设备制造	69	39	47	68.1
视听设备制造	255	178	165	64.7
电视机制造	93	67	56	60.2
音响设备制造	96	64	60	62.5
影视录放设备制造	66	47	49	74.2
电子器件制造	1667	1060	1034	62.0
电子真空器件制造	160	115	122	76.3
半导体分立器件制造	116	78	73	62.9
集成电路制造	241	144	149	61.8
光电子器件及其他电子器件制造	1150	723	690	60.0
电子元件制造	2532	1728	1778	70.2
电子元件及组件制造	2195	1501	1536	70.0
印制电路板制造	337	227	242	71.8
其他电子设备制造	1121	730	738	65.8
仪器仪表制造业	2196	1528	1493	68.0
通用仪器仪表制造	1115	803	777	69.7
工业自动控制系统装置制造	548	399	402	73.4
电工仪器仪表制造	234	171	166	70.9
绘图、计算及测量仪器制造	69	47	49	71.0
实验分析仪器制造	95	70	52	54.7

续表25

行　业	施工项目个数	新开工项目个数	全部建成投产项目个数	项目建成投产率（%）
试验机制造	17	7	13	76.5
供应用仪表及其他通用仪器制造	152	109	95	62.5
专用仪器仪表制造	512	336	356	69.5
环境监测专用仪器仪表制造	75	54	54	72.0
运输设备及生产用计数仪表制造	85	60	64	75.3
农林牧渔专用仪器仪表制造	11	8	10	90.9
地质勘探和地震专用仪器制造	36	21	30	83.3
教学专用仪器制造	35	22	22	62.9
电子测量仪器制造	79	52	54	68.4
其他专用仪器制造	191	119	122	63.9
钟表与计时仪器制造	74	49	44	59.5
光学仪器及眼镜制造	260	182	172	66.2
光学仪器制造	143	94	92	64.3
眼镜制造	117	88	80	68.4
其他仪器仪表制造业	235	158	144	61.3
其他制造业	2439	1686	1638	67.2
日用杂品制造	467	344	359	76.9
鬃毛加工、制刷及清扫工具制造	117	82	82	70.1
其他日用杂品制造	350	262	277	79.1
煤制品制造	163	129	105	64.4
其他未列明制造业	1809	1213	1174	64.9
废弃资源综合利用业	1525	1077	1065	69.8
金属废料和碎屑加工处理	827	558	597	72.2
非金属废料和碎屑加工处理	698	519	468	67.1
金属制品、机械和设备修理业	478	341	336	70.3
金属制品修理	74	48	67	90.5
通用设备修理	63	46	46	73.0
专用设备修理	83	55	51	61.5
铁路、船舶、航空航天等运输设备修理	117	77	79	67.5
铁路运输设备修理	10	8	7	70.0

续表 26

行　　业	施工项目个数	新开工项目个数	全部建成投产项目个数	项目建成投产率（%）
船舶修理	37	27	31	83.8
航空航天器修理	15	7	7	46.7
其他运输设备修理	55	35	34	61.8
电气设备修理	29	23	21	72.4
仪器仪表修理	5	5	3	60.0
其他机械和设备修理业	107	87	69	64.5
（四）电力、热力、燃气及水的生产和供应业	**25698**	**16960**	**16076**	**62.6**
电力、热力生产和供应业	15012	9810	9338	62.2
电力生产	6169	3892	3632	58.9
火力发电	1265	851	807	63.8
水力发电	2145	1261	1318	61.5
核力发电	22	8	4	18.2
风力发电	1057	635	493	46.6
太阳能发电	1041	735	626	60.1
其他电力生产	639	402	384	60.1
电力供应	6956	4608	4402	63.3
热力生产和供应	1887	1310	1304	69.1
燃气生产和供应业	2947	1954	1851	62.8
燃气生产和供应业	2947	1954	1851	62.8
水的生产和供应业	7739	5196	4887	63.2
自来水生产和供应	4010	2662	2606	65.0
污水处理及其再生利用	3186	2153	1902	59.7
其他水的处理、利用与分配	543	381	379	69.8
（五）建筑业	**8545**	**6906**	**5820**	**68.1**
房屋建筑业	3042	2363	2012	66.1
房屋建筑业	3042	2363	2012	66.1
土木工程建筑业	4138	3377	2805	67.8
铁路、道路、隧道和桥梁工程建筑	2715	2211	1815	66.9
铁路工程建筑	45	28	28	62.2
公路工程建筑	1147	947	758	66.1

续表 27

行　　业	施工项目个数		全部建成投产项目个数	项目建成投产率（%）
		新开工项目个数		
市政道路工程建筑	945	755	643	68.0
其他道路、隧道和桥梁工程建筑	578	481	386	66.8
水利和内河港口工程建筑	631	509	432	68.5
水源及供水设施工程建筑	264	216	189	71.6
河湖治理及防洪设施工程建筑	332	269	223	67.2
港口及航运设施工程建筑	35	24	20	57.1
海洋工程建筑	28	18	13	46.4
工矿工程建筑	58	52	43	74.1
架线和管道工程建筑	247	194	184	74.5
架线及设备工程建筑	117	96	94	80.3
管道工程建筑	130	98	90	69.2
其他土木工程建筑	459	393	318	69.3
建筑安装业	411	364	311	75.7
电气安装	95	89	80	84.2
管道和设备安装	116	103	91	78.5
其他建筑安装业	200	172	140	70.0
建筑装饰和其他建筑业	954	802	692	72.5
建筑装饰业	420	365	330	78.6
工程准备活动	101	86	75	74.3
建筑物拆除活动	27	24	19	70.4
其他工程准备活动	74	62	56	75.7
提供施工设备服务	46	41	34	73.9
其他未列明建筑业	387	310	253	65.4
（六）批发和零售业	**24621**	**19015**	**18172**	**73.8**
批发业	11872	9471	8842	74.5
农、林、牧产品批发	1307	1002	932	71.3
谷物、豆及薯类批发	422	335	325	77.0
种子批发	119	97	81	68.1
饲料批发	51	43	42	82.4
棉、麻批发	27	23	19	70.4
林业产品批发	141	109	90	63.8

续表 28

行　　业	施工项目个数	新开工项目个数	全部建成投产项目个数	项目建成投产率（%）
牲畜批发	110	92	82	74.6
其他农牧产品批发	437	303	293	67.1
食品、饮料及烟草制品批发	1763	1326	1293	73.3
米、面制品及食用油批发	192	141	146	76.0
糕点、糖果及糖批发	40	31	31	77.5
果品、蔬菜批发	623	448	453	72.7
肉、禽、蛋、奶及水产品批发	318	248	230	72.3
盐及调味品批发	22	20	17	77.3
营养和保健品批发	26	22	20	76.9
酒、饮料及茶叶批发	201	155	152	75.6
烟草制品批发	113	74	69	61.1
其他食品批发	228	187	175	76.8
纺织、服装及家庭用品批发	1152	908	847	73.5
纺织品、针织品及原料批发	241	190	167	69.3
服装批发	348	266	253	72.7
鞋帽批发	46	35	30	65.2
化妆品及卫生用品批发	46	40	39	84.8
厨房、卫生间用具及日用杂货批发	88	74	71	80.7
灯具、装饰物品批发	74	58	55	74.3
家用电器批发	136	118	105	77.2
其他家庭用品批发	173	127	127	73.4
文化、体育用品及器材批发	267	228	190	71.2
文具用品批发	54	49	39	72.2
体育用品及器材批发	28	24	24	85.7
图书批发	29	18	20	69.0
报刊批发	3	3	3	100.0
音像制品及电子出版物批发	12	8	10	83.3
首饰、工艺品及收藏品批发	93	82	63	67.7
其他文化用品批发	48	44	31	64.6
医药及医疗器材批发	398	339	290	72.9
西药批发	131	109	90	68.7

续表 29

行　　业	施工项目个数		全部建成投产项目个数	项目建成投产率（%）
		新开工项目个数		
中药批发	106	88	73	68.9
医疗用品及器材批发	161	142	127	78.9
矿产品、建材及化工产品批发	3404	2736	2500	73.4
煤炭及制品批发	359	301	277	77.2
石油及制品批发	513	416	381	74.3
非金属矿及制品批发	85	78	57	67.1
金属及金属矿批发	549	436	376	68.5
建材批发	1464	1125	1052	71.9
化肥批发	117	98	95	81.2
农药批发	33	30	27	81.8
农用薄膜批发	3	3	3	100.0
其他化工产品批发	281	249	232	82.6
机械设备、五金产品及电子产品批发	1955	1537	1519	77.7
农业机械批发	160	112	121	75.6
汽车批发	277	179	183	66.1
汽车零配件批发	174	118	125	71.8
摩托车及零配件批发	28	17	23	82.1
五金产品批发	397	317	314	79.1
电气设备批发	162	143	140	86.4
计算机、软件及辅助设备批发	109	95	89	81.7
通信及广播电视设备批发	50	46	42	84.00
其他机械设备及电子产品批发	598	510	482	80.60
贸易经纪与代理	905	792	719	79.5
贸易代理	613	527	472	77.0
拍卖	17	14	15	88.2
其他贸易经纪与代理	275	251	232	84.4
其他批发业	721	603	552	76.6
再生物资回收与批发	278	227	201	72.3
其他未列明批发业	443	376	351	79.2
零售业	12749	9544	9330	73.2
综合零售	4459	3119	3050	68.4

续表 30

行　　业	施工项目个数	新开工项目个数	全部建成投产项目个数	项目建成投产率（%）
百货零售	1952	1326	1275	65.3
超级市场零售	1125	805	784	69.7
其他综合零售	1382	988	991	71.7
食品、饮料及烟草制品专门零售	883	672	655	74.2
粮油零售	97	77	65	67.0
糕点、面包零售	24	20	22	91.7
果品、蔬菜零售	195	146	147	75.4
肉、禽、蛋、奶及水产品零售	167	127	128	76.7
营养和保健品零售	18	16	16	88.9
酒、饮料及茶叶零售	132	106	103	78.0
烟草制品零售	18	12	15	83.3
其他食品零售	232	168	159	68.5
纺织、服装及日用品专门零售	656	525	513	78.2
纺织品及针织品零售	71	51	52	73.2
服装零售	362	288	279	77.1
鞋帽零售	15	14	14	93.3
化妆品及卫生用品零售	30	28	26	86.7
钟表、眼镜零售	27	26	24	88.9
箱、包零售	10	9	8	80.0
厨房用具及日用杂品零售	24	20	19	79.2
自行车零售	6	6	5	83.3
其他日用品零售	111	83	86	77.5
文化、体育用品及器材专门零售	336	263	276	82.1
文具用品零售	12	11	12	100.0
体育用品及器材零售	19	17	16	84.2
图书、报刊零售	43	25	31	72.1
音像制品及电子出版物零售	4	3	3	75.0
珠宝首饰零售	123	102	104	84.6
工艺美术品及收藏品零售	94	71	73	77.7
乐器零售	6	6	5	83.3
照相器材零售	5	5	5	100.0

续表 31

行　业	施工项目个数		全部建成投产项目个数	项目建成投产率（%）
		新开工项目个数		
其他文化用品零售	30	23	27	90.0
医药及医疗器材专门零售	280	255	241	86.1
药品零售	215	196	186	86.5
医疗用品及器材零售	65	59	55	84.6
汽车、摩托车、燃料及零配件专门零售	3681	2741	2709	73.6
汽车零售	2383	1677	1670	70.1
汽车零配件零售	211	164	169	80.1
摩托车及零配件零售	32	27	25	78.1
机动车燃料零售	1055	873	845	80.1
家用电器及电子产品专门零售	568	478	458	80.6
家用视听设备零售	50	41	37	74.0
日用家电设备零售	208	169	173	83.2
计算机、软件及辅助设备零售	102	89	82	80.4
通信设备零售	86	78	69	80.2
其他电子产品零售	122	101	97	79.5
五金、家具及室内装饰材料专门零售	1075	830	815	75.8
五金零售	234	201	192	82.1
灯具零售	34	25	28	82.4
家具零售	445	326	312	70.1
涂料零售	28	24	24	85.7
卫生洁具零售	13	12	12	92.3
木质装饰材料零售	51	38	40	78.4
陶瓷、石材装饰材料零售	127	93	99	78.0
其他室内装饰材料零售	143	111	108	75.5
货摊、无店铺及其他零售业	811	661	613	75.6
货摊食品零售	20	15	17	85.0
货摊纺织、服装及鞋零售	7	6	5	71.4
货摊日用品零售	10	7	9	90.0
互联网零售	88	78	62	70.5
邮购及电视、电话零售	2	2	1	50.0
旧货零售	7	7	5	71.4

续表 32

行　　业	施工项目个数		全部建成投产项目个数	项目建成投产率（%）
		新开工项目个数		
生活用燃料零售	171	135	125	73.1
其他未列明零售业	506	411	389	76.9
（七）交通运输、仓储和邮政业	**38796**	**25659**	**24366**	**62.8**
铁路运输业	799	344	278	34.8
铁路旅客运输	218	60	48	22.0
铁路货物运输	295	127	90	30.5
铁路运输辅助活动	286	157	140	49.0
客运火车站	72	32	32	44.4
货运火车站	30	16	14	46.7
其他铁路运输辅助活动	184	109	94	51.1
道路运输业	28925	19461	18611	64.3
城市公共交通运输	1639	853	850	51.9
公共电汽车客运	574	271	308	53.7
城市轨道交通	234	67	42	18.0
出租车客运	51	41	40	78.4
其他城市公共交通运输	780	474	460	59.0
公路旅客运输	7543	4781	4629	61.4
道路货物运输	10456	7437	6920	66.2
道路运输辅助活动	9287	6390	6212	66.9
客运汽车站	493	281	273	55.4
公路管理与养护	6307	4273	4272	67.7
其他道路运输辅助活动	2487	1836	1667	67.0
水上运输业	1347	723	672	49.9
水上旅客运输	89	53	38	42.7
海洋旅客运输	23	13	9	39.1
内河旅客运输	47	30	22	46.8
客运轮渡运输	19	10	7	36.8
水上货物运输	289	179	166	57.4
远洋货物运输	19	9	8	42.1
沿海货物运输	95	47	46	48.4
内河货物运输	175	123	112	64.0

续表33

行　　业	施工项目个数		全部建成投产项目个数	项目建成投产率（%）
		新开工项目个数		
水上运输辅助活动	969	491	468	48.3
客运港口	49	26	19	38.8
货运港口	683	339	318	46.6
其他水上运输辅助活动	237	126	131	55.3
航空运输业	293	153	136	46.4
航空客货运输	67	30	29	43.3
航空旅客运输	60	28	26	43.3
航空货物运输	7	2	3	42.9
通用航空服务	34	24	15	44.1
航空运输辅助活动	192	99	92	47.9
机场	150	75	72	48.0
空中交通管理	6	2	2	33.3
其他航空运输辅助活动	36	22	18	50.0
管道运输业	321	201	190	59.2
管道运输业	321	201	190	59.2
装卸搬运和运输代理业	1218	816	763	62.6
装卸搬运	221	147	150	67.9
运输代理业	997	669	613	61.5
货物运输代理	749	516	463	61.8
旅客票务代理	7	3	6	85.7
其他运输代理业	241	150	144	59.8
仓储业	5648	3763	3556	63.0
谷物、棉花等农产品仓储	1837	1388	1272	69.2
谷物仓储	1163	892	809	69.6
棉花仓储	51	30	34	66.7
其他农产品仓储	623	466	429	68.9
其他仓储业	3811	2375	2284	59.9
邮政业	245	198	160	65.3
邮政基本服务	95	69	57	60.0
快递服务	150	129	103	68.7
（八）住宿和餐饮业	**9874**	**6810**	**6942**	**70.3**

续表34

行　　业	施工项目个数		全部建成投产项目个数	项目建成投产率（%）
		新开工项目个数		
住宿业	6322	3971	4058	64.2
旅游饭店	3989	2233	2343	58.7
一般旅馆	1535	1172	1166	76.0
其他住宿业	798	566	549	68.8
餐饮业	3552	2839	2884	81.2
正餐服务	2760	2196	2243	81.3
快餐服务	202	181	181	89.6
饮料及冷饮服务	154	129	137	89.0
茶馆服务	43	36	38	88.4
咖啡馆服务	35	30	32	91.4
酒吧服务	56	44	51	91.1
其他饮料及冷饮服务	20	19	16	80.0
其他餐饮业	436	333	323	74.1
小吃服务	108	92	81	75.0
餐饮配送服务	49	41	34	69.4
其他未列明餐饮业	279	200	208	74.6
（九）信息传输、软件和信息技术服务业	**5720**	**4585**	**4175**	**73.0**
电信、广播电视和卫星传输服务	3254	2729	2527	77.7
电信	2940	2506	2307	78.5
固定电信服务	674	559	545	80.9
移动电信服务	2078	1793	1625	78.2
其他电信服务	188	154	137	72.9
广播电视传输服务	293	207	205	70.0
有线广播电视传输服务	238	172	165	69.3
无线广播电视传输服务	55	35	40	72.7
卫星传输服务	21	16	15	71.4
互联网和相关服务	542	453	373	68.8
互联网接入及相关服务	209	186	147	70.3
互联网信息服务	231	178	161	69.7
其他互联网服务	102	89	65	63.7

续表 35

行　　业	施工项目个数	新开工项目个数	全部建成投产项目个数	项目建成投产率（%）
软件和信息技术服务业	1924	1403	1275	66.3
软件开发	879	633	569	64.7
信息系统集成服务	287	225	211	73.5
信息技术咨询服务	214	172	150	70.1
数据处理和存储服务	188	118	104	55.3
集成电路设计	51	38	31	60.8
其他信息技术服务业	305	217	210	68.9
数字内容服务	42	22	24	57.1
呼叫中心	26	20	13	50.0
其他未列明信息技术服务业	237	175	173	73.0
（十）金融业	**1674**	**1123**	**1096**	**65.5**
货币金融服务	1025	652	682	66.5
中央银行服务	95	56	50	52.6
货币银行服务	827	522	549	66.4
非货币银行服务	98	72	79	80.6
金融租赁服务	13	7	7	53.9
财务公司	10	7	9	90.0
典当	20	17	18	90.0
其他非货币银行服务	55	41	45	81.8
银行监管服务	5	2	4	80.0
资本市场服务	364	281	251	69.0
证券市场服务	34	22	15	44.1
证券市场管理服务	11	6	5	45.5
证券经纪交易服务	16	11	5	31.3
基金管理服务	7	5	5	71.4
期货市场服务	9	4	6	66.7
期货市场管理服务	7	3	5	71.4
其他期货市场服务	2	1	1	50.0
证券期货监管服务	2	1	1	50.0
资本投资服务	256	197	178	69.5
其他资本市场服务	63	57	51	81.0

续表 36

行　　业	施工项目个数	新开工项目个数	全部建成投产项目个数	项目建成投产率（%）
保险业	104	66	66	63.5
人身保险	47	26	24	51.1
人寿保险	45	24	23	51.1
健康和意外保险	2	2	1	50.0
财产保险	41	25	29	70.7
再保险				
养老金	1	1	1	100.0
保险经纪与代理服务	9	8	7	77.8
保险监管服务	1	1		
其他保险活动	5	5	5	100.0
风险和损失评估	2	2	2	100.0
其他未列明保险活动	3	3	3	100.0
其他金融业	181	124	97	53.6
金融信托与管理服务	55	38	31	56.4
控股公司服务	18	13	9	50.0
非金融机构支付服务	8	4	4	50.0
金融信息服务	30	22	18	60.0
其他未列明金融业	70	47	35	50.0
（十一）房地产业	**36799**	**22003**	**22610**	**61.4**
房地产业	36799	22003	22610	61.4
房地产开发经营	5953	3223	3492	58.7
物业管理	716	582	586	81.8
房地产中介服务	44	32	38	86.4
自有房地产经营活动	2509	1529	1539	61.3
其他房地产业	27577	16637	16955	61.5
（十二）租赁和商务服务业	**8327**	**5933**	**5320**	**63.9**
租赁业	390	332	305	78.2
机械设备租赁	359	309	288	80.2
汽车租赁	79	71	63	79.8
农业机械租赁	21	19	14	66.7
建筑工程机械与设备租赁	176	149	150	85.2

续表 37

行　　业	施工项目个数	新开工项目个数	全部建成投产项目个数	项目建成投产率（%）
计算机及通信设备租赁	4	4	2	50.0
其他机械与设备租赁	79	66	59	74.7
文化及日用品出租	31	23	17	54.8
娱乐及体育设备出租	20	14	9	45.0
图书出租	2	2	1	50.0
音像制品出租				
其他文化及日用品出租	9	7	7	77.8
商务服务业	7937	5601	5015	63.2
企业管理服务	2730	1818	1576	57.7
企业总部管理	577	300	266	46.1
投资与资产管理	1597	1141	938	58.7
单位后勤管理服务	113	83	83	73.5
其他企业管理服务	443	294	289	65.2
法律服务	27	22	20	74.1
律师及相关法律服务	19	16	15	79.0
公证服务	1	1	1	100.0
其他法律服务	7	5	4	57.1
咨询与调查	349	312	278	79.7
会计、审计及税务服务	39	35	32	82.1
市场调查	4	3	3	75.0
社会经济咨询	101	87	85	84.2
其他专业咨询	205	187	158	77.1
广告业	480	433	402	83.8
知识产权服务	23	15	17	73.9
人力资源服务	208	170	137	65.9
公共就业服务	46	32	24	52.2
职业中介服务	30	26	21	70.0
劳务派遣服务	80	77	67	83.8
其他人力资源服务	52	35	25	48.1
旅行社及相关服务	1019	718	555	54.5
旅行社服务	115	94	73	63.5

续表38

行　业	施工项目个数	新开工项目个数	全部建成投产项目个数	项目建成投产率（%）
旅游管理服务	818	574	430	52.6
其他旅行社相关服务	86	50	52	60.5
安全保护服务	148	119	113	76.4
安全服务	53	40	34	64.2
安全系统监控服务	73	59	61	83.6
其他安全保护服务	22	20	18	81.8
其他商务服务业	2953	1994	1917	64.9
市场管理	1219	815	806	66.1
会议及展览服务	395	227	216	54.7
包装服务	67	55	52	77.6
办公服务	233	141	149	64.0
信用服务	16	12	9	56.3
担保服务	36	31	28	77.8
其他未列明商务服务业	987	713	657	66.6
（十三）科学研究和技术服务业	**5934**	**4398**	**4107**	**69.2**
研究和试验发展	1465	986	873	59.6
自然科学研究和试验发展	157	95	84	53.5
工程和技术研究和试验发展	814	569	489	60.1
农业科学研究和试验发展	293	195	202	68.9
医学研究和试验发展	167	110	83	49.7
社会人文科学研究	34	17	15	44.1
专业技术服务业	2489	1874	1768	71.0
气象服务	158	103	93	58.9
地震服务	28	18	17	60.7
海洋服务	32	19	21	65.6
测绘服务	40	30	27	67.5
质检技术服务	410	301	275	67.1
环境与生态监测	177	141	123	69.5
环境保护监测	162	128	116	71.6
生态监测	15	13	7	46.7
地质勘查	329	234	250	76.0

续表 39

行　　业	施工项目个数		全部建成投产项目个数	项目建成投产率（%）
		新开工项目个数		
能源矿产地质勘查	74	58	56	75.7
固体矿产地质勘查	177	122	145	81.9
水、二氧化碳等矿产地质勘查	7	7	4	57.1
基础地质勘查	38	24	22	57.9
地质勘查技术服务	33	23	23	69.7
工程技术	744	567	532	71.5
工程管理服务	212	152	157	74.1
工程勘察设计	213	170	155	72.8
规划管理	319	245	220	69.0
其他专业技术服务业	571	461	430	75.3
专业化设计服务	170	124	118	69.4
摄影扩印服务	47	43	45	95.7
兽医服务	17	16	9	52.9
其他未列明专业技术服务业	337	278	258	76.6
科技推广和应用服务业	1980	1538	1466	74.0
技术推广服务	1439	1181	1114	77.4
农业技术推广服务	706	563	540	76.5
生物技术推广服务	157	131	117	74.5
新材料技术推广服务	100	78	76	76.0
节能技术推广服务	265	235	224	84.5
其他技术推广服务	211	174	157	74.4
科技中介服务	184	107	118	64.1
其他科技推广和应用服务业	357	250	234	65.6
（十四）水利、环境和公共设施管理业	**81497**	**56554**	**52598**	**64.5**
水利管理业	14410	10244	9702	67.3
防洪除涝设施管理	7404	5223	4897	66.1
水资源管理	1995	1450	1366	68.5
天然水收集与分配	2177	1444	1467	67.4
水文服务	74	52	52	70.3
其他水利管理业	2760	2075	1920	69.6
生态保护和环境治理业	3714	2707	2425	65.3

续表40

行　　业	施工项目个数	新开工项目个数	全部建成投产项目个数	项目建成投产率（%）
生态保护	774	559	507	65.5
自然保护区管理	278	199	173	62.2
野生动物保护	45	22	19	42.2
野生植物保护	30	19	15	50.0
其他自然保护	421	319	300	71.3
环境治理业	2940	2148	1918	65.2
水污染治理	1655	1173	1002	60.5
大气污染治理	168	141	132	78.6
固体废物治理	435	309	307	70.6
危险废物治理	53	32	31	58.5
放射性废物治理	3	3	3	100.0
其他污染治理	626	490	443	70.8
公共设施管理业	63373	43603	40471	63.9
市政设施管理	45361	30674	28470	62.8
环境卫生管理	1865	1421	1388	74.4
城乡市容管理	3674	2971	2745	74.7
绿化管理	3194	2575	2399	75.1
公园和游览景区管理	9279	5962	5469	58.9
公园管理	2798	1803	1714	61.3
游览景区管理	6481	4159	3755	57.9
（十五）居民服务、修理和其他服务业	**4283**	**3273**	**3077**	**71.8**
居民服务业	2535	1903	1725	68.1
家庭服务	126	98	99	78.6
托儿所服务	68	61	48	70.6
洗染服务	33	20	30	90.9
理发及美容服务	80	73	70	87.5
洗浴服务	239	188	185	77.4
保健服务	81	69	61	75.3
婚姻服务	26	23	23	88.5
殡葬服务	475	323	289	60.8
其他居民服务业	1407	1048	920	65.4

续表 41

行　　业	施工项目个数	新开工项目个数	全部建成投产项目个数	项目建成投产率（%）
机动车、电子产品和日用产品修理业	1075	875	841	78.2
汽车、摩托车修理与维护	927	770	727	78.4
汽车修理与维护	919	763	720	78.4
摩托车修理与维护	8	7	7	87.5
计算机和办公设备维修	105	67	82	78.1
计算机和辅助设备修理	32	24	27	84.4
通信设备修理	36	23	23	63.9
其他办公设备维修	37	20	32	86.5
家用电器修理	18	16	16	88.9
家用电子产品修理	6	6	6	100.0
日用电器修理	12	10	10	83.3
其他日用产品修理业	25	22	16	64.0
自行车修理	2	2	1	50.0
鞋和皮革修理	1	1		
家具和相关物品修理	4	4	3	75.0
其他未列明日用产品修理业	18	15	12	66.7
其他服务业	673	495	511	75.9
清洁服务	115	95	93	80.9
建筑物清洁服务	25	24	21	84.0
其他清洁服务	90	71	72	80.0
其他未列明服务业	558	400	418	74.9
（十六）教育	**17876**	**12007**	**11611**	**65.0**
教育	17876	12007	11611	65.0
学前教育	2663	1948	1889	70.9
初等教育	5380	3879	3623	67.3
普通小学教育	5310	3831	3587	67.6
成人小学教育	70	48	36	51.4
中等教育	6435	4215	4159	64.6
普通初中教育	4028	2843	2724	67.6
职业初中教育	154	96	100	64.9
成人初中教育	41	25	35	85.4

续表42

行　业	施工项目个数	新开工项目个数	全部建成投产项目个数	项目建成投产率（%）
普通高中教育	1375	817	819	59.6
成人高中教育	23	8	12	52.2
中等职业学校教育	814	426	469	57.6
高等教育	1615	765	757	46.9
普通高等教育	1441	672	654	45.4
成人高等教育	174	93	103	59.2
特殊教育	126	60	82	65.1
技能培训、教育辅助及其他教育	1657	1140	1101	66.5
职业技能培训	918	636	634	69.1
体校及体育培训	71	51	45	63.4
文化艺术培训	105	86	72	68.6
教育辅助服务	154	115	112	72.7
其他未列明教育	409	252	238	58.2
（十七）卫生和社会工作	**8367**	**5434**	**5001**	**59.8**
卫生	6162	3828	3592	58.3
医院	3754	2094	1944	51.8
综合医院	2450	1295	1219	49.8
中医医院	461	265	229	49.7
中西医结合医院	117	71	65	55.6
民族医院	54	35	25	46.3
专科医院	529	341	320	60.5
疗养院	143	87	86	60.1
社区医疗与卫生院	1609	1190	1144	71.1
社区卫生服务中心（站）	308	214	206	66.9
街道卫生院	80	55	54	67.5
乡镇卫生院	1221	921	884	72.4
门诊部（所）	93	76	74	79.6
计划生育技术服务活动	77	60	55	71.4
妇幼保健院（所、站）	218	138	123	56.4
专科疾病防治院（所、站）	50	32	32	64.0
疾病预防控制中心	150	97	86	57.3

续表 43

行　业	施工项目个数		全部建成投产项目个数	项目建成投产率（%）
		新开工项目个数		
其他卫生活动	211	141	134	63.5
社会工作	2205	1606	1409	63.9
提供住宿社会工作	1978	1440	1256	63.5
干部休养所	47	26	24	51.1
护理机构服务	174	130	116	66.7
精神康复服务	36	22	19	52.8
老年人、残疾人养护服务	1522	1116	983	64.6
孤残儿童收养和庇护服务	62	44	35	56.5
其他提供住宿社会救助	137	102	79	57.7
不提供住宿社会工作	227	166	153	67.4
社会看护与帮助服务	157	119	104	66.2
其他不提供住宿社会工作	70	47	49	70.0
（十八）文化、体育和娱乐业	**8934**	**5829**	**5663**	**63.4**
新闻和出版业	132	65	72	54.6
新闻业	41	15	20	48.8
出版业	91	50	52	57.1
图书出版	24	11	17	70.8
报纸出版	40	17	16	40.0
期刊出版	5	4	3	60.0
音像制品出版	3	3	3	100.0
电子出版物出版	6	3	5	83.3
其他出版业	13	12	8	61.5
广播、电视、电影和影视录音制作业	601	417	405	67.4
广播	69	48	45	65.2
电视	151	94	87	57.6
电影和影视节目制作	103	67	62	60.2
电影和影视节目发行	16	11	9	56.3
电影放映	252	190	193	76.6
录音制作	10	7	9	90.0
文化艺术业	4553	2859	2743	60.3
文艺创作与表演	156	108	89	57.1

续表44

行　业	施工项目个数	新开工项目个数	全部建成投产项目个数	项目建成投产率（%）
艺术表演场馆	245	115	129	52.7
图书馆与档案馆	393	197	218	55.5
图书馆	241	126	140	58.1
档案馆	152	71	78	51.3
文物及非物质文化遗产保护	809	552	481	59.5
博物馆	537	262	283	52.7
烈士陵园、纪念馆	254	159	148	58.3
群众文化活动	1572	1103	1057	67.2
其他文化艺术业	587	363	338	57.6
体育	1713	1098	1107	64.6
体育组织	31	19	20	64.5
体育场馆	675	358	382	56.6
休闲健身活动	897	639	633	70.6
其他体育	110	82	72	65.5
娱乐业	1935	1390	1336	69.0
室内娱乐活动	654	535	572	87.5
歌舞厅娱乐活动	286	243	261	91.3
电子游艺厅娱乐活动	23	22	18	78.3
网吧活动	98	94	95	96.9
其他室内娱乐活动	247	176	198	80.2
游乐园	533	348	283	53.1
彩票活动	9	4	5	55.6
文化、娱乐、体育经纪代理	15	14	8	53.3
文化娱乐经纪人	3	3	2	66.7
体育经纪人	1	1		
其他文化艺术经纪代理	11	10	6	54.6
其他娱乐业	724	489	468	64.6
（十九）公共管理、社会保障和社会组织	**16149**	**10982**	**10947**	**67.8**
中国共产党机关	95	48	64	67.4
中国共产党机关	95	48	64	67.4

续表45

行　　业	施工项目个数		全部建成投产项目个数	项目建成投产率（%）
		新开工项目个数		
国家机构	11471	7494	7627	66.5
国家权力机构	177	113	130	73.5
国家行政机构	10438	6965	6999	67.1
综合事务管理机构	3946	2786	2758	69.9
对外事务管理机构	40	30	24	60.0
公共安全管理机构	1939	1015	1125	58.0
社会事务管理机构	2120	1492	1412	66.6
经济事务管理机构	2028	1427	1446	71.3
行政监督检查机构	365	215	234	64.1
人民法院和人民检察院	567	228	322	56.8
人民法院	376	150	212	56.4
人民检察院	191	78	110	57.6
其他国家机构	289	188	176	60.9
人民政协、民主党派	30	22	20	66.7
人民政协	18	15	10	55.6
民主党派	12	7	10	83.3
社会保障	573	415	356	62.1
社会保障	573	415	356	62.1
群众团体、社会团体和其他成员组织	1385	952	940	67.9
群众团体	86	48	45	52.3
工会	24	11	13	54.2
妇联	8	2	4	50.0
共青团	5	4		
其他群众团体	49	31	28	57.1
社会团体	571	356	379	66.4
专业性团体	407	250	265	65.1
行业性团体	95	60	71	74.7
其他社会团体	69	46	43	62.3
基金会	3	2	2	66.7
宗教组织	725	546	514	70.9
基层群众自治组织	2595	2051	1940	74.8
社区自治组织	735	591	532	72.4
村民自治组织	1860	1460	1408	75.7

各地区固定资产投资财务拨款（不含农户）

单位：万元

地　　区	本年实际到位资金合计	上年末结余资金	本年实际到位资金小计	本年各项应付款合计
全国总计	**5802806447**	**475558717**	**5327247730**	**557565102**
北　　京	130403718	34425854	95977864	7832756
天　　津	127336036	11274425	116061611	15588004
河　　北	266839224	8871661	257967563	30016354
山　　西	109783009	6326983	103456026	23055382
内 蒙 古	174244509	3089816	171154693	12278199
辽　　宁	282313248	20862555	261450693	19049885
吉　　林	114963257	2347807	112615450	5761413
黑 龙 江	106306546	5549108	100757438	5052441
上　　海	105206417	25624836	79581581	13296519
江　　苏	506600959	39482338	467118621	51433383
浙　　江	303670808	45005510	258665298	29464522
安　　徽	244773354	19201212	225572142	19460554
福　　建	204878109	16536609	188341500	16669055
江　　西	174114691	10541260	163573431	8437035
山　　东	466316745	27956864	438359881	39487485
河　　南	311801225	10172886	301628339	11950499
湖　　北	251880737	15673670	236207067	24076100
湖　　南	233589592	13679351	219910241	15763523
广　　东	355647794	55293882	300353912	33415518
广　　西	152473425	8665084	143808341	10867959
海　　南	41639254	6856241	34783013	6935269
重　　庆	160256056	16088219	144167837	21833839
四　　川	268546505	22795370	245751135	35176443
贵　　州	104415660	10239090	94176570	17967897
云　　南	109348958	10904179	98444779	26539226
西　　藏	13134815	648051	12486764	846251
陕　　西	180595684	12562825	168032859	16883999
甘　　肃	78122764	3373554	74749210	7383649
青　　海	29475786	2388485	27087301	2832273
宁　　夏	30149880	1331555	28818325	6358257
新　　疆	98670399	7649071	91021328	9163428
不分地区	65307283	140366	65166917	12687985

各地区固定资产投资（不含农户）本年实际到位资金构成（一）

单位：万元

地　区	本年实际到位资金小计	国家预算资金	国内贷款	债　券
全国总计	**5327247730**	**267454219**	**645122204**	**15384450**
北　京	95977864	8591774	27328741	79709
天　津	116061611	1698073	20162586	
河　北	257967563	6847366	18811925	111877
山　西	103456026	6251812	7988429	227000
内蒙古	171154693	8485864	19020678	414550
辽　宁	261450693	11115301	36446206	3936
吉　林	112615450	2907747	5307347	53443
黑龙江	100757438	3700932	2132675	264109
上　海	79581581	4178904	20680759	
江　苏	467118621	6272571	53605733	144000
浙　江	258665298	14036202	35974553	90497
安　徽	225572142	11675513	13861008	103704
福　建	188341500	13346217	19971221	9267
江　西	163573431	5506552	11827594	509595
山　东	438359881	8187920	42971201	26532
河　南	301628339	8611706	39956327	6890
湖　北	236207067	9091259	27378373	
湖　南	219910241	11498417	18858129	174149
广　东	300353912	13664904	43863067	1135852
广　西	143808341	9294335	18723520	90389
海　南	34783013	1735529	7446729	35459
重　庆	144167837	7736576	25609984	51227
四　川	245751135	13576383	23957172	742100
贵　州	94176570	4918481	16080351	412343
云　南	98444779	9867861	12222239	132600
西　藏	12486764	8140978	57611	
陕　西	168032859	10645914	12581138	14250
甘　肃	74749210	8444859	9485605	203954
青　海	27087301	5304605	5867647	164178
宁　夏	28818325	2373388	7258311	11900
新　疆	91021328	13609713	12770614	277371
不分地区	65166917	16136563	26914731	9893569

各地区固定资产投资（不含农户）本年实际到位资金构成（二）

单位：万元

地　　区	利用外资	外商直接投资	自筹资金	企事业单位自有资金	其他资金
全国总计	**40528610**	**22011774**	**3699646896**	**1023887745**	**659111351**
北　　京	287963	190399	31620277	12227339	28069400
天　　津	925124	355888	77257320	19677653	16018508
河　　北	1048625	596111	212477993	50833454	18669777
山　　西	435884	331100	80484640	24750625	8068261
内 蒙 古	146838	10000	135568722	26360089	7518041
辽　　宁	1805947	1166571	192671976	83451183	19407327
吉　　林	114302	48385	96532601	31341676	7700010
黑 龙 江	314466	274126	88263164	20395324	6082092
上　　海	2050481	1741635	32400913	17704251	20270524
江　　苏	11520484	5800681	333253706	126869652	62322127
浙　　江	2145272	1787198	161445639	45144144	44973135
安　　徽	828211	300824	167781620	40406314	31322086
福　　建	1873424	902564	123531852	34067177	29609519
江　　西	858071	320324	126727871	24501060	18143748
山　　东	3428721	1288160	345224096	85557261	38521411
河　　南	946882	227752	230268002	47652522	21838532
湖　　北	776369	565092	177501409	28887027	21459657
湖　　南	554168	248414	164484226	26040949	24341152
广　　东	4050111	2247504	176136550	54447089	61503428
广　　西	140253	98595	96289641	43643580	19270203
海　　南	152848	150431	17675342	5329404	7737106
重　　庆	2824440	1324063	78383250	16883315	29562360
四　　川	950681	619589	162402868	72349536	44121931
贵　　州	343753	208080	57465796	10284297	14955846
云　　南	259304	186570	61390758	13836142	14572017
西　　藏	14000	14000	3676342	1610183	597833
陕　　西	1102600	958253	126577467	22853069	17111490
甘　　肃	344823	11700	48564540	4469812	7705429
青　　海	42156	15684	13000935	2617197	2707780
宁　　夏	28522	10000	15412951	2466145	3733253
新　　疆	31328	12081	55107962	20920239	9224340
不分地区	182559		10066467	6310037	1973028

国民经济行业大类固定资产投资（不含农户）财务拨款

单位：万元

行　业	本年实际到位资金合计	上年末结余资金	本年实际到位资金小计	本年各项应付款合计
全　国　总　计	**5802806447**	**475558717**	**5327247730**	**557565102**
（一）农、林、牧、渔业	**148739146**	**2473853**	**146265293**	**8345140**
农业	55338830	740028	54598802	2993835
林业	15649961	201829	15448132	1382754
畜牧业	41416691	765877	40650814	2124475
渔业	7875551	161720	7713831	343065
农、林、牧、渔服务业	28458113	604399	27853714	1501011
（二）采矿业	**146415651**	**3999040**	**142416611**	**8493309**
煤炭开采和洗选业	47006369	1263988	45742381	3808049
石油和天然气开采业	38627253	1199244	37428009	1989400
黑色金属矿采选业	17164787	812417	16352370	794671
有色金属矿采选业	16650246	358211	16292035	529566
非金属矿采选业	21004562	318201	20686361	1211530
开采辅助活动	5344436	42383	5302053	139691
其他采矿业	617998	4596	613402	20402
（三）制造业	**1750366581**	**43327291**	**1707039290**	**87295540**
农副食品加工业	103923439	1917254	102006185	4169876
食品制造业	46120141	794406	45325735	2069021
酒、饮料和精制茶制造业	40828651	818002	40010649	1953558
烟草制品业	3221132	319922	2901210	268544
纺织业	54770412	782017	53988395	2163129
纺织服装、服饰业	38499426	733965	37765461	1175426
皮革、毛皮、羽毛及其制品和制鞋业	20162592	140491	20022101	733300
木材加工和木、竹、藤、棕、草制品业	35581096	476682	35104414	1535653
家具制造业	25467090	488527	24978563	1016243
造纸和纸制品业	29095528	655875	28439653	1605167
印刷和记录媒介复制业	16873598	417663	16455935	537426
文教、工美、体育和娱乐用品制造业	18965326	332105	18633221	878356
石油加工、炼焦和核燃料加工业	34617455	1744834	32872621	2949341

续表 1

行　业	本年实际到位资金合计	上年末结余资金	本年实际到位资金小计	本年各项应付款合计
化学原料及化学制品制造业	151324021	2986986	148337035	11030631
医药制造业	54955779	1299697	53656082	2379100
化学纤维制造业	11598553	205609	11392944	434607
橡胶和塑料制品业	62552765	1358985	61193780	2437481
非金属矿物制品业	163681249	3495913	160185336	7849416
黑色金属冶炼和压延加工业	49318948	1926898	47392050	3714599
有色金属冶炼和压延加工业	59702508	1466341	58236167	3202225
金属制品业	90734545	1461802	89272743	5042776
通用设备制造业	127633513	3146533	124486980	5569465
专用设备制造业	119061153	2336109	116725044	5493063
汽车制造业	109741775	5513392	104228383	4569225
铁路、船舶、航空航天和其他运输设备制造业	32940642	1232355	31708287	1758491
电气机械和器材制造业	109268402	2133888	107134514	5173295
计算机、通信和其他电子设备制造业	87005224	3982266	83022958	4506436
仪器仪表制造业	16404321	420076	15984245	626802
其他制造业	20549137	269764	20279373	1526432
废弃资源综合利用业	12418056	407988	12010068	631698
金属制品、机械和设备修理业	3350104	60946	3289158	294758
（四）电力、热力、燃气及水的生产和供应业	**239185270**	**8989139**	**230196131**	**18788914**
电力、热力生产和供应业	184248253	7249837	176998416	13823359
燃气生产和供应业	22586562	507258	22079304	2035693
水的生产和供应业	32350455	1232044	31118411	2929862
（五）建筑业	**41986303**	**546317**	**41439986**	**2147729**
房屋建筑业	13453389	135058	13318331	775993
土木工程建筑业	21302566	366115	20936451	1250694
建筑安装业	2150766	19085	2131681	42050
建筑装饰和其他建筑业	5079582	26059	5053523	78992
（六）批发和零售业	**162314377**	**3772465**	**158541912**	**8261642**
批发业	78610731	1637513	76973218	3679441

续表 2

行　　业	本年实际到位资金合计	上年末结余资金	本年实际到位资金小计	本年各项应付款合计
零售业	83703646	2134952	81568694	4582201
（七）交通运输、仓储和邮政业	**436660731**	**13376127**	**423284604**	**64180249**
铁路运输业	81298388	708283	80590105	14222780
道路运输业	242800122	8757558	234042564	41931049
水上运输业	25254981	1020490	24234491	3342302
航空运输业	15659926	469127	15190799	479392
管道运输业	3277981	99535	3178446	206879
装卸搬运和运输代理业	12516022	202030	12313992	819973
仓储业	54528713	2083140	52445573	3080176
邮政业	1324598	35964	1288634	97698
（八）住宿和餐饮业	**66086841**	**2411621**	**63675220**	**4149208**
住宿业	49307574	2104194	47203380	3393508
餐饮业	16779267	307427	16471840	755700
（九）信息传输、软件和信息技术服务业	**44343980**	**1807277**	**42536703**	**2331157**
电信、广播电视和卫星传输服务	21891117	346839	21544278	1016810
互联网和相关服务	4179216	87771	4091445	230255
软件和信息技术服务业	18273647	1372667	16900980	1084092
（十）金融业	**15591803**	**896582**	**14695221**	**619237**
货币金融服务	7814651	654434	7160217	217620
资本市场服务	4059814	181671	3878143	242471
保险业	1827452	6851	1820601	66143
其他金融业	1889886	53626	1836260	93003
（十一）房地产业	**1866771637**	**359464191**	**1507307446**	**279489884**
房地产业	1866771637	359464191	1507307446	279489884
（十二）租赁和商务服务业	**85667957**	**3639266**	**82028691**	**4417478**
租赁业	7218223	73125	7145098	93062
商务服务业	78449734	3566141	74883593	4324416
（十三）科学研究和技术服务业	**44956690**	**1782522**	**43174168**	**1653149**
研究和试验发展	14518735	824726	13694009	600591

续表 3

行　　业	本年实际到位资金合计	上年末结余资金	本年实际到位资金小计	本年各项应付款合计
专业技术服务业	16412865	618501	15794364	653077
科技推广和应用服务业	14025090	339295	13685795	399481
（十四）水利、环境和公共设施管理业	**479287490**	**19034627**	**460252863**	**44596243**
水利管理业	62226400	3549381	58677019	6354350
生态保护和环境治理业	18792602	434222	18358380	1533156
公共设施管理业	398268488	15051024	383217464	36708737
（十五）居民服务、修理和其他服务业	**23039234**	**544438**	**22494796**	**1573899**
居民服务业	13558018	350124	13207894	1087987
机动车、电子产品和日用产品修理业	5163384	69022	5094362	284628
其他服务业	4317832	125292	4192540	201284
（十六）教育	**70311117**	**2661581**	**67649536**	**6531110**
教育	70311117	2661581	67649536	6531110
（十七）卫生和社会工作	**42665253**	**1702861**	**40962392**	**2989123**
卫生	34455071	1482787	32972284	2331581
社会工作	8210182	220074	7990108	657542
（十八）文化、体育和娱乐业	**66748855**	**2844474**	**63904381**	**4533276**
新闻和出版业	1183642	120923	1062719	41840
广播、电视、电影和影视录音制作业	6212283	343943	5868340	355591
文化艺术业	28886540	658948	28227592	1793397
体育	10622534	372877	10249657	1088820
娱乐业	19843856	1347783	18496073	1253628
（十九）公共管理、社会保障和社会组织	**71667531**	**2285045**	**69382486**	**7168815**
中国共产党机关	315032	51293	263739	17630
国家机构	51218605	1570677	49647928	5914259
人民政协、民主党派	124816	43559	81257	9765
社会保障	2647620	59280	2588340	111848
群众团体、社会团体和其他成员组织	6111109	358912	5752197	441535
基层群众自治组织	11250349	201324	11049025	673778

国民经济行业小类固定资产投资（不含农户）实际到位资金构成（一）

单位：万元

行　　业	本年实际到位资金小计	国家预算资金	国内贷款	债　　券
全国总计	**5327247730**	**267454219**	**645122204**	**15384450**
（一）农、林、牧、渔业	**146265293**	**12530656**	**7540341**	**2192**
农业	54598802	2679870	2878138	155
谷物种植	5956960	896264	338944	
稻谷种植	2938427	641754	79730	
小麦种植	575534	82406	28115	
玉米种植	1524595	73387	201829	
其他谷物种植	918404	98717	29270	
豆类、油料和薯类种植	2131675	79018	83811	
豆类种植	618352	20096	24775	
油料种植	873810	28022	36557	
薯类种植	639513	30900	22479	
棉、麻、糖、烟草种植	1017126	105970	35889	
棉花种植	385651	27519	13813	
麻类种植	47724		2400	
糖料种植	132843	25291	10546	
烟草种植	450908	53160	9130	
蔬菜、食用菌及园艺作物种植	23251567	541700	1358467	
蔬菜种植	12885418	419945	743049	
食用菌种植	3091744	33061	204655	
花卉种植	4629218	55365	247664	
其他园艺作物种植	2645187	33329	163099	
水果种植	9654950	308606	504286	
仁果类和核果类水果种植	3350302	90487	174902	
葡萄种植	1738291	39128	84787	
柑橘类种植	789750	43447	38456	
香蕉等亚热带水果种植	311867	5492	53193	
其他水果种植	3464740	130052	152948	
坚果、含油果、香料和饮料作物种植	3670577	155035	177799	
坚果种植	1820960	61380	104137	
含油果种植	371974	30024	19640	
香料作物种植	137182	7962	3750	

续表 1

行　　业	本年实际到位资金小计	国家预算资金	国内贷款	债　　券
茶及其他饮料作物种植	1340461	55669	50272	
中药材种植	3761534	63586	179116	35
其他农业	5154413	529691	199826	120
林业	15448132	2929610	532836	
林木育种和育苗	7071099	303665	362306	
林木育种	1646388	73225	123976	
林木育苗	5424711	230440	238330	
造林和更新	6930511	2273456	124113	
森林经营和管护	1196867	339098	34588	
木材和竹材采运	102871	8501	929	
木材采运	65317	5080	429	
竹材采运	37554	3421	500	
林产品采集	146784	4890	10900	
木竹材林产品采集	68626			
非木竹材林产品采集	78158	4890	10900	
畜牧业	40650814	741987	2649883	2037
牲畜饲养	32280298	578213	2097030	2037
牛的饲养	11284284	232016	833711	1708
马的饲养	90388	119	11030	
猪的饲养	12938097	139161	751809	329
羊的饲养	6671967	182531	435437	
骆驼饲养	5100		4000	
其他牲畜饲养	1290462	24386	61043	
家禽饲养	5799969	46228	461923	
鸡的饲养	4427833	43131	299763	
鸭的饲养	573164	160	40058	
鹅的饲养	151902	200	23300	
其他家禽饲养	647070	2737	98802	
狩猎和捕捉动物	338479	7058	26100	
其他畜牧业	2232068	110488	64830	
渔业	7713831	55514	520991	
水产养殖	6999778	40679	484760	

续表 2

行　　业	本年实际到位资金小计	国家预算资金	国内贷款	债　　券
海水养殖	2906634	5362	269541	
内陆养殖	4093144	35317	215219	
水产捕捞	714053	14835	36231	
海水捕捞	643582	14835	33531	
内陆捕捞	70471		2700	
农、林、牧、渔服务业	27853714	6123675	958493	
农业服务业	24694497	5709033	816534	
农业机械服务	2425520	261878	47826	
灌溉服务	6165170	2409037	142520	
农产品初加工服务	3751170	107541	339218	
其他农业服务	12352637	2930577	286970	
林业服务业	1169698	188887	19840	
林业有害生物防治服务	107387	41978	2000	
森林防火服务	57508	21546		
林产品初级加工服务	212326		4540	
其他林业服务	792477	125363	13300	
畜牧服务业	1310309	207750	70219	
渔业服务业	679210	18005	51900	
（二）采矿业	**142416611**	**1399457**	**13737549**	**500**
煤炭开采和洗选业	45742381	553012	5251474	
烟煤和无烟煤开采洗选	40651837	540580	4907320	
褐煤开采洗选	3621127		229370	
其他煤炭采选	1469417	12432	114784	
石油和天然气开采业	37428009	506720	4983312	
石油开采	31846602	321282	4118723	
天然气开采	5581407	185438	864589	
黑色金属矿采选业	16352370	36818	1218612	
铁矿采选	15052634	35649	1150874	
锰矿、铬矿采选	727523	869	20558	
其他黑色金属矿采选	572213	300	47180	
有色金属矿采选业	16292035	74194	596660	
常用有色金属矿采选	9687551	41430	329274	

续表 3

行　业	本年实际到位资金小计	国家预算资金	国内贷款	债　券
铜矿采选	2908539	3572	161898	
铅锌矿采选	3847399	25147	63507	
镍钴矿采选	153268		5560	
锡矿采选	414327		3550	
锑矿采选	189431		4590	
铝矿采选	859203		24558	
镁矿采选	147839	1510	4460	
其他常用有色金属矿采选	1167545	11201	61151	
贵金属矿采选	4795425	12775	186661	
金矿采选	4330462	11775	176161	
银矿采选	295689	1000	10500	
其他贵金属矿采选	169274			
稀有稀土金属矿采选	1809059	19989	80725	
钨钼矿采选	1257766	12427	53374	
稀土金属矿采选	187410		7850	
放射性金属矿采选	71787	3000	12001	
其他稀有金属矿采选	292096	4562	7500	
非金属矿采选业	20686361	44995	1272799	500
土砂石开采	15366734	14475	822246	500
石灰石、石膏开采	4484724	1150	230433	
建筑装饰用石开采	4799232	11085	245294	500
耐火土石开采	1123265		105582	
粘土及其他土砂石开采	4959513	2240	240937	
化学矿开采	1684984		148183	
采盐	548192	27100	91300	
石棉及其他非金属矿采选	3086451	3420	211070	
石棉、云母矿采选	77197		200	
石墨、滑石采选	723302		52965	
宝石、玉石采选	340423	820	52850	
其他未列明非金属矿采选	1945529	2600	105055	
开采辅助活动	5302053	181188	390138	
煤炭开采和洗选辅助活动	2025611	19857	176877	

续表 4

行　　业	本年实际到位资金小计	国家预算资金	国内贷款	债　　券
石油和天然气开采辅助活动	2643430	103005	177799	
其他开采辅助活动	633012	58326	35462	
其他采矿业	613402	2530	24554	
其他采矿业	613402	2530	24554	
(三) 制造业	**1707039290**	**6059842**	**141166022**	**499228**
农副食品加工业	102006185	393517	6964600	18340
谷物磨制	17587665	69123	917390	
饲料加工	13014440	21761	890303	
植物油加工	10647517	64053	783622	14890
食用植物油加工	9640728	53848	691771	6890
非食用植物油加工	1006789	10205	91851	8000
制糖业	1668980	4172	95633	
屠宰及肉类加工	17930127	90535	1390894	
牲畜屠宰	4866495	44888	326485	
禽类屠宰	3615166	3011	250871	
肉制品及副产品加工	9448466	42636	813538	
水产品加工	7908014	17743	522936	
水产品冷冻加工	4923477	16769	302101	
鱼糜制品及水产品干腌制加工	948614		56127	
水产饲料制造	583463		37672	
鱼油提取及制品制造	120045		11000	
其他水产品加工	1332415	974	116036	
蔬菜、水果和坚果加工	15864689	51456	935699	2860
蔬菜加工	10612458	25247	679065	
水果和坚果加工	5252231	26209	256634	2860
其他农副食品加工	17384753	74674	1428123	590
淀粉及淀粉制品制造	4544844	24824	497796	
豆制品制造	2624021	13398	188284	
蛋品加工	654578	3000	68794	
其他未列明农副食品加工	9561310	33452	673249	590
食品制造业	45325735	108342	3429232	
焙烤食品制造	6765337	3105	545761	

续表 5

行　业	本年实际到位资金小计	国家预算资金	国内贷款	债　券
糕点、面包制造	3202289	2905	320059	
饼干及其他焙烤食品制造	3563048	200	225702	
糖果、巧克力及蜜饯制造	2857451		128781	
糖果、巧克力制造	1670931		65347	
蜜饯制作	1186520		63434	
方便食品制造	8566384	12647	735551	
米、面制品制造	4309237	12647	360839	
速冻食品制造	2020980		145737	
方便面及其他方便食品制造	2236167		228975	
乳制品制造	2841279	4479	156051	
罐头食品制造	2955146	15287	246503	
肉、禽类罐头制造	652662	1400	39105	
水产品罐头制造	230706	2947	18520	
蔬菜、水果罐头制造	1655910	4300	158188	
其他罐头食品制造	415868	6640	30690	
调味品、发酵制品制造	5672928	10046	648873	
味精制造	738686		258616	
酱油、食醋及类似制品制造	1839234	7646	78414	
其他调味品、发酵制品制造	3095008	2400	311843	
其他食品制造	15667210	62778	967712	
营养食品制造	2519287	3190	140389	
保健食品制造	2986369		125573	
冷冻饮品及食用冰制造	1056808		39287	
盐加工	669258	4770	77240	
食品及饲料添加剂制造	3789076	1760	309433	
其他未列明食品制造	4646412	53058	275790	
酒、饮料和精制茶制造业	40010649	192361	2372283	300
酒的制造	18586315	107874	995355	
酒精制造	769120	1234	72970	
白酒制造	10854250	92237	664902	
啤酒制造	2013802	465	91319	
黄酒制造	578793	1050	21670	

续表 6

行　　业	本年实际到位资金小计	国家预算资金	国内贷款	债　　券
葡萄酒制造	2769003	12888	42730	
其他酒制造	1601347		101764	
饮料制造	14968136	22419	958631	200
碳酸饮料制造	1249083	120	56220	
瓶（罐）装饮用水制造	3680756	8135	199092	200
果菜汁及果菜汁饮料制造	3624344	8054	271946	
含乳饮料和植物蛋白饮料制造	2384493	4000	178802	
固体饮料制造	587645	510	43684	
茶饮料及其他饮料制造	3441815	1600	208887	
精制茶加工	6456198	62068	418297	100
烟草制品业	2901210	91790	136615	
烟叶复烤	615220	55081	5900	
卷烟制造	1873419	35464	98215	
其他烟草制品制造	412571	1245	32500	
纺织业	53988395	137228	3944874	
棉纺织及印染精加工	25679395	85850	1975873	
棉纺纱加工	17145664	19800	1524027	
棉织造加工	5564020	66050	286203	
棉印染精加工	2969711		165643	
毛纺织及染整精加工	3318507	6020	263523	
毛条和毛纱线加工	1650932		76893	
毛织造加工	1330781	6020	164900	
毛染整精加工	336794		21730	
麻纺织及染整精加工	1142077	150	80255	
麻纤维纺前加工和纺纱	636608		22269	
麻织造加工	439404	150	55786	
麻染整精加工	66065		2200	
丝绢纺织及印染精加工	1597007	1200	84497	
缫丝加工	649796	100	40054	
绢纺和丝织加工	722563	1100	34755	
丝印染精加工	224648		9688	
化纤织造及印染精加工	4636110	12438	322157	

续表 7

行　业	本年实际到位资金小计	国家预算资金	国内贷款	债　券
化纤织造加工	3883493	2658	292357	
化纤织物染整精加工	752617	9780	29800	
针织或钩针编织物及其制品制造	4883336	1200	195207	
针织或钩针编织物织造	3837131		141923	
针织或钩针编织物印染精加工	349071		11293	
针织或钩针编织品制造	697134	1200	41991	
家用纺织制成品制造	6895549	13360	588094	
床上用品制造	3265080	10550	276891	
毛巾类制品制造	1021778		168392	
窗帘、布艺类产品制造	538646		23130	
其他家用纺织制成品制造	2070045	2810	119681	
非家用纺织制成品制造	5836414	17010	435268	
非织造布制造	2705499	17010	184764	
绳、索、缆制造	503713		62858	
纺织带和帘子布制造	727825		66710	
篷、帆布制造	517579		54662	
其他非家用纺织制成品制造	1381798		66274	
纺织服装、服饰业	37765461	198224	2634645	
机织服装制造	23817304	163878	1679967	
针织或钩针编织服装制造	4955024	3750	309114	
服饰制造	8993133	30596	645564	
皮革、毛皮、羽毛及其制品和制鞋业	20022101	33304	1118898	
皮革鞣制加工	1145638		58719	
皮革制品制造	6309526	5410	456078	
皮革服装制造	1432977	45	69030	
皮箱、包（袋）制造	2579864	5365	136441	
皮手套及皮装饰制品制造	835611		40657	
其他皮革制品制造	1461074		209950	
毛皮鞣制及制品加工	2413621	2780	112919	
毛皮鞣制加工	310113		7050	
毛皮服装加工	1392471		79834	
其他毛皮制品加工	711037	2780	26035	

续表 8

行　　业	本年实际到位资金小计	国家预算资金	国内贷款	债　　券
羽毛（绒）加工及制品制造	1279169		123040	
羽毛（绒）加工	668591		88041	
羽毛（绒）制品加工	610578		34999	
制鞋业	8874147	25114	368142	
纺织面料鞋制造	1360228		70539	
皮鞋制造	4535702	10340	180887	
塑料鞋制造	591797		21359	
橡胶鞋制造	800366		32312	
其他制鞋业	1586054	14774	63045	
木材加工和木、竹、藤、棕、草制品业	35104414	56237	2300468	2695
木材加工	9039261	22144	515874	2695
锯材加工	2207548	5026	95313	
木片加工	2419314	3470	105124	2050
单板加工	2048586	561	153127	645
其他木材加工	2363813	13087	162310	
人造板制造	12416836	6250	944253	
胶合板制造	5909705	2980	545894	
纤维板制造	2484875	1000	199220	
刨花板制造	1185090		39338	
其他人造板制造	2837166	2270	159801	
木制品制造	10354890	20810	682272	
建筑用木料及木材组件加工	2705147	7150	87936	
木门窗、楼梯制造	3113422	5500	218373	
地板制造	1721762	8160	191179	
木制容器制造	551837		39064	
软木制品及其他木制品制造	2262722		145720	
竹、藤、棕、草等制品制造	3293427	7033	158069	
竹制品制造	2662983	1533	135486	
藤制品制造	196503		6345	
棕制品制造	88325		2200	
草及其他制品制造	345616	5500	14038	
家具制造业	24978563	16520	1739654	

续表 9

行　业	本年实际到位资金小计	国家预算资金	国内贷款	债　券
木质家具制造	18409043	16520	1339116	
竹、藤家具制造	408836		32400	
金属家具制造	2459179		197102	
塑料家具制造	476698		17510	
其他家具制造	3224807		153526	
造纸和纸制品业	28439653	52556	2812902	1059
纸浆制造	852912		44329	797
木竹浆制造	575302		28599	
非木竹浆制造	277610		15730	797
造纸	12025632	1120	1466717	262
机制纸及纸板制造	9623290		1288323	
手工纸制造	411235	1120	26529	262
加工纸制造	1991107		151865	
纸制品制造	15561109	51436	1301856	
纸和纸板容器制造	7225123	5700	518893	
其他纸制品制造	8335986	45736	782963	
印刷和记录媒介复制业	16455935	14673	1214786	
印刷	15306905	6875	1155369	
书、报刊印刷	2403938	3000	220384	
本册印制	517385		34127	
包装装潢及其他印刷	12385582	3875	900858	
装订及印刷相关服务	1060628	7393	58617	
记录媒介复制	88402	405	800	
文教、工美、体育和娱乐用品制造业	18633221	25235	970754	5000
文教办公用品制造	1792099	5298	91446	
文具制造	726731		47653	
笔的制造	417574	2000	24941	
教学用模型及教具制造	244528		3820	
墨水、墨汁制造	81847		5732	
其他文教办公用品制造	321419	3298	9300	
乐器制造	730596		40925	
中乐器制造	189360		6070	

续表 10

行　　业	本年实际到位资金小计	国家预算资金	国内贷款	债　　券
西乐器制造	240499		15349	
电子乐器制造	140085		14469	
其他乐器及零件制造	160652		5037	
工艺美术品制造	9620739	12687	428025	5000
雕塑工艺品制造	1700632	2932	75427	
金属工艺品制造	1031680	2880	40935	
漆器工艺品制造	226172		13400	
花画工艺品制造	165998		16666	
天然植物纤维编织工艺品制造	629789		59648	
抽纱刺绣工艺品制造	446936	893	23350	
地毯、挂毯制造	1005428	1300	23550	
珠宝首饰及有关物品制造	1429752	2432	74714	5000
其他工艺美术品制造	2984352	2250	100335	
体育用品制造	3278185	5450	231106	
球类制造	251927		12872	
体育器材及配件制造	1427225	5450	148407	
训练健身器材制造	569889		20146	
运动防护用具制造	183060		14904	
其他体育用品制造	846084		34777	
玩具制造	2307714	200	110342	
游艺器材及娱乐用品制造	903888	1600	68910	
露天游乐场所游乐设备制造	327208	1600	23010	
游艺用品及室内游艺器材制造	226271		12700	
其他娱乐用品制造	350409		33200	
石油加工、炼焦和核燃料加工业	32872621	542563	3805494	
精炼石油产品制造	25466793	227528	3187058	
原油加工及石油制品制造	23966071	162518	3033098	
人造原油制造	1500722	65010	153960	
炼焦	7405828	315035	618436	
化学原料和化学制品制造业	148337035	336844	18462781	1690
基础化学原料制造	53856001	134272	9407554	500
无机酸制造	3102626		532145	500

续表 11

行　　业	本年实际到位资金小计	国家预算资金	国内贷款	债　　券
无机碱制造	2640392		579990	
无机盐制造	4395258	3110	456967	
有机化学原料制造	32821064	100572	6429870	
其他基础化学原料制造	10896661	30590	1408582	
肥料制造	18071815	54341	2469740	
氮肥制造	3681414	3000	557219	
磷肥制造	832631		99071	
钾肥制造	824598		74215	
复混肥料制造	6594434	8500	1280372	
有机肥料及微生物肥料制造	4796303	38841	356057	
其他肥料制造	1342435	4000	102806	
农药制造	5085340	7450	367964	
化学农药制造	3314909	7450	286673	
生物化学农药及微生物农药制造	1770431		81291	
涂料、油墨、颜料及类似产品制造	9788019	3365	512834	
涂料制造	6568125	2790	334478	
油墨及类似产品制造	512878		30900	
颜料制造	1133011		81385	
染料制造	914321	75	39211	
密封用填料及类似品制造	659684	500	26860	
合成材料制造	20771151	50771	2389431	
初级形态塑料及合成树脂制造	10810241	50771	796341	
合成橡胶制造	2345623		306762	
合成纤维单（聚合）体制造	2972439		675893	
其他合成材料制造	4642848		610435	
专用化学产品制造	31631369	48745	2873637	1190
化学试剂和助剂制造	11090597	4906	950404	
专项化学用品制造	9915423	32146	894665	
林产化学产品制造	902731	374	42506	340
信息化学品制造	2841374		110041	
环境污染处理专用药剂材料制造	1559553	2655	147093	850
动物胶制造	199429		8182	

续表 12

行　　业	本年实际到位资金小计	国家预算资金	国内贷款	债　　券
其他专用化学产品制造	5122262	8664	720746	
炸药、火工及焰火产品制造	3907733	34300	169665	
焰火、鞭炮产品制造	3907733	34300	169665	
日用化学产品制造	5225607	3600	271956	
肥皂及合成洗涤剂制造	1197680		49821	
化妆品制造	1210948		32800	
口腔清洁用品制造	159486		2300	
香料、香精制造	1163801	3600	59720	
其他日用化学产品制造	1493692		127315	
医药制造业	53656082	104025	4145687	65158
化学药品原料药制造	9250283	1900	470935	
化学药品制剂制造	8877916	10554	663873	500
中药饮片加工	7932230	13265	506738	
中成药生产	9896516	12468	640874	64658
兽用药品制造	1756309	2459	126005	
生物药品制造	10949013	60679	1403813	
卫生材料及医药用品制造	4993815	2700	333449	
化学纤维制造业	11392944	74764	743688	
纤维素纤维原料及纤维制造	2165118	2000	235120	
化纤浆粕制造	288543		65640	
人造纤维（纤维素纤维）制造	1876575	2000	169480	
合成纤维制造	9227826	72764	508568	
锦纶纤维制造	1672846		158105	
涤纶纤维制造	3252405	62108	47290	
腈纶纤维制造	129594		2000	
维纶纤维制造	456299		3300	
丙纶纤维制造	225194		18500	
氨纶纤维制造	511530	5749	97256	
其他合成纤维制造	2979958	4907	182117	
橡胶和塑料制品业	61193780	63875	5494212	3870
橡胶制品业	17569467	12158	2279816	250
轮胎制造	7502431		1180255	

续表13

行　业	本年实际到位资金小计	国家预算资金	国内贷款	债　券
橡胶板、管、带制造	3832747	6849	371523	250
橡胶零件制造	1572527	170	116592	
再生橡胶制造	1471093	954	90794	
日用及医用橡胶制品制造	569969		85952	
其他橡胶制品制造	2620700	4185	434700	
塑料制品业	43624313	51717	3214396	3620
塑料薄膜制造	5914180	3729	394817	
塑料板、管型材制造	11349738	13795	1083159	
塑料丝、绳及编织品制造	4031385	1700	284741	
泡沫塑料制造	1668930	1500	86942	
塑料人造革、合成革制造	970417	2378	78142	
塑料包装箱及容器制造	4967745	5005	381137	2070
日用塑料制品制造	4135710	7505	374559	
塑料零件制造	2246215		98022	1550
其他塑料制品制造	8339993	16105	432877	
非金属矿物制品业	160185336	370923	12991157	5012
水泥、石灰和石膏制造	15262109	115152	1108775	
水泥制造	11164839	113252	863840	
石灰和石膏制造	4097270	1900	244935	
石膏、水泥制品及类似制品制造	29563119	115032	2271237	
水泥制品制造	15301197	106182	1010212	
混凝土结构构件制造	4574079	4450	344916	
石棉水泥制品制造	534623		16846	
轻质建筑材料制造	5717986	200	709293	
其他水泥类似制品制造	3435234	4200	189970	
砖瓦、石材等建筑材料制造	60239552	92901	4570377	3400
粘土砖瓦及建筑砌块制造	14980670	50580	729478	400
建筑陶瓷制品制造	8308991	1216	899504	
建筑用石加工	15265665	17000	1127206	
防水建筑材料制造	3025277	5552	192690	
隔热和隔音材料制造	5786085	9405	730337	3000
其他建筑材料制造	12872864	9148	891162	

续表 14

行　业	本年实际到位资金小计	国家预算资金	国内贷款	债　券
玻璃制造	7356361	9940	714782	
平板玻璃制造	3105629	4740	475533	
其他玻璃制造	4250732	5200	239249	
玻璃制品制造	10780768	8405	739504	1412
技术玻璃制品制造	2902017	800	192626	
光学玻璃制造	897896	1450	89572	912
玻璃仪器制造	271185		25202	
日用玻璃制品制造	2099030	6155	178933	
玻璃包装容器制造	1054487		53060	
玻璃保温容器制造	222319		7032	500
制镜及类似品加工	376398		25678	
其他玻璃制品制造	2957436		167401	
玻璃纤维和玻璃纤维增强塑料制品制造	3627649	1740	351674	
玻璃纤维及制品制造	2130764		251397	
玻璃纤维增强塑料制品制造	1496885	1740	100277	
陶瓷制品制造	9656884	14755	527465	200
卫生陶瓷制品制造	1163959		69510	
特种陶瓷制品制造	2916609		225205	
日用陶瓷制品制造	3910650	5575	172392	
园林、陈设艺术及其他陶瓷制品制造	1665666	9180	60358	200
耐火材料制品制造	9428802	5140	1138801	
石棉制品制造	900102		88300	
云母制品制造	448609		10722	
耐火陶瓷制品及其他耐火材料制造	8080091	5140	1039779	
石墨及其他非金属矿物制品制造	14270092	7858	1568542	
石墨及碳素制品制造	5524804	360	584543	
其他非金属矿物制品制造	8745288	7498	983999	
黑色金属冶炼和压延加工业	47392050	64181	4038123	1510
炼铁	2408896	7101	182222	1000
炼钢	8314446		1095076	
黑色金属铸造	7068959	1706	558305	
钢压延加工	24875240	50290	1753692	510

续表15

行　业	本年实际到位资金小计	国家预算资金	国内贷款	债　券
铁合金冶炼	4724509	5084	448828	
有色金属冶炼和压延加工业	58236167	50585	6541828	350001
常用有色金属冶炼	14423754	22228	2003306	
铜冶炼	2399470	3331	213942	
铅锌冶炼	1773304	1000	89133	
镍钴冶炼	1841493		117915	
锡冶炼	339308	800	3000	
锑冶炼	196757		22113	
铝冶炼	4882064	397	811665	
镁冶炼	1224714		590958	
其他常用有色金属冶炼	1766644	16700	154580	
贵金属冶炼	2026810	4896	50138	
金冶炼	463869	4896	11570	
银冶炼	1229113		19568	
其他贵金属冶炼	333828		19000	
稀有稀土金属冶炼	2096884	8080	308006	
钨钼冶炼	741069		89051	
稀土金属冶炼	832521	8080	176855	
其他稀有金属冶炼	523294		42100	
有色金属合金制造	7432868	10000	956127	350001
有色金属铸造	1619916		175066	
有色金属压延加工	30635935	5381	3049185	
铜压延加工	5351789	150	272407	
铝压延加工	21483837	4731	2527533	
贵金属压延加工	485283		24363	
稀有稀土金属压延加工	887397		102237	
其他有色金属压延加工	2427629	500	122645	
金属制品业	89272743	77054	6150679	6158
结构性金属制品制造	37485996	65830	2302971	4658
金属结构制造	26803994	59430	1544534	4658
金属门窗制造	10682002	6400	758437	
金属工具制造	7193625	2741	594839	

续表 16

行　业	本年实际到位资金小计	国家预算资金	国内贷款	债　券
切削工具制造	2133186	2541	209600	
手工具制造	845936		67502	
农用及园林用金属工具制造	725987		30886	
刀剪及类似日用金属工具制造	706988		69062	
其他金属工具制造	2781528	200	217789	
集装箱及金属包装容器制造	6020420	1800	624044	
集装箱制造	578946		34636	
金属压力容器制造	2747593	1800	367869	
金属包装容器制造	2693881		221539	
金属丝绳及其制品制造	4630944		444901	
建筑、安全用金属制品制造	9858371	4152	780500	1500
建筑、家具用金属配件制造	2959890		246515	1500
建筑装饰及水暖管道零件制造	3433552	1800	335905	
安全、消防用金属制品制造	1872280	2352	98120	
其他建筑、安全用金属制品制造	1592649		99960	
金属表面处理及热处理加工	4567844	1	368825	
搪瓷制品制造	831596		41183	
生产专用搪瓷制品制造	136444		9970	
建筑装饰搪瓷制品制造	308235		21213	
搪瓷卫生洁具制造	215522		3700	
搪瓷日用品及其他搪瓷制品制造	171395		6300	
金属制日用品制造	5346549	1000	337373	
金属制厨房用器具制造	1568959		68609	
金属制餐具和器皿制造	1182633		63866	
金属制卫生器具制造	358566		13404	
其他金属制日用品制造	2236391	1000	191494	
其他金属制品制造	13337398	1530	656043	
锻件及粉末冶金制品制造	4685454		259193	
交通及公共管理用金属标牌制造	656475		31940	
其他未列明金属制品制造	7995469	1530	364910	
通用设备制造业	124486980	245026	10324524	1142
锅炉及原动设备制造	11487094	13567	1264314	

续表 17

行　　业	本年实际到位资金小计	国家预算资金	国内贷款	债　　券
锅炉及辅助设备制造	5542692	2433	615537	
内燃机及配件制造	3679041	8640	417737	
汽轮机及辅机制造	764364		71877	
水轮机及辅机制造	272466	494	37580	
风能原动设备制造	634371		47538	
其他原动设备制造	594160	2000	74045	
金属加工机械制造	28117808	4694	2149405	500
金属切削机床制造	5110159	759	526959	
金属成形机床制造	3259000	1995	201492	
铸造机械制造	5782024		349151	
金属切割及焊接设备制造	2179107		180977	
机床附件制造	2772006	1890	196416	500
其他金属加工机械制造	9015512	50	694410	
物料搬运设备制造	14495263	59518	1334632	
轻小型起重设备制造	1361746		87570	
起重机制造	4153008	4941	541017	
生产专用车辆制造	2278495	40300	163086	
连续搬运设备制造	1177018	14000	83813	
电梯、自动扶梯及升降机制造	4297551	277	285461	
其他物料搬运设备制造	1227445		173685	
泵、阀门、压缩机及类似机械制造	16669361	32657	1530349	
泵及真空设备制造	5080110	1805	490212	
气体压缩机械制造	1973513		277264	
阀门和旋塞制造	4209172	30192	181117	
液压和气压动力机械及元件制造	5406566	660	581756	
轴承、齿轮和传动部件制造	13842010	75612	1304826	
轴承制造	7371611	58871	728459	
齿轮及齿轮减、变速箱制造	5042658	15340	468376	
其他传动部件制造	1427741	1401	107991	
烘炉、风机、衡器、包装等设备制造	11937715	30910	890584	
烘炉、熔炉及电炉制造	946314		56574	
风机、风扇制造	2123750		144760	

续表 18

行　　业	本年实际到位资金小计	国家预算资金	国内贷款	债　　券
气体、液体分离及纯净设备制造	1506592	6500	122479	
制冷、空调设备制造	4051479		467489	
风动和电动工具制造	1307864	24410	41135	
喷枪及类似器具制造	190656		3350	
衡器制造	387661		21570	
包装专用设备制造	1423399		33227	
文化、办公用机械制造	1323706		49764	
电影机械制造	61709			
幻灯及投影设备制造	177081		6800	
照相机及器材制造	127792		7755	
复印和胶印设备制造	326658		13010	
计算器及货币专用设备制造	129785		8329	
其他文化、办公用机械制造	500681		13870	
通用零部件制造	19263360	24968	1213160	642
金属密封件制造	1071824	200	58496	
紧固件制造	2438734		137107	
弹簧制造	728172		60064	
机械零部件加工	11104468		710554	
其他通用零部件制造	3920162	24768	246939	642
其他通用设备制造业	7350663	3100	587490	
专用设备制造业	116725044	273430	9017310	9247
采矿、冶金、建筑专用设备制造	35468655	48145	2683786	
矿山机械制造	12546411	17150	1085575	
石油钻采专用设备制造	8123484	2635	481347	
建筑工程用机械制造	6820183	17660	371398	
海洋工程专用设备制造	1929483	1000	311990	
建筑材料生产专用机械制造	3209339		252889	
冶金专用设备制造	2839755	9700	180587	
化工、木材、非金属加工专用设备制造	16588222	76745	1035818	
炼油、化工生产专用设备制造	3447178	8880	240577	
橡胶加工专用设备制造	759324	14100	76970	
塑料加工专用设备制造	2149179	15805	155094	

续表19

行　　业	本年实际到位资金小计	国家预算资金	国内贷款	债　　券
木材加工机械制造	830101	380	48032	
模具制造	7397658	37580	323785	
其他非金属加工专用设备制造	2004782		191360	
食品、饮料、烟草及饲料生产专用设备制造	3294558	1257	420214	
食品、酒、饮料及茶生产专用设备制造	1195242	10	133256	
农副食品加工专用设备制造	1597462		224363	
烟草生产专用设备制造	203475	1247	12245	
饲料生产专用设备制造	298379		50350	
印刷、制药、日化及日用品生产专用设备制造	6723980	26960	438479	
制浆和造纸专用设备制造	956839		61700	
印刷专用设备制造	1130355		101379	
日用化工专用设备制造	879395		51398	
制药专用设备制造	781626	21600	42114	
照明器具生产专用设备制造	1874529	5360	124046	
玻璃、陶瓷和搪瓷制品生产专用设备制造	568517		26436	
其他日用品生产专用设备制造	532719		31406	
纺织、服装和皮革加工专用设备制造	3976347	1903	353788	144
纺织专用设备制造	2820872		296578	144
皮革、毛皮及其制品加工专用设备制造	378406		32315	
缝制机械制造	624328	1903	20195	
洗涤机械制造	152741		4700	
电子和电工机械专用设备制造	9809313	49846	870327	603
电工机械专用设备制造	3958186	33386	312687	
电子工业专用设备制造	5851127	16460	557640	603
农、林、牧、渔专用机械制造	10471418	26073	699283	
拖拉机制造	1559353		129752	
机械化农业及园艺机具制造	4191824	23687	263669	
营林及木竹采伐机械制造	138721		13893	
畜牧机械制造	705407	1606	74847	

续表20

行　　业	本年实际到位资金小计	国家预算资金	国内贷款	债　　券
渔业机械制造	81003		2500	
农、林、牧、渔机械配件制造	1988584	280	154385	
棉花加工机械制造	175868		6413	
其他农、林、牧、渔业机械制造	1630658	500	53824	
医疗仪器设备及器械制造	9231322	14008	666664	8500
医疗诊断、监护及治疗设备制造	3094614	2165	272391	8500
口腔科用设备及器具制造	181830		17340	
医疗实验室及医用消毒设备和器具制造	757107		45405	
医疗、外科及兽医用器械制造	1783621		63642	
机械治疗及病房护理设备制造	722999	2820	42724	
假肢、人工器官及植（介）入器械制造	244013		40500	
其他医疗设备及器械制造	2447138	9023	184662	
环保、社会公共服务及其他专用设备制造	21161229	28493	1848951	
环境保护专用设备制造	11023353	6095	920893	
地质勘查专用设备制造	542836		32858	
邮政专用机械及器材制造	21348			
商业、饮食、服务专用设备制造	144835		9329	
社会公共安全设备及器材制造	1052179	19538	63051	
交通安全、管制及类似专用设备制造	547555		33673	
水资源专用机械制造	932367	1650	117370	
其他专用设备制造	6896756	1210	671777	
汽车制造业	104228383	136642	8096832	2000
汽车整车制造	21564366	59710	1055532	
改装汽车制造	2809065	12000	228485	2000
低速载货汽车制造	952775		67755	
电车制造	2731750	8512	328362	
汽车车身、挂车制造	2697258		286285	
汽车零部件及配件制造	73473169	56420	6130413	
铁路、船舶、航空航天和其他运输设备制造业	31708287	650930	2045436	5159
铁路运输设备制造	5474476	19254	390087	2300
铁路机车车辆及动车组制造	902102		111612	

续表 21

行　　业	本年实际到位资金小计	国家预算资金	国内贷款	债　　券
窄轨机车车辆制造	128382		5500	
铁路机车车辆配件制造	1782531	13065	102096	
铁路专用设备及器材、配件制造	2164900	5519	88328	2300
其他铁路运输设备制造	496561	670	82551	
城市轨道交通设备制造	1137996	9500	45021	
船舶及相关装置制造	8181608	143417	630805	
金属船舶制造	3126282	131937	294414	
非金属船舶制造	383650		12207	
娱乐船和运动船制造	1315170		69132	
船用配套设备制造	2418490		184652	
船舶改装与拆除	603427	11480	1500	
航标器材及其他相关装置制造	334589		68900	
摩托车制造	3948707	210000	184862	
摩托车整车制造	1452477	207000	82678	
摩托车零部件及配件制造	2496230	3000	102184	
自行车制造	4387579		270441	
脚踏自行车及残疾人座车制造	915962		15960	
助动自行车制造	3471617		254481	
非公路休闲车及零配件制造	622323		20610	
潜水救捞及其他未列明运输设备制造	7955598	268759	503610	2859
其他未列明运输设备制造	7955598	268759	503610	2859
电气机械和器材制造业	107134514	304870	7983790	3800
电机制造	11601757	27330	760663	3300
发电机及发电机组制造	4806819	9780	348483	
电动机制造	3558996	17550	239273	3300
微电机及其他电机制造	3235942		172907	
输配电及控制设备制造	35087181	77924	3030773	
变压器、整流器和电感器制造	6801723	34154	508156	
电容器及其配套设备制造	1807122		167088	
配电开关控制设备制造	5894191	26438	386280	
电力电子元器件制造	7289015	8785	610478	
光伏设备及元器件制造	9274151	1000	1039579	

续表22

行　　业	本年实际到位资金小计	国家预算资金	国内贷款	债　　券
其他输配电及控制设备制造	4020979	7547	319192	
电线、电缆、光缆及电工器材制造	17482887	38545	1235879	
电线、电缆制造	13167544	22967	928470	
光纤、光缆制造	1287906	4020	113253	
绝缘制品制造	1271225	198	70495	
其他电工器材制造	1756212	11360	123661	
电池制造	11421784	65843	1066999	
锂离子电池制造	6042572	6765	565877	
镍氢电池制造	514097		23609	
其他电池制造	4865115	59078	477513	
家用电力器具制造	10260043	360	652808	
家用制冷电器具制造	2156843		227763	
家用空气调节器制造	1271339	300	89450	
家用通风电器具制造	485588		9685	
家用厨房电器具制造	2282889		103302	
家用清洁卫生电器具制造	741894		101134	
家用美容、保健电器具制造	302158		20048	
家用电力器具专用配件制造	1170420		62985	
其他家用电力器具制造	1848912	60	38441	
非电力家用器具制造	4312050	5493	234158	500
燃气、太阳能及类似能源家用器具制造	3969427	5493	219719	500
其他非电力家用器具制造	342623		14439	
照明器具制造	12204621	68973	745862	
电光源制造	3452317	57020	163572	
照明灯具制造	7330743	6333	406332	
灯用电器附件及其他照明器具制造	1421561	5620	175958	
其他电气机械及器材制造	4764191	20402	256648	
电气信号设备装置制造	1009041		47760	
其他未列明电气机械及器材制造	3755150	20402	208888	
计算机、通信和其他电子设备制造业	83022958	685986	6000599	15964
计算机制造	8990378	182014	422939	
计算机整机制造	1964771	9000	68802	

续表 23

行　业	本年实际到位资金小计	国家预算资金	国内贷款	债　券
计算机零部件制造	3873812	169700	224890	
计算机外围设备制造	1178229	3119	39638	
其他计算机制造	1973566	195	89609	
通信设备制造	11399643	10647	1125518	864
通信系统设备制造	5344001	9747	370026	864
通信终端设备制造	6055642	900	755492	
广播电视设备制造	2169705	5620	215476	
广播电视节目制作及发射设备制造	496362	5620	46062	
广播电视接收设备及器材制造	818375		20726	
应用电视设备及其他广播电视设备制造	854968		148688	
视听设备制造	2332027	10579	172020	
电视机制造	1068108	10579	75671	
音响设备制造	557533		59074	
影视录放设备制造	706386		37275	
电子器件制造	29811425	320724	2462156	
电子真空器件制造	1161110	285	15307	
半导体分立器件制造	1121463	6	48629	
集成电路制造	6922364	218706	640355	
光电子器件及其他电子器件制造	20606488	101727	1757865	
电子元件制造	18092660	41523	1080387	15100
电子元件及组件制造	15158461	41523	912514	15100
印制电路板制造	2934199		167873	
其他电子设备制造	10227120	114879	522103	
仪器仪表制造业	15984245	83680	1063365	
通用仪器仪表制造	7794505	60530	591327	
工业自动控制系统装置制造	4074491	34950	246002	
电工仪器仪表制造	1343861	25580	57261	
绘图、计算及测量仪器制造	546812		57898	
实验分析仪器制造	581840		37113	
试验机制造	191122			
供应用仪表及其他通用仪器制造	1056379		193053	
专用仪器仪表制造	3562371	23150	135338	

续表 24

行　　业	本年实际到位资金小计	国家预算资金	国内贷款	债　　券
环境监测专用仪器仪表制造	464032		17300	
运输设备及生产用计数仪表制造	550112	300	5140	
农、林、牧、渔专用仪器仪表制造	98510		4000	
地质勘探和地震专用仪器制造	185871		16230	
教学专用仪器制造	197975	500	8010	
电子测量仪器制造	634752	1150	11817	
其他专用仪器制造	1431119	21200	72841	
钟表与计时仪器制造	422643		36816	
光学仪器及眼镜制造	1633814		88635	
光学仪器制造	1054100		78745	
眼镜制造	579714		9890	
其他仪器仪表制造业	2570912		211249	
其他制造业	20279373	438802	3218177	
日用杂品制造	2091882	7200	154195	
鬃毛加工、制刷及清扫工具制造	574441	6500	28585	
其他日用杂品制造	1517441	700	125610	
煤制品制造	1876897		255632	
其他未列明制造业	16310594	431602	2808350	
废弃资源综合利用业	12010068	150380	1161936	1123
金属废料和碎屑加工处理	7304130	10354	719444	229
非金属废料和碎屑加工处理	4705938	140026	442492	894
金属制品、机械和设备修理业	3289158	85295	240693	
金属制品修理	545590		51780	
通用设备修理	317358	8065	24590	
专用设备修理	643561	34266	107501	
铁路、船舶、航空航天等运输设备修理	986751	35964	23124	
铁路运输设备修理	44987	5199		
船舶修理	378945		10700	
航空航天器修理	250020		609	
其他运输设备修理	312799	30765	11815	
电气设备修理	122261	300	5800	
仪器仪表修理	19087		1500	

续表 25

行　　业	本年实际到位资金小计	国家预算资金	国内贷款	债　　券
其他机械和设备修理业	654550	6700	26398	
（四）电力、热力、燃气及水的生产和供应业	**230196131**	**17759066**	**52577981**	**391081**
电力、热力生产和供应业	176998416	11156533	47887989	364652
电力生产	115307153	4517955	35170943	242162
火力发电	33130401	332790	8933985	6000
水力发电	21347027	2281475	6331984	141092
核力发电	10648866	1096545	5989745	
风力发电	26573303	458519	8824403	94590
太阳能发电	17078286	210850	4378442	
其他电力生产	6529270	137776	712384	480
电力供应	45965778	5559591	10807370	122490
热力生产和供应	15725485	1078987	1909676	
燃气生产和供应业	22079304	636226	1996736	3981
燃气生产和供应业	22079304	636226	1996736	3981
水的生产和供应业	31118411	5966307	2693256	22448
自来水生产和供应	14464935	2968186	1105492	12145
污水处理及其再生利用	14464595	2607506	1391398	10303
其他水的处理、利用与分配	2188881	390615	196366	
（五）建筑业	**41439986**	**4814910**	**2134930**	**3255**
房屋建筑业	13318331	1465404	470611	
房屋建筑业	13318331	1465404	470611	
土木工程建筑业	20936451	3074297	1215673	2841
铁路、道路、隧道和桥梁工程建筑	13242788	2063528	714495	2841
铁路工程建筑	721714	207792	9400	
公路工程建筑	4912759	959573	352449	
市政道路工程建筑	5010858	509245	234445	2191
其他道路、隧道和桥梁工程建筑	2597457	386918	118201	650
水利和内河港口工程建筑	2892257	661477	177321	
水源及供水设施工程建筑	850946	191668	14076	
河湖治理及防洪设施工程建筑	1429852	467562	23074	
港口及航运设施工程建筑	611459	2247	140171	
海洋工程建筑	385242	2366	68180	

续表 26

行　　业	本年实际到位资金小计	国家预算资金	国内贷款	债　　券
工矿工程建筑	388593	8600	9990	
架线和管道工程建筑	1337200	208585	101157	
架线及设备工程建筑	612194	136026	42811	
管道工程建筑	725006	72559	58346	
其他土木工程建筑	2690371	129741	144530	
建筑安装业	2131681	124891	57889	
电气安装	593196	28811	16439	
管道和设备安装	523888	35615	13690	
其他建筑安装业	1014597	60465	27760	
建筑装饰和其他建筑业	5053523	150318	390757	414
建筑装饰业	1854091	42433	95268	414
工程准备活动	640897	29001	42850	
建筑物拆除活动	186683	9500	25500	
其他工程准备活动	454214	19501	17350	
提供施工设备服务	354599		10000	
其他未列明建筑业	2203936	78884	242639	
（六）批发和零售业	**158541912**	**1015825**	**10073185**	**16875**
批发业	76973218	473674	4176892	9339
农、林、牧产品批发	8632803	83923	555922	
谷物、豆及薯类批发	2351755	37512	170678	
种子批发	753049	9062	78119	
饲料批发	214608		11466	
棉、麻批发	193651	1500	41246	
林业产品批发	995853	6710	56874	
牲畜批发	468210	8200	21838	
其他农牧产品批发	3655677	20939	175701	
食品、饮料及烟草制品批发	11144330	124561	683134	552
米、面制品及食用油批发	1257698	9676	117251	
糕点、糖果及糖批发	206431		10060	
果品、蔬菜批发	4487684	70706	313121	
肉、禽、蛋、奶及水产品批发	2429181	25164	149196	
盐及调味品批发	94990		2500	

续表 27

行　　业	本年实际到位资金小计	国家预算资金	国内贷款	债　　券
营养和保健品批发	107995	1000	200	
酒、饮料及茶叶批发	989137	700	26341	
烟草制品批发	353172	6061		
其他食品批发	1218042	11254	64465	552
纺织、服装及家庭用品批发	8628665	29483	504311	1880
纺织品、针织品及原料批发	2358644	15388	105568	1880
服装批发	2717449	5000	196856	
鞋帽批发	277174	2000	8230	
化妆品及卫生用品批发	255372		19208	
厨房、卫生间用具及日用杂货批发	480334		11458	
灯具、装饰物品批发	616082		47475	
家用电器批发	729246		59585	
其他家庭用品批发	1194364	7095	55931	
文化、体育用品及器材批发	1510984	38364	52990	1200
文具用品批发	324782		12350	
体育用品及器材批发	111925	3250	3840	
图书批发	144103	1914		
报刊批发	23311			
音像制品及电子出版物批发	59562		3000	
首饰、工艺品及收藏品批发	630630	29000	19100	1200
其他文化用品批发	216671	4200	14700	
医药及医疗器材批发	2424921	21274	92402	4039
西药批发	875765	18580	32825	
中药批发	662464	2694	16278	2000
医疗用品及器材批发	886692		43299	2039
矿产品、建材及化工产品批发	23345297	36195	1245782	
煤炭及制品批发	2514770		217570	
石油及制品批发	3110690	22825	160035	
非金属矿及制品批发	414926		18980	
金属及金属矿批发	3511768		71010	
建材批发	11711986	9970	694164	
化肥批发	548981	3400	24311	

续表 28

行　　业	本年实际到位资金小计	国家预算资金	国内贷款	债　　券
农药批发	155809		13730	
农用薄膜批发	27327			
其他化工产品批发	1349040		45982	
机械设备、五金产品及电子产品批发	12992367	53589	643570	800
农业机械批发	1013555	15552	57724	
汽车批发	2627587	4875	99024	800
汽车零配件批发	1589439		52000	
摩托车及零配件批发	189690		5000	
五金产品批发	2899837	15370	200204	
电气设备批发	980090	2100	53593	
计算机、软件及辅助设备批发	490130	1655	13650	
通信及广播电视设备批发	167604	7097	301	
其他机械设备及电子产品批发	3034435	6940	162074	
贸易经纪与代理	3956606	6540	192343	868
贸易代理	2484860	6540	135939	868
拍卖	48099		2000	
其他贸易经纪与代理	1423647		54404	
其他批发业	4337245	79745	206438	
再生物资回收与批发	1506584	7015	59859	
其他未列明批发业	2830661	72730	146579	
零售业	81568694	542151	5896293	7536
综合零售	34863124	244478	2941746	1000
百货零售	18084354	104707	1547629	1000
超级市场零售	8851493	74680	984084	
其他综合零售	7927277	65091	410033	
食品、饮料及烟草制品专门零售	3439251	95083	186507	
粮油零售	331751	13848	3250	
糕点、面包零售	100796		2240	
果品、蔬菜零售	799038	15666	57282	
肉、禽、蛋、奶及水产品零售	735382	18776	34210	
营养和保健品零售	104256		14625	
酒、饮料及茶叶零售	500807	50	13192	

续表 29

行 业	本年实际到位资金小计	国家预算资金	国内贷款	债 券
烟草制品零售	40204	969	2100	
其他食品零售	827017	45774	59608	
纺织、服装及日用品专门零售	3559754	65481	154682	
纺织品及针织品零售	471740	3913	13400	
服装零售	2085462	47506	71463	
鞋帽零售	64343		2000	
化妆品及卫生用品零售	104354	110		
钟表、眼镜零售	109173		280	
箱、包零售	100211		8000	
厨房用具及日用杂品零售	96938		16715	
自行车零售	60648		19000	
其他日用品零售	466885	13952	23824	
文化、体育用品及器材专门零售	2074581	17974	192810	
文具用品零售	39245		553	
体育用品及器材零售	82738	2350	3000	
图书、报刊零售	96004	300	3177	
音像制品及电子出版物零售	14350		500	
珠宝首饰零售	1000151	9155	47760	
工艺美术品及收藏品零售	611552	503	119400	
乐器零售	22814			
照相器材零售	54550			
其他文化用品零售	153177	5666	18420	
医药及医疗器材专门零售	1264968	966	49385	
药品零售	921176		27185	
医疗用品及器材零售	343792	966	22200	
汽车、摩托车、燃料及零配件专门零售	21635942	60033	1466288	450
汽车零售	16399666	16583	1218298	
汽车零配件零售	1846966	8100	84610	450
摩托车及零配件零售	86255		9735	
机动车燃料零售	3303055	35350	153645	
家用电器及电子产品专门零售	2484624	5950	107818	3086
家用视听设备零售	243956		13540	

续表 30

行　业	本年实际到位资金小计	国家预算资金	国内贷款	债　券
日用家电设备零售	777007	3000	61010	2200
计算机、软件及辅助设备零售	428922		14622	886
通信设备零售	375147	2950	7946	
其他电子产品零售	659592		10700	
五金、家具及室内装饰材料专门零售	8177707	28160	570925	
五金零售	1281677	4000	101070	
灯具零售	284564		10000	
家具零售	4158365	17160	251765	
涂料零售	92399		100	
卫生洁具零售	80192		6574	
木质装饰材料零售	322206		19286	
陶瓷、石材装饰材料零售	889643	4500	56380	
其他室内装饰材料零售	1068661	2500	125750	
货摊、无店铺及其他零售业	4068743	24026	226132	3000
货摊食品零售	110593	6270	28500	
货摊纺织、服装及鞋零售	45016			
货摊日用品零售	64089		6600	
互联网零售	738483	767	4162	
邮购及电视、电话零售	15938			
旧货零售	32564		3100	
生活用燃料零售	668284	3801	51210	
其他未列明零售业	2393776	13188	132560	3000
(七) 交通运输、仓储和邮政业	**423284604**	**63345741**	**111070674**	**13530781**
铁路运输业	80590105	16917362	31591144	12372119
铁路旅客运输	44850431	14543427	12805217	9040869
铁路货物运输	29307923	1361840	17384657	2786250
铁路运输辅助活动	6431751	1012095	1401270	545000
客运火车站	1290904	188802	63783	70000
货运火车站	348729	26380	87474	
其他铁路运输辅助活动	4792118	796913	1250013	475000
道路运输业	234042564	43587826	61407905	1004843
城市公共交通运输	40844768	5210517	18855499	989985

续表31

行　　业	本年实际到位资金小计	国家预算资金	国内贷款	债　　券
公共电汽车客运	5308773	509340	549555	6643
城市轨道交通	30336765	3827097	17835442	980542
出租车客运	459363	72842	26415	
其他城市公共交通运输	4739867	801238	444087	2800
公路旅客运输	78895327	15502611	24589874	
道路货物运输	58183715	9783350	7536612	3208
道路运输辅助活动	56118754	13091348	10425920	11650
客运汽车站	2674371	330525	346593	
公路管理与养护	41701243	9766755	8543650	2650
其他道路运输辅助活动	11743140	2994068	1535677	9000
水上运输业	24234491	1036917	5921046	8949
水上旅客运输	678963	109138	30300	
海洋旅客运输	236266	27624	23700	
内河旅客运输	289141	60285	6600	
客运轮渡运输	153556	21229		
水上货物运输	6061971	244178	1096114	208
远洋货物运输	1410594	8000	415665	
沿海货物运输	2509445	37255	496805	
内河货物运输	2141932	198923	183644	208
水上运输辅助活动	17493557	683601	4794632	8741
客运港口	463474	19616	197737	8741
货运港口	14262261	229770	4017824	
其他水上运输辅助活动	2767822	434215	579071	
航空运输业	15190799	495422	5088604	144000
航空客货运输	8107267	56968	2471217	
航空旅客运输	7780504	56968	2457864	
航空货物运输	326763		13353	
通用航空服务	509583	1164	61350	
航空运输辅助活动	6573949	437290	2556037	144000
机场	5495114	413831	2555537	144000
空中交通管理	18188	2179		
其他航空运输辅助活动	1060647	21280	500	

续表 32

行　　业	本年实际到位资金小计	国家预算资金	国内贷款	债　　券
管道运输业	3178446	255408	392610	
管道运输业	3178446	255408	392610	
装卸搬运和运输代理业	12313992	118038	1121224	870
装卸搬运	1999599	47067	186646	870
运输代理业	10314393	70971	934578	
货物运输代理	8023314	59797	554661	
旅客票务代理	48935		7000	
其他运输代理业	2242144	11174	372917	
仓储业	52445573	904183	5509829	
谷物、棉花等农产品仓储	11309040	406628	1067648	
谷物仓储	5819727	309808	481058	
棉花仓储	647747	60054	45227	
其他农产品仓储	4841566	36766	541363	
其他仓储业	41136533	497555	4442181	
邮政业	1288634	30585	38312	
邮政基本服务	360366	30489	22862	
快递服务	928268	96	15450	
(八) 住宿和餐饮业	**63675220**	**570946**	**4473898**	**7821**
住宿业	47203380	492870	3318676	1727
旅游饭店	36494135	386356	2844391	1727
一般旅馆	6158549	35443	242800	
其他住宿业	4550696	71071	231485	
餐饮业	16471840	78076	1155222	6094
正餐服务	12674681	58415	919440	1950
快餐服务	951926	3390	51330	
饮料及冷饮服务	689513	8890	8290	
茶馆服务	189387	8890	5100	
咖啡馆服务	140134		1110	
酒吧服务	243390		2080	
其他饮料及冷饮服务	116602			
其他餐饮业	2155720	7381	176162	4144
小吃服务	398416	450	15210	413

续表 33

行　　业	本年实际到位资金小计	国家预算资金	国内贷款	债　　券
餐饮配送服务	252383	598	6061	883
其他未列明餐饮业	1504921	6333	154891	2848
（九）信息传输、软件和信息技术服务业	**42536703**	**1209290**	**1819327**	**10100**
电信、广播电视和卫星传输服务	21544278	585904	514264	
电信	20151639	482372	404050	
固定电信服务	3491373	153317	37594	
移动电信服务	15503840	216237	321391	
其他电信服务	1156426	112818	45065	
广播电视传输服务	1301976	100814	94254	
有线广播电视传输服务	1014595	83951	48068	
无线广播电视传输服务	287381	16863	46186	
卫星传输服务	90663	2718	15960	
互联网和相关服务	4091445	78408	64617	
互联网接入及相关服务	1469160	30695	15491	
互联网信息服务	2048238	38494	7352	
其他互联网服务	574047	9219	41774	
软件和信息技术服务业	16900980	544978	1240446	10100
软件开发	7394839	115316	543856	
信息系统集成服务	2515473	48634	249125	10100
信息技术咨询服务	1432306	13682	79081	
数据处理和存储服务	2494097	344419	154915	
集成电路设计	459843	3500	61100	
其他信息技术服务业	2604422	19427	152369	
数字内容服务	269157	11222	11853	
呼叫中心	444314		41800	
其他未列明信息技术服务业	1890951	8205	98716	
（十）金融业	**14695221**	**252873**	**620336**	**22967**
货币金融服务	7160217	152475	189780	2881
中央银行服务	876925	50237	39430	
货币银行服务	5638466	83217	127270	2881
非货币银行服务	621635		23080	
金融租赁服务	211100		17400	

续表 34

行 业	本年实际到位资金小计	国家预算资金	国内贷款	债 券
财务公司	50703			
典当	64607		1680	
其他非货币银行服务	295225		4000	
银行监管服务	23191	19021		
资本市场服务	3878143	34045	197995	20086
证券市场服务	786632		4000	
证券市场管理服务	215399		4000	
证券经纪交易服务	534156			
基金管理服务	37077			
期货市场服务	215181			
期货市场管理服务	203799			
其他期货市场服务	11382			
证券期货监管服务	26190			
资本投资服务	2418935	34045	184183	19446
其他资本市场服务	431205		9812	640
保险业	1820601	18475	500	
人身保险	852690	1020		
人寿保险	849320			
健康和意外保险	3370	1020		
财产保险	896811	12170	500	
再保险				
养老金	3650			
保险经纪与代理服务	41439			
保险监管服务	5285	5285		
其他保险活动	20726			
风险和损失评估	3959			
其他未列明保险活动	16767			
其他金融业	1836260	47878	232061	
金融信托与管理服务	643674	965	171461	
控股公司服务	299734	22321	18200	
非金融机构支付服务	12743			
金融信息服务	251035	300	15500	

续表 35

行　业	本年实际到位资金小计	国家预算资金	国内贷款	债　券
其他未列明金融业	629074	24292	26900	
（十一）房地产业	**1507307446**	**24827934**	**233711053**	**595540**
房地产业	1507307446	24827934	233711053	595540
房地产开发经营	1271190544	2535075	217248003	15013
物业管理	4202392	45187	162148	
房地产中介服务	208442	7250	8037	558
自有房地产经营活动	21482667	1247661	1438628	698
其他房地产业	210223401	20992761	14854237	579271
（十二）租赁和商务服务业	**82028691**	**1456884**	**7202254**	**10875**
租赁业	7145098	3675	593275	
机械设备租赁	6986956	2580	582130	
汽车租赁	536530	2000	26653	
农业机械租赁	89035		3000	
建筑工程机械与设备租赁	1068354		66495	
计算机及通信设备租赁	19449			
其他机械与设备租赁	5273588	580	485982	
文化及日用品出租	158142	1095	11145	
娱乐及体育设备出租	115070	990	11145	
图书出租	2384			
音像制品出租				
其他文化及日用品出租	40688	105		
商务服务业	74883593	1453209	6608979	10875
企业管理服务	29511717	552126	3205078	5404
企业总部管理	8495213	68941	1087296	4216
投资与资产管理	16540739	453239	1731390	408
单位后勤管理服务	755240	4704	56422	
其他企业管理服务	3720525	25242	329970	780
法律服务	127797	16024		
律师及相关法律服务	101604	1020		
公证服务	189			
其他法律服务	26004	15004		
咨询与调查	2014601	21891	229445	489

续表 36

行　　业	本年实际到位资金小计	国家预算资金	国内贷款	债　　券
会计、审计及税务服务	133202		7496	
市场调查	14983	953		
社会经济咨询	499578	5338	9921	
其他专业咨询	1366838	15600	212028	489
广告业	2186512	5920	33490	
知识产权服务	255081		12091	
人力资源服务	1065203	39736	36056	
公共就业服务	352745	11461	1000	
职业中介服务	96152	10945	7464	
劳务派遣服务	249253		9532	
其他人力资源服务	367053	17330	18060	
旅行社及相关服务	7305696	202674	491325	3252
旅行社服务	612628	12756	2470	
旅游管理服务	6128399	184821	408426	
其他旅行社相关服务	564669	5097	80429	3252
安全保护服务	526970	40177	19092	
安全服务	240298	2620	2800	
安全系统监控服务	190375	34453	9542	
其他安全保护服务	96297	3104	6750	
其他商务服务业	31890016	574661	2582402	1730
市场管理	11398216	186384	747079	1130
会议及展览服务	7018657	80199	619817	
包装服务	409445		35534	
办公服务	1695482	56188	30211	
信用服务	72158			
担保服务	318211	30000	180000	
其他未列明商务服务业	10977847	221890	969761	600
(十三)科学研究和技术服务业	**43174168**	**2299152**	**2803104**	**4609**
研究和试验发展	13694009	905656	682265	3789
自然科学研究和试验发展	1487139	191842	95977	
工程和技术研究和试验发展	8687740	510202	389734	3789
农业科学研究和试验发展	1983388	89362	82397	

续表 37

行　　业	本年实际到位资金小计	国家预算资金	国内贷款	债　　券
医学研究和试验发展	1286870	73164	93957	
社会人文科学研究	248872	41086	20200	
专业技术服务业	15794364	988800	908680	820
气象服务	390332	115292	10000	
地震服务	116336	20084		
海洋服务	357577	50593	46000	
测绘服务	262447	6259	18693	
质检技术服务	2585376	118666	123919	
环境与生态监测	670343	83632	19825	
环境保护监测	587206	64763	19825	
生态监测	83137	18869		
地质勘查	2241315	192420	191387	
能源矿产地质勘查	692480	158228	3550	
固体矿产地质勘查	1003119	13382	186637	
水、二氧化碳等矿产地质勘查	24277	5539		
基础地质勘查	251059	11950		
地质勘查技术服务	270380	3321	1200	
工程技术	4979651	334177	135844	
工程管理服务	1602934	37796	36466	
工程勘察设计	1378359	90166	48937	
规划管理	1998358	206215	50441	
其他专业技术服务业	4190987	67677	363012	820
专业化设计服务	1295891		38320	
摄影扩印服务	196882		12700	
兽医服务	49390	11409	2700	
其他未列明专业技术服务业	2648824	56268	309292	820
科技推广和应用服务业	13685795	404696	1212159	
技术推广服务	8967550	285816	782245	
农业技术推广服务	3474088	217382	255390	
生物技术推广服务	1070463	5287	122248	
新材料技术推广服务	1144935	1350	176598	
节能技术推广服务	1683109	49241	131900	

续表 38

行　业	本年实际到位资金小计	国家预算资金	国内贷款	债　券
其他技术推广服务	1594955	12556	96109	
科技中介服务	1929434	46756	217145	
其他科技推广和应用服务业	2788811	72124	212769	
(十四) 水利、环境和公共设施管理业	**460252863**	**82201735**	**41349502**	**241625**
水利管理业	58677019	20128297	4257690	58357
防洪除涝设施管理	29691935	9386508	2755344	21430
水资源管理	8109702	3176969	570190	927
天然水收集与分配	10257796	3739320	466219	36000
水文服务	262596	51424	20823	
其他水利管理业	10354990	3774076	445114	
生态保护和环境治理业	18358380	3028917	1292767	2216
生态保护	4725228	643202	217631	
自然保护区管理	1801467	232813	115541	
野生动物保护	628848	29809	10600	
野生植物保护	300511	9764	40500	
其他自然保护	1994402	370816	50990	
环境治理业	13633152	2385715	1075136	2216
水污染治理	7575076	1718279	772041	
大气污染治理	1067370	35567	57457	1216
固体废物治理	2067855	194025	113060	
危险废物治理	319194	8363	19904	
放射性废物治理	21748			
其他污染治理	2581909	429481	112674	1000
公共设施管理业	383217464	59044521	35799045	181052
市政设施管理	277652807	46784229	29075840	156892
环境卫生管理	6192208	1206228	216837	
城乡市容管理	15922430	2833285	455048	1060
绿化管理	16849637	3870018	1321613	
公园和游览景区管理	66600382	4350761	4729707	23100
公园管理	18368364	2185375	1602373	17500
游览景区管理	48232018	2165386	3127334	5600
(十五) 居民服务、修理和其他服务业	**22494796**	**1170424**	**1448435**	**228**

续表 39

行　　业	本年实际到位资金小计	国家预算资金	国内贷款	债　　券
居民服务业	13207894	886182	785105	
家庭服务	553043	138072	11607	
托儿所服务	381024	7707	3670	
洗染服务	86391	634	10822	
理发及美容服务	229872	1197	5560	
洗浴服务	1608398	900	66710	
保健服务	390837	29488	22869	
婚姻服务	141535		11213	
殡葬服务	1622907	172797	64173	
其他居民服务业	8193887	535387	588481	
机动车、电子产品和日用产品修理业	5094362	78409	293347	228
汽车、摩托车修理与维护	4537413	38271	253028	228
汽车修理与维护	4513304	38271	252608	228
摩托车修理与维护	24109		420	
计算机和办公设备维修	378314	36938	26512	
计算机和辅助设备修理	109734	18010	1050	
通信设备修理	133782	15187	18403	
其他办公设备维修	134798	3741	7059	
家用电器修理	66721		100	
家用电子产品修理	36087			
日用电器修理	30634		100	
其他日用产品修理业	111914	3200	13707	
自行车修理	3350			
鞋和皮革修理	6622		172	
家具和相关物品修理	17415			
其他未列明日用产品修理业	84527	3200	13535	
其他服务业	4192540	205833	369983	
清洁服务	412777	5750	23355	
建筑物清洁服务	93264	4100	3000	
其他清洁服务	319513	1650	20355	
其他未列明服务业	3779763	200083	346628	
（十六）教育	**67649536**	**16849944**	**3896074**	**10489**

续表 40

行　　业	本年实际到位资金小计	国家预算资金	国内贷款	债　　券
教育	67649536	16849944	3896074	10489
学前教育	4944547	1166535	140036	151
初等教育	12685943	4701333	241539	
普通小学教育	12505202	4645117	240089	
成人小学教育	180741	56216	1450	
中等教育	23759560	7210097	1225705	1300
普通初中教育	11530817	3841429	306206	1300
职业初中教育	576151	144648	46245	
成人初中教育	114586	31327	5300	
普通高中教育	6804262	2221412	367335	
成人高中教育	108941	24407	5000	
中等职业学校教育	4624803	946874	495619	
高等教育	16590745	2683964	1507595	6208
普通高等教育	15269232	2307503	1477347	6208
成人高等教育	1321513	376461	30248	
特殊教育	435837	160758	2000	2500
技能培训、教育辅助及其他教育	9232904	927257	779199	330
职业技能培训	5698203	272906	454500	330
体校及体育培训	433652	28673	36800	
文化艺术培训	445434	61846	23200	
教育辅助服务	491834	103001	11560	
其他未列明教育	2163781	460831	253139	
(十七) 卫生和社会工作	**40962392**	**6134881**	**2476885**	**12000**
卫生	32972284	4915570	2154966	12000
医院	26894103	3626963	1989515	12000
综合医院	19584735	2686396	1563391	12000
中医医院	2301175	421963	141146	
中西医结合医院	693013	80362	47708	
民族医院	77313	25895	6000	
专科医院	3286776	297921	179088	
疗养院	951091	114426	52182	
社区医疗与卫生院	3413731	707425	94948	

续表 41

行　业	本年实际到位资金小计	国家预算资金	国内贷款	债　券
社区卫生服务中心（站）	913700	124252	37076	
街道卫生院	287587	66566	18768	
乡镇卫生院	2212444	516607	39104	
门诊部（所）	286546	22706	24358	
计划生育技术服务活动	244869	38369	485	
妇幼保健院（所、站）	944676	221927	30215	
专科疾病防治院（所、站）	137298	35116		
疾病预防控制中心	358091	87645	6020	
其他卫生活动	692970	175419	9425	
社会工作	7990108	1219311	321919	
提供住宿社会工作	7318856	1032286	307446	
干部休养所	238066	37612	500	
护理机构服务	846221	83438	23950	
精神康复服务	69161	20563		
老年人、残疾人养护服务	5473892	697935	280159	
孤残儿童收养和庇护服务	180547	58229		
其他提供住宿社会救助	510969	134509	2837	
不提供住宿社会工作	671252	187025	14473	
社会看护与帮助服务	371779	87594	10263	
其他不提供住宿社会工作	299473	99431	4210	
（十八）文化、体育和娱乐业	**63904381**	**5266144**	**4771425**	**9888**
新闻和出版业	1062719	52364	91969	
新闻业	299366	41794	23288	
出版业	763353	10570	68681	
图书出版	246342		8000	
报纸出版	352204	10570	55450	
期刊出版	22630			
音像制品出版	11873			
电子出版物出版	51982		5231	
其他出版业	78322			
广播、电视、电影和影视录音制作业	5868340	202691	649783	600
广播	295565	66607		

续表42

行　业	本年实际到位资金小计	国家预算资金	国内贷款	债　券
电视	1028983	63283	18787	
电影和影视节目制作	2697680	45535	577681	
电影和影视节目发行	412307	700	5189	600
电影放映	1398329	26566	48126	
录音制作	35476			
文化艺术业	28227592	3294139	1986410	5120
文艺创作与表演	1077192	41588	42324	
艺术表演场馆	2687905	372709	223025	
图书馆与档案馆	1388734	368796	124310	
图书馆	997607	226786	114290	
档案馆	391127	142010	10020	
文物及非物质文化遗产保护	6078091	858654	345648	
博物馆	3628725	676370	346291	3320
烈士陵园、纪念馆	710900	223568	15000	1800
群众文化活动	6218617	587837	304673	
其他文化艺术业	6437428	164617	585139	
体育	10249657	1472018	623924	168
体育组织	179847	26206	9000	
体育场馆	4714588	1049106	336914	
休闲健身活动	4682781	311139	269020	168
其他体育	672441	85567	8990	
娱乐业	18496073	244932	1419339	4000
室内娱乐活动	3094701	68179	332922	
歌舞厅娱乐活动	1284377	4000	134702	
电子游艺厅娱乐活动	74171			
网吧活动	279779		8082	
其他室内娱乐活动	1456374	64179	190138	
游乐园	8919268	94386	756513	
彩票活动	47154	4369	6848	
文化、娱乐、体育经纪代理	117961		5000	
文化娱乐经纪人	38959			
体育经纪人	3899			

续表 43

行　　业	本年实际到位资金小计	国家预算资金	国内贷款	债　　券
其他文化艺术经纪代理	75103		5000	
其他娱乐业	6316989	77998	318056	4000
（十九）公共管理、社会保障和社会组织	**69382486**	**18288515**	**2249229**	**14396**
中国共产党机关	263739	91454	6480	
中国共产党机关	263739	91454	6480	
国家机构	49647928	16286455	1426469	14024
国家权力机构	740075	165594	43271	
国家行政机构	46524291	15315683	1311561	13924
综合事务管理机构	16508966	3798758	540644	3724
对外事务管理机构	177184	117520		
公共安全管理机构	10055026	7089830	167712	
社会事务管理机构	8525899	1786852	128779	
经济事务管理机构	9678888	2068469	430645	10200
行政监督检查机构	1578328	454254	43781	
人民法院和人民检察院	1020451	488699	10602	100
人民法院	654300	346887	9102	
人民检察院	366151	141812	1500	100
其他国家机构	1363111	316479	61035	
人民政协、民主党派	81257	9906	350	
人民政协	26273	9356		
民主党派	54984	550	350	
社会保障	2588340	542292	197400	
社会保障	2588340	542292	197400	
群众团体、社会团体和其他成员组织	5752197	738084	231682	
群众团体	180774	66034		
工会	64877	30167		
妇联	16645	15236		
共青团	4697	1090		
其他群众团体	94555	19541		
社会团体	3105404	579560	209188	
专业性团体	2207485	524515	95246	
行业性团体	635182	19482	109242	

续表 44

行　业	本年实际到位资金小计	国家预算资金	国内贷款	债　券
其他社会团体	262737	35563	4700	
基金会	7650	705		
宗教组织	2458369	91785	22494	
基层群众自治组织	11049025	620324	386848	372
社区自治组织	3653858	161379	119550	
村民自治组织	7395167	458945	267298	372

国民经济行业小类固定资产投资（不含农户）实际到位资金构成（二）

单位：万元

行　业	利用外资	外商直接投资	自筹资金	企事业单位自有资金	其他资金
全国总计	**40528610**	**22011774**	**3699646896**	**1023887745**	**659111351**
（一）农、林、牧、渔业	**423554**	**197185**	**117748149**	**23679918**	**8020401**
农业	174519	47127	45825008	8845206	3041112
谷物种植	29300	14250	4271341	725903	421111
稻谷种植	29050	14000	1873284	327517	314609
小麦种植			437648	91673	27365
玉米种植	250	250	1207832	187083	41297
其他谷物种植			752577	119630	37840
豆类、油料和薯类种植	1200		1886573	373885	81073
豆类种植			544183	104827	29298
油料种植			769447	154038	39784
薯类种植	1200		572943	115020	11991
棉、麻、糖、烟草种植	2800		804357	179238	68110
棉花种植			333279	69712	11040
麻类种植	500		42714	6020	2110
糖料种植			77631	36987	19375
烟草种植	2300		350733	66519	35585
蔬菜、食用菌及园艺作物种植	108624	20586	20235433	4027863	1007343
蔬菜种植	30976	2097	11111294	2138789	580154

续表1

行　业	利用外资	外商直接投资	自筹资金	企事业单位自有资金	其他资金
食用菌种植	21130	1130	2765347	464602	67551
花卉种植	55518	17359	4036025	959231	234646
其他园艺作物种植	1000		2322767	465241	124992
水果种植	17855	11640	8221416	1592077	602787
仁果类和核果类水果种植	460		2864008	393045	220445
葡萄种植			1513150	249987	101226
柑橘类种植	15195	9440	630923	175841	61729
香蕉等亚热带水果种植			224710	86812	28472
其他水果种植	2200	2200	2988625	686392	190915
坚果、含油果、香料和饮料作物种植	9390		3072090	498889	256263
坚果种植	2890		1530848	253933	121705
含油果种植			292613	43018	29697
香料作物种植			102685	20400	22785
茶及其他饮料作物种植	6500		1145944	181538	82076
中药材种植	1087	651	3328712	682123	188998
其他农业	4263		4005086	765228	415427
林业	14623	10796	10680357	2184012	1290706
林木育种和育苗	12296	10796	5954856	1242143	437976
林木育种	1160	1160	1353734	313656	94293
林木育苗	11136	9636	4601122	928487	343683
造林和更新	2327		3907742	815880	622873
森林经营和管护			626009	81733	197172
木材和竹材采运			88103	35216	5338
木材采运			56066	7807	3742
竹材采运			32037	27409	1596
林产品采集			103647	9040	27347
木竹材林产品采集			60169	7892	8457
非木竹材林产品采集			43478	1148	18890
畜牧业	152649	92579	35770678	7875759	1333580

续表 2

行　　业	利用外资	外商直接投资	自筹资金	企事业单位自有资金	其他资金
牲畜饲养	101404	53804	28526584	5964145	975030
牛的饲养	65524	44124	9821437	2167120	329888
马的饲养			77589	11920	1650
猪的饲养	28200	7500	11629810	2267829	388788
羊的饲养	2180	2180	5839459	1165678	212360
骆驼饲养			1100		
其他牲畜饲养	5500		1157189	351598	42344
家禽饲养	45275	38775	5041617	1312845	204926
鸡的饲养	45275	38775	3914759	1075272	124905
鸭的饲养			490433	107064	42513
鹅的饲养			121430	24762	6972
其他家禽饲养			514995	105747	30536
狩猎和捕捉动物			284001	98497	21320
其他畜牧业	5970		1918476	500272	132304
渔业	14669	14669	6788931	1420548	333726
水产养殖	14669	14669	6149684	1315449	309986
海水养殖	9118	9118	2557376	538887	65237
内陆养殖	5551	5551	3592308	776562	244749
水产捕捞			639247	105099	23740
海水捕捞			579371	77906	15845
内陆捕捞			59876	27193	7895
农、林、牧、渔服务业	67094	32014	18683175	3354393	2021277
农业服务业	60343	27514	16206853	3021722	1901734
农业机械服务	7720	1100	1965596	293931	142500
灌溉服务	11254	6114	3010775	634829	591584
农产品初加工服务	11700	1500	3154491	766044	138220
其他农业服务	29669	18800	8075991	1326918	1029430
林业服务业	827		909130	103788	51014
林业有害生物防治服务			59864	4195	3545
森林防火服务			28443	3168	7519

续表 3

行　　业	利用外资	外商直接投资	自筹资金	企事业单位自有资金	其他资金
林产品初级加工服务			201934	33772	5852
其他林业服务	827		618889	62653	34098
畜牧服务业	5924	4500	972852	108914	53564
渔业服务业			594340	119969	14965
（二）采矿业	**871847**	**447923**	**122542788**	**42951077**	**3864470**
煤炭开采和洗选业	22097	22097	39044430	10079274	871368
烟煤和无烟煤开采洗选	14097	14097	34358924	9525073	830916
褐煤开采洗选			3388846	431500	2911
其他煤炭采选	8000	8000	1296660	122701	37541
石油和天然气开采业	227892	88983	30455644	17476007	1254441
石油开采	148863	79783	26082301	16116318	1175433
天然气开采	79029	9200	4373343	1359689	79008
黑色金属矿采选业	69038	13438	14802772	5560320	225130
铁矿采选	69038	13438	13592581	5075932	204492
锰矿、铬矿采选			692290	244439	13806
其他黑色金属矿采选			517901	239949	6832
有色金属矿采选业	210476	4000	14886030	3967961	524675
常用有色金属矿采选	27882		8948207	2530724	340758
铜矿采选			2640631	691104	102438
铅锌矿采选	21372		3575493	1099209	161880
镍钴矿采选			147708	61060	
锡矿采选			383402	87212	27375
锑矿采选			174968	34986	9873
铝矿采选			832245	283130	2400
镁矿采选	6510		128586	32093	6773
其他常用有色金属矿采选			1065174	241930	30019
贵金属矿采选	177894		4279826	1036527	138269
金矿采选	177894		3827703	979402	136929
银矿采选			283429	33403	760
其他贵金属矿采选			168694	23722	580

续表 4

行　　业	利用外资	外商直接投资	自筹资金	企事业单位自有资金	其他资金
稀有稀土金属矿采选	4700	4000	1657997	400710	45648
钨钼矿采选	4700	4000	1160137	214881	27128
稀土金属矿采选			179377	35039	183
放射性金属矿采选			44709	29000	12077
其他稀有金属矿采选			273774	121790	6260
非金属矿采选业	44904	25203	18566286	5003962	756877
土砂石开采	26925	7674	14039762	3624259	462826
石灰石、石膏开采	15174	4674	4099876	1042219	138091
建筑装饰用石开采	4000	3000	4410147	1186667	128206
耐火土石开采	4751		976303	266195	36629
粘土及其他土砂石开采	3000		4553436	1129178	159900
化学矿开采	6879	6879	1480252	540929	49670
采盐			422229	68109	7563
石棉及其他非金属矿采选	11100	10650	2624043	770665	236818
石棉、云母矿采选			75840	11350	1157
石墨、滑石采选			471907	128734	198430
宝石、玉石采选			280079	56269	6674
其他未列明非金属矿采选	11100	10650	1796217	574312	30557
开采辅助活动	295040	294202	4256679	691647	179008
煤炭开采和洗选辅助活动			1759437	162607	69440
石油和天然气开采辅助活动	294202	294202	1990086	429232	78338
其他开采辅助活动	838		507156	99808	31230
其他采矿业	2400		530947	171906	52971
其他采矿业	2400		530947	171906	52971
（三）制造业	**24818406**	**12301817**	**1503207190**	**415030787**	**31288602**
农副食品加工业	883181	370992	90790385	23363559	2956162
谷物磨制	99937	73002	15873219	4758808	627996
饲料加工	87945	57786	11756046	3270666	258385
植物油加工	157298	121897	9333038	2197652	294616
食用植物油加工	154948	119597	8468163	1993748	265108

续表5

行业	利用外资	外商直接投资	自筹资金	企事业单位自有资金	其他资金
非食用植物油加工	2350	2300	864875	203904	29508
制糖业	9800	9800	1522712	603019	36663
屠宰及肉类加工	387101	4184	15522524	3685959	539073
牲畜屠宰	56861		4341367	1140430	96894
禽类屠宰	119116	1071	3104031	668871	138137
肉制品及副产品加工	211124	3113	8077126	1876658	304042
水产品加工	36007	26560	7121424	1949666	209904
水产品冷冻加工	11240	6740	4511242	1211130	82125
鱼糜制品及水产品干腌制加工	8717	4560	812315	292676	71455
水产饲料制造	3000	3000	533811	165308	8980
鱼油提取及制品制造			109045	18039	
其他水产品加工	13050	12260	1155011	262513	47344
蔬菜、水果和坚果加工	70040	62346	14330908	3578718	473726
蔬菜加工	34690	31880	9541362	2444006	332094
水果和坚果加工	35350	30466	4789546	1134712	141632
其他农副食品加工	35053	15417	15330514	3319071	515799
淀粉及淀粉制品制造	11517	1517	3917099	902471	93608
豆制品制造	3336		2327392	562993	91611
蛋品加工			547846	103001	34938
其他未列明农副食品加工	20200	13900	8538177	1750606	295642
食品制造业	387063	238236	40529829	10140570	871269
焙烤食品制造	97462	55497	5959531	1752038	159478
糕点、面包制造	41034	41034	2768452	843763	69839
饼干及其他焙烤食品制造	56428	14463	3191079	908275	89639
糖果、巧克力及蜜饯制造	4840		2649743	629150	74087
糖果、巧克力制造	4840		1577104	430436	23640
蜜饯制作			1072639	198714	50447
方便食品制造	37379	29979	7608886	1961184	171921
米、面制品制造	25454	18054	3815575	833968	94722
速冻食品制造	11420	11420	1799845	569739	63978

续表 6

行　　业	利用外资	外商直接投资	自筹资金	企事业单位自有资金	其他资金
方便面及其他方便食品制造	505	505	1993466	557477	13221
乳制品制造	72898	60931	2566229	554380	41622
罐头食品制造	37152	14740	2574532	638724	81672
肉、禽类罐头制造			598456	121537	13701
水产品罐头制造	9580	6580	196659	33523	3000
蔬菜、水果罐头制造	16950	3000	1426657	432291	49815
其他罐头食品制造	10622	5160	352760	51373	15156
调味品、发酵制品制造	50401	43118	4888212	1103135	75396
味精制造			471970	160171	8100
酱油、食醋及类似制品制造			1739318	390701	13856
其他调味品、发酵制品制造	50401	43118	2676924	552263	53440
其他食品制造	86931	33971	14282696	3501959	267093
营养食品制造	18992	9860	2335024	421971	21692
保健食品制造	11314	4115	2798569	702892	50913
冷冻饮品及食用冰制造			1010844	373675	6677
盐加工	3230		560480	67710	23538
食品及饲料添加剂制造	17240		3441539	1034755	19104
其他未列明食品制造	36155	19996	4136240	900956	145169
酒、饮料和精制茶制造业	375903	247296	36263675	9511408	806127
酒的制造	146914	137640	16825792	4701691	510380
酒精制造	7560	7560	666167	217823	21189
白酒制造	70300	70000	9668512	2824618	358299
啤酒制造	43375	40860	1829424	304627	49219
黄酒制造			545594	148220	10479
葡萄酒制造	25679	19220	2651206	710714	36500
其他酒制造			1464889	495689	34694
饮料制造	171309	76176	13641172	3453340	174405
碳酸饮料制造	39430	6740	1143867	234600	9446
瓶（罐）装饮用水制造	45313	32613	3379376	1070086	48640
果菜汁及果菜汁饮料制造	19694	5494	3276874	743091	47776

续表 7

行　　业	利用外资	外商直接投资	自筹资金	企事业单位自有资金	其他资金
含乳饮料和植物蛋白饮料制造	28000		2159336	544651	14355
固体饮料制造	5739	5739	535888	192189	1824
茶饮料及其他饮料制造	33133	25590	3145831	668723	52364
精制茶加工	57680	33480	5796711	1356377	121342
烟草制品业	30035	30035	2593810	1255427	48960
烟叶复烤			550290	207112	3949
卷烟制造			1721302	944952	18438
其他烟草制品制造	30035	30035	322218	103363	26573
纺织业	636429	293792	48221324	14977259	1048540
棉纺织及印染精加工	380181	147045	22625844	6516595	611647
棉纺纱加工	240288	43442	14984101	3896098	377448
棉织造加工	93538	68298	5021066	1605605	97163
棉印染精加工	46355	35305	2620677	1014892	137036
毛纺织及染整精加工	8401	8401	3004970	723196	35593
毛条和毛纱线加工	5401	5401	1550188	431141	18450
毛织造加工			1144648	228328	15213
毛染整精加工	3000	3000	310134	63727	1930
麻纺织及染整精加工			1041181	400350	20491
麻纤维纺前加工和纺纱			602954	286891	11385
麻织造加工			376362	91448	7106
麻染整精加工			61865	22011	2000
丝绢纺织及印染精加工	2880		1484423	357121	24007
缫丝加工			598287	190466	11355
绢纺和丝织加工	80		683896	124573	2732
丝印染精加工	2800		202240	42082	9920
化纤织造及印染精加工	94659	35493	4129619	1327223	77237
化纤织造加工	59701	14283	3452540	1103914	76237
化纤织物染整精加工	34958	21210	677079	223309	1000
针织或钩针编织物及其制品制造	28898	17254	4604034	2253109	53997
针织或钩针编织物织造	17897	9353	3659539	1952697	17772

续表 8

行业	利用外资	外商直接投资	自筹资金	企事业单位自有资金	其他资金
针织或钩针编织物印染精加工	7901	7901	298452	127165	31425
针织或钩针编织品制造	3100		646043	173247	4800
家用纺织制成品制造	50731	31446	6123592	1774911	119772
床上用品制造	28154	21831	2902546	991790	46939
毛巾类制品制造	3982		835812	118432	13592
窗帘、布艺类产品制造	12880	4100	493446	211138	9190
其他家用纺织制成品制造	5715	5515	1891788	453551	50051
非家用纺织制成品制造	70679	54153	5207661	1624754	105796
非织造布制造	55193	54123	2428536	820843	19996
绳、索、缆制造	3556		403113	118867	34186
纺织带和帘子布制造			656950	212231	4165
篷、帆布制造			454048	128716	8869
其他非家用纺织制成品制造	11930	30	1265014	344097	38580
纺织服装、服饰业	483703	217289	33764212	9863306	684677
机织服装制造	284357	145503	21313984	6416828	375118
针织或钩针编织服装制造	77058	33427	4524962	1455392	40140
服饰制造	122288	38359	7925266	1991086	269419
皮革、毛皮、羽毛及其制品和制鞋业	298207	124362	18027572	5183582	544120
皮革鞣制加工	29300		1050877	352426	6742
皮革制品制造	129171	65480	5602498	1134010	116369
皮革服装制造	4983	3671	1349079	219072	9840
皮箱、包（袋）制造	71772	55962	2300274	530529	66012
皮手套及皮装饰制品制造	4100	1100	765698	106438	25156
其他皮革制品制造	48316	4747	1187447	277971	15361
毛皮鞣制及制品加工	20436	11600	2165367	1431750	112119
毛皮鞣制加工	8326		241198	77936	53539
毛皮服装加工	12110	11600	1261307	920774	39220
其他毛皮制品加工			662862	433040	19360
羽毛（绒）加工及制品制造	10483		1128637	310532	17009

续表 9

行　　业	利用外资	外商直接投资	自筹资金	企事业单位自有资金	其他资金
羽毛（绒）加工	10483		569067	109492	1000
羽毛（绒）制品加工			559570	201040	16009
制鞋业	108817	47282	8080193	1954864	291881
纺织面料鞋制造	27982	2000	1222706	272167	39001
皮鞋制造	24075	4951	4203515	1069036	116885
塑料鞋制造	10849	6000	538119	134168	21470
橡胶鞋制造	31139	21559	731040	166694	5875
其他制鞋业	14772	12772	1384813	312799	108650
木材加工和木、竹、藤、棕、草制品业	179782	82616	31595608	8646593	969624
木材加工	28200	12200	8126236	2292914	344112
锯材加工	3900	2700	2038598	558099	64711
木片加工	9600		2216466	722198	82604
单板加工	9500	9500	1826326	489836	58427
其他木材加工	5200		2044846	522781	138370
人造板制造	62085	10885	11094686	3153532	309562
胶合板制造	38348	6348	5159643	1658828	162840
纤维板制造	7000		2224513	575033	53142
刨花板制造			1114241	206879	31511
其他人造板制造	16737	4537	2596289	712792	62069
木制品制造	71786	46920	9413630	2417966	166392
建筑用木料及木材组件加工	31600	29600	2551275	549343	27186
木门窗、楼梯制造	1120		2836272	755784	52157
地板制造	8900	3830	1499786	485724	13737
木制容器制造	15186	8510	493007	201166	4580
软木制品及其他木制品制造	14980	4980	2033290	425949	68732
竹、藤、棕、草等制品制造	17711	12611	2961056	782181	149558
竹制品制造	10090	4990	2380133	584247	135741
藤制品制造	1020	1020	187587	100066	1551
棕制品制造			77099	15295	9026

续表 10

行　业	利用外资	外商直接投资	自筹资金	企事业单位自有资金	其他资金
草及其他制品制造	6601	6601	316237	82573	3240
家具制造业	184002	100801	22507351	5545062	531036
木质家具制造	132832	66011	16544494	3950149	376081
竹、藤家具制造	4000	4000	326956	45876	45480
金属家具制造	653		2208336	459502	53088
塑料家具制造	200		458288	122846	700
其他家具制造	46317	30790	2969277	966689	55687
造纸和纸制品业	618101	218636	24448384	6613028	506651
纸浆制造	7336		794916	103130	5534
木竹浆制造	6441		535734	79180	4528
非木竹浆制造	895		259182	23950	1006
造纸	413384	139307	9886389	2872144	257760
机制纸及纸板制造	412584	138507	7773615	2079677	148768
手工纸制造			379470	99761	3854
加工纸制造	800	800	1733304	692706	105138
纸制品制造	197381	79329	13767079	3637754	243357
纸和纸板容器制造	46777	32203	6573337	1695755	80416
其他纸制品制造	150604	47126	7193742	1941999	162941
印刷和记录媒介复制业	82014	59952	14693686	4090148	450776
印刷	73817	55137	13630348	3833011	440496
书、报刊印刷	7958	2710	2151369	592919	21227
本册印制			464421	143224	18837
包装装潢及其他印刷	65859	52427	11014558	3096868	400432
装订及印刷相关服务	8197	4815	976341	250137	10080
记录媒介复制			86997	7000	200
文教、工美、体育和娱乐用品制造业	368443	207195	16943027	4617588	320762
文教办公用品制造	10410	5460	1652365	560328	32580
文具制造	4900		662463	260538	11715
笔的制造	4450	4450	386183	148134	

续表 11

行业	利用外资	外商直接投资	自筹资金	企事业单位自有资金	其他资金
教学用模型及教具制造			235358	37592	5350
墨水、墨汁制造			71115	16664	5000
其他文教办公用品制造	1060	1010	297246	97400	10515
乐器制造	6801	6801	676910	179452	5960
中乐器制造			182060	52919	1230
西乐器制造			220960	36978	4190
电子乐器制造	6801	6801	118580	9977	235
其他乐器及零件制造			155310	79578	305
工艺美术品制造	119635	60049	8827522	2144417	227870
雕塑工艺品制造	20724	7320	1573397	478138	28152
金属工艺品制造	23357	8630	898844	271766	65664
漆器工艺品制造			207472	23759	5300
花画工艺品制造	3916	2516	141106	40568	4310
天然植物纤维编织工艺品制造	19429	13442	543460	170142	7252
抽纱刺绣工艺品制造	2950		416993	181926	2750
地毯、挂毯制造	8984	8984	921045	153450	50549
珠宝首饰及有关物品制造	13090	12690	1314940	265662	19576
其他工艺美术品制造	27185	6467	2810265	559006	44317
体育用品制造	74516	28320	2937597	682256	29516
球类制造	13419	5200	225636	51753	
体育器材及配件制造	11741	5470	1253904	271106	7723
训练健身器材制造	40866	16000	492819	165322	16058
运动防护用具制造	1040		164558	23286	2558
其他体育用品制造	7450	1650	800680	170789	3177
玩具制造	119260	93744	2057236	862721	20676
游艺器材及娱乐用品制造	37821	12821	791397	188414	4160
露天游乐场所游乐设备制造	2000	2000	298698	89669	1900
游艺用品及室内游艺器材制造	26821	1821	186750	51043	
其他娱乐用品制造	9000	9000	305949	47702	2260
石油加工、炼焦和核燃料加工业	1640631	450914	26078691	7842728	805242

续表 12

行　业	利用外资	外商直接投资	自筹资金	企事业单位自有资金	其他资金
精炼石油产品制造	1606581	417914	19954568	6537639	491058
原油加工及石油制品制造	1606581	417914	18676609	6336674	487265
人造原油制造			1277959	200965	3793
炼焦	34050	33000	6124123	1305089	314184
化学原料和化学制品制造业	2463898	1536917	123974876	32866052	3096946
基础化学原料制造	605871	437460	42391398	10519472	1316406
无机酸制造	20500	20500	2463609	484642	85872
无机碱制造			1938386	263880	122016
无机盐制造	4500		3683104	683103	247577
有机化学原料制造	393679	259637	25247174	6937078	649769
其他基础化学原料制造	187192	157323	9059125	2150769	211172
肥料制造	6103	3200	15178000	3517183	363631
氮肥制造			3079623	572424	41572
磷肥制造	2903		719537	141695	11120
钾肥制造			735203	263463	15180
复混肥料制造			5222152	1177597	83410
有机肥料及微生物肥料制造	3200	3200	4258404	1056748	139801
其他肥料制造			1163081	305256	72548
农药制造	5350		4650335	1385879	54241
化学农药制造	550		2994544	811245	25692
生物化学农药及微生物农药制造	4800		1655791	574634	28549
涂料、油墨、颜料及类似产品制造	171723	97589	8862595	2244304	237502
涂料制造	124012	68812	5916157	1423300	190688
油墨及类似产品制造	12980	12000	463190	91618	5808
颜料制造	18555	6301	1016873	379492	16198
染料制造	7668	1968	852350	152833	15017
密封用填料及类似品制造	8508	8508	614025	197061	9791
合成材料制造	1012098	560365	16897753	4572847	421098

续表 13

行　　业	利用外资	外商直接投资	自筹资金	企事业单位自有资金	其他资金
初级形态塑料及合成树脂制造	609031	292075	9195946	2782062	158152
合成橡胶制造	280004	145290	1676485	477008	82372
合成纤维单（聚合）体制造			2186757	384196	109789
其他合成材料制造	123063	123000	3838565	929581	70785
专用化学产品制造	582849	376299	27564022	7876598	560926
化学试剂和助剂制造	140982	119702	9700632	3369864	293673
专项化学用品制造	156446	89546	8679433	2536162	152733
林产化学产品制造	9636	9636	788381	258045	61494
信息化学品制造	133816	44646	2590214	574227	7303
环境污染处理专用药剂材料制造	21658	9658	1365757	312574	21540
动物胶制造			189487	42046	1760
其他专用化学产品制造	120311	103111	4250118	783680	22423
炸药、火工及焰火产品制造	11673	10673	3624819	1419007	67276
焰火、鞭炮产品制造	11673	10673	3624819	1419007	67276
日用化学产品制造	68231	51331	4805954	1330762	75866
肥皂及合成洗涤剂制造	23265	14365	1107958	292238	16636
化妆品制造	1103	1103	1167945	326015	9100
口腔清洁用品制造	12710	4710	143176	99798	1300
香料、香精制造	9276	9276	1046275	289086	44930
其他日用化学产品制造	21877	21877	1340600	323625	3900
医药制造业	523460	381906	47898687	11666689	919065
化学药品原料药制造	170510	167550	8495906	1705910	111032
化学药品制剂制造	78653	62034	8060121	1956491	64215
中药饮片加工	36356	5201	7204335	1858917	171536
中成药生产	11973	8900	8971861	2136613	194682
兽用药品制造	13840	13840	1581494	372261	32511
生物药品制造	68031	39235	9156784	2619627	259706
卫生材料及医药用品制造	144097	85146	4428186	1016870	85383
化学纤维制造业	239480	126590	10285275	2769388	49737

续表 14

行　业	利用外资	外商直接投资	自筹资金	企事业单位自有资金	其他资金
纤维素纤维原料及纤维制造	40150	40150	1882145	552944	5703
化纤浆粕制造			219128	92974	3775
人造纤维（纤维素纤维）制造	40150	40150	1663017	459970	1928
合成纤维制造	199330	86440	8403130	2216444	44034
锦纶纤维制造	12200		1500841	265460	1700
涤纶纤维制造	10200	10000	3125684	942750	7123
腈纶纤维制造			127594	9422	
维纶纤维制造	38791		414208	17690	
丙纶纤维制造	60280	43630	143091	45798	3323
氨纶纤维制造	6549	500	382276	82961	19700
其他合成纤维制造	71310	32310	2709436	852363	12188
橡胶和塑料制品业	765737	371257	53795163	15913514	1070923
橡胶制品业	327876	143165	14676683	4138013	272684
轮胎制造	252269	99055	5979722	1808312	90185
橡胶板、管、带制造	22779	22010	3333323	988318	98023
橡胶零件制造	29943	13245	1401381	465535	24441
再生橡胶制造	2930		1367180	178493	9235
日用及医用橡胶制品制造	11905	2805	466625	122274	5487
其他橡胶制品制造	8050	6050	2128452	575081	45313
塑料制品业	437861	228092	39118480	11775501	798239
塑料薄膜制造	83208	40328	5320584	1403912	111842
塑料板、管型材制造	66407	7986	10024058	2866014	162319
塑料丝、绳及编织品制造	25247	25247	3640684	918220	79013
泡沫塑料制造	7206	311	1563430	423073	9852
塑料人造革、合成革制造	10678	6328	875219	234558	4000
塑料包装箱及容器制造	92839	59093	4422941	1381666	63753
日用塑料制品制造	30271	7910	3619591	1176374	103784
塑料零件制造	33919	15139	2049972	730692	62752
其他塑料制品制造	88086	65750	7602001	2640992	200924
非金属矿物制品业	842919	278505	142357137	36822491	3618188

续表 15

行　业	利用外资	外商直接投资	自筹资金	企事业单位自有资金	其他资金
水泥、石灰和石膏制造	5833	2780	13536498	3227727	495851
水泥制造	5833	2780	9781502	2471824	400412
石灰和石膏制造			3754996	755903	95439
石膏、水泥制品及类似制品制造	67216	9616	26369262	6397126	740372
水泥制品制造	14800	4000	13793128	3416985	376875
混凝土结构构件制造	620	620	4077253	1156759	146840
石棉水泥制品制造			514322	198613	3455
轻质建筑材料制造	46255	4455	4847930	1042575	114308
其他水泥类似制品制造	5541	541	3136629	582194	98894
砖瓦、石材等建筑材料制造	354035	108448	53862591	14334957	1356248
粘土砖瓦及建筑砌块制造	13260	8750	13561404	3570681	625548
建筑陶瓷制品制造	78934	1084	7223417	2112891	105920
建筑用石加工	219843	74840	13548751	3737142	352865
防水建筑材料制造	8000		2794777	785324	24258
隔热和隔音材料制造	28312	22974	4972471	1253771	42560
其他建筑材料制造	5686	800	11761771	2875148	205097
玻璃制造	18181	11581	6512734	1586677	100724
平板玻璃制造	3200		2579654	506832	42502
其他玻璃制造	14981	11581	3933080	1079845	58222
玻璃制品制造	132491	53410	9788009	3062738	110947
技术玻璃制品制造	45328	37097	2615283	878530	47980
光学玻璃制造	57317	1367	740755	235469	7890
玻璃仪器制造			241383	55739	4600
日用玻璃制品制造	26901	12001	1863781	488842	23260
玻璃包装容器制造			989818	253710	11609
玻璃保温容器制造			213787	48297	1000
制镜及类似品加工	1700	1700	343637	90233	5383
其他玻璃制品制造	1245	1245	2779565	1011918	9225
玻璃纤维和玻璃纤维增强塑料制品制造	29574	23124	3183670	987650	60991
玻璃纤维及制品制造	15392	12542	1816838	567407	47137

续表 16

行　业	利用外资	外商直接投资	自筹资金	企事业单位自有资金	其他资金
玻璃纤维增强塑料制品制造	14182	10582	1366832	420243	13854
陶瓷制品制造	102486	46772	8514051	1491517	497927
卫生陶瓷制品制造	41958	24958	1016469	299638	36022
特种陶瓷制品制造	18750	16200	2612653	337878	60001
日用陶瓷制品制造	39178	5014	3417073	654597	276432
园林、陈设艺术及其他陶瓷制品制造	2600	600	1467856	199404	125472
耐火材料制品制造	23630	2870	8188321	1966534	72910
石棉制品制造			810957	264614	845
云母制品制造			428087	108431	9800
耐火陶瓷制品及其他耐火材料制造	23630	2870	6949277	1593489	62265
石墨及其他非金属矿物制品制造	109473	19904	12402001	3767565	182218
石墨及碳素制品制造	8514	7401	4841131	1496030	90256
其他非金属矿物制品制造	100959	12503	7560870	2271535	91962
黑色金属冶炼和压延加工业	307097	199927	42414245	12067639	566894
炼铁	1100		2208672	954570	8801
炼钢			7141829	1479011	77541
黑色金属铸造	62617	34047	6367934	2029289	78397
钢压延加工	190700	120880	22556252	6552623	323796
铁合金冶炼	52680	45000	4139558	1052146	78359
有色金属冶炼和压延加工业	326008	219143	50065002	10707128	902743
常用有色金属冶炼	21416	3516	11922680	3396064	454124
铜冶炼	19416	3516	2134972	415002	27809
铅锌冶炼			1655628	432270	27543
镍钴冶炼			1465131	427567	258447
锡冶炼			331608	59485	3900
锑冶炼			171054	9301	3590
铝冶炼			4022779	1529132	47223
镁冶炼			619604	171685	14152
其他常用有色金属冶炼	2000		1521904	351622	71460

续表 17

行　业	利用外资	外商直接投资	自筹资金	企事业单位自有资金	其他资金
贵金属冶炼			1906430	119580	65346
金冶炼			445564	87411	1839
银冶炼			1183445	6134	26100
其他贵金属冶炼			277421	26035	37407
稀有稀土金属冶炼			1712271	403629	68527
钨钼冶炼			621317	177112	30701
稀土金属冶炼			612560	137944	35026
其他稀有金属冶炼			478394	88573	2800
有色金属合金制造	2000	2000	6063344	1602589	51396
有色金属铸造	15980	13000	1404231	344955	24639
有色金属压延加工	286612	200627	27056046	4840311	238711
铜压延加工	77558	32373	4979641	1255045	22033
铝压延加工	177954	137154	18580617	2791597	193002
贵金属压延加工			459220	48090	1700
稀有稀土金属压延加工			777822	291381	7338
其他有色金属压延加工	31100	31100	2258746	454198	14638
金属制品业	592909	243130	81027597	23068949	1418346
结构性金属制品制造	66911	31274	34535676	8995180	509950
金属结构制造	35728	21414	24792303	6500996	367341
金属门窗制造	31183	9860	9743373	2494184	142609
金属工具制造	82675	35902	6336305	1506799	177065
切削工具制造	9500		1887455	467363	24090
手工具制造	35449	15276	703912	272519	39073
农用及园林用金属工具制造	3000		671552	114645	20549
刀剪及类似日用金属工具制造	6250	2500	631426	126549	250
其他金属工具制造	28476	18126	2441960	525723	93103
集装箱及金属包装容器制造	16653	800	5327509	1792091	50414
集装箱制造			533445	195768	10865
金属压力容器制造	3324		2357833	745098	16767
金属包装容器制造	13329	800	2436231	851225	22782
金属丝绳及其制品制造	19115	9115	4127511	1015302	39417

续表 18

行 业	利用外资	外商直接投资	自筹资金	企事业单位自有资金	其他资金
建筑、安全用金属制品制造	37007	19907	8878663	2662910	156549
建筑、家具用金属配件制造	14532	8232	2648780	807205	48563
建筑装饰及水暖管道零件制造	11000	11000	3028644	668025	56203
安全、消防用金属制品制造	9900		1736135	700241	25773
其他建筑、安全用金属制品制造	1575	675	1465104	487439	26010
金属表面处理及热处理加工	77347	38960	4068392	1079263	53279
搪瓷制品制造			788728	295446	1685
生产专用搪瓷制品制造			126474	9290	
建筑装饰搪瓷制品制造			285387	168585	1635
搪瓷卫生洁具制造			211772	100967	50
搪瓷日用品及其他搪瓷制品制造			165095	16604	
金属制日用品制造	47036	9886	4852059	1280508	109081
金属制厨房用器具制造	5200	5200	1421850	205406	73300
金属制餐具和器皿制造	5791	261	1104033	190170	8943
金属制卫生器具制造	496	496	342166	156970	2500
其他金属制日用品制造	35549	3929	1984010	727962	24338
其他金属制品制造	246165	97286	12112754	4441450	320906
锻件及粉末冶金制品制造	118930	16502	4261962	1344127	45369
交通及公共管理用金属标牌制造			623025	77958	1510
其他未列明金属制品制造	127235	80784	7227767	3019365	274027
通用设备制造业	1515934	658874	110380954	34946388	2019400
锅炉及原动设备制造	124470	47184	9894225	3239945	190518
锅炉及辅助设备制造	24310	22310	4842562	1210545	57850
内燃机及配件制造	89160	24874	3063883	1259544	99621
汽轮机及辅机制造	11000		672437	398762	9050
水轮机及辅机制造			225772	17750	8620
风能原动设备制造			575506	201750	11327
其他原动设备制造			514065	151594	4050

续表 19

行业	利用外资	外商直接投资	自筹资金	企事业单位自有资金	其他资金
金属加工机械制造	260267	159201	25354941	7099696	348001
金属切削机床制造	117615	68785	4415567	1031766	49259
金属成形机床制造	17988	11000	2985379	856667	52146
铸造机械制造	34196	2309	5351745	1601411	46932
金属切割及焊接设备制造	15059	14000	1971168	783774	11903
机床附件制造	4007	1687	2497424	847565	71769
其他金属加工机械制造	71402	61420	8133658	1978513	115992
物料搬运设备制造	170942	69782	12734957	3433209	195214
轻小型起重设备制造	2980		1256435	397542	14761
起重机制造	15900	6900	3548704	741949	42446
生产专用车辆制造			2025164	490676	49945
连续搬运设备制造	15648	15648	1049454	356072	14103
电梯、自动扶梯及升降机制造	58577	20397	3880277	1166376	72959
其他物料搬运设备制造	77837	26837	974923	280594	1000
泵、阀门、压缩机及类似机械制造	329063	141697	14496905	4799346	280387
泵及真空设备制造	54718	22865	4410927	1451142	122448
气体压缩机械制造	39551	25487	1635245	582086	21453
阀门和旋塞制造	105208	11130	3841669	1308896	50986
液压和气压动力机械及元件制造	129586	82215	4609064	1457222	85500
轴承、齿轮和传动部件制造	174181	72845	12038261	4213880	249130
轴承制造	105350	48514	6353135	2084147	125796
齿轮及齿轮减、变速箱制造	61981	17481	4373627	1647533	123334
其他传动部件制造	6850	6850	1311499	482200	
烘炉、风机、衡器、包装等设备制造	158864	26042	10665249	3801324	192108
烘炉、熔炉及电炉制造	5900	5900	880250	200343	3590
风机、风扇制造	3760		1957609	538962	17621
气体、液体分离及纯净设备制造	116047		1253766	460574	7800

续表 20

行　　业	利用外资	外商直接投资	自筹资金	企事业单位自有资金	其他资金
制冷、空调设备制造	16838	11760	3510321	1168464	56831
风动和电动工具制造			1184572	736060	57747
喷枪及类似器具制造	4849	4849	168006	41439	14451
衡器制造	2546	946	360345	93460	3200
包装专用设备制造	8924	2587	1350380	562022	30868
文化、办公用机械制造	63634	34134	1186598	507125	23710
电影机械制造	310	310	61399	13789	
幻灯及投影设备制造			169781	126970	500
照相机及器材制造	832	832	113155	28173	6050
复印和胶印设备制造	62492	32992	249066	108159	2090
计算器及货币专用设备制造			115136	28653	6320
其他文化、办公用机械制造			478061	201381	8750
通用零部件制造	122113	80899	17448859	5986474	453618
金属密封件制造	13265	2812	998266	370687	1597
紧固件制造	34613	31513	2223499	633988	43515
弹簧制造	15500	15500	650532	237128	2076
机械零部件加工	48862	30201	10039379	3553007	305673
其他通用零部件制造	9873	873	3537183	1191664	100757
其他通用设备制造业	112400	27090	6560959	1865389	86714
专用设备制造业	1402362	521299	104508530	28795168	1514165
采矿、冶金、建筑专用设备制造	406336	20530	31852993	8367473	477395
矿山机械制造	34335	10200	11207391	3130199	201960
石油钻采专用设备制造	50812	7312	7437374	1705726	151316
建筑工程用机械制造	109835	3018	6269263	1558270	52027
海洋工程专用设备制造	202554		1401118	444611	12821
建筑材料生产专用机械制造	8800		2905180	622318	42470
冶金专用设备制造			2632667	906349	16801
化工、木材、非金属加工专用设备制造	268259	201505	15041204	4069568	166196
炼油、化工生产专用设备制造	29179	21489	3121160	712378	47382

续表 21

行　　业	利用外资	外商直接投资	自筹资金	企事业单位自有资金	其他资金
橡胶加工专用设备制造	10020	7140	653500	118733	4734
塑料加工专用设备制造	25667	18967	1928561	430295	24052
木材加工机械制造	3900	3900	771165	142277	6624
模具制造	199493	150009	6766366	2168321	70434
其他非金属加工专用设备制造			1800452	497564	12970
食品、饮料、烟草及饲料生产专用设备制造	40184	29884	2799046	688716	33857
食品、酒、饮料及茶生产专用设备制造			1035734	266707	26242
农副食品加工专用设备制造	29884	29884	1337970	304467	5245
烟草生产专用设备制造			189063	55081	920
饲料生产专用设备制造	10300		236279	62461	1450
印刷、制药、日化及日用品生产专用设备制造	54811	28080	6155860	1683737	47870
制浆和造纸专用设备制造	21170	20170	869653	272031	4316
印刷专用设备制造	30714	4983	993267	294355	4995
日用化工专用设备制造			826627	252624	1370
制药专用设备制造			715112	263720	2800
照明器具生产专用设备制造			1739504	343597	5619
玻璃、陶瓷和搪瓷制品生产专用设备制造			536581	150538	5500
其他日用品生产专用设备制造	2927	2927	475116	106872	23270
纺织、服装和皮革加工专用设备制造	46285	30899	3518553	1097134	55674
纺织专用设备制造	37518	24899	2448378	746581	38254
皮革、毛皮及其制品加工专用设备制造	385		339891	66867	5815
缝制机械制造	8382	6000	583508	229655	10340
洗涤机械制造			146776	54031	1265
电子和电工机械专用设备制造	114951	19105	8623358	2466792	150228

续表 22

行　　业	利用外资	外商直接投资	自筹资金	企事业单位自有资金	其他资金
电工机械专用设备制造	2950		3543592	1074853	65571
电子工业专用设备制造	112001	19105	5079766	1391939	84657
农、林、牧、渔专用机械制造	113431	6500	9432564	2361176	200067
拖拉机制造	35000		1375071	292824	19530
机械化农业及园艺机具制造	18700		3794145	1147393	91623
营林及木竹采伐机械制造			124828	15416	
畜牧机械制造	1000		619130	118661	8824
渔业机械制造			72543	21105	5960
农、林、牧、渔机械配件制造	43931		1762113	415274	27875
棉花加工机械制造	700		167855	18505	900
其他农、林、牧、渔业机械制造	14100	6500	1516879	331998	45355
医疗仪器设备及器械制造	158866	119437	8234551	2212003	148733
医疗诊断、监护及治疗设备制造	53267	32350	2674928	712689	83363
口腔科用设备及器具制造			164020	38045	470
医疗实验室及医用消毒设备和器具制造	4800		696464	113586	10438
医疗、外科及兽医用器械制造	13486	10986	1692158	377774	14335
机械治疗及病房护理设备制造	10000	10000	662448	133545	5007
假肢、人工器官及植（介）入器械制造	20800	9800	181963	93396	750
其他医疗设备及器械制造	56513	56301	2162570	742968	34370
环保、社会公共服务及其他专用设备制造	199239	65359	18850401	5848569	234145
环境保护专用设备制造	106470	31995	9861286	3115237	128609
地质勘查专用设备制造			507378	120460	2600
邮政专用机械及器材制造			21348	5080	
商业、饮食、服务专用设备制造			134923	74770	583

续表23

行　　业	利用外资	外商直接投资	自筹资金	企事业单位自有资金	其他资金
社会公共安全设备及器材制造	1000	1000	967265	382616	1325
交通安全、管制及类似专用设备制造			506557	208042	7325
水资源专用机械制造	1428	1323	809269	94840	2650
其他专用设备制造	90341	31041	6042375	1847524	91053
汽车制造业	2454087	1121279	92028929	29091077	1509893
汽车整车制造	414680	15000	19821541	7996882	212903
改装汽车制造	10500	10500	2466336	596403	89744
低速载货汽车制造			868077	72951	16943
电车制造			2334005	607631	60871
汽车车身、挂车制造	1500		2391012	513086	18461
汽车零部件及配件制造	2027407	1095779	64147958	19304124	1110971
铁路、船舶、航空航天和其他运输设备制造业	316634	117116	28404402	7251582	285726
铁路运输设备制造	3000	800	5036239	1112745	23596
铁路机车车辆及动车组制造			789366	114672	1124
窄轨机车车辆制造			121202	30741	1680
铁路机车车辆配件制造	2200		1650498	467621	14672
铁路专用设备及器材、配件制造	800	800	2062363	377301	5590
其他铁路运输设备制造			412810	122410	530
城市轨道交通设备制造	22176	13576	1056299	148998	5000
船舶及相关装置制造	198170	53279	7088598	1590168	120618
金属船舶制造	18334	18334	2657181	775731	24416
非金属船舶制造	351	351	349466	132334	21626
娱乐船和运动船制造	98891		1145607	92412	1540
船用配套设备制造	50994	14994	2110552	547455	72292
船舶改装与拆除	29600	19600	560103	29636	744
航标器材及其他相关装置制造			265689	12600	

续表 24

行　业	利用外资	外商直接投资	自筹资金	企事业单位自有资金	其他资金
摩托车制造	23914	13194	3501831	1074160	28100
摩托车整车制造			1152917	256274	9882
摩托车零部件及配件制造	23914	13194	2348914	817886	18218
自行车制造	11626	11626	4047998	1174738	57514
脚踏自行车及残疾人座车制造			887502	295524	12500
助动自行车制造	11626	11626	3160496	879214	45014
非公路休闲车及零配件制造	11325	1298	589658	170014	730
潜水救捞及其他未列明运输设备制造	46423	23343	7083779	1980759	50168
其他未列明运输设备制造	46423	23343	7083779	1980759	50168
电气机械和器材制造业	1211658	734057	96234850	26170719	1395546
电机制造	187414	119869	10445626	3051332	177424
发电机及发电机组制造	97024	52694	4274969	1077060	76563
电动机制造	57900	51410	3158361	805307	82612
微电机及其他电机制造	32490	15765	3012296	1168965	18249
输配电及控制设备制造	353570	149619	31154956	9254031	469958
变压器、整流器和电感器制造	45926	22802	6090583	1716301	122904
电容器及其配套设备制造	29726	11526	1603596	584295	6712
配电开关控制设备制造	34501	13000	5360124	1832023	86848
电力电子元器件制造	120498	56784	6480926	2005342	68328
光伏设备及元器件制造	112164	34971	8061251	2049081	60157
其他输配电及控制设备制造	10755	10536	3558476	1066989	125009
电线、电缆、光缆及电工器材制造	187114	112821	15891292	4526485	130057
电线、电缆制造	133618	76925	11979243	3299306	103246
光纤、光缆制造	17600		1150893	316436	2140
绝缘制品制造	15200	15200	1185157	388151	175
其他电工器材制造	20696	20696	1575999	522592	24496
电池制造	199470	133353	9895702	2206964	193770
锂离子电池制造	132966	87049	5234476	937045	102488

续表 25

行业	利用外资	外商直接投资	自筹资金	企事业单位自有资金	其他资金
镍氢电池制造			488488	129399	2000
其他电池制造	66504	46304	4172738	1140520	89282
家用电力器具制造	139948	113197	9337196	2224308	129731
家用制冷电器具制造	52480	42480	1830102	227947	46498
家用空气调节器制造	12810	12810	1157819	320981	10960
家用通风电器具制造			475491	140063	412
家用厨房电器具制造	4297	4297	2153075	545284	22215
家用清洁卫生电器具制造	14110	14110	623205	279411	3445
家用美容、保健电器具制造	10441	9741	271669	119571	
家用电力器具专用配件制造	7192	7192	1090877	259349	9366
其他家用电力器具制造	38618	22567	1734958	331702	36835
非电力家用器具制造	12400	8800	4012850	1251568	46649
燃气、太阳能及类似能源家用器具制造	12400	8800	3686333	1178606	44982
其他非电力家用器具制造			326517	72962	1667
照明器具制造	117443	86877	11106746	2756669	165597
电光源制造	48800	36100	3147437	996722	35488
照明灯具制造	64283	50777	6727716	1558417	126079
灯用电器附件及其他照明器具制造	4360		1231593	201530	4030
其他电气机械及器材制造	14299	9521	4390482	899362	82360
电气信号设备装置制造	1396		954885	242286	5000
其他未列明电气机械及器材制造	12903	9521	3435597	657076	77360
计算机、通信和其他电子设备制造业	5107588	2870002	69957002	19714721	1255819
计算机制造	680178	486370	7601292	2489920	103955
计算机整机制造	87410	48347	1789948	822928	9611
计算机零部件制造	233784	173142	3208164	520454	37274
计算机外围设备制造	147912	112941	985110	501026	2450

续表 26

行　业	利用外资	外商直接投资	自筹资金	企事业单位自有资金	其他资金
其他计算机制造	211072	151940	1618070	645512	54620
通信设备制造	568443	429608	9396048	2443853	298123
通信系统设备制造	56474	46641	4867129	1459603	39761
通信终端设备制造	511969	382967	4528919	984250	258362
广播电视设备制造	7540	7040	1914542	595164	26527
广播电视节目制作及发射设备制造	7540	7040	421162	103476	15978
广播电视接收设备及器材制造			788300	285040	9349
应用电视设备及其他广播电视设备制造			705080	206648	1200
视听设备制造	380398	112751	1727147	441932	41883
电视机制造	111065	12535	832771	196693	38022
音响设备制造	24382	22921	471071	136243	3006
影视录放设备制造	244951	77295	423305	108996	855
电子器件制造	2021541	758691	24778468	6467382	228536
电子真空器件制造	620	620	1120356	286428	24542
半导体分立器件制造	74550	63810	987663	360838	10615
集成电路制造	1510438	602067	4524532	2252643	28333
光电子器件及其他电子器件制造	435933	92194	18145917	3567473	165046
电子元件制造	1229290	900253	15348260	4558084	378100
电子元件及组件制造	1053340	770607	12812142	3534270	323842
印制电路板制造	175950	129646	2536118	1023814	54258
其他电子设备制造	220198	175289	9191245	2718386	178695
仪器仪表制造业	330462	159228	14300071	4496118	206667
通用仪器仪表制造	108427	36363	6928428	2467242	105793
工业自动控制系统装置制造	48823	13773	3699384	1247094	45332
电工仪器仪表制造	9871	9871	1240250	374134	10899
绘图、计算及测量仪器制造			442113	102544	46801
实验分析仪器制造	1000		542427	259689	1300

续表 27

行　业	利用外资	外商直接投资	自筹资金	企事业单位自有资金	其他资金
试验机制造			191122	76560	
供应用仪表及其他通用仪器制造	48733	12719	813132	407221	1461
专用仪器仪表制造	74854	15154	3283583	1147441	45446
环境监测专用仪器仪表制造	2000	2000	435567	184066	9165
运输设备及生产用计数仪表制造	12708	3008	531964	265918	
农、林、牧、渔专用仪器仪表制造			94510	3550	
地质勘探和地震专用仪器制造			169641	42726	
教学专用仪器制造	2550	2550	179650	67233	7265
电子测量仪器制造	56055	6055	564530	101751	1200
其他专用仪器制造	1541	1541	1307721	482197	27816
钟表与计时仪器制造	19639	2104	358278	86383	7910
光学仪器及眼镜制造	103683	82371	1415323	456025	26173
光学仪器制造	33603	21103	917763	336663	23989
眼镜制造	70080	61268	497560	119362	2184
其他仪器仪表制造业	23859	23236	2314459	339027	21345
其他制造业	155852	116225	15828703	3205940	637839
日用杂品制造	61303	50677	1838105	406307	31079
鬃毛加工、制刷及清扫工具制造			525356	137559	14000
其他日用杂品制造	61303	50677	1312749	268748	17079
煤制品制造	1740	1740	1598511	191727	21014
其他未列明制造业	92809	63808	12392087	2607906	585746
废弃资源综合利用业	90627	4246	10414674	3119503	191328
金属废料和碎屑加工处理	37000	2000	6404864	1918477	132239
非金属废料和碎屑加工处理	53627	2246	4009810	1201026	59089
金属制品、机械和设备修理业	4200		2873539	707463	85431
金属制品修理			485276	118496	8534
通用设备修理			284411	55923	292

续表 28

行　　业	利用外资	外商直接投资	自筹资金	企事业单位自有资金	其他资金
专用设备修理	4200		486167	113084	11427
铁路、船舶、航空航天等运输设备修理			921083	173760	6580
铁路运输设备修理			39788	13879	
船舶修理			363745	60525	4500
航空航天器修理			249411	80647	
其他运输设备修理			268139	18709	2080
电气设备修理			114361	26466	1800
仪器仪表修理			16331		1256
其他机械和设备修理业			565910	219734	55542
(四)电力、热力、燃气及水的生产和供应业	**826075**	**408039**	**148726299**	**36475461**	**9915629**
电力、热力生产和供应业	560399	316683	109637396	27544606	7391447
电力生产	480343	286860	70370473	15861785	4525277
火力发电	212104	105134	22338176	6225908	1307346
水力发电	13050		11002356	2968739	1577070
核力发电			3312594	9555	249982
风力发电	167028	101257	16224177	2929839	804586
太阳能发电	26900	25100	12024297	2486344	437797
其他电力生产	61261	55369	5468873	1241400	148496
电力供应	17523	13323	27087774	8311244	2371030
热力生产和供应	62533	16500	12179149	3371577	495140
燃气生产和供应业	159410	75120	18664082	4566974	618869
燃气生产和供应业	159410	75120	18664082	4566974	618869
水的生产和供应业	106266	16236	20424821	4363881	1905313
自来水生产和供应	59108	3235	9336525	2124601	983479
污水处理及其再生利用	47158	13001	9667811	1985738	740419
其他水的处理、利用与分配			1420485	253542	181415
(五)建筑业	**134918**	**6100**	**32361048**	**5628545**	**1990925**
房屋建筑业	121133	6100	10825597	1676171	435586

续表29

行　　业	利用外资	外商直接投资	自筹资金	企事业单位自有资金	其他资金
房屋建筑业	121133	6100	10825597	1676171	435586
土木工程建筑业	11819		15410383	2333929	1221438
铁路、道路、隧道和桥梁工程建筑	10319		9641207	1511339	810398
铁路工程建筑			487817	75020	16705
公路工程建筑	10168		3355692	490724	234877
市政道路工程建筑			3994950	555651	270027
其他道路、隧道和桥梁工程建筑	151		1802748	389944	288789
水利和内河港口工程建筑	1500		1874583	328983	177376
水源及供水设施工程建筑	1500		591897	56326	51805
河湖治理及防洪设施工程建筑			841781	195450	97435
港口及航运设施工程建筑			440905	77207	28136
海洋工程建筑			314696		
工矿工程建筑			362923	51617	7080
架线和管道工程建筑			931719	214031	95739
架线及设备工程建筑			355384	62017	77973
管道工程建筑			576335	152014	17766
其他土木工程建筑			2285255	227959	130845
建筑安装业	1966		1843550	392954	103385
电气安装			524984	118332	22962
管道和设备安装			467111	107247	7472
其他建筑安装业	1966		851455	167375	72951
建筑装饰和其他建筑业			4281518	1225491	230516
建筑装饰业			1689919	387031	26057
工程准备活动			522591	150538	46455
建筑物拆除活动			151583	61944	100
其他工程准备活动			371008	88594	46355
提供施工设备服务			341086	112042	3513
其他未列明建筑业			1727922	575880	154491

续表 30

行　业	利用外资	外商直接投资	自筹资金	企事业单位自有资金	其他资金
(六) 批发和零售业	**889205**	**380651**	**141891384**	**36501524**	**4655438**
批发业	339965	55867	70006499	18238984	1966849
农、林、牧产品批发	63744	2470	7566140	1445463	363074
谷物、豆及薯类批发			2038160	422390	105405
种子批发	2954		645252	205808	17662
饲料批发			201369	31526	1773
棉、麻批发			149490	89000	1415
林业产品批发	3270	2470	902796	178468	26203
牲畜批发	57520		349364	39028	31288
其他农牧产品批发			3279709	479243	179328
食品、饮料及烟草制品批发	90093	18056	9927286	2857100	318704
米、面制品及食用油批发			1123313	393380	7458
糕点、糖果及糖批发			193272	33048	3099
果品、蔬菜批发	52415		3896067	924922	155375
肉、禽、蛋、奶及水产品批发	36122	16500	2148550	734387	70149
盐及调味品批发			91890	32176	600
营养和保健品批发			106295	39075	500
酒、饮料及茶叶批发			909113	317144	52983
烟草制品批发			334642	184950	12469
其他食品批发	1556	1556	1124144	198018	16071
纺织、服装及家庭用品批发	21145	10000	7980780	1900863	91066
纺织品、针织品及原料批发	10000	10000	2219720	502177	6088
服装批发			2478703	609373	36890
鞋帽批发			266086	69269	858
化妆品及卫生用品批发			235042	42425	1122
厨房、卫生间用具及日用杂货批发	7730		459636	82344	1510
灯具、装饰物品批发			565687	126671	2920
家用电器批发			663601	187434	6060
其他家庭用品批发	3415		1092305	281170	35618

续表 31

行　业	利用外资	外商直接投资	自筹资金	企事业单位自有资金	其他资金
文化、体育用品及器材批发	7023		1391253	544051	20154
文具用品批发	3823		303891	105495	4718
体育用品及器材批发			104335	45657	500
图书批发			142189	58437	
报刊批发			23311	19133	
音像制品及电子出版物批发			54562	15177	2000
首饰、工艺品及收藏品批发	3200		568313	211521	9817
其他文化用品批发			194652	88631	3119
医药及医疗器材批发	19100		2226786	672790	61320
西药批发	19100		779239	248086	26021
中药批发			621396	126603	20096
医疗用品及器材批发			826151	298101	15203
矿产品、建材及化工产品批发	109744	22491	21240850	5498312	712726
煤炭及制品批发	5854	2200	2259188	450874	32158
石油及制品批发	3791	2891	2874451	638325	49588
非金属矿及制品批发			395946	184066	
金属及金属矿批发			3082728	900359	358030
建材批发	58244	900	10702082	2633682	247526
化肥批发	230		518220	173154	2820
农药批发			141159	30549	920
农用薄膜批发			27327	9958	
其他化工产品批发	41625	16500	1239749	477345	21684
机械设备、五金产品及电子产品批发	4000	2200	12092464	3553443	197944
农业机械批发			892470	219486	47809
汽车批发	1800		2464218	633334	56870
汽车零配件批发			1526689	402983	10750
摩托车及零配件批发			184690	116815	
五金产品批发			2657830	854992	26433
电气设备批发			903458	278491	20939

续表 32

行　　业	利用外资	外商直接投资	自筹资金	企事业单位自有资金	其他资金
计算机、软件及辅助设备批发			472395	103554	2430
通信及广播电视设备批发			150988	41820	9218
其他机械设备及电子产品批发	2200	2200	2839726	901968	23495
贸易经纪与代理	13160	650	3655376	724668	88319
贸易代理	7360	650	2272574	504884	61579
拍卖			46099	22928	
其他贸易经纪与代理	5800		1336703	196856	26740
其他批发业	11956		3925564	1042294	113542
再生物资回收与批发	11456		1364011	365533	64243
其他未列明批发业	500		2561553	676761	49299
零售业	549240	324784	71884885	18262540	2688589
综合零售	418634	240021	29749674	7237675	1507592
百货零售	118895	30300	15708257	4243776	603866
超级市场零售	279439	191921	7120654	1651649	392636
其他综合零售	20300	17800	6920763	1342250	511090
食品、饮料及烟草制品专门零售	6781	4481	2915221	725241	235659
粮油零售	2000	2000	270095	78422	42558
糕点、面包零售			97636	51543	920
果品、蔬菜零售			623386	132043	102704
肉、禽、蛋、奶及水产品零售	1300		639733	178010	41363
营养和保健品零售			89631	22464	
酒、饮料及茶叶零售	1000		480773	126902	5792
烟草制品零售			36154	16767	981
其他食品零售	2481	2481	677813	119090	41341
纺织、服装及日用品专门零售	4676	4676	3207893	1007702	127022
纺织品及针织品零售			453897	113486	530
服装零售	1300	1300	1876895	648401	88298
鞋帽零售			61723	17571	620
化妆品及卫生用品零售			99352	34220	4892
钟表、眼镜零售	2000	2000	105793	67866	1100

续表 33

行　　业	利用外资	外商直接投资	自筹资金	企事业单位自有资金	其他资金
箱、包零售			92211	9518	
厨房用具及日用杂品零售			80223	24521	
自行车零售			41648		
其他日用品零售	1376	1376	396151	92119	31582
文化、体育用品及器材专门零售	6500	6000	1820461	574785	36836
文具用品零售			38521	19335	171
体育用品及器材零售			77388	11871	
图书、报刊零售			92077	36176	450
音像制品及电子出版物零售			11250	1800	2600
珠宝首饰零售	6000	6000	910181	296495	27055
工艺美术品及收藏品零售			489649	139047	2000
乐器零售			22814	11547	
照相器材零售			54550	19550	
其他文化用品零售	500		124031	38964	4560
医药及医疗器材专门零售			1206591	273120	8026
药品零售			886780	199113	7211
医疗用品及器材零售			319811	74007	815
汽车、摩托车、燃料及零配件专门零售	79353	36310	19676118	4835935	353700
汽车零售	68361	30600	14826298	3573628	270126
汽车零配件零售	4710	4710	1743236	512406	5860
摩托车及零配件零售			73520	23576	3000
机动车燃料零售	6282	1000	3033064	726325	74714
家用电器及电子产品专门零售			2281260	661343	86510
家用视听设备零售			212171	48244	18245
日用家电设备零售			694870	184546	15927
计算机、软件及辅助设备零售			388158	83327	25256
通信设备零售			362467	126218	1784
其他电子产品零售			623594	219008	25298
五金、家具及室内装饰材料专门零售	32790	32790	7354235	1924283	191597

续表 34

行　　业	利用外资	外商直接投资	自筹资金	企事业单位自有资金	其他资金
五金零售			1167231	320903	9376
灯具零售			272432	51801	2132
家具零售	32790	32790	3727442	1016856	129208
涂料零售			91959	28914	340
卫生洁具零售			73618	7876	
木质装饰材料零售			301686	67340	1234
陶瓷、石材装饰材料零售			796292	182018	32471
其他室内装饰材料零售			923575	248575	16836
货摊、无店铺及其他零售业	506	506	3673432	1022456	141647
货摊食品零售			71823	10994	4000
货摊纺织、服装及鞋零售			45016	12916	
货摊日用品零售			57489	1949	
互联网零售			722237	390610	11317
邮购及电视、电话零售			15938		
旧货零售			29464		
生活用燃料零售			611077	196861	2196
其他未列明零售业	506	506	2120388	409126	124134
（七）交通运输、仓储和邮政业	**2137470**	**459974**	**210446159**	**51422876**	**22753779**
铁路运输业	229979		16981727	4267536	2497774
铁路旅客运输	212185		6485860	592651	1762873
铁路货物运输	7794		7273481	2656915	493901
铁路运输辅助活动	10000		3222386	1017970	241000
客运火车站			836172	335994	132147
货运火车站			234875	82806	
其他铁路运输辅助活动	10000		2151339	599170	108853
道路运输业	583259	200000	109895319	25211944	17563412
城市公共交通运输	47835	44000	12542343	2552415	3198589
公共电汽车客运	44000	44000	3875660	1389716	323575
城市轨道交通	3835		5103387	389773	2586462
出租车客运			356876	201614	3230

续表 35

行　　业	利用外资	外商直接投资	自筹资金	企事业单位自有资金	其他资金
其他城市公共交通运输			3206420	571312	285322
公路旅客运输	353583	140595	32408353	8611257	6040906
道路货物运输	150375	15405	35957091	9212866	4753079
道路运输辅助活动	31466		28987532	4835406	3570838
客运汽车站	200		1881533	433590	115520
公路管理与养护	21466		20778748	3500236	2587974
其他道路运输辅助活动	9800		6327251	901580	867344
水上运输业	47613	2250	16412065	4524513	807901
水上旅客运输	5711		441534	58083	92280
海洋旅客运输			175574	7837	9368
内河旅客运输			158101	7230	64155
客运轮渡运输	5711		107859	43016	18757
水上货物运输	32803	2250	4250200	1336054	438468
远洋货物运输			683597	181343	303332
沿海货物运输			1917565	765432	57820
内河货物运输	32803	2250	1649038	389279	77316
水上运输辅助活动	9099		11720331	3130376	277153
客运港口			203372	31059	34008
货运港口	3880		9837297	2635513	173490
其他水上运输辅助活动	5219		1679662	463804	69655
航空运输业	799443	35800	8318044	2359353	345286
航空客货运输	799433	35800	4591351	1261852	188298
航空旅客运输	763633		4313741	1015629	188298
航空货物运输	35800	35800	277610	246223	
通用航空服务			437268	136640	9801
航空运输辅助活动	10		3289425	960861	147187
机场			2237609	835113	144137
空中交通管理			16009		
其他航空运输辅助活动	10		1035807	125748	3050
管道运输业	27467	13157	2374536	548322	128425

续表 36

行　　业	利用外资	外商直接投资	自筹资金	企事业单位自有资金	其他资金
管道运输业	27467	13157	2374536	548322	128425
装卸搬运和运输代理业	14400	1400	10793783	2755968	265677
装卸搬运			1726519	441403	38497
运输代理业	14400	1400	9067264	2314565	227180
货物运输代理			7309735	1710404	99121
旅客票务代理	13000		28935	1384	
其他运输代理业	1400	1400	1728594	602777	128059
仓储业	435309	207367	44466132	11322086	1130120
谷物、棉花等农产品仓储	46996	220	9491930	2178368	295838
谷物仓储	32215		4810419	1152265	186227
棉花仓储			542466	116974	
其他农产品仓储	14781	220	4139045	909129	109611
其他仓储业	388313	207147	34974202	9143718	834282
邮政业			1204553	433154	15184
邮政基本服务			300470	61512	6545
快递服务			904083	371642	8639
（八）住宿和餐饮业	**618934**	**428452**	**56335849**	**12952155**	**1667772**
住宿业	474301	311718	41629401	9393691	1286405
旅游饭店	440157	299874	31960627	7257644	860877
一般旅馆	12860	9360	5671404	1197949	196042
其他住宿业	21284	2484	3997370	938098	229486
餐饮业	144633	116734	14706448	3558464	381367
正餐服务	73333	47434	11337481	2763057	284062
快餐服务	69000	69000	809877	224148	18329
饮料及冷饮服务	2000		663292	198402	7041
茶馆服务			170286	73563	5111
咖啡馆服务			138674	39913	350
酒吧服务	2000		237730	66589	1580
其他饮料及冷饮服务			116602	18337	
其他餐饮业	300	300	1895798	372857	71935

续表 37

行　　业	利用外资	外商直接投资	自筹资金	企事业单位自有资金	其他资金
小吃服务			372415	29052	9928
餐饮配送服务			242204	51515	2637
其他未列明餐饮业	300	300	1281179	292290	59370
（九）信息传输、软件和信息技术服务业	**108768**	**70008**	**38783281**	**15936700**	**605937**
电信、广播电视和卫星传输服务	63084	29924	20157809	9761228	223217
电信	61730	28570	19052507	9431481	150980
固定电信服务			3258061	2016475	42401
移动电信服务	28750	28570	14845888	6992109	91574
其他电信服务	32980		948558	422897	17005
广播电视传输服务	1354	1354	1035834	283317	69720
有线广播电视传输服务	1354	1354	818916	222368	62306
无线广播电视传输服务			216918	60949	7414
卫星传输服务			69468	46430	2517
互联网和相关服务	5500	500	3914596	1285794	28324
互联网接入及相关服务	5500	500	1408467	643852	9007
互联网信息服务			1989630	515881	12762
其他互联网服务			516499	126061	6555
软件和信息技术服务业	40184	39584	14710876	4889678	354396
软件开发	39084	38584	6498027	2314308	198556
信息系统集成服务			2143334	1021160	64280
信息技术咨询服务	1000	1000	1324335	472957	14208
数据处理和存储服务			1988726	384293	6037
集成电路设计			394743	163899	500
其他信息技术服务业	100		2361711	533061	70815
数字内容服务			245742	22082	340
呼叫中心			402514	1508	
其他未列明信息技术服务业	100		1713455	509471	70475
（十）金融业	**4300**		**13620446**	**4479857**	**174299**
货币金融服务			6727699	2229224	87382

续表 38

行　业	利用外资	外商直接投资	自筹资金	企事业单位自有资金	其他资金
中央银行服务			783003	99427	4255
货币银行服务			5358421	1956791	66677
非货币银行服务			582105	172251	16450
金融租赁服务			193700	95481	
财务公司			50703	16986	
典当			49807	14710	13120
其他非货币银行服务			287895	45074	3330
银行监管服务			4170	755	
资本市场服务	4300		3588681	738417	33036
证券市场服务			782632	194509	
证券市场管理服务			211399	95150	
证券经纪交易服务			534156	74107	
基金管理服务			37077	25252	
期货市场服务			215181	3000	
期货市场管理服务			203799	3000	
其他期货市场服务			11382		
证券期货监管服务			26190	26190	
资本投资服务	4300		2146182	471737	30779
其他资本市场服务			418496	42981	2257
保险业			1777045	1198953	24581
人身保险			851120	408458	550
人寿保险			848770	408458	550
健康和意外保险			2350		
财产保险			876530	774591	7611
再保险					
养老金			3650		
保险经纪与代理服务			25019	10434	16420
保险监管服务					
其他保险活动			20726	5470	
风险和损失评估			3959	2680	

续表 39

行　业	利用外资	外商直接投资	自筹资金	企事业单位自有资金	其他资金
其他未列明保险活动			16767	2790	
其他金融业			1527021	313263	29300
金融信托与管理服务			471248	191281	
控股公司服务			259213	5803	
非金融机构支付服务			11893	2464	850
金融信息服务			221373	37239	13862
其他未列明金融业			563294	76476	14588
（十一）房地产业	**6760401**	**6230448**	**722021059**	**251783609**	**519391459**
房地产业	6760401	6230448	722021059	251783609	519391459
房地产开发经营	6423694	6009163	545166908	215091191	499801851
物业管理	26536	9836	3911362	970395	57159
房地产中介服务			174197	54975	18400
自有房地产经营活动	46559	37339	17767650	4269129	981471
其他房地产业	263612	174110	155000942	31397919	18532578
（十二）租赁和商务服务业	**262410**	**65760**	**67656971**	**19051311**	**5439297**
租赁业			3862724	2097920	2685424
机械设备租赁			3718483	2077556	2683763
汽车租赁			495584	217131	12293
农业机械租赁			71635	15160	14400
建筑工程机械与设备租赁			983143	196712	18716
计算机及通信设备租赁			19449		
其他机械与设备租赁			2148672	1648553	2638354
文化及日用品出租			144241	20364	1661
娱乐及体育设备出租			102135	20354	800
图书出租			2184		200
音像制品出租					
其他文化及日用品出租			39922	10	661
商务服务业	262410	65760	63794247	16953391	2753873
企业管理服务	55717		24551054	8023707	1142338
企业总部管理	43962		6900716	2182920	390082

续表 40

行　　业	利用外资	外商直接投资	自筹资金	企事业单位自有资金	其他资金
投资与资产管理	11755		13700833	4862033	643114
单位后勤管理服务			654577	150493	39537
其他企业管理服务			3294928	828261	69605
法律服务			111773	21898	
律师及相关法律服务			100584	21898	
公证服务			189		
其他法律服务			11000		
咨询与调查	2413		1706178	353967	54185
会计、审计及税务服务			125706	27335	
市场调查			14030		
社会经济咨询	1800		451985	111295	30534
其他专业咨询	613		1114457	215337	23651
广告业	7996	7000	2123460	638489	15646
知识产权服务			241490	26267	1500
人力资源服务			981769	148274	7642
公共就业服务			337034	15880	3250
职业中介服务			77243	18349	500
劳务派遣服务			239721	70524	
其他人力资源服务			327771	43521	3892
旅行社及相关服务	28150	15500	6012668	1192938	567627
旅行社服务	1050		585632	104788	10720
旅游管理服务	27100	15500	4953355	1054462	554697
其他旅行社相关服务			473681	33688	2210
安全保护服务			446760	117803	20941
安全服务			228768	41808	6110
安全系统监控服务			136745	41492	9635
其他安全保护服务			81247	34503	5196
其他商务服务业	168134	43260	27619095	6430048	943994
市场管理	12488	10364	10085479	2662708	365656
会议及展览服务	79850		5940742	947885	298049

续表41

行　　业	利用外资	外商直接投资	自筹资金	企事业单位自有资金	其他资金
包装服务			373911	115775	
办公服务	7881	7881	1477191	234844	124011
信用服务			72158	10530	
担保服务			93251	34068	14960
其他未列明商务服务业	67915	25015	9576363	2424238	141318
（十三）科学研究和技术服务业	**299793**	**248021**	**36589592**	**9771986**	**1177918**
研究和试验发展	170733	160591	11483520	2997964	448046
自然科学研究和试验发展	20000	20000	1111527	300607	67793
工程和技术研究和试验发展	120642	111000	7442382	1976428	220991
农业科学研究和试验发展	21783	21283	1747962	428899	41884
医学研究和试验发展	8308	8308	1019221	272418	92220
社会人文科学研究			162428	19612	25158
专业技术服务业	60538	39718	13444563	3633744	390963
气象服务			234562	38744	30478
地震服务			93190	55631	3062
海洋服务			259955	58246	1029
测绘服务			237495	32532	
质检技术服务	21688	14318	2300878	680349	20225
环境与生态监测			531388	175349	35498
环境保护监测			467120	164369	35498
生态监测			64268	10980	
地质勘查			1812771	214405	44737
能源矿产地质勘查			498142	65513	32560
固体矿产地质勘查			801777	67010	1323
水、二氧化碳等矿产地质勘查			18738		
基础地质勘查			233483	46505	5626
地质勘查技术服务			260631	35377	5228
工程技术	38850	25400	4324089	1030529	146691
工程管理服务			1511866	383233	16806
工程勘察设计			1232359	354232	6897

续表 42

行 业	利用外资	外商直接投资	自筹资金	企事业单位自有资金	其他资金
规划管理	38850	25400	1579864	293064	122988
其他专业技术服务业			3650235	1347959	109243
专业化设计服务			1185377	385680	72194
摄影扩印服务			183672	82644	510
兽医服务			34931	12643	350
其他未列明专业技术服务业			2246255	866992	36189
科技推广和应用服务业	68522	47712	11661509	3140278	338909
技术推广服务	23892	9312	7625901	2010315	249696
农业技术推广服务	4300		2870272	593366	126744
生物技术推广服务	3165	3165	922503	259076	17260
新材料技术推广服务			952508	189685	14479
节能技术推广服务			1471833	665549	30135
其他技术推广服务	16427	6147	1408785	302639	61078
科技中介服务	30000	30000	1615523	561238	20010
其他科技推广和应用服务业	14630	8400	2420085	568725	69203
(十四)水利、环境和公共设施管理业	**1180303**	**207702**	**303031072**	**57759036**	**32248626**
水利管理业	107946	35733	28054349	4712740	6070380
防洪除涝设施管理	59633	20733	14776446	2729900	2692574
水资源管理	16879		3664962	394279	679775
天然水收集与分配	15896	15000	4214796	603597	1785565
水文服务			165723	3221	24626
其他水利管理业	15538		5232422	981743	887840
生态保护和环境治理业	32233	9800	12726598	2443862	1275649
生态保护	9800	9800	3455217	408849	399378
自然保护区管理	9800	9800	1357984	150759	85329
野生动物保护			550750	18162	37689
野生植物保护			230147	54222	20100
其他自然保护			1316336	185706	256260
环境治理业	22433		9271381	2035013	876271

续表43

行　业	利用外资	外商直接投资	自筹资金	企事业单位自有资金	其他资金
水污染治理	17652		4419617	980153	647487
大气污染治理	4713		946304	212260	22113
固体废物治理	68		1689413	348668	71289
危险废物治理			280563	142093	10364
放射性废物治理			21748	9348	
其他污染治理			1913736	342491	125018
公共设施管理业	1040124	162169	262250125	50602434	24902597
市政设施管理	425120	51529	183636492	35124999	17574234
环境卫生管理	4310	4310	4346927	676595	417906
城乡市容管理	35400	3400	11087502	1763836	1510135
绿化管理	3965		10632334	2574832	1021707
公园和游览景区管理	571329	102930	52546870	10462172	4378615
公园管理	43655	18800	13182947	3088075	1336514
游览景区管理	527674	84130	39363923	7374097	3042101
（十五）居民服务、修理和其他服务业	**103783**	**14303**	**18734026**	**4068949**	**1037900**
居民服务业	72774	11038	10648646	2079464	815187
家庭服务			384158	125139	19206
托儿所服务			276764	13133	92883
洗染服务			74935	21615	
理发及美容服务			214798	77982	8317
洗浴服务	7100	3100	1505689	429073	27999
保健服务	11000	1000	305922	102529	21558
婚姻服务			130322	29055	
殡葬服务	6219	6219	1269921	233675	109797
其他居民服务业	48455	719	6486137	1047263	535427
机动车、电子产品和日用产品修理业	5200	2600	4588073	1104211	129105
汽车、摩托车修理与维护	3200	600	4156214	971408	86472
汽车修理与维护	3200	600	4134625	962598	84372
摩托车修理与维护			21589	8810	2100

续表 44

行　业	利用外资	外商直接投资	自筹资金	企事业单位自有资金	其他资金
计算机和办公设备维修			273953	94841	40911
计算机和辅助设备修理			84299	31366	6375
通信设备修理			82066	21629	18126
其他办公设备维修			107588	41846	16410
家用电器修理	2000	2000	62899	9270	1722
家用电子产品修理	2000	2000	34087	3140	
日用电器修理			28812	6130	1722
其他日用产品修理业			95007	28692	
自行车修理			3350	850	
鞋和皮革修理			6450	400	
家具和相关物品修理			17415	3302	
其他未列明日用产品修理业			67792	24140	
其他服务业	25809	665	3497307	885274	93608
清洁服务	7759	665	373395	111129	2518
建筑物清洁服务			85864	13349	300
其他清洁服务	7759	665	287531	97780	2218
其他未列明服务业	18050		3123912	774145	91090
(十六）教育	**246267**	**42872**	**42134380**	**10506905**	**4512382**
教育	246267	42872	42134380	10506905	4512382
学前教育	2645		3270113	864615	365067
初等教育	7360	4500	6631213	1461637	1104498
普通小学教育	7360	4500	6518268	1438261	1094368
成人小学教育			112945	23376	10130
中等教育	43388	5535	13380288	2863237	1898782
普通初中教育	30631	4851	6326948	1325104	1024303
职业初中教育	6492		359259	84977	19507
成人初中教育			58594	26188	19365
普通高中教育			3568312	749895	647203
成人高中教育			79384	18236	150
中等职业学校教育	6265	684	2987791	658837	188254
高等教育	137250	5477	11668290	3740656	587438

续表 45

行　业	利用外资	外商直接投资	自筹资金	企事业单位自有资金	其他资金
普通高等教育	54327	1477	10888576	3505667	535271
成人高等教育	82923	4000	779714	234989	52167
特殊教育			249697	53271	20882
技能培训、教育辅助及其他教育	55624	27360	6934779	1523489	535715
职业技能培训	29757	13310	4626445	975720	314265
体校及体育培训	7700		342864	61113	17615
文化艺术培训	2300		333994	76806	24094
教育辅助服务	4050	4050	325662	57774	47561
其他未列明教育	11817	10000	1305814	352076	132180
（十七）卫生和社会工作	**95550**	**6139**	**30443748**	**8109934**	**1799328**
卫生	94650	6139	24447980	6749554	1347118
医院	85758	5738	20256669	5672035	923198
综合医院	62658	2738	14526891	4059151	733399
中医医院	7000		1639599	369376	91467
中西医结合医院	3000	3000	533385	125974	28558
民族医院			34180	2706	11238
专科医院	12600		2759720	857037	37447
疗养院	500		762894	257791	21089
社区医疗与卫生院	401	401	2320327	618557	290630
社区卫生服务中心（站）			715362	198332	37010
街道卫生院			186454	75919	15799
乡镇卫生院	401	401	1418511	344306	237821
门诊部（所）			234636	58787	4846
计划生育技术服务活动			198739	13389	7276
妇幼保健院（所、站）	8211		625933	218872	58390
专科疾病防治院（所、站）			102182	26949	
疾病预防控制中心			235720	40957	28706
其他卫生活动	280		473774	100008	34072
社会工作	900		5995768	1360380	452210
提供住宿社会工作			5571102	1191283	408022
干部休养所			195003	50094	4951

续表 46

行　　业	利用外资	外商直接投资	自筹资金	企事业单位自有资金	其他资金
护理机构服务			699488	104650	39345
精神康复服务			46778	21181	1820
老年人、残疾人养护服务			4164524	908344	331274
孤残儿童收养和庇护服务			102367	54440	19951
其他提供住宿社会救助			362942	52574	10681
不提供住宿社会工作	900		424666	169097	44188
社会看护与帮助服务			242331	54440	31591
其他不提供住宿社会工作	900		182335	114657	12597
(十八) 文化、体育和娱乐业	**654313**	**457202**	**50358225**	**10702711**	**2844386**
新闻和出版业			890642	208238	27744
新闻业			231404	82172	2880
出版业			659238	126066	24864
图书出版			238342	36424	
报纸出版			261320	34494	24864
期刊出版			22630	7759	
音像制品出版			11873	2013	
电子出版物出版			46751	10269	
其他出版业			78322	35107	
广播、电视、电影和影视录音制作业	25384	20034	4927946	1190177	61936
广播			217948	98366	11010
电视			932241	245774	14672
电影和影视节目制作	600	600	2063492	246525	10372
电影和影视节目发行			403590	35057	2228
电影放映	24784	19434	1275199	552382	23654
录音制作			35476	12073	
文化艺术业	134319	15572	21040299	3809407	1767305
文艺创作与表演	3000		958398	135739	31882
艺术表演场馆	3600		1954146	477144	134425
图书馆与档案馆	7000		856522	269355	32106
图书馆	7000		625383	184550	24148

续表 47

行　业	利用外资	外商直接投资	自筹资金	企事业单位自有资金	其他资金
档案馆			231139	84805	7958
文物及非物质文化遗产保护	25955	9755	4557218	1072871	290616
博物馆	2370	520	2455276	505119	145098
烈士陵园、纪念馆	1927	1927	387281	75019	81324
群众文化活动	77497		4836659	666199	411951
其他文化艺术业	12970	3370	5034799	607961	639903
体育	95703	39048	7618382	1524529	439462
体育组织			143341	45196	1300
体育场馆	60665	17600	3085227	534961	182676
休闲健身活动	35038	21448	3864030	820093	203386
其他体育			525784	124279	52100
娱乐业	398907	382548	15880956	3970360	547939
室内娱乐活动	1200		2523315	641086	169085
歌舞厅娱乐活动	1200		1070435	311917	74040
电子游艺厅娱乐活动			62477	12431	11694
网吧活动			269662	104997	2035
其他室内娱乐活动			1120741	211741	81316
游乐园	387440	376640	7476037	1874293	204892
彩票活动			24440	6520	11497
文化、娱乐、体育经纪代理	2000	2000	81621	2484	29340
文化娱乐经纪人			29619		9340
体育经纪人			3899		
其他文化艺术经纪代理	2000	2000	48103	2484	20000
其他娱乐业	8267	3908	5775543	1445977	133125
（十九）公共管理、社会保障和社会组织	**92313**	**39178**	**43015230**	**7074404**	**5722803**
中国共产党机关			153965	46650	11840
中国共产党机关			153965	46650	11840
国家机构	72495	29300	28099686	4463616	3748799
国家权力机构			482533	42292	48677

续表 48

行　　业	利用外资	外商直接投资	自筹资金	企事业单位自有资金	其他资金
国家行政机构	72495	29300	26279087	4278445	3531541
综合事务管理机构	34161	11000	10818422	1845545	1313257
对外事务管理机构			58061	13053	1603
公共安全管理机构	16000	16000	2539635	588273	241849
社会事务管理机构	4710	1500	5813749	1086770	791809
经济事务管理机构	17624	800	6153184	633655	998766
行政监督检查机构			896036	111149	184257
人民法院和人民检察院			463469	62851	57581
人民法院			265194	33789	33117
人民检察院			198275	29062	24464
其他国家机构			874597	80028	111000
人民政协、民主党派			70101	40354	900
人民政协			16917	4354	
民主党派			53184	36000	900
社会保障			1552116	186726	296532
社会保障			1552116	186726	296532
群众团体、社会团体和其他成员组织	700		4078941	791655	702790
群众团体			106203	13642	8537
工会			32273	2300	2437
妇联			1409		
共青团			3607	650	
其他群众团体			68914	10692	6100
社会团体			2021391	477596	295265
专业性团体			1326482	335427	261242
行业性团体			499780	128863	6678
其他社会团体			195129	13306	27345
基金会			6945		
宗教组织	700		1944402	300417	398988
基层群众自治组织	19118	9878	9060421	1545403	961942
社区自治组织	800		3119481	549494	252648
村民自治组织	18318	9878	5940940	995909	709294

各地区固定资产投资（不含农户）房屋建筑面积和造价

地　　区	房屋施工面积（万平方米）	房屋竣工面积（万平方米）	房屋建筑面积竣工率（%）	房屋竣工价值（万元）	房屋竣工造价（元/平方米）
全国总计	**1251887**	**264781**	**21.2**	**579874713**	**2190**
北　京	20143	4492	22.3	12443303	2770
天　津	22810	5367	23.5	12567183	2341
河　北	61198	12008	19.6	25736885	2143
山　西	29772	5740	19.3	13496192	2351
内蒙古	24639	4768	19.4	10987455	2304
辽　宁	64533	13247	20.5	33407410	2522
吉　林	17916	4616	25.8	13798243	2989
黑龙江	19762	5388	27.3	13093670	2430
上　海	17992	2668	14.8	11254648	4219
江　苏	109354	34562	31.6	68991857	1996
浙　江	88664	19231	21.7	40946202	2129
安　徽	58503	13001	22.2	26444389	2034
福　建	54202	11195	20.7	18184693	1624
江　西	33301	8962	26.9	15565833	1737
山　东	100173	18397	18.4	35245560	1916
河　南	79979	16037	20.1	38105465	2376
湖　北	50840	14156	27.8	25517734	1803
湖　南	37135	5400	14.5	12779606	2366
广　东	81680	17295	21.2	43875453	2537
广　西	25532	3797	14.9	7848287	2067
海　南	8826	1298	14.7	7058400	5440
重　庆	34167	4853	14.2	14233725	2933
四　川	64142	11286	17.6	24006257	2127
贵　州	28150	4643	16.5	9628377	2074
云　南	31487	5168	16.4	10789877	2088
西　藏	972	344	35.4	508235	1478
陕　西	32302	5081	15.7	12396037	2440
甘　肃	14986	2536	16.9	4326964	1707
青　海	4748	1000	21.1	2144020	2143
宁　夏	9142	1550	17.0	3635936	2346
新　疆	24450	6568	26.9	10370108	1579
不分地区	387	128	33.0	486709	3812

各地区固定资产投资（不含农户）住宅建筑面积和造价

地　　区	住宅施工面积（万平方米）	住宅竣工面积（万平方米）	住宅建筑面积竣工率（%）	住宅竣工价值（万元）	住宅竣工造价（元/平方米）
全国总计	**594325**	**108775**	**18.3**	**265486426**	**2441**
北　　京	8229	2143	26.0	5899074	2752
天　　津	8089	2398	29.6	6149897	2565
河　　北	26554	3971	15.0	9948425	2506
山　　西	17063	3415	20.0	8610657	2521
内 蒙 古	14011	2366	16.9	5610708	2372
辽　　宁	28953	5070	17.5	12241427	2414
吉　　林	9628	1665	17.3	3084577	1852
黑 龙 江	11148	2722	24.4	6010373	2208
上　　海	8555	1536	17.9	6445346	4197
江　　苏	44641	8426	18.9	24300762	2884
浙　　江	31877	5382	16.9	17737616	3296
安　　徽	27373	5157	18.8	11867937	2302
福　　建	20682	2916	14.1	6752943	2316
江　　西	14096	3752	26.6	6394335	1704
山　　东	45579	8296	18.2	17026687	2052
河　　南	35889	8004	22.3	12813541	1601
湖　　北	22143	3773	17.0	9338143	2475
湖　　南	22257	3553	16.0	8340830	2348
广　　东	40563	6304	15.5	21019040	3334
广　　西	14183	1958	13.8	3981642	2033
海　　南	6403	1123	17.5	6080441	5415
重　　庆	21813	3369	15.4	9838598	2920
四　　川	32939	6103	18.5	13896006	2277
贵　　州	15100	2360	15.6	4754951	2015
云　　南	17286	2471	14.3	5514534	2232
西　　藏	581	294	50.6	367744	1252
陕　　西	20082	3419	17.0	8392934	2455
甘　　肃	7825	1336	17.1	2486719	1861
青　　海	2656	702	26.4	1534222	2187
宁　　夏	5146	930	18.1	2122155	2283
新　　疆	12971	3854	29.7	6924162	1797
不分地区	10	9	88.0		

国民经济行业大类固定资产（不含农户）房屋建筑面积和造价

行　业	房屋施工面积（万平方米）	房屋竣工面积（万平方米）	房屋建筑面积竣工率（%）	房屋竣工价值（万元）	房屋竣工造价（元/平方米）
全　国　总　计	**1251886.6**	**264780.9**	**21.2**	**579874713**	**2190**
（一）农、林、牧、渔业	**23310.6**	**6286.5**	**27.0**	**7762652**	**1235**
农业	11711.9	1850.1	15.8	2171365	1174
林业	1265.1	221.6	17.5	330753	1493
畜牧业	7383.1	2668.4	36.1	3864042	1448
渔业	549.1	252.2	45.9	378329	1500
农、林、牧、渔服务业	2401.4	1294.2	53.9	1018163	787
（二）采矿业	**2422.6**	**1018.7**	**42.1**	**2142953**	**2104**
煤炭开采和洗选业	842.0	225.4	26.8	429748	1907
石油和天然气开采业	44.1	13.8	31.3	10028	727
黑色金属矿采选业	329.8	142.1	43.1	339221	2387
有色金属矿采选业	344.7	205.1	59.5	483013	2355
非金属矿采选业	782.0	391.0	50.0	774579	1981
开采辅助活动	64.5	32.1	49.7	82727	2580
其他采矿业	15.4	9.2	59.8	23637	2560
（三）制造业	**198173.5**	**70280.2**	**35.5**	**126315223**	**1797**
农副食品加工业	12070.5	4915.5	40.7	9529573	1939
食品制造业	9637.5	2122.6	22.0	3967720	1869
酒、饮料和精制茶制造业	4313.5	1520.0	35.2	2888517	1900
烟草制品业	565.5	192.6	34.1	157158	816
纺织业	7528.9	3375.8	44.8	5570969	1650
纺织服装、服饰业	7061.7	2675.3	37.9	4382339	1638
皮革、毛皮、羽毛及其制品和制鞋业	3266.9	1114.9	34.1	1928614	1730
木材加工和木、竹、藤、棕、草制品业	3909.7	1931.4	49.4	3090618	1600
家具制造业	4172.2	1425.3	34.2	2543278	1784
造纸和纸制品业	3344.6	1346.3	40.3	2238731	1663
印刷和记录媒介复制业	1923.1	653.9	34.0	1277833	1954
文教、工美、体育和娱乐用品制造业	3328.8	1156.5	34.7	1854905	1604

续表1

行　业	房屋施工面积（万平方米）	房屋竣工面积（万平方米）	房屋建筑面积竣工率（%）	房屋竣工价值（万元）	房屋竣工造价（元/平方米）
石油加工、炼焦和核燃料加工业	804.1	198.0	24.6	377344	1905
化学原料及化学制品制造业	10121.1	3743.4	37.0	6721088	1795
医药制造业	6956.8	1952.4	28.1	3670650	1880
化学纤维制造业	1615.7	561.6	34.8	816580	1454
橡胶和塑料制品业	7533.3	3078.9	40.9	5469525	1776
非金属矿物制品业	16070.9	5951.4	37.0	11155961	1874
黑色金属冶炼和压延加工业	3481.5	1413.9	40.6	2470489	1747
有色金属冶炼和压延加工业	4326.6	1116.4	25.8	1991192	1784
金属制品业	10268.6	4155.9	40.5	7730884	1860
通用设备制造业	15033.4	6108.6	40.6	11567759	1894
专用设备制造业	14358.1	4963.9	34.6	9064342	1826
汽车制造业	11870.2	3716.2	31.3	7202136	1938
铁路、船舶、航空航天和其他运输设备制造业	3302.6	1219.5	36.9	1936012	1588
电气机械和器材制造业	14546.8	4811.1	33.1	8667984	1802
计算机、通信和其他电子设备制造业	10075.2	2463.9	24.5	4205971	1707
仪器仪表制造业	2095.2	770.2	36.8	1222256	1587
其他制造业	3018.5	872.0	28.9	1323404	1518
废弃资源综合利用业	1274.3	657.0	51.6	1098275	1672
金属制品、机械和设备修理业	297.9	95.7	32.1	193116	2018
（四）电力、热力、燃气及水的生产和供应业	**4481.7**	**1119.9**	**25.0**	**2936160**	**2622**
电力、热力生产和供应业	2940.0	672.4	22.9	1783175	2652
燃气生产和供应业	810.7	193.5	23.9	519189	2683
水的生产和供应业	731.0	254.0	34.7	633796	2495
（五）建筑业	**4522.0**	**917.6**	**20.3**	**1288655**	**1404**
房屋建筑业	2292.2	597.1	26.1	773839	1296
土木工程建筑业	602.3	136.1	22.6	197024	1448

续表 2

行业	房屋施工面积（万平方米）	房屋竣工面积（万平方米）	房屋建筑面积竣工率（%）	房屋竣工价值（万元）	房屋竣工造价（元/平方米）
建筑安装业	243.7	55.3	22.7	116902	2116
建筑装饰和其他建筑业	1383.8	129.1	9.3	200890	1556
（六）批发和零售业	**25509.9**	**8225.2**	**32.2**	**16463841**	**2002**
批发业	11255.8	3669.0	32.6	6946562	1893
零售业	14254.1	4556.2	32.0	9517279	2089
（七）交通运输、仓储和邮政业	**17154.8**	**4044.1**	**23.6**	**7973263**	**1972**
铁路运输业	880.2	252.2	28.7	1019308	4042
道路运输业	3821.0	790.5	20.7	1522006	1925
水上运输业	457.0	93.6	20.5	178673	1910
航空运输业	467.6	112.7	24.1	245656	2179
管道运输业	44.0	1.8	4.0	11352	6469
装卸搬运和运输代理业	1905.8	452.7	23.8	792515	1751
仓储业	9425.3	2287.0	24.3	4072405	1781
邮政业	153.9	53.8	34.9	131348	2443
（八）住宿和餐饮业	**10364.3**	**2663.7**	**25.7**	**5619100**	**2110**
住宿业	8346.9	1834.4	22.0	4008344	2185
餐饮业	2017.4	829.3	41.1	1610756	1942
（九）信息传输、软件和信息技术服务业	**10627.3**	**744.8**	**7.0**	**1433530**	**1925**
电信、广播电视和卫星传输服务	314.0	61.4	19.6	183937	2995
互联网和相关服务	355.6	66.1	18.6	125080	1891
软件和信息技术服务业	9957.7	617.2	6.2	1124513	1822
（十）金融业	**2723.5**	**337.1**	**12.4**	**910287**	**2701**
货币金融服务	1005.6	193.7	19.3	420381	2170
资本市场服务	980.9	77.2	7.9	305434	3958
保险业	294.8	28.3	9.6	73072	2578
其他金融业	442.2	37.8	8.6	111400	2944
（十一）房地产业	**849557.8**	**143251.8**	**16.9**	**365564528**	**2552**
房地产业	849557.8	143251.8	16.9	365564528	2552

续表3

行　　业	房屋施工面积（万平方米）	房屋竣工面积（万平方米）	房屋建筑面积竣工率（%）	房屋竣工价值（万元）	房屋竣工造价（元/平方米）
（十二）租赁和商务服务业	**15775.3**	**4191.8**	**26.6**	**5483282**	**1308**
租赁业	165.5	81.7	49.3	153313	1878
商务服务业	15609.8	4110.2	26.3	5329969	1297
（十三）科学研究和技术服务业	**6566.1**	**1217.3**	**18.5**	**2204609**	**1811**
研究和试验发展	2153.6	420.5	19.5	653666	1554
专业技术服务业	1870.1	466.2	24.9	824199	1768
科技推广和应用服务业	2542.4	330.6	13.0	726744	2198
（十四）水利、环境和公共设施管理业	**18962.9**	**5831.3**	**30.8**	**7805226**	**1339**
水利管理业	1041.4	304.2	29.2	391270	1286
生态保护和环境治理业	479.5	119.6	25.0	303680	2538
公共设施管理业	17442.0	5407.4	31.0	7110276	1315
（十五）居民服务、修理和其他服务业	**3782.0**	**1093.4**	**28.9**	**2013557**	**1842**
居民服务业	2413.2	737.1	30.5	1313528	1782
机动车、电子产品和日用产品修理业	451.3	176.0	39.0	408227	2320
其他服务业	917.5	180.3	19.7	291802	1618
（十六）教育	**21613.3**	**5891.3**	**27.3**	**10159309**	**1724**
教育	21613.3	5891.3	27.3	10159309	1724
（十七）卫生和社会工作	**11492.6**	**2392.1**	**20.8**	**4498626**	**1881**
卫生	9425.1	1839.6	19.5	3452710	1877
社会工作	2067.5	552.5	26.7	1045916	1893
（十八）文化、体育和娱乐业	**8363.3**	**1642.5**	**19.6**	**3648580**	**2221**
新闻和出版业	336.1	46.9	14.0	82610	1762
广播、电视、电影和影视录音制作业	552.8	85.4	15.4	207737	2434
文化艺术业	3772.4	803.4	21.3	1628404	2027
体育	1405.8	288.1	20.5	717025	2489

续表 4

行　　业	房屋施工面积（万平方米）	房屋竣工面积（万平方米）	房屋建筑面积竣工率（%）	房屋竣工价值（万元）	房屋竣工造价（元/平方米）
娱乐业	2296.3	418.7	18.2	1012804	2419
（十九）公共管理、社会保障和社会组织	**16483.3**	**3631.5**	**22.0**	**5651332**	**1556**
中国共产党机关	68.6	32.6	47.6	52351	1604
国家机构	11691.0	2205.4	18.9	3603756	1634
人民政协、民主党派	24.8	18.0	72.6	5956	331
社会保障	748.8	119.6	16.0	162448	1358
群众团体、社会团体和其他成员组织	763.0	312.0	40.9	464030	1487
基层群众自治组织	3187.1	943.8	29.6	1362791	1444

国民经济行业大类固定资产（不含农户）住宅建筑面积和造价

行　　业	住宅施工面积（万平方米）	住宅竣工面积（万平方米）	住宅建筑面积竣工率（%）	住宅竣工价值（万元）	住宅竣工造价（元/平方米）
全　国　总　计	**594324.9**	**108775.5**	**18.3**	**265486426**	**2441**
（一）农、林、牧、渔业	**599.1**	**312.2**	**52.1**	**326395**	**1045**
农业	285.2	210.3	73.7	150423	715
林业	44.7	24.1	53.9	21966	912
畜牧业	58.9	30.0	50.9	72622	2422
渔业	5.2	4.6	88.1	10659	2324
农、林、牧、渔服务业	205.2	43.3	21.1	70725	1632
（二）采矿业	**324.0**	**40.1**	**12.4**	**81946**	**2045**
煤炭开采和洗选业	279.1	12.9	4.6	16874	1310
石油和天然气开采业					
黑色金属矿采选业	12.2	6.2	50.6	17551	2845
有色金属矿采选业	8.7	2.6	29.7	7341	2853
非金属矿采选业	13.1	8.8	67.3	14826	1688
开采辅助活动	10.7	9.6	89.3	25225	2634
其他采矿业	0.2	0.1	58.1	129	1365

续表 1

行　　业	住宅施工面积（万平方米）	住宅竣工面积（万平方米）	住宅建筑面积竣工率（%）	住宅竣工价值（万元）	住宅竣工造价（元/平方米）
（三）制造业	**1424.2**	**756.4**	**53.1**	**1051086**	**1390**
农副食品加工业	96.5	42.5	44.0	96995	2284
食品制造业	54.0	14.8	27.4	34808	2359
酒、饮料和精制茶制造业	27.9	15.5	55.5	28658	1853
烟草制品业	21.1				
纺织业	38.6	26.3	68.2	52097	1979
纺织服装、服饰业	49.5	17.8	35.9	31905	1796
皮革、毛皮、羽毛及其制品和制鞋业	12.5	7.7	61.3	23317	3041
木材加工和木、竹、藤、棕、草制品业	73.1	51.8	70.9	40587	783
家具制造业	45.9	9.4	20.6	16460	1743
造纸和纸制品业	7.3	5.3	72.7	6499	1218
印刷和记录媒介复制业	19.4	17.7	91.4	39066	2202
文教、工美、体育和娱乐用品制造业	36.0	27.5	76.6	40505	1471
石油加工、炼焦和核燃料加工业	6.7	0.2	2.3	226	1477
化学原料及化学制品制造业	56.3	21.2	37.7	55470	2617
医药制造业	21.5	11.7	54.4	24921	2136
化学纤维制造业	1.3	1.1	88.1	2578	2312
橡胶和塑料制品业	38.7	21.7	56.0	40556	1870
非金属矿物制品业	135.5	82.8	61.1	127767	1544
黑色金属冶炼和压延加工业	24.0	21.9	91.3	15548	709
有色金属冶炼和压延加工业	93.5	86.9	93.0	43447	500
金属制品业	33.1	11.6	34.9	27139	2348
通用设备制造业	62.4	17.9	28.6	27597	1545
专用设备制造业	59.1	31.7	53.6	40015	1264
汽车制造业	24.2	3.6	14.7	7426	2088
铁路、船舶、航空航天和其他运输设备制造业	44.1	9.7	22.0	29217	3008

续表 2

行　业	住宅施工面积（万平方米）	住宅竣工面积（万平方米）	住宅建筑面积竣工率（%）	住宅竣工价值（万元）	住宅竣工造价（元/平方米）
电气机械和器材制造业	76.0	49.1	64.5	76264	1555
计算机、通信和其他电子设备制造业	154.1	107.3	69.6	74498	694
仪器仪表制造业	3.2	1.4	44.3	2349	1638
其他制造业	83.5	36.2	43.4	43160	1191
废弃资源综合利用业	24.2	4.3	18.0	1958	450
金属制品、机械和设备修理业	1.3	0.0	2.0	53	2000
（四）电力、热力、燃气及水的生产和供应业	**51.3**	**39.2**	**76.5**	**90344**	**2302**
电力、热力生产和供应业	21.9	15.7	71.6	49515	3163
燃气生产和供应业	4.6	4.4	95.8	15362	3517
水的生产和供应业	24.9	19.2	77.3	25467	1325
（五）建筑业	**1147.7**	**382.1**	**33.3**	**361059**	**945**
房屋建筑业	960.8	328.7	34.2	340000	1034
土木工程建筑业	82.0	6.2	7.6	6578	1055
建筑安装业	20.4	16.9	83.0	3514	208
建筑装饰和其他建筑业	84.6	30.2	35.7	10967	363
（六）批发和零售业	**607.4**	**228.4**	**37.6**	**426725**	**1868**
批发业	224.0	66.8	29.8	118380	1772
零售业	383.4	161.6	42.1	308345	1908
（七）交通运输、仓储和邮政业	**218.9**	**126.1**	**57.6**	**111710**	**886**
铁路运输业	78.4	78.4	100.0	36580	466
道路运输业	80.0	23.4	29.2	20769	889
水上运输业	8.8	6.0	68.4	11537	1908
航空运输业	0.3	0.3	100.0	250	833
管道运输业				20	4000
装卸搬运和运输代理业	10.5	7.7	73.5	15449	2000
仓储业	38.2	8.0	20.9	20605	2585
邮政业	2.6	2.3	87.4	6500	2878

续表3

行　业	住宅施工面积（万平方米）	住宅竣工面积（万平方米）	住宅建筑面积竣工率（%）	住宅竣工价值（万元）	住宅竣工造价（元/平方米）
（八）住宿和餐饮业	**600.1**	**155.6**	**25.9**	**393051**	**2527**
住宿业	541.0	119.9	22.2	305408	2547
餐饮业	59.0	35.6	60.4	87643	2459
（九）信息传输、软件和信息技术服务业	**18.3**	**5.8**	**31.9**	**9886**	**1691**
电信、广播电视和卫星传输服务	1.4	1.3	94.7	2458	1835
互联网和相关服务					
软件和信息技术服务业	16.9	4.5	26.6	7428	1649
（十）金融业	**64.1**	**1.2**	**1.8**	**3845**	**3243**
货币金融服务	28.6	0.8	2.9	2595	3142
资本市场服务	23.7	0.4	1.5	1250	3472
保险业	11.8				
其他金融业					
（十一）房地产业	**579799.3**	**103578.1**	**17.9**	**258185753**	**2493**
房地产业	579799.3	103578.1	17.9	258185753	2493
（十二）租赁和商务服务业	**892.8**	**271.9**	**30.5**	**429347**	**1579**
租赁业	1.8	1.5	85.0	1778	1154
商务服务业	891.0	270.4	30.3	427569	1581
（十三）科学研究和技术服务业	**220.2**	**107.0**	**48.6**	**57184**	**534**
研究和试验发展	14.8	1.5	10.2	2965	1955
专业技术服务业	167.1	100.0	59.8	45291	453
科技推广和应用服务业	38.3	5.6	14.6	8928	1602
（十四）水利、环境和公共设施管理业	**2712.3**	**860.5**	**31.7**	**1158422**	**1346**
水利管理业	129.3	19.1	14.8	17761	929
生态保护和环境治理业	28.4	12.4	43.6	27508	2223
公共设施管理业	2554.6	829.0	32.5	1113153	1343
（十五）居民服务、修理和其他服务业	**750.3**	**267.2**	**35.6**	**368455**	**1379**

续表4

行　　业	住宅施工面积（万平方米）	住宅竣工面积（万平方米）	住宅建筑面积竣工率（%）	住宅竣工价值（万元）	住宅竣工造价（元/平方米）
居民服务业	661.9	222.5	33.6	302630	1360
机动车、电子产品和日用产品修理业	24.9	22.1	88.8	28564	1290
其他服务业	63.6	22.5	35.5	37261	1652
（十六）教育	**732.4**	**271.6**	**37.1**	**435398**	**1603**
教育	732.4	271.6	37.1	435398	1603
（十七）卫生和社会工作	**366.6**	**144.3**	**39.4**	**211178**	**1463**
卫生	158.5	66.0	41.6	104630	1585
社会工作	208.1	78.3	37.6	106548	1360
（十八）文化、体育和娱乐业	**376.1**	**63.7**	**16.9**	**94920**	**1490**
新闻和出版业	19.8	19.8	100.0	18263	922
广播、电视、电影和影视录音制作业	0.2				
文化艺术业	164.0	28.8	17.6	24505	849
体育	145.0	11.8	8.1	47372	4029
娱乐业	47.0	3.3	7.0	4780	1458
（十九）公共管理、社会保障和社会组织	**3419.8**	**1163.9**	**34.0**	**1689722**	**1452**
中国共产党机关	10.7	10.2	96.1	17668	1725
国家机构	1838.0	710.5	38.7	1129952	1590
人民政协、民主党派	2.3	2.3	100.0	1126	500
社会保障	196.5	38.2	19.4	50557	1323
群众团体、社会团体和其他成员组织	109.9	87.6	79.8	25256	288
基层群众自治组织	1262.5	315.1	25.0	465163	1476

（二）房地产开发

房地产开发投资主要指标

指　　标	2014 年	2013 年	2014 年比 2013 年增减	
			绝对数	%
一、投资总额（亿元）	**95035.61**	**86013.38**	**9022.23**	**10.5**
1. 按构成分				
建筑安装工程	70561.11	63919.25	6641.87	10.4
设备、工具、器具投资	1306.91	1250.03	56.88	4.6
其他费用	23167.59	20844.10	2323.49	11.1
2. 按工程用途分				
住宅	64352.15	58950.76	5401.39	9.2
办公楼	5641.19	4652.45	988.74	21.3
商业营业用房	14346.25	11944.83	2401.42	20.1
其他	10696.02	10465.34	230.68	2.2
二、全部建设规模（亿元）				
建设总规模	493066.50	430922.15	62144.34	14.4
自开始建设至本年底累计完成投资	330830.08	275881.28	54948.80	19.9
在建总规模	419254.75	378516.65	40738.10	10.8
在建净规模	171988.88	161235.64	10753.24	6.7
三、新增固定资产（亿元）	**41251.03**	**37400.56**	**3850.47**	**10.3**
四、房屋建筑面积（万平方米）				
施工面积	726482.34	665571.89	60910.45	9.2
其中：住宅	515096.45	486347.33	28749.12	5.9
竣工面积	107459.05	101434.99	6024.05	5.9
其中：住宅	80868.00	78740.62	2127.38	2.7
五、投资实际到位资金小计（亿元）	**121991.48**	**122122.47**	**-130.99**	**-0.1**
国内贷款	21242.61	19672.66	1569.95	8.0
利用外资	639.26	534.17	105.10	19.7
其中：外商直接投资	598.91	467.12	131.79	28.2
自筹资金	50419.80	47424.95	2994.86	6.3
其他资金	49689.81	54490.70	-4800.89	-8.8
其中：定金及预收款	30237.51	34498.97	-4261.46	-12.4

各地区按登记注册类型分的房地产开发单位个数（一）

单位：个

地　区	合　计	内　资					
			国　有	集　体	股份合作	国有联营	集体联营
全国总计	**94197**	**89218**	**1476**	**457**	**81**	**8**	**4**
北　京	2811	2560	61	19	1		
天　津	1246	1142	59	7		2	
河　北	3387	3332	16		1		
山　西	2452	2434	71	8			
内蒙古	2079	2073	10	1	1		
辽　宁	4021	3617	24	6	6		
吉　林	1681	1653	6	1	1		
黑龙江	2154	2119	47	1	1		
上　海	2938	2486	68	17	1	2	1
江　苏	6829	6215	79	33	4	1	
浙　江	6383	6037	56	18	5	2	
安　徽	3731	3634	58	6			
福　建	3280	2857	74	19			
江　西	2077	1985	42	5	1		1
山　东	6373	6150	112	64	11		
河　南	5662	5559	73	11	6		1
湖　北	4214	4104	84	17			
湖　南	3808	3707	72	6	4		
广　东	7138	6232	113	164	9		1
广　西	2491	2383	59	12	6		
海　南	1180	1099	28		1		
重　庆	2695	2560	35	2	2		
四　川	4061	3919	47	11	8		
贵　州	2591	2552	29	3	1		
云　南	2783	2745	44	4	2		
西　藏	45	45	1				
陕　西	1941	1904	61	8	5		
甘　肃	1479	1460	31	13	2		
青　海	325	322	3		1	1	
宁　夏	534	530	1				
新　疆	1808	1803	12	1	1		

各地区按登记注册类型分的房地产开发单位个数（二）

单位：个

地　区	内资						
	国有与集体联营	其他联营	国有独资公司	其他有限责任公司	股份有限公司	私营独资	私营合伙
全国总计	**4**	**5**	**1640**	**41121**	**3426**	**180**	**41**
北　京			54	1790	62		
天　津			75	591	51	1	1
河　北			18	1655	147	8	2
山　西			31	385	26		
内蒙古			17	909	85	4	1
辽　宁			42	1487	134	10	
吉　林			18	832	89	5	1
黑龙江			27	1045	124	2	1
上　海	1		142	1145	52	4	1
江　苏			123	2145	265	19	3
浙　江	1		136	2716	88	7	2
安　徽			70	1587	111	10	3
福　建	1		102	1380	60	1	
江　西			33	908	135	3	2
山　东			110	2961	356	10	1
河　南		1	36	3306	332	13	3
湖　北			54	1785	208	9	2
湖　南		1	68	1670	226	13	2
广　东		1	72	3366	136	15	2
广　西		1	34	854	112	9	7
海　南	1		27	730	59	3	
重　庆			80	972	52	3	
四　川			60	1815	187	11	2
贵　州			48	1332	66	2	3
云　南			44	1176	106	8	
西　藏		1	3	11	2		
陕　西			52	978	85	4	
甘　肃			15	720	44	2	
青　海			10	81	13		
宁　夏			12	118	3	3	
新　疆			27	671	10	1	2

各地区按登记注册类型分的房地产开发单位个数（三）

单位：个

地　　区	内资			港澳台投资			
	私营有限责任公司	私营股份有限公司	其他内资企业		合资经营	合作经营	独资
全国总计	**38169**	**2479**	**127**	**3414**	**1217**	**327**	**1810**
北　　京	550	23		149	54	56	39
天　　津	336	16	3	59	29	1	26
河　　北	1372	104	9	35	16		19
山　　西	1850	62	1	12	8		4
内 蒙 古	995	47	3	3	3		
辽　　宁	1820	82	6	263	112	9	138
吉　　林	660	39	1	21	8	1	10
黑 龙 江	788	81	2	24	11	1	10
上　　海	1005	46	1	303	111	15	175
江　　苏	3321	217	5	408	143	13	246
浙　　江	2945	59	2	222	94	1	120
安　　徽	1639	138	12	62	30	1	28
福　　建	1162	56	2	315	95	10	202
江　　西	770	81	4	69	29	1	39
山　　东	2336	176	13	154	71	11	71
河　　南	1606	165	6	67	27	5	33
湖　　北	1827	115	3	82	35	3	42
湖　　南	1437	201	7	73	31	2	40
广　　东	2247	97	9	697	146	183	359
广　　西	1203	81	5	64	29	6	29
海　　南	229	16	5	61	18		38
重　　庆	1323	90	1	96	32	3	61
四　　川	1660	108	10	76	25	2	45
贵　　州	968	99	1	30	19	1	10
云　　南	1253	97	11	31	19	1	11
西　　藏	27						
陕　　西	636	73	2	18	6	1	11
甘　　肃	594	38	1	13	11		2
青　　海	196	17		2	1		1
宁　　夏	372	21		1	1		
新　　疆	1042	34	2	4	3		1

各地区按登记注册类型分的房地产开发单位个数（四）

单位：个

地　区	港澳台商投资		外商投资					
	股份有限	其他		合资经营	合作经营	独资	股份有限	其他
全国总计	**53**	**7**	**1565**	**623**	**144**	**732**	**50**	**16**
北　京			102	40	37	22	3	
天　津	3		45	21	3	17	3	1
河　北			20	7	1	11	1	
山　西			6	3		3		
内蒙古			3	1		1		1
辽　宁	4		141	71	6	60	4	
吉　林	1	1	7	6	1			
黑龙江	2		11	5	1	5		
上　海	2		149	50	9	85	5	
江　苏	6		206	87	9	109		1
浙　江	7		124	60	3	57	3	1
安　徽	3		35	11	1	21	1	1
福　建	8		108	32	1	68	4	3
江　西			23	12		10	1	
山　东	1		69	34	9	26		
河　南	1	1	36	15	1	19	1	
湖　北	2		28	15		10	1	2
湖　南			28	16		10	2	
广　东	7	2	209	52	46	97	11	3
广　西			44	17	4	20	2	1
海　南	3	2	20	4	2	13	1	
重　庆			39	15	2	16	4	2
四　川	3	1	66	26	3	36	1	
贵　州			9	5	2	2		
云　南			7	3	1	2	1	
西　藏								
陕　西			19	7	2	9	1	
甘　肃			6	4		2		
青　海			1	1				
宁　夏			3	2		1		
新　疆			1	1				

各地区房地产开发固定资产投资建设规模

单位：万元

地　区	建设总规模	自开始建设累计完成投资	在建总规模	在建净规模
全国总计	**4930664950**	**3308300821**	**4192547514**	**1719888810**
北　京	217523690	163818478	197071594	54515377
天　津	131900916	79142783	119547153	54807089
河　北	168135552	111090227	137729435	59665056
山　西	69697982	44494262	58056548	26539464
内蒙古	79388769	50567883	70041123	29508290
辽　宁	260882757	193134053	203734789	73578212
吉　林	63322686	41528239	54912545	22427266
黑龙江	64563657	45766253	51669490	20250988
上　海	206178190	147286864	187490209	59781352
江　苏	469676960	306068197	414446856	170124786
浙　江	326280740	237577399	267050841	97269278
安　徽	226434561	147624509	193140829	83222520
福　建	200412364	151390720	155676042	55334130
江　西	73075310	46898100	61872726	27781366
山　东	320680408	208556642	277715473	117000186
河　南	214852858	124713715	182115650	93758387
湖　北	176105284	117692424	142364114	62836812
湖　南	161817213	102915976	138352402	62384543
广　东	440958675	306272757	374380255	145235239
广　西	102846814	70444803	84917812	37005641
海　南	81696667	48882139	72080058	35244628
重　庆	192913963	133532714	165691715	64095457
四　川	186212218	130591855	151811919	62213832
贵　州	116827045	69917838	100558761	49801419
云　南	120544769	75394619	100451867	47868150
西　藏	1432290	732599	1381147	718986
陕　西	128622165	76801148	113161256	53534001
甘　肃	34902853	21916104	29785215	13278661
青　海	13345513	8492794	11525697	5074597
宁　夏	33150543	19854460	31139915	13525984
新　疆	46281538	25200267	42674078	21507113

各地区房地产开发投资和新增固定资产

单位：万元

地　区	投资额	新增固定资产	固定资产交付使用率（%）
全国总计	**950356144**	**412510312**	**43.4**
北　京	37153341	14783822	39.8
天　津	16996496	10613125	62.4
河　北	40597194	16762659	41.3
山　西	14035549	7165446	51.1
内蒙古	13708803	6540590	47.7
辽　宁	53013051	24549766	46.3
吉　林	10301285	5140347	49.9
黑龙江	13240875	9527092	72.0
上　海	32064773	15839309	49.4
江　苏	82402166	42720723	51.8
浙　江	72623829	31016103	42.7
安　徽	43389603	19250298	44.4
福　建	45674028	12506288	27.4
江　西	13224909	6043879	45.7
山　东	58179538	24245256	41.7
河　南	43757143	20083660	45.9
湖　北	39837900	12681621	31.8
湖　南	28835662	13171670	45.7
广　东	76384530	33838569	44.3
广　西	18384942	5888753	32.0
海　南	14316515	7680151	53.6
重　庆	36302331	15604016	43.0
四　川	43800919	19446207	44.4
贵　州	21876698	8675815	39.7
云　南	28466541	7939731	27.9
西　藏	529087	153525	29.0
陕　西	24264914	7268348	30.0
甘　肃	7214717	2391904	33.2
青　海	3082702	1773035	57.5
宁　夏	6547995	3661703	55.9
新　疆	10148108	5546901	54.7

各地区房地产开发投资各种购置费用

单位：万元

地　区	旧建筑物购置费	土地购置费
全国总计	**3157944**	**174585288**
北　京	76934	13789448
天　津	11430	2813748
河　北	316656	5113949
山　西	63370	1604992
内蒙古	56320	1544806
辽　宁	71755	5351452
吉　林	58820	1552022
黑龙江	55835	1671406
上　海		8736124
江　苏	68657	17459295
浙　江	7963	26805913
安　徽	78968	8328848
福　建	82266	11704938
江　西	61512	1796430
山　东	94837	8895522
河　南	396595	3527989
湖　北	265925	5092811
湖　南	154180	3385088
广　东	216148	15913482
广　西	35396	2553674
海　南	95368	1856302
重　庆	57978	6496387
四　川	110858	8235392
贵　州	240901	1403286
云　南	192235	5084638
西　藏	1706	79580
陕　西	109048	1853103
甘　肃	18425	396302
青　海	38229	270228
宁　夏	43209	398788
新　疆	76420	869345

各地区按登记注册类型分的房地产开发投资（一）

单位：万元

地　区	合　计	内　资					
			国　有	集　体	股份合作	国有联营	集体联营
全国总计	**950356144**	**865928850**	**14096552**	**1720747**	**478960**	**80589**	**78207**
北　京	37153341	35190945	641488	224075			
天　津	16996496	15118350	359594	22492		30102	
河　北	40597194	39854098	132804		13476		
山　西	14035549	13862621	409170	32860			
内 蒙 古	13708803	13651568	110385		120		
辽　宁	53013051	42429179	696714	98723	6716		
吉　林	10301285	9703186	5831		300		
黑 龙 江	13240875	13079643	186845	50	4000		
上　海	32064773	25986854	160231	109017			4000
江　苏	82402166	70705829	1899425	80921	14352	20006	
浙　江	72623829	64948175	416056	30133	17550	28558	
安　徽	43389603	41363895	673626	11287			
福　建	45674028	40808678	876058	101606			
江　西	13224909	12564120	156925	2503			
山　东	58179538	54606532	900403	91453	55932		
河　南	43757143	42851276	1725922	59852	98636		
湖　北	39837900	37054181	409782	139407			
湖　南	28835662	27552701	507026	17214	4767		
广　东	76384530	64046615	390707	605972	29435		74207
广　西	18384942	17106534	354275	2314	8100		
海　南	14316515	12496182	321218		5600		
重　庆	36302331	31540375	338520		2479		
四　川	43800919	40396963	313377	48508	115583		
贵　州	21876698	21411238	142046		1490		
云　南	28466541	27185951	516535				
西　藏	529087	529087	40400				
陕　西	24264914	23026222	774237	28090	92257		
甘　肃	7214717	7205724	297516	14270	1000		
青　海	3082702	3082702	98849		4167	1923	
宁　夏	6547995	6468068	101776				
新　疆	10148108	10101358	138811		3000		

各地区按登记注册类型分的房地产开发投资（二）

单位：万元

地　区	内　资						
	国有与集体联营	其他联营	国有独资公司	其他有限责任公司	股份有限公司	私营独资	私营合伙
全国总计	**5750**	**36910**	**32118208**	**484530716**	**33447500**	**1319057**	**245485**
北　京			568931	30035181	1406606		
天　津			1259507	10382770	591234		
河　北			401425	21200294	1746776	66844	14300
山　西			389635	4158386	105194		
内蒙古			692090	5771362	468404	31948	1000
辽　宁			1143182	21939818	2035906	66436	
吉　林			213410	5474431	550056	17591	160
黑龙江			390397	8000418	608987		6000
上　海			1885090	15305148	520198	31654	
江　苏			2532408	31789585	2591839	163757	6775
浙　江	3060		3238635	35541822	765024	24144	25768
安　徽			1980230	23016011	1261934	45819	4505
福　建			2555117	25456149	846426	2850	
江　西			367158	6815756	716593	4343	2110
山　东			2960234	31123226	2899569	50170	7995
河　南			377930	27570559	2345680	79663	4693
湖　北			846695	20831133	2534925	47204	500
湖　南		36910	716181	15396070	1232929	53410	6595
广　东			1168915	38332093	2591907	300475	15237
广　西			590134	7912765	752364	53701	139141
海　南	2690		1067467	8309355	691790	52518	
重　庆			2225322	14293094	1433649	20980	
四　川			656868	23146350	1483512	53148	
贵　州			332489	14818492	412865	16612	5420
云　南			834649	15006768	1102685	25737	
西　藏			4731	128397	100		
陕　西			1010553	12342322	1399328	41002	
甘　肃			416933	3741079	116530	5680	
青　海			381040	714600	72777		
宁　夏			440315	1343114	27672	59671	
新　疆			470537	4634168	134041	3700	5286

各地区按登记注册类型分的房地产开发投资（三）

单位：万元

地　区	内资			港澳台投资			
	私营有限责任公司	私营股份有限公司	其他内资企业		合资经营	合作经营	独资
全国总计	**280569153**	**16077626**	**1123390**	**60279020**	**22052819**	**2561809**	**34300709**
北　京	2285841	28823		1427481	412479	166374	848628
天　津	2292231	176100	4320	1103719	482892		459624
河　北	15093428	1149732	35019	501928	134643		367285
山　西	8580622	173654	13100	104622	81890		22732
内蒙古	6365285	208644	2330				
辽　宁	15601307	799479	40898	8114038	3318742	184682	4537166
吉　林	3260545	172562	8300	564053	353023		208030
黑龙江	3676701	205027	1218	139132	95362	19317	24453
上　海	7652242	319274		4304987	1811810	46423	2436098
江　苏	30092637	1478564	35560	8211381	2424079	135810	5518434
浙　江	24559653	276565	21207	5830742	2072092		3615584
安　徽	13262891	818699	288893	1472380	509759		778624
福　建	10325788	584813	59871	3335382	1902989	25927	1312428
江　西	4195217	289730	13785	510498	305662		204836
山　东	15415891	1055320	46339	2667680	1324908	86195	1252329
河　南	9510222	1051934	26185	587129	245278	170	320181
湖　北	11702449	537586	4500	2165154	559517	82848	1492147
湖　南	8729283	823603	28713	1032183	281461		750722
广　东	19579061	938321	20285	8306557	2477016	1339474	4327852
广　西	6711878	441364	140498	1006120	270249	77046	658825
海　南	1867272	150559	27713	1413005	528358		622970
重　庆	12488049	737482	800	3545463	1110368	350317	2084778
四　川	13576655	853327	149635	1732032	554530		1096567
贵　州	5192801	477023	12000	434785	211119	27700	195966
云　南	8606367	982857	110353	998368	426109		572259
西　藏	355459						
陕　西	6786634	548799	3000	654109	42514	19526	592069
甘　肃	2540875	44093	27748	5002	5002		
青　海	1721149	88197					
宁　夏	3967590	527930		70150	70150		
新　疆	4573130	137565	1120	40940	40818		122

各地区按登记注册类型分的房地产开发投资（四）

单位：万元

地区	港澳台商投资		外商投资					
	股份有限	其他		合资经营	合作经营	独资	股份有限	其他
全国总计	**1292571**	**71112**	**24148274**	**7565458**	**2586537**	**12622837**	**725491**	**647951**
北　京			534915	105030	206391	220655	2839	
天　津	161203		774427	167066		499043	90818	17500
河　北			241168	19330		221838		
山　西			68306	1000		67306		
内蒙古			57235	10284		550		46401
辽　宁	73448		2469834	1026954	384682	973253	84945	
吉　林	3000		34046	34046				
黑龙江			22100			22100		
上　海	10656		1772932	757189	384544	616099	15100	
江　苏	133058		3484956	1473082	116305	1895569		
浙　江	143066		1844912	448347	41257	1355308		
安　徽	183997		553328	57382	37073	398662	9970	50241
福　建	94038		1529968	93556		1323119	92693	20600
江　西			150291	100392		45799	4100	
山　东	4248		905326	335657	177839	391830		
河　南	18100	3400	318738	56882	37537	218168	6151	
湖　北	30642		618565	177660		226050	900	213955
湖　南			250778	110330		138248	2200	
广　东	106228	55987	4031358	1493168	379128	1723213	163795	272054
广　西			272288	58842	2340	210150	956	
海　南	251677	10000	407328	52942	85337	269049		
重　庆			1216493	253973	291241	607963	36116	27200
四　川	79210	1725	1671924	576164	212953	882807		
贵　州			30675	7302	23373			
云　南			282222	5380	109935	5868	161039	
西　藏								
陕　西			584583	128078	96602	306034	53869	
甘　肃			3991	3754		237		
青　海								
宁　夏			9777	5858		3919		
新　疆			5810	5810				

各地区按资质等级分的房地产开发投资（一）

单位：万元

地　区	投资额	一级	二级	三级
全国总计	**950356144**	**38469600**	**143119479**	**156556351**
北　京	37153341	4422768	3804986	1927387
天　津	16996496	532120	1593724	1433210
河　北	40597194	2245561	5712725	5973694
山　西	14035549	415436	2040167	2209073
内蒙古	13708803	374518	1617163	2013617
辽　宁	53013051	1071705	4455215	8247797
吉　林	10301285	138065	2275695	1899897
黑龙江	13240875	354545	2759115	6424232
上　海	32064773	508561	2526829	1787934
江　苏	82402166	3765278	25198991	4326389
浙　江	72623829	2372022	6497053	11342358
安　徽	43389603	788079	5304363	8526214
福　建	45674028	1351294	3793820	8867192
江　西	13224909	193196	1529375	2612456
山　东	58179538	2378815	6365726	7163527
河　南	43757143	1519345	6816591	3720626
湖　北	39837900	1694519	7251364	5625439
湖　南	28835662	1136315	3787619	10419852
广　东	76384530	4598970	4925962	14665173
广　西	18384942	805788	2550750	3037538
海　南	14316515	8349	752633	1887249
重　庆	36302331	2163939	13356067	3502176
四　川	43800919	1693856	6883891	23262978
贵　州	21876698	95360	6369625	2799444
云　南	28466541	1047902	4861998	2534222
西　藏	529087		77567	291422
陕　西	24264914	1182447	3858167	4586407
甘　肃	7214717	102164	1422541	2238239
青　海	3082702	203853	1139780	537408
宁　夏	6547995	873330	2082590	1248903
新　疆	10148108	431500	1507387	1444298

各地区按资质等级分的房地产开发投资（二）

单位：万元

地　区	四级	暂定	其他
全国总计	**97329152**	**456065016**	**58816546**
北　京	9670940	15946969	1380291
天　津	8589190	4492389	355863
河　北	9879567	15867464	918183
山　西	5789305	3365556	216012
内蒙古	6152351	2692257	858897
辽　宁	331160	33921902	4985272
吉　林	1338574	4629516	19538
黑龙江	334501	2874870	493612
上　海	110676	24109096	3021677
江　苏	154791	40865120	8091597
浙　江	3021287	40288383	9102726
安　徽	1135079	25552392	2083476
福　建	3878984	26483123	1299615
江　西	943249	7512732	433901
山　东	5276132	33118258	3877080
河　南	2229623	27475028	1995930
湖　北	3328500	20579209	1358869
湖　南	2739890	10174286	577700
广　东	10865477	34909791	6419157
广　西	893671	9800636	1296559
海　南	809589	9342938	1515757
重　庆	172264	16639431	468454
四　川	345410	9789636	1825148
贵　州	2137935	9759601	714733
云　南	7102620	11046177	1873622
西　藏	4790	135308	20000
陕　西	6365745	5370500	2901648
甘　肃	1229224	2148139	74410
青　海	434340	743928	23393
宁　夏	684295	1485936	172941
新　疆	1379993	4944445	440485

各地区按构成分的房地产开发投资

单位：万元

地区	投资额	建筑安装工程	设备工器具购置	其他费用
全国总计	**950356144**	**705611141**	**13069081**	**231675922**
北京	37153341	16011781	473386	20668174
天津	16996496	11808766	108781	5078949
河北	40597194	32657425	903655	7036114
山西	14035549	11429051	228140	2378358
内蒙古	13708803	11678510	173258	1857035
辽宁	53013051	45249782	1103095	6660174
吉林	10301285	8219491	128112	1953682
黑龙江	13240875	11013966	249453	1977456
上海	32064773	20765930	170492	11128351
江苏	82402166	60258782	1294105	20849279
浙江	72623829	39350742	679946	32593141
安徽	43389603	33167098	516025	9706480
福建	45674028	31955624	348266	13370138
江西	13224909	10652346	176563	2396000
山东	58179538	46637205	649280	10893053
河南	43757143	37045662	870486	5840995
湖北	39837900	30924945	677813	8235142
湖南	28835662	22839232	507291	5489139
广东	76384530	54271765	780292	21332473
广西	18384942	14655282	414220	3315440
海南	14316515	10877055	214189	3225271
重庆	36302331	26002405	407396	9892530
四川	43800919	32958452	783548	10058919
贵州	21876698	18324612	191541	3360545
云南	28466541	21838665	321455	6306421
西藏	529087	416762	15581	96744
陕西	24264914	20953056	292058	3019800
甘肃	7214717	6478428	123034	613255
青海	3082702	2661403	32679	388620
宁夏	6547995	5794441	50825	702729
新疆	10148108	8712477	184116	1251515

各地区按用途分的房地产开发投资

单位：万元

地　　区	投资额	住　　宅	办公楼	商业营业用房	其　　他
全国总计	**950356144**	**643521513**	**56411890**	**143462517**	**106960224**
北　　京	37153341	18460805	7129843	3808433	7754260
天　　津	16996496	11222553	1235819	2179330	2358794
河　　北	40597194	30103548	1538486	5020161	3934999
山　　西	14035549	10106901	692123	1913124	1323401
内 蒙 古	13708803	9367598	510090	2544407	1286708
辽　　宁	53013051	38442622	1792155	9507965	3270309
吉　　林	10301285	7324687	301565	1867173	807860
黑 龙 江	13240875	9460270	252529	2368761	1159315
上　　海	32064773	17246467	5347709	4579197	4891400
江　　苏	82402166	59245083	3784732	12867085	6505266
浙　　江	72623829	45941730	4876203	9493384	12312512
安　　徽	43389603	28476344	1689593	9305558	3918108
福　　建	45674028	29171687	3585835	6548765	6367741
江　　西	13224909	9719227	539721	1986456	979505
山　　东	58179538	41843316	3585761	8050743	4699718
河　　南	43757143	32891963	1988379	5312195	3564606
湖　　北	39837900	27554186	1716497	6391974	4175243
湖　　南	28835662	19985121	1106505	4273885	3470151
广　　东	76384530	51873184	4894379	9584250	10032717
广　　西	18384942	12926348	708981	2540032	2209581
海　　南	14316515	11221374	105140	1375700	1614301
重　　庆	36302331	24513660	1769621	5340012	4679038
四　　川	43800919	28478207	1951111	7770626	5600975
贵　　州	21876698	13503388	1519696	4439789	2413825
云　　南	28466541	18300705	1337792	5331371	3496673
西　　藏	529087	294421	34903	101288	98475
陕　　西	24264914	18696850	1051474	2857338	1659252
甘　　肃	7214717	4963706	266463	1346607	637941
青　　海	3082702	1906743	273158	642797	260004
宁　　夏	6547995	4115773	211681	1441999	778542
新　　疆	10148108	6163046	613946	2672112	699004

各地区按隶属关系分的房地产开发投资

单位：万元

地　区	投资额	中央项目	地方项目				
				省属	地市属	县属	其他
全国总计	**950356144**	**17865484**	**932490660**	**29526302**	**111574869**	**82222601**	**709166888**
北　京	37153341	2081645	35071696	6536683	5349478	364827	22820708
天　津	16996496	882479	16114017	2424202	4073921	1312804	8303090
河　北	40597194	521920	40075274	307763	4163484	3817862	31786165
山　西	14035549	682135	13353414	439246	1168350	370220	11375598
内蒙古	13708803	133113	13575690	115158	1591979	1475456	10393097
辽　宁	53013051	790344	52222707	226240	4884562	3558496	43553409
吉　林	10301285	67532	10233753	103870	1211570	708794	8209519
黑龙江	13240875	159451	13081424	476175	2370211	2062758	8172280
上　海	32064773	729982	31334791	2255194	3957050	440985	24681562
江　苏	82402166	726754	81675412	633753	4815028	5945782	70280849
浙　江	72623829	194813	72429016	485258	3144195	3360561	65439002
安　徽	43389603	404196	42985407	2001345	6713658	3620991	30649413
福　建	45674028	72363	45601665	540149	7046362	6168263	31846891
江　西	13224909	265023	12959886	454131	1166038	1653491	9686226
山　东	58179538	1247528	56932010	1992007	6267830	8621121	40051052
河　南	43757143	120069	43637074	624836	7334146	4489045	31189047
湖　北	39837900	919781	38918119	692102	6363208	3461865	28400944
湖　南	28835662	569369	28266293	822300	3747651	2307225	21389117
广　东	76384530	1990833	74393697	310195	11269208	4971977	57842317
广　西	18384942	576424	17808518	344854	3035015	866875	13561774
海　南	14316515	232026	14084489	832896	2842684	2555638	7853271
重　庆	36302331	1169215	35133116	3077443	4454723	1080719	26520231
四　川	43800919	621608	43179311	425745	3426550	5922605	33404411
贵　州	21876698	731962	21144736	230278	1070395	2424673	17419390
云　南	28466541	339195	28127346	1315777	2064825	5553311	19193433
西　藏	529087		529087	17500	62824		448763
陕　西	24264914	816858	23448056	1009057	5210271	2117580	15111148
甘　肃	7214717	157656	7057061	286632	1023454	1041473	4705502
青　海	3082702		3082702	106804	451370	371666	2152862
宁　夏	6547995	97609	6450386	306873	348292	220428	5574793
新　疆	10148108	563601	9584507	131836	946537	1355110	7151024

各地区房地产开发投资财务拨款

单位：万元

地　区	本年实际到位资金合计	上年末结余资金	本年实际到位资金小计	本年各项应付款合计
全国总计	**1567312262**	**347397419**	**1219914843**	**255841260**
北　京	94079874	27859725	66220149	2577604
天　津	37284408	9049601	28234807	8693338
河　北	50942678	6557860	44384818	9719307
山　西	17631940	3697059	13934881	3819579
内蒙古	16462736	2071049	14391687	3403069
辽　宁	72853090	13943352	58909738	13736772
吉　林	14514985	2220760	12294225	2638519
黑龙江	16956270	2872261	14084009	2491895
上　海	74221873	21522848	52699025	9630580
江　苏	157128683	36127041	121001642	29662229
浙　江	126320097	36756995	89563102	15472028
安　徽	65742052	13430373	52311679	12518873
福　建	71140522	13879192	57261330	7099627
江　西	26038375	6579895	19458480	4342864
山　东	86586118	16674286	69911832	14173607
河　南	56235453	9345743	46889710	9340931
湖　北	54857175	11634784	43222391	10474512
湖　南	45724498	10064588	35659910	10008436
广　东	152784857	39518835	113266022	22169261
广　西	29353920	5246449	24107471	5137492
海　南	24420260	5111604	19308656	5338464
重　庆	67627353	14177520	53449833	13866787
四　川	72505071	13873969	58631102	11440282
贵　州	28077801	4711619	23366182	5388049
云　南	36563659	7389354	29174305	8518339
西　藏	586444	107414	479030	220402
陕　西	33703493	6855693	26847800	6188153
甘　肃	11015283	2468809	8546474	2415880
青　海	4288484	777789	3510695	829050
宁　夏	8549377	1120322	7429055	1904880
新　疆	13115433	1750630	11364803	2620451

各地区房地产开发投资本年实际到位资金构成

单位：万元

地　区	本年实际到位资金小计	国内贷款	利用外资		自筹资金	其他资金
				外商直接投资		
全国总计	**1219914843**	**212426108**	**6392613**	**5989082**	**504198031**	**496898091**
北　京	66220149	21580291	77763	77763	18154136	26407959
天　津	28234807	8171550	71887	13782	8752250	11239120
河　北	44384818	3124712	263350	234300	28195336	12801420
山　西	13934881	1236311			7433185	5265385
内蒙古	14391687	1456220			10223861	2711606
辽　宁	58909738	7207044	706300	618171	33685015	17311379
吉　林	12294225	1261902	5000		6589198	4438125
黑龙江	14084009	978225	27000	27000	9099429	3979355
上　海	52699025	16388433	696144	677332	15608290	20006158
江　苏	121001642	22496812	807874	793289	41548646	56148310
浙　江	89563102	18177735	716767	716092	32023064	38645536
安　徽	52311679	5679346	27810	27810	22038512	24566011
福　建	57261330	7526197	233194	233194	24791897	24710042
江　西	19458480	2559744	3885	3885	6065001	10829850
山　东	69911832	9958261	141320	138016	31050030	28762221
河　南	46889710	5270148	6700	6700	26015500	15597362
湖　北	43222391	7375424	196279	196279	19716253	15934435
湖　南	35659910	5842797	47802	14802	13504202	16265109
广　东	113266022	24326141	636491	570652	37055697	51247693
广　西	24107471	3400275	2056	2056	9016015	11689125
海　南	19308656	3859090	6150	5550	8866557	6576859
重　庆	53449833	11907732	1131313	1130813	18244123	22166665
四　川	58631102	8178753	393355	317528	25136809	24922185
贵　州	23366182	2426237	34130	30530	9648609	11257206
云　南	29174305	4149022	160043	153538	15494568	9370672
西　藏	479030	8000			350322	120708
陕　西	26847800	3912758			12745677	10189365
甘　肃	8546474	1205125			4114519	3226830
青　海	3510695	515589			1393612	1601494
宁　夏	7429055	1200423			2754745	3473887
新　疆	11364803	1045811			4882973	5436019

各地区房地产土地开发情况

地　区	本年购置土地面积（平方米）	本年土地成交价款（万元）
全国总计	**333830332**	**100198754**
北　京	5807629	7636722
天　津	1227444	1210859
河　北	10817208	2329237
山　西	4317085	654614
内蒙古	5344826	871948
辽　宁	16708480	4112281
吉　林	9284006	1887529
黑龙江	4165769	688884
上　海	3131804	3956299
江　苏	34542666	10945523
浙　江	18879208	9644945
安　徽	30295843	7110157
福　建	12941606	4760465
江　西	9181964	2088656
山　东	22254998	5247291
河　南	11161606	2339382
湖　北	12449934	3348710
湖　南	11119826	2114284
广　东	19569868	8565839
广　西	6100127	1609370
海　南	2884735	577471
重　庆	18645896	6799874
四　川	15354299	4759654
贵　州	9363634	1110482
云　南	12182297	2145782
西　藏	581011	69805
陕　西	4875203	1573073
甘　肃	5674866	584814
青　海	998678	133768
宁　夏	3327653	349975
新　疆	10640163	971061

各地区房地产开发房屋建筑面积和造价

地　区	房屋施工面积（万平方米）	房屋竣工面积（万平方米）	房屋建筑面积竣工率（%）	房屋竣工价值（万元）	房屋竣工造价（元/平方米）
全国总计	**726482**	**107459**	**14.8**	**302619873**	**2816**
北　京	13588	3054	22.5	9839955	3222
天　津	10652	2925	27.5	7594222	2596
河　北	31628	4038	12.8	11384128	2820
山　西	15477	2182	14.1	6553049	3003
内蒙古	18474	2012	10.9	5387879	2678
辽　宁	38617	6147	15.9	15484701	2519
吉　林	12268	1574	12.8	3275365	2081
黑龙江	14218	3001	21.1	7300060	2433
上　海	14690	2313	15.7	10584155	4575
江　苏	57638	9620	16.7	29781718	3096
浙　江	42144	6390	15.2	22915578	3586
安　徽	33479	5196	15.5	14161897	2725
福　建	30052	3584	11.9	8836296	2466
江　西	13333	1872	14.0	4475375	2391
山　东	54508	7787	14.3	17860203	2294
河　南	38858	7324	18.8	14175164	1935
湖　北	26322	3431	13.0	9581092	2792
湖　南	27748	4023	14.5	10062313	2501
广　东	53977	7328	13.6	26344077	3595
广　西	17472	1866	10.7	4560135	2444
海　南	7557	1204	15.9	6826916	5671
重　庆	28624	3718	13.0	12433320	3344
四　川	36499	5334	14.6	14391678	2698
贵　州	20369	2842	14.0	6254807	2201
云　南	20035	1789	8.9	5206189	2911
西　藏	273	52	19.2	149595	2851
陕　西	19466	2189	11.2	5958825	2722
甘　肃	7660	813	10.6	1747961	2149
青　海	2546	559	22.0	1601984	2863
宁　夏	7019	1204	17.1	2993267	2487
新　疆	11289	2086	18.5	4897969	2348

各地区房地产开发住宅建筑面积和造价

地　　区	住宅施工面积（万平方米）	住宅竣工面积（万平方米）	住宅建筑面积竣工率（%）	住宅竣工价值（万元）	住宅竣工造价（元/平方米）
全国总计	**515096**	**80868**	**15.7**	**220791656**	**2730**
北　　京	6978	1804	25.9	5006293	2775
天　　津	7204	2130	29.6	5566491	2613
河　　北	24456	3195	13.1	8412843	2633
山　　西	11472	1702	14.8	5077121	2984
内 蒙 古	12387	1497	12.1	3959797	2646
辽　　宁	28525	4940	17.3	11979457	2425
吉　　林	9067	1309	14.4	2668129	2038
黑 龙 江	10424	2296	22.0	5249423	2287
上　　海	8526	1536	18.0	6444691	4197
江　　苏	41580	7259	17.5	22612565	3115
浙　　江	25874	4158	16.1	15031735	3615
安　　徽	23194	3830	16.5	10185423	2660
福　　建	19718	2568	13.0	6229527	2426
江　　西	9976	1511	15.1	3595359	2379
山　　东	40649	6091	15.0	13739569	2256
河　　南	29831	5767	19.3	10961813	1901
湖　　北	19610	2812	14.3	7776066	2765
湖　　南	20568	3177	15.4	7722854	2431
广　　东	38290	5442	14.2	19361480	3557
广　　西	13066	1442	11.0	3388647	2350
海　　南	6009	1052	17.5	5903613	5612
重　　庆	20294	2772	13.7	8962150	3234
四　　川	24732	3871	15.7	9988903	2580
贵　　州	13793	2046	14.8	4351530	2126
云　　南	13608	1255	9.2	3523890	2807
西　　藏	178	29	16.6	78632	2670
陕　　西	15475	1863	12.0	4914016	2638
甘　　肃	5644	652	11.6	1394535	2139
青　　海	1712	448	26.1	1248140	2789
宁　　夏	4623	819	17.7	1920676	2346
新　　疆	7633	1594	20.9	3536288	2218

各地区房地产开发房屋施工面积

单位：万平方米

地　区	房屋施工面积合计	住　宅	办公楼	商业营业用房	其　他
全国总计	**726482**	**515096**	**29928**	**94320**	**87138**
北　京	13588	6978	2254	1279	3078
天　津	10652	7204	865	1217	1366
河　北	31628	24456	677	3422	3073
山　西	15477	11472	462	1872	1671
内蒙古	18474	12387	642	3478	1967
辽　宁	38617	28525	816	6096	3180
吉　林	12268	9067	350	1759	1092
黑龙江	14218	10424	251	2086	1457
上　海	14690	8526	1779	1752	2633
江　苏	57638	41580	2311	7929	5818
浙　江	42144	25874	2925	5073	8271
安　徽	33479	23194	1085	5963	3237
福　建	30052	19718	1810	3622	4901
江　西	13333	9976	472	1707	1178
山　东	54508	40649	1978	6811	5071
河　南	38858	29831	1489	4220	3317
湖　北	26322	19610	787	3347	2578
湖　南	27748	20568	703	3253	3224
广　东	53977	38290	2137	5442	8109
广　西	17472	13066	446	1914	2047
海　南	7557	6009	133	673	742
重　庆	28624	20294	1072	3317	3941
四　川	36499	24732	1301	4881	5585
贵　州	20369	13793	722	3123	2731
云　南	20035	13608	736	3006	2685
西　藏	273	178	18	44	34
陕　西	19466	15475	705	1935	1351
甘　肃	7660	5644	179	1115	722
青　海	2546	1712	122	435	277
宁　夏	7019	4623	248	1344	804
新　疆	11289	7633	454	2204	998

各地区房地产开发房屋新开工面积

单位：万平方米

地　区	房屋新开工面积合计	住　宅	办公楼	商业营业用房	其　他
全国总计	**179592**	**124877**	**7349**	**25048**	**22319**
北　京	2449	1282	421	208	538
天　津	2815	1987	132	275	421
河　北	8239	6361	160	960	757
山　西	3888	2740	170	484	494
内蒙古	3114	2151	72	483	407
辽　宁	8192	6138	154	1268	633
吉　林	3258	2284	79	534	361
黑龙江	3281	2327	70	524	360
上　海	2782	1547	365	388	481
江　苏	14220	10378	503	1873	1466
浙　江	9676	5603	777	1359	1938
安　徽	8737	5929	198	1738	871
福　建	6754	4194	495	864	1201
江　西	3348	2560	77	438	273
山　东	13328	9821	457	1661	1389
河　南	10587	8079	342	1291	874
湖　北	7599	5818	179	959	643
湖　南	8067	5736	193	1142	996
广　东	13384	9174	636	1400	2174
广　西	4138	2958	151	580	449
海　南	1584	1201	9	234	140
重　庆	6254	4276	264	775	939
四　川	11328	7336	453	1743	1796
贵　州	4616	2829	188	850	750
云　南	5458	3654	184	827	794
西　藏	191	118	10	36	27
陕　西	3943	2934	209	483	318
甘　肃	2050	1487	52	363	149
青　海	695	407	53	149	86
宁　夏	2054	1396	78	316	263
新　疆	3561	2171	217	842	332

各地区房地产开发房屋竣工面积

单位：万平方米

地　区	房屋竣工面积合计	住　宅	办公楼	商业营业用房	其　他
全国总计	**107459**	**80868**	**3144**	**12084**	**11363**
北　京	3054	1804	387	216	646
天　津	2925	2130	117	268	410
河　北	4038	3195	63	439	340
山　西	2182	1702	30	258	193
内蒙古	2012	1497	34	311	170
辽　宁	6147	4940	74	741	391
吉　林	1574	1309	11	173	81
黑龙江	3001	2296	53	361	291
上　海	2313	1536	165	208	404
江　苏	9620	7259	270	1213	879
浙　江	6390	4158	371	708	1153
安　徽	5196	3830	121	835	411
福　建	3584	2568	146	309	561
江　西	1872	1511	25	249	86
山　东	7787	6091	183	838	676
河　南	7324	5767	228	653	676
湖　北	3431	2812	36	390	193
湖　南	4023	3177	71	435	339
广　东	7328	5442	211	684	990
广　西	1866	1442	41	205	179
海　南	1204	1052	7	64	81
重　庆	3718	2772	115	341	491
四　川	5334	3871	144	654	665
贵　州	2842	2046	74	364	358
云　南	1789	1255	37	283	213
西　藏	52	29	7	6	10
陕　西	2189	1863	23	184	119
甘　肃	813	652	11	100	49
青　海	559	448	14	66	32
宁　夏	1204	819	28	215	142
新　疆	2086	1594	45	314	133

各地区房地产开发商品房屋销售面积

单位：万平方米

地　　区	商品房销售面积	住　　宅	办公楼	商业营业用房	其　　他
全国总计	**120649**	**105188**	**2505**	**9077**	**3878**
北　　京	1454	1137	137	79	101
天　　津	1613	1484	21	68	41
河　　北	5706	5015	76	444	171
山　　西	1576	1434	24	81	37
内 蒙 古	2457	1996	43	270	149
辽　　宁	5755	4932	71	523	229
吉　　林	1582	1388	12	138	44
黑 龙 江	2476	2131	15	240	89
上　　海	2085	1781	120	103	81
江　　苏	9847	8801	211	688	147
浙　　江	4677	3941	185	334	216
安　　徽	6202	5365	111	648	78
福　　建	4119	3324	181	287	327
江　　西	3067	2775	43	196	53
山　　东	9180	7972	186	675	347
河　　南	7880	7009	182	555	134
湖　　北	5602	5003	66	423	110
湖　　南	5440	4852	49	423	114
广　　东	9316	8164	230	491	431
广　　西	3157	2869	30	181	76
海　　南	1004	943	5	48	8
重　　庆	5100	4424	98	348	230
四　　川	7142	6177	141	561	263
贵　　州	3178	2707	84	338	49
云　　南	3194	2618	66	329	181
西　　藏	59	54	2	4	
陕　　西	3094	2837	47	137	72
甘　　肃	1326	1213	13	81	19
青　　海	416	363	8	40	5
宁　　夏	1129	939	9	132	49
新　　疆	1816	1541	39	210	25

各地区房地产开发商品房屋待售面积

单位：万平方米

地　区	商品房待售面积	住　宅	办公楼	商业营业用房	其　他
全国总计	**62169**	**40684**	**2627**	**11773**	**7084**
北　京	2065	864	307	435	459
天　津	1125	783	118	134	90
河　北	2043	1607	38	272	126
山　西	1408	1040	23	241	105
内蒙古	1064	702	40	239	83
辽　宁	4812	3584	101	783	344
吉　林	1504	1072	20	300	112
黑龙江	2042	1444	36	374	187
上　海	2040	958	262	372	447
江　苏	5653	3593	318	1318	424
浙　江	3496	2006	302	789	400
安　徽	1637	984	46	488	119
福　建	1313	616	48	293	356
江　西	1180	861	15	253	50
山　东	3398	2383	92	674	249
河　南	3694	2875	78	531	209
湖　北	2746	1934	84	532	196
湖　南	2951	2019	96	522	314
广　东	5468	3546	199	818	905
广　西	1507	1024	20	256	207
海　南	956	818	12	65	61
重　庆	1815	802	90	428	494
四　川	2308	1246	79	437	546
贵　州	1087	620	64	250	152
云　南	1427	919	62	270	175
西　藏	71	61	1	6	3
陕　西	539	403	5	88	43
甘　肃	659	488	7	126	39
青　海	206	161	4	26	16
宁　夏	967	627	26	231	82
新　疆	989	644	34	221	90

各地区房地产开发商品房屋销售额

单位：万元

地　区	商品房销售额	住　宅	办公楼	商业营业用房	其　他
全国总计	**762924097**	**624109534**	**29629279**	**89106215**	**20079069**
北　京	27387371	21024647	3593214	2020333	749177
天　津	14869373	13097031	358194	1059549	354599
河　北	29280006	25016246	487798	3191335	584627
山　西	7461404	6398253	315800	612291	135060
内蒙古	10648151	7650415	271641	1955034	771061
辽　宁	30920972	25188711	414546	4173247	1144468
吉　林	8085844	6676190	82995	1083099	243560
黑龙江	12085441	9626924	119604	1919667	419246
上　海	34995289	29234429	3004300	2264416	492144
江　苏	68984158	59695955	1853592	6833870	600741
浙　江	49229999	41725801	2059220	4495880	949098
安　徽	33451894	26917964	758422	5516254	259254
福　建	37635183	29395788	2014817	3735116	2489462
江　西	16217649	13794952	388425	1764317	269955
山　东	48796627	40094832	1796947	5548848	1356000
河　南	34405811	27397066	1644013	4376385	988347
湖　北	30883061	25437588	690070	4197054	558349
湖　南	22991111	18585771	488823	3432831	483686
广　东	84618358	69602590	4287529	7455664	3272575
广　西	15320544	12745691	294751	1834663	445439
海　南	9352137	8732200	126624	443623	49690
重　庆	28149910	22532816	1094100	3737467	785527
四　川	39973726	31450212	1095149	6376514	1051851
贵　州	13703112	10000070	570212	2922540	210290
云　南	15963711	11653878	789850	2910197	609786
西　藏	342528	285541	21751	35236	
陕　西	15980360	13681219	437401	1477739	384001
甘　肃	6023393	5134670	111317	681697	95709
青　海	2112694	1558318	66418	470249	17709
宁　夏	4649623	3520283	64071	889894	175375
新　疆	8404657	6253483	327685	1691206	132283

第三部分

农户固定资产投资

各地区农村农户固定资产投资增长情况

单位:万元

地区	2014年	2013年	2014年比2013年增减	
			绝对数	%
全国总计	**107557780**	**105466644**	**2091137**	**2.0**
北京	507938	495199	12739	2.6
天津	278234	272377	5857	2.2
河北	5247229	5644603	-397374	-7.0
山西	3190738	2865426	325313	11.4
内蒙古	1539794	1449900	89894	6.2
辽宁	3039691	3162550	-122858	-3.9
吉林	2316802	2535015	-218213	-8.6
黑龙江	2911168	3317971	-406803	-12.3
上海	34623	36599	-1976	-5.4
江苏	3858678	3908067	-49390	-1.3
浙江	7080064	5880353	1199711	20.4
安徽	6192840	5306923	885917	16.7
福建	3081077	2816330	264747	9.4
江西	4329473	4153033	176440	4.2
山东	8964155	9132152	-167997	-1.8
河南	7698843	8993980	-1295137	-14.4
湖北	4736285	5104785	-368499	-7.2
湖南	6943691	6162113	781578	12.7
广东	4508766	5128706	-619941	-12.1
广西	5556107	5237375	318732	6.1
海南	727765	723361	4403	0.6
重庆	1445818	1442841	2977	0.2
四川	6564402	5708214	856189	15.0
贵州	2473485	2708242	-234757	-8.7
云南	4247223	3464679	782543	22.6
西藏				
陕西	3516510	3506322	10187	0.3
甘肃	1244994	1207402	37592	3.1
青海	723164	757903	-34739	-4.6
宁夏	798717	733539	65178	8.9
新疆	3799507	3610686	188821	5.2

各地区按构成分农村农户投资

单位：万元

地　　区	投资额	建筑安装工程	设备工器具购置	其他费用
全国总计	**107557780**	**86341380**	**16177155**	**5039245**
北　　京	507938	486776	11478	9684
天　　津	278234	199210	62184	16841
河　　北	5247229	4580715	561022	105492
山　　西	3190738	2230968	805335	154435
内 蒙 古	1539794	901848	533779	104167
辽　　宁	3039691	2163119	590053	286519
吉　　林	2316802	685885	1437024	193892
黑 龙 江	2911168	1125558	1648968	136642
上　　海	34623	34552	71	
江　　苏	3858678	3413053	284654	160970
浙　　江	7080064	6501178	547638	31248
安　　徽	6192840	4757583	1069376	365881
福　　建	3081077	2648199	382100	50778
江　　西	4329473	3829896	308750	190827
山　　东	8964155	6384579	2286889	292687
河　　南	7698843	6919044	707069	72730
湖　　北	4736285	4040932	466488	228866
湖　　南	6943691	5992562	686164	264965
广　　东	4508766	4339886	95822	73058
广　　西	5556107	4033284	888417	634406
海　　南	727765	673174	46884	7707
重　　庆	1445818	1219754	94798	131265
四　　川	6564402	5736631	421434	406337
贵　　州	2473485	1981257	218401	273827
云　　南	4247223	3419233	392787	435204
西　　藏				
陕　　西	3516510	2955903	449789	110817
甘　　肃	1244994	872434	292767	79793
青　　海	723164	588937	110855	23372
宁　　夏	798717	512246	255675	30796
新　　疆	3799507	3112984	520483	166040

各地区按项目分农村农户投资

单位：万元

地　区	投资额	房　屋	道　路	桥　梁	设　备	水　利	其　他
全国总计	**107557780**	**82858620**	**3781**		**15890449**	**384432**	**8420499**
北　京	507938	485894			11478		10566
天　津	278234	89047			62184		127004
河　北	5247229	4508425			561022	25889	151894
山　西	3190738	2189912			805335	1938	193554
内蒙古	1539794	786153			533779	71295	148566
辽　宁	3039691	2162256			590053	864	286519
吉　林	2316802	595725			1437024	33450	250603
黑龙江	2911168	1047548			1362262	12351	489007
上　海	34623	34552			71		
江　苏	3858678	3101632			284654	26768	445624
浙　江	7080064	6477591			547638	1425	53411
安　徽	6192840	4723937			1069376	3026	396501
福　建	3081077	2487795			382100	2065	209117
江　西	4329473	3815197			308750	607	204920
山　东	8964155	5178026			2286889	103150	1396090
河　南	7698843	6326769	3781		707069	5817	655407
湖　北	4736285	4006314			466488	12972	250512
湖　南	6943691	5956720			686164	4383	296424
广　东	4508766	4326432			95822	100	86413
广　西	5556107	3911176			888417	4451	752064
海　南	727765	672538			46884	309	8033
重　庆	1445818	1197132			94798	3257	150630
四　川	6564402	5676238			421434	5915	460814
贵　州	2473485	1963496			218401		291588
云　南	4247223	3334576			392787	18708	501152
西　藏							
陕　西	3516510	2918259			449789	4338	144123
甘　肃	1244994	715592			292767	302	236333
青　海	723164	587338			110855	1025	23946
宁　夏	798717	512246			255675		30796
新　疆	3799507	3070108			520483	40030	168887

各地区按主要行业分农村农户投资（一）

单位：万元

地　区	合　计	农、林、牧、渔业	采矿业	制造业	电力、燃气及水的生产和供应业	建筑业	批发和零售业
全国总计	**107557780**	**19998013**	**17413**	**1275449**	**47213**	**917089**	**2476071**
北　京	507938	32912		138		2713	5570
天　津	278234	26192		133142		354	8371
河　北	5247229	833876		450			38715
山　西	3190738	589729		2830		7555	50114
内蒙古	1539794	826228					31810
辽　宁	3039691	897505		27544		123817	223829
吉　林	2316802	1765191		21	1068	575	1304
黑龙江	2911168	1586884				6215	189492
上　海	34623	928					
江　苏	3858678	698833		360730		6431	19293
浙　江	7080064	415011		59712		328582	53011
安　徽	6192840	1249725		54302	45	19836	43429
福　建	3081077	305722	1502	27698	1376	36940	137630
江　西	4329473	433750		5921		38464	102342
山　东	8964155	2727324		477758	7525	17768	787931
河　南	7698843	783825		60450	6617	48081	39798
湖　北	4736285	761849		2701	7366	4747	2455
湖　南	6943691	806925		4484		84497	228609
广　东	4508766	265735		208	9182	160	45619
广　西	5556107	1106898	15048	31696		5017	24313
海　南	727765	47356		1646		19074	14962
重　庆	1445818	211699	35	39	964	8918	41882
四　川	6564402	658607		12669	10109	15492	31772
贵　州	2473485	365162		2040		66470	95871
云　南	4247223	722272		317	1820	1574	55910
西　藏							
陕　西	3516510	631593		3773		11549	9100
甘　肃	1244994	213233	827		1142	32577	65218
青　海	723164	61494				22637	45959
宁　夏	798717	155177		5179			
新　疆	3799507	816383				7047	81765

各地区按主要行业分农村农户投资（二）

单位：万元

地　　区	交通运输、仓储和邮政业	住宿和餐饮业	信息传输、计算机服务和软件业	金融业	房地产业	租赁和商务服务业	科学研究、技术服务和地质勘查业
全国总计	**3261490**	**413434**	**70697**		**77899186**	**116491**	**190**
北　　京	4501	2645			459037		
天　　津	10718	597			83343	11180	
河　　北	218635	573			4144600	919	
山　　西	311201	22393			2135592	21269	
内 蒙 古		91	15		675051		
辽　　宁	76298				1607939		
吉　　林	9485	361			535673	29	
黑 龙 江	257019	399			870062	691	
上　　海					33695		
江　　苏	7367				2754899	8360	
浙　　江	73779	8068			6128220	5175	
安　　徽	380019	2751			4396959		
福　　建		63621	9772		2479225	9788	
江　　西		14846	1591		3717231	493	
山　　东		44142	34263		4725261	7925	
河　　南	332508	2761			6122039	26775	
湖　　北	301949	246			3652642	41	
湖　　南		160445	17179		5626457		
广　　东		1098			4178066		
广　　西	259242	3207			3881818	4322	
海　　南		686	172		643587	104	
重　　庆	26828	2227			1131725	9000	190
四　　川	450712	1079			5320005	7385	
贵　　州		33692	3517		1894424		
云　　南	254376	11686			3185045	2753	
西　　藏							
陕　　西	150497	11030			2690415	186	
甘　　肃		241	2600		873690		
青　　海		474	1010		587338	67	
宁　　夏	136358				502003		
新　　疆		24077	577		2863147	28	

各地区按主要行业分农村农户投资（三）

单位：万元

地　区	水利、环境和公共设施管理业	居民服务和其他服务业	教　育	卫生、社会保障和社会福利业	文化、体育和娱乐业	公共管理和社会组织
全国总计	**6128**	**961241**	**30694**	**4672**	**42945**	**19366**
北　京		424				
天　津		4337				
河　北		9422	41			
山　西		28985	13846	4123	1440	1661
内蒙古		6599				
辽　宁		79927			2832	
吉　林		3094				
黑龙江		376	29			
上　海						
江　苏		2765				
浙　江		5598			2909	
安　徽		28308				17466
福　建		3358		69	4376	
江　西		14771			64	
山　东		96212	15040		23007	
河　南	5817	270173				
湖　北		2292				
湖　南		13618	1477			
广　东		8700				
广　西		224547				
海　南		179				
重　庆	311	9910	261	480	1109	239
四　川		56573				
贵　州		12309				
云　南		11472				
西　藏						
陕　西		6476			1891	
甘　肃		51002			4464	
青　海		4185				
宁　夏						
新　疆		5631			853	

各地区农村农户投资实际到位资金

单位：万元

地　区	合　计	国内贷款	自筹资金	其他资金
全国总计	**107557780**	**7088115**	**97731086**	**2738579**
北　京	507938		507938	
天　津	278234		278234	
河　北	5247229	851058	4396172	
山　西	3190738	348506	2813633	28600
内蒙古	1539794	118274	1421500	20
辽　宁	3039691	11043	3020724	7924
吉　林	2316802	46753	2205111	64938
黑龙江	2911168	66091	2830672	14406
上　海	34623		34623	
江　苏	3858678	216450	3615240	26987
浙　江	7080064	1688126	5218716	173222
安　徽	6192840	1761166	3896914	534760
福　建	3081077	42432	2942626	96020
江　西	4329473	241489	4068979	19006
山　东	8964155	20767	8918912	24476
河　南	7698843	52759	7576030	70054
湖　北	4736285		4728061	8225
湖　南	6943691	225898	6575702	142091
广　东	4508766	8258	4407901	92607
广　西	5556107	150470	5320621	85017
海　南	727765	743	711491	15531
重　庆	1445818	11338	1424727	9753
四　川	6564402	117503	6077323	369576
贵　州	2473485	119364	2171628	182493
云　南	4247223	40476	3997531	209216
西　藏				
陕　西	3516510	341847	3121882	52781
甘　肃	1244994	59357	1150431	35206
青　海	723164	92480	537103	93581
宁　夏	798717	81431	674175	43111
新　疆	3799507	374040	3086488	338980

各地区农村农户房屋建筑面积和投资

地　　区	房屋施工面积（万平方米）	房屋竣工面积（万平方米）	房屋建筑面积竣工率（%）	房屋竣工价值（万元）
全国总计	**103673**	**90287**	**87.1**	**73874955**
北　　京	428	406	94.9	460290
天　　津	219	182	82.9	270959
河　　北	4871	4437	91.1	4235542
山　　西	2873	2588	90.1	2061461
内 蒙 古	903	872	96.5	881044
辽　　宁	4114	3684	89.6	2077345
吉　　林	510	504	98.9	587921
黑 龙 江	785	748	95.2	753543
上　　海	18	15	80.2	25427
江　　苏	3080	2680	87.0	2698811
浙　　江	5242	3876	73.9	4974497
安　　徽	5483	4454	81.2	4077385
福　　建	2947	1892	64.2	1891866
江　　西	5819	4783	82.2	3221891
山　　东	10095	9900	98.1	5100331
河　　南	9279	8014	86.4	6033045
湖　　北	4544	3671	80.8	3517856
湖　　南	5989	5309	88.7	5426726
广　　东	3664	3061	83.5	3274332
广　　西	5995	5461	91.1	3299877
海　　南	693	552	79.6	605694
重　　庆	1382	1176	85.1	982249
四　　川	5912	5795	98.0	5376323
贵　　州	2427	2251	92.7	1840404
云　　南	7961	6380	80.1	3346743
西　　藏				
陕　　西	2774	2296	82.7	2350981
甘　　肃	1268	1220	96.2	715592
青　　海	751	724	96.4	574652
宁　　夏	353	353	100.0	512246
新　　疆	3295	3005	91.2	2699922

各地区农村农户住宅建筑面积和投资

地　区	住宅施工面积（万平方米）	住宅竣工面积（万平方米）	住宅建筑面积竣工率（%）	住宅竣工价值（万元）
全国总计	**94716**	**83770**	**88.4**	**68430081**
北　京	401	380	94.9	436124
天　津	194	155	80.3	236190
河　北	4409	4032	91.5	3938773
山　西	2756	2505	90.9	2019725
内蒙古	713	710	99.6	781886
辽　宁	3364	3107	92.4	1819201
吉　林	414	411	99.2	520546
黑龙江	598	579	96.9	647272
上　海	18	14	79.7	24871
江　苏	2770	2474	89.3	2371587
浙　江	4670	3649	78.1	4602420
安　徽	5053	4251	84.1	3781813
福　建	2876	1862	64.7	1858861
江　西	5642	4642	82.3	3126757
山　东	8176	8520	104.2	4216080
河　南	8727	7663	87.8	5763524
湖　北	3852	3388	88.0	3296406
湖　南	5648	5046	89.3	5176329
广　东	3539	2958	83.6	3139965
广　西	5711	5257	92.1	3235844
海　南	628	529	84.3	587917
重　庆	1269	1102	86.8	904630
四　川	5481	5140	93.8	4903899
贵　州	2321	2145	92.4	1773794
云　南	7521	6080	80.8	2900878
西　藏				
陕　西	2683	2229	83.1	2077107
甘　肃	1173	1105	94.2	644572
青　海	682	655	96.0	539811
宁　夏	329	329	100.0	502003
新　疆	3099	2854	92.1	2601295